邱傳亮 編著

第一册

楚官璽集釋 上編

學苑出版社

國家社會科學基金項目

「楚文字彙考」（04BYY014）早期成果

湖南省重點建設學科（中國古代文學）
和湖南省船山學研究基地資助項目

上編官璽印譜

說　明：

一、本印譜編號與正文官璽編號完全一致。正文有其詳細著録。

二、凡取自《古璽彙編》者，按《古璽彙編》印面實際尺寸標出。

三、原文有明確尺寸者，按原文尺寸標出。

四、同一方印，著録尺寸不一，其印面尺寸按首次公佈者尺寸標出。

五、原文未提供無尺寸者，按著録實際尺寸標出。

六、邊長尺寸與《古璽彙編》不一者，以《古璽彙編》印面尺寸爲準。

七、原文提供印面尺寸與原文標識尺寸不一致者，以原文標識尺寸爲準。

官璽第一

王

12mm×12mm

官璽第二

王

17.8mm×19.6mm

官璽第三

王

16mm×14mm

官璽第四

王

22mm×18 mm

官璽第五

王

15mm×15mm

官璽第六

王

官璽第七

王右醋鉨

30mm×30mm

官璽第八

君

13mm×12.5mm

官璽第九

君

11mm×11mm

官璽第十

邔昜君鉩

25.3mm×24.8mm

官璽第十一
萑君之鉨

49.4mm×48.9mm

官璽第十二
勻君

15mm×15mm

官璽第十三
曲昜君□

21mm×21mm

官璽第十四

鄱君之□

24.8mm×25.3mm

官璽第十五

上䪥君之詎鉨

22.3mm×21.8mm

官璽第十六

䋎𣥺公鉨

26.2mm×26.2mm

官璽第十七

公卒之四

21.7mm×21.9mm

官璽第十八

下鄀宛夫=

22.8mm×24.2mm

官璽第二十

下場行宛夫=鉨

22.2mm×20.6mm

官璽第十九

上場行宛夫=鉨

24.5mm×23.9mm

官璽第二十一

上峉宛夫=之鉨

20mm×20.2mm

官璽第二十二

江坔行宛夫=鉩

26.3mm×24.7mm

官璽第二十三

坪夜大夫之鉩

25mm×24mm

官璽第二十四

鄗宛夫=鉩

22mm×22mm

官璽第二十五

山桑行宛夫=鉩

26.5mm×26.6mm

官璽第二十六

新東昜宛夫=鉨

21mm×21mm

官璽第二十七

郙厚行宛夫=鉨

25mm×25mm

官璽第二十八

噩宛夫=鉨

25mm×25mm

官璽第二十九

匀州宫夫=

24mm×24mm

官璽第三十

郢閑悤夫=鉨

24.3mm×24.2mm

官璽第三十一

士尹之鉨

19.6mm×19.5mm

官璽第三十二

士賓

19.1mm×22.6mm

官璽第三十三

王之上士

17.4mm×17.4mm

官璽第三十四

王之上士

12.1mm×12.6mm

官璽第三十五

王之上士

13.3mm×13.8mm

官璽第三十六

王之上士

23mm×19.2mm

官璽第三十七

王士之鉨

15.3mm×15.8mm

官璽第三十八

君士

8mm×8.9mm

官璽第三十九

行士鉨

25mm×25mm

官璽第四十

行士之鉨

23.6mm×23.7mm

官璽第四十一

都行士鉨

22.4mm×24mm

官璽第四十二

士鈢

12.6mm×12.8mm

官璽第四十三

士鈢

14.9mm×14.4mm

官璽第四十四

士

12mm×12mm

官璽第四十五

士

12mm×12mm

官璽第四十六

士

7.6mm×8.8mm

官璽第四十七

士

7.8mm×7.3mm

官璽第四十八

士

官璽第四十九

士

12.9mm×12.5mm

官璽第五十

士

15mm×15mm

官璽第五十一

士

14.4mm×14.4mm

官璽第五十二

士

15.5mm×15mm

官璽第五十三

士

12.4mm×13mm

官璽第五十四

士

12.5mm×12.6mm

官璽第五十五

士

16mm×16mm

官璽第五十六

士

9mm×8.4mm

官璽第五十七

士

10.8mm×9.1mm

官璽第五十八

上士

12.3mm×13.1mm

官璽第五十九

訐士

11.3mm×11.9mm

官璽第六十

訐士

11.2mm×11.1mm

官璽第六十一

訐士

11.2mm×11.6mm

官璽第六十二

詮士

11.6mm×12.3mm

官璽第六十三

計士

11.9mm×11.7mm

官璽第六十四

計士

13mm×12mm

官璽第六十五

計君子

11.2mm×10.9mm

官璽第六十六

君子

9.9mm×10.2mm

官璽第六十七

君子

官璽第六十八

君子

13.7mm×15.3mm

官璽第六十九

士君子之訏坒

10.8mm×19.6mm

官璽第七十

士君子

15.7mm×15.9mm

官璽第七十一

士君子

15.2mm×15.1mm

官璽第七十二

士君子

19.1mm×17mm

官璽第七十三

士君子

18.4mm×16.5mm

官璽第七十四

士君子

19mm×15.5mm

官璽第七十五

士君子

13.5mm×12.9mm

官璽第七十六

士君子

14mm×12mm

官璽第七十七

士君子

11.6mm×10.7mm

官璽第七十八

士君子

13mm×11.4mm

官璽第七十九

士君子

14.5mm×11.7mm

官璽第八十

士君子

12.5mm×10.4mm

官璽第八十一

大莫囂鉨

25mm×25mm

官璽第八十二

大莫囂連鉨

11.5mm×11.1mm

官璽第八十三

弃囂之鉨

20mm×20mm

官璽第八十四

⿱桑目⿱來土莫囂

21.9mm×21.7mm

官璽第八十五

若囂冒鉨

14.7mm×14.6mm

官璽第八十六

連囂之□三

28.8mm×29.8mm

官璽第八十七

連囂

12mm×12mm

官璽第八十八

連尹之鉨

22.3mm×21mm

官璽第八十九

上桓（?）邦鉨

27.8mm×28.8mm

官璽第九十

司馬之賓

35.6mm×34mm

官璽第九十一

司馬卒鉨

26.2mm×25.4mm

官璽第九十二

亞⿰爿酉軍鉨

19.1mm×20.6mm

官璽第九十三

筥邦率鉨

24mm×24mm

官璽第九十四

游車御鉨

21mm×21mm

璽第九十五

安內帀鉨

18.3mm×19.1mm

官璽第九十六

陲戍匄

28.5mm×30mm

官璽第九十七

司寇之鉨

27.3mm×32.3mm

官璽第九十八

夫疋司工

15.7mm×17.1mm

官璽第九十九

竽鉨

30.9mm×33.2mm

官璽第一〇〇

薹坴竽鉨

29.3mm×29.5mm

官璽第一〇一

鄗閑□篙

21.2mm×20.9mm

官璽第一〇三

命

23.5mm×23.9mm

官璽第一〇二

邵呂竽

58mm×58mm

官璽第一〇四

⿰走阝⿴囗尚命鉨

21.6mm×20.5mm

官璽第一〇五

昜淳命鉨

18.9mm×18.2mm

官璽第一〇六

⿱戉土父獸□

24mm×25mm

官璽第一〇七

伍官之鉨

25.1mm×26.8mm

官璽第一〇八

計官之鉨

23.3mm×23.6mm

官璽第一〇九

計官之鉨

21.7mm×22.2mm

官璽第一一〇

計官之鉨

17.6mm×18.5mm

官璽第一一一

計官之鉨

24.8mm×24.7mm

官璽第一一二

計官之鉨

22mm×22.5mm

官璽第一一三

⿱宀豕官之鉨

22.8mm×22.8mm

官璽第一一四

⿱宀利官之鉨

24.6mm×24.6mm

官璽第一一五

新邦官鉨

26.1mm×25.2mm

官璽第一一六

高（？）矦（？）官鉨

19.6mm×20.2mm

官璽第一一七

□官之鉨

20mm×20mm

官璽第一一八

昜都亊鉨

26mm×26mm

官璽第一一九

女倌

16.7mm×17.2mm

官璽第一二〇

繇叒郢官

10.6mm×10.6mm

官璽第一二一

官

官璽第一二二

戠旅

23.1mm×20.4mm

官璽第一二三

者侯之遊

21.5mm×22.4mm

官璽第一二四

龔東遊鉨

17mm×17.3mm

官璽第一二五

翏□遊鉨

15mm×14.7mm

官璽第一二六

美鈦遊鉨

19.7mm×19.8mm

官璽第一二七

羣臬客鉨

23.8mm×23.7mm

官璽第一二八

旻巽客鉨

23.4mm×22.4mm

官璽第一二九

左□客鉨

22.7mm×20.8mm

官璽第一三〇

羊峕諹客

23mm×22mm

官璽第一三一

郢粟客鉨

29.5mm×30mm

官璽第一三二

中弄賓廷客鉨

14.5mm×14.5mm

官璽第一三三

邽丘市客

17mm×16.2mm

官璽第一三四

大賨之鉨

25.4mm×25.9mm

官璽第一三五

賨

16mm×17mm

官璽第一三七

賨（？）

官璽第一三六

賨（？）

15mm×15mm

官璽第一三八

賨（？）

官璽第一三九

行賓之鉨

29.3mm×30mm

官璽第一四〇

行賓之鉨

27.3mm×26.4mm

官璽第一四一

行賓

20mm×20mm

官璽第一四二

行賓

官璽第一四三

邟行賓之鉨

23.4mm×23.7mm

官璽第一四四

敋賓之鉨

26mm×25.7mm

官璽第一四五

佮賓訐鉩

18.8mm×20.4mm

官璽第一四六

佮賓

14.6mm×13.5mm

官璽第一四七

高賓之鉩

17.3mm×17.6mm

官璽第一四八

□賓之鉩

21.3mm×21.2mm

官璽第一四九

倅賓

21.4mm×21.2mm

官璽第一五〇

袁賓之鉩

19.7mm×19.5mm

官璽第一五一

五帀（師？）賓

17mm×17mm

官璽第一五二

郩坴侯厶鉩

21.3mm×21.1mm

官璽第一五三

□賓

21.5mm×11mm

官璽第一五四

大償

60.9mm×55mm

官璽第一五五

⿰貝命鉨

24mm×23.2mm

官璽第一五六

専室之鈢

20.3mm×20.1mm

官璽第一五七

専室之鈢

21mm×21mm

官璽第一五八

専室之鈢

19mm×19mm

官璽第一五九

専室之鈢

19mm×20.5mm

官璽第一六〇

戠室之鈢

25.1mm×24.7mm

官璽第一六一

中戠室鈢

20mm×20mm

官璽第一六二

中戠室鈢

18.8mm×19.2mm

官璽第一六三

臧室

15.2mm×14.8mm

官璽第一六四

□室

15mm×31mm

官璽第一六五

郢室愧尿之鉨

18mm×18mm

官璽補遺第一

王

24.1mm×21.4mm

官璽第一六六

戠飤之鉨

24mm×23.7mm

官璽補遺第二

君

17.5mm×16mm

官璽首字筆劃索引

二劃

三劃

四劃

横起：王夫五不

豎起：中

六劃

七劃

八劃

九劃

十一劃

十二劃

十三劃

十四劃

十五劃

凡例

一、本書收錄之楚官璽，以公開發表者爲主。

二、本書專意官璽之收錄，製成官璽印譜，分置於《楚官璽集釋上編》、《楚官璽集釋下編》，方便讀者。

三、本書所收以有字楚官璽爲主，有字之封泥、陶文、錢幣等酌情收錄。

四、本書依「以類相從，適當調整」之原則排列楚官璽之順序先後。

五、文獻有訛誤或特殊交代，有「編按」、「詳見」加以具體說明。

六、本書體例：以每方官璽爲單元，每單元有「編號」、「印面」、「來源」、「釋文」、「著錄」、「集釋」、「按語」7部份。

七、本書「集釋」之內容，以涉及楚璽文字的考釋、官制、地名、風俗文化等考證之文獻爲主。涉及篆刻藝術、古璽印鑒別與收藏的諸多文獻，或在各自的領域具有一定意義和價值者，亦有酌情收錄。

八、本書「著錄」之內容，以其出版時間之先後順序羅列。

九、本書「集釋」，以其文獻發表時間之先後順序排錄。

十、同一作者之同一篇論文，併見於期刊、論文集者，「集釋」取其發表或出版時間在先者。

十一、《說文》表意偏旁之術語「从某」，各家「從某」、「从某」使用不一，甚至同一篇文章「從某」、「从某」併用。本書遵從《說文》逕用「从某」。

十二、爲方便檢索，本書有《官璽首字筆劃索引》。筆劃相同者，按横竪撇點折之順序羅列首字。

十三、本書材料收集截止於2016年12月底。

序

邱傳亮博士的楚璽系列研究成果終於開始面世了！

從2005年開始啓動工作至今，已經度過了十一個年頭。人們常用「十年磨一劍」來形容著書之用功與耗時之長久，而楚璽研究叢書又何止十年？其艱難超出一般著書之想象。我個人以爲楚璽研究有四大難：蒐集資料難、辨別國別難、釋讀闡釋難、文檔處理難。先說第一難。

古璽大都在私人藏家的手上，十分分散。羅福頤先生當年將其所見彙成《古璽彙編》實在是功德無量，不然我們這些不是藏家的讀者，去哪裏見這麽多的古璽。雖然有一些著録於印譜，但那些印譜就像文物一樣珍貴，一般讀者很難看到。《古璽彙編》之後，古璽大量出現。這種體量小而信息多的珍貴文物值錢而養眼，在民間有大量的藏品，考古報告中不易見到。據説新出的東西早已成倍於《古璽彙編》了。去年施謝捷先生出版了一本《新見古代玉印選》，美奐美輪，300多頁的書標價人民幣九百，很快銷售一空，而且價格迅速騰昇翻番。藏家們陸陸續續、零零散散公佈他們的藏品，同樣是很難得。古璽珍貴，連著録古璽的書也珍貴。想把現在存世的楚璽蒐集齊全，對於無緣收藏的研究者來説，根本就是一件不可能的事情；把已經公佈的楚璽蒐集齊全，弄清楚來源也是十分困難的事情。

再説第二難。

甚麽是楚璽？憑甚麽就説是楚璽？玩家説，經手過眼多了，一看就是楚璽！這是經驗，令我們神往。但對於學術研究來説，絶不輕視經驗，但更重視學理。鑒别楚璽的標準是甚麽？對於「連囂之璽」這樣的楚器，確實一目了然，「連囂」是楚官，文獻可證。但對於多數楚璽來説，特徵並没有這麽突出，疑似而無以確定，如何處理。我曾經提出一些設想，首先確定一批典型楚璽，離析出内容、構形必要特徵，再輔以字體、形制、所從出墓葬屬性等輔助特徵，一條條細化，依照其典型性程度依次排列，確立可依據的標準。印文内容與文字構形特徵是充分條件，例如：

江坴（陵）行宛（縣）大夫鉩（璽）（《古璽彙編》0101）

江陵是楚邑，歷史記載明晰，宛（縣）大夫是楚之縣級行政單位，包山楚簡可以確證。而陵、宛、大夫合文、鉩等字構形是典型楚文字。滿足了這兩個條件，其他條件不予考慮就可以確定。

大夫（《古璽彙編》0107）

這是大夫合文，列國都有大夫，璽文內容無楚之特徵；構形上列國都可以這樣寫，也無特徵；楚官璽多陰刻少陽文，但不是必要條件，無法排除其不是楚文字。把它定爲楚璽，證據不足；把它排除在楚璽之外，更沒有證據。

拿來一方古璽，把它放在這個特徵體系中，看它具備多少「楚璽特徵」，可以確定哪些是楚璽，哪些是疑似楚璽，哪些確實不是楚璽。這種想法，我祇是口頭表達過，並沒有形成可操作的條文。

這套叢書中是否有誤收和漏收，還請讀者批評指正。

第三難是釋讀闡釋。

楚璽上面所刻寫的當然是楚文字。楚文字發展到今天，雖然釋讀上已經問題不是很大，但有些疑難字依舊未能破解。例如《古璽彙編》0253中的字，根據種種新材料可以確知可以讀爲「野」，爲甚麼？目前還沒有合理的解釋。又如《古璽彙編》0212「流食之鉢」，經過學者的不懈努力，文字已經釋讀，但「流食」是甚麼？官署？職官？還是某種用途特別的食物有甚麼特別的用處？這方璽是幹甚麼用的？雖然學者猜測種種，但就目前所知的材料來看，也僅限於猜測。楚璽中未解決的疑難問題很多，但歷史失載，方寸之間辭例有限，解讀實在是難。

第四難是文檔處理。

古文字研究出成果很難，所以也得到學術界、出版界的格外重視，常常被彙集成集釋、詁林之類，供學者參考。但這裏有大量的古文字字形和隸定古文，文檔處理十分困難。過去出書全部是抄寫影印，雖然成本很高，但省去了很多麻煩。現在技術進步，對出版也有了新的要求，都得電腦處理，對於這樣一個龐大的文檔來說，其工作量之大、之難，可以想象，難以估算。

既然這麼難，爲甚麼還要去做？因爲值得做，需要做。

在簡帛問世之前，璽印是戰國文字的大宗。王國維是戰國文字研究的發軔者，他的關於戰國文字的高見就是在一本印譜的序中闡發的。他關於戰國文字的一些重要結論依託的材料中就包括古璽。其後很長時間內，古璽在戰國文字研究中都具有十分重要的位置。現在雖然有大量的楚簡竹書，楚璽補證歷史的功用不再那麼顯赫，但璽印文字的魅力依舊熠熠生輝。楚璽本身就是珍貴的藝術品。

這兩年我呼籲建構楚文字學，其前提就是楚文字的系統整理和研究，楚璽文字是其中的重要組成部份，也是最難整理的一部份，楚璽系列研究叢書的出版可以說使構建楚文字學向前又邁了一步。

這套楚璽系列研究叢書的成書過程很是曲折。

2003年，李學勤先生把「楚文字詁林」項目的子課題「楚璽文字詁林」委託給了我。我確定了收錄範圍和詳細的體例，開始帶著邱傳亮和曲冰蒐集資料，分析研究。到了暑假，和文學院借了一個辦公室，于智博、張靜、鍾明等也參加進來，除了中午一起去粥鋪吃點飯，從早到晚，大家一同奮戰。我負責拆解與選取論著中每個字的研究內容，其他同學各有分工，一部份輸入，一部份校對，幹得熱火朝天。就這樣度過了一個緊張而充實的假期。其後又幾經修改充實，完成了初稿。

第二次集體奮戰是在「楚璽文字詁林」的基礎上，完成「楚璽詁林」，以楚璽爲單位，不限於對文字內容的考釋。地點是在我家裏。工作主要由我和邱傳亮、曲冰完成，其他同學也參加了部份工作。那時候我請了內嫂吳女士來幫忙，她做的飯菜很受大家歡迎。多年後大家相聚，回憶起「大舅媽」飯菜的味道還是讚不絕口。邱傳亮的學位論文就是楚璽集釋，所以他前後用力最多，研究也最爲深入。

「楚璽文字詁林」作爲國家社科基金項目「楚文字匯考」的一部份列入了結項成果，受到了一定的重視。國家社科基金辦來電話問我是否有意申報國家社科基金文庫，我當時深知距離一部優秀學術著作還相差很遠，就婉言謝絕了。事後科研主管李海帆老師知道了大喊遺憾。

我本來準備在此基礎上對楚璽做進一步的研究，由於種種原因未能實現，書稿中零散有一些按語，算是留下一點痕跡。此後的工作就交給邱傳亮了。

邱傳亮很能吃苦，不懈努力，書稿幾經修訂，送到了出版社。我記得王炘先生曾和我說：「我看到這書稿中密密麻麻的造字，我都很感動！」

這部書稿的後期是邱傳亮按照王炘先生的要求，主要做了三方面的工作：一是將原文與書稿全部重新核對，剔檢錯誤，一是補錄了一些內容，尤其增補了近十年來的成果。再就是對每方璽印在著錄上下了很大力气。

從提交初稿至今四五個年頭過去了，這期間王炘先生不但對叢書的出版框架提出了自己的構想（他要將書稿分爲「楚官璽集釋」、「楚私璽集釋」、「楚吉語璽、國別不明璽集釋」、「楚璽文字編」四個部份出版，而且都是多卷本），還對這套叢書的體例、內容都提出了具体的建議和要求。由於文檔系統不兼容，原稿中的那些造字王炘先生的團隊全部重新造過，圖片也全部按照專業的印刷標準重新處理，僅官璽集釋這部份書稿的造字就多達兩千多個，圖片竟然多達四千多個。我們讀過校稿，很令人感動。

「楚璽研究叢書」由《楚官璽集釋上編》、《楚官璽集釋下編》、《楚私璽集釋上編》、《楚私璽集釋下編》、《楚吉語璽、國別不明璽集釋》、《楚璽文字編》等構成，合在一起堪稱「楚璽集成」了。

這套叢書以資料齊備取勝。這種工作耗時耗力，得十分細心。邱傳亮後來到了衡陽師範學院任教，資料有限，做這樣的工作更加不易。現在終於克峻其功，可喜可賀。但後面的工作還很多，我們期望能夠善始善終，不僅要把剩下的叢書內容做好，還應該寫出一部《楚璽通論》來。在整理材料的基礎上，讓自己的研究有一個提昇，給讀者一些系統的、理性的知識。這樣纔不負所下的這番功夫。

學術研究是個過程，沒有終點。我們期望材料窮盡，杜絕錯誤，但這永遠是理想，現實中不可能完全做到。衹要拿出認真的態度，盡全力去做了，無愧於心就好。看過校稿，我個人覺得功夫很到位，是該出版面世了。

最後，要特别感謝施謝捷先生的慷慨。施謝捷先生工於篆刻，富於收藏，精於研究，過眼的東西極多，是璽印研究的頂級專家。他的博士論文《古璽匯考》是繼文炳淳之後又一部以楚璽爲研究對象的力作，其中不僅有自己的獨得之妙，而且首發了不少新見楚璽。論文還沒有出版，就慨允廣泛徵引。我們得寸進尺，還期望施先生利用自己的人脈和學識，把這些珍貴的材料與研究成果設法早日公佈出來。

李守奎　二〇一七年八月於清華園

《楚官璽集釋》上編　總目錄

第二册

第三册

《楚官璽集釋》上編　第一冊目錄

卷　二

《楚官璽集釋》上編　第二冊目錄

卷　三

卷四

卷五

卷　六

《楚官璽集釋》上編　第三冊目錄

卷　七

卷　八

卷　九

卷十

《楚官璽集釋》卷一

官璽第一：王

印面：

1990年，湖北省宜城楚皇城內出土，湖北省襄樊市博物館收藏

著錄：

《江漢考古》，武漢：1990年第1期，第90頁。

《楚文物圖典》，武漢：湖北教育出版社，2000年1月，第428頁。

《中國書法全集》第92卷，北京：榮寶齋出版社，2003年2月，第187頁。

《中國印》（下），哈爾濱：黑龍江美術出版社，2007年12月，第137頁。

《先秦璽印圖說》，北京：文物出版社，2009年1月，第360頁。

《二十世紀出土璽印集成》，北京：中華書局，2010年1月，第15頁。

集釋：

王少泉：

一、「王」字畫印

此爲鐫刻文字和圖畫的小型銅質印章，正方形，臺座人鈕。通高2、邊長1.2釐米。宜城縣楚皇城內東南角出土。

印面的文字和圖畫皆陰刻，畫面正中豎一建鼓，右下角一人半跪擊鼓，姿態生動而歡快。左邊一人翩翩起舞，手舞足蹈，袖拂帶飄，輕快而優美。右上角刻一「王」字，左上角刻一物，側看似臥羊。畫面佈置疏密有致。外有邊框，但已斑駁。其鈕飾爲：在四層臺上跽跪一人，圓臉束髮、雙臂前伸、手置膝上、上身赤膊、肋骨根根凸起。兩臂左右相通，其孔可以系繩。

此印未見著錄，製作小巧精緻，刻工嫻熟而細膩。畫中建鼓與曾侯乙墓所出極相似。其文字章法，畫風情趣，以及人鈕飾著，都流露出春秋戰國時期的特徵，故此印不會晚於戰國時期，它出土於楚皇城內，擬爲楚王室的私人印璽。《襄樊地區出土的幾方銅印》，《江漢考古》，1990年第1期，第90頁。

楊權喜：

王字肖形印璽　戰國銅璽。湖北宜城楚皇城內東南角出土。通高2釐米，邊長1.2釐米。正方形，臺座人鈕。陰刻文字和圖畫。畫面正中爲一建鼓。右下角一人半跪擊鼓，姿態生動歡快。左邊一人翩翩起舞，手舞足蹈，袖拂帶飄，輕快優美。右上角刻一「王」字，左上角刻一物，側看似臥羊。畫面疏密有致。外爲寬邊框。鈕爲四層臺上跪著一人，圓臉束髮，雙臂前伸，手著膝部，赤膊，肋骨突起。兩臂左右相通可系繩。整璽小巧精致，刻工細膩。畫中建鼓與曾侯乙墓所出極相似。璽出土於楚皇城內，當爲貴族私璽。現藏湖北省襄樊市博物館。　《楚文物圖典》，湖北教育出版社，2000年1月，第427~428頁。

徐暢主編：

圖像鉩　1650　王字鼓樂圖像鉩　《中國書法全集》第92卷，榮寶齋出版社，2003年2月，第187頁。

徐暢主編：

1650　王字鼓樂圖像鉩

作於戰國時期。楚國圖像鉩。徵集品。湖北省宜城縣遺址內東南角出土。《江漢考古》一九九〇・一・九〇著錄。宜城縣地方辦公室收藏。臺座人鈕。一・一釐米×一・二釐米。陰刻。朱跡。

畫中建鼓與曾侯乙墓所出極爲相似。其文字章法，畫風情趣，以及人鈕飾著，都流露出春秋戰國時期的特點。故此印不會晚於戰國時期。它出土於楚皇城內，且右上角銘一「文」字，似爲楚王室的私人鉩印。　《中國書法全集》第92卷，榮寶齋出版社，2003年2月，第187頁。

周曉陸主編：

二-SY-0060　王　東周（楚）　銅　臺座人紐　13×13-20　《二十世紀出土璽印集成》，中華書局，2010年1月，第15頁。

邱傳亮按：

該璽出土於楚皇城內，從出土、形制、大小、文字風格等方面，判爲楚璽無疑。原報導定爲楚王室私人印璽（《江漢考古》1991年1期90頁）。我們認爲楚國「王」字璽皆與楚王室有關，或表明楚王室的身份、地位、族姓等，故此作官璽處理。詳見「王」字條李守奎按語。

官璽第二：王

印　面：

著　録：

《古圖形璽印彙續集》，石家莊：河北美術出版社，1991年8月，第69頁。
《中國書法全集》第92卷，北京：榮寶齋出版社，2003年2月，第183頁。
《先秦璽印圖說》，北京：文物出版社，2009年1月，第360頁。

集　釋：

徐暢主編：

圖像鈢　1614　王・解豸鈢　《中國書法全集》第92卷，榮寶齋出版社，2003年2月，第183頁。

徐暢主編：

1614　王・解豸鈢

作於戰國時期。《古圖形璽印彙續集》六九頁著録。曲尺形，長二・九六（編按：當爲「一・九六」）釐米，寬一・七八釐米。

從形制、印文可斷爲戰國時作。此獬豸作站立狀，頗似擬人化的手法。前幾印或附姓名，或附名字，此則表明姓氏，或爲王室用印。

參考　徐暢《寓石齋璽印考》《中國書法全集》第92卷，榮寶齋出版社，2003年2月，第278頁。

徐　暢：

「王・獬豸」璽，獬豸作站立狀，角甚長，頗似擬人化的手法，可能是王室（族）司法官員的佩印。　《先秦璽印圖說》，文物出版社，2009年1月，第360頁。

官璽第三：王

印面：

鑒印山房藏印

著錄：

《鑒印山房藏古璽印菁華》，鄭州：河南美術出版社，2006年7月，第179頁。

集釋：

許雄志：

肖形印（王）銅質　鼻鈕　16mm×14mm×7mm　《鑒印山房藏古璽印菁華》，河南美術出版社，2006年7月，第179頁。

官璽第四：王

印面：

浙江省博物館收藏

著錄：

《中國歷代璽印藝術》，香港：浙江省博物館、香港中文大學文物館，2000年初版，第66、179頁。

集釋：

王人聰、游學華：

人騎馬紋　《中國歷代璽印藝術》，浙江省博物館、香港中文大學文物館，2000年初版，第66頁。

王人聰、游學華：

印文：人騎馬紋　質料：銅　鈕式：瓦鈕　印形：長方形　尺寸（釐米）：1.8×2.2，通高1。

收藏地及藏品號：浙博（編按：即浙江省博物館）20267《中國歷代璽印藝術》，浙江省博物館、香港中文大學文物館，2000年初版，第179頁。

邱傳亮按：

《中古歷代璽印藝術》原作者將該璽置於「戰國私印」中，本書作官璽處理。詳見「王」字條編者按語。

官璽第五：王

印面：

1986年，出土於湖南省大庸市永定區大橋路13號楚墓

著錄：

《湖南古代璽印》，上海：上海辭書出版社，2004年12月，第44頁。

《二十世紀出土璽印集成》，北京：中華書局，2010年1月，第44頁。

集釋：

陳松長：

「王」字虎紋肖形璽　銅質，鼻鈕，邊長1.5釐米，通高0.9釐米，1986年大庸永定區大橋路13號楚墓出土。《湖南古代璽印》，上海辭書出版社，2004年12月，第44頁。

周曉陸主編：

二-SY-0318　王（畫）　東周（楚）　銅　鼻紐　15×15-9　《二十世紀出土璽印集成》，中華書局，2010年1月，第44頁。

官璽第六：王

印面：

20世紀90年代後期，河南省駐馬店市新蔡縣城東部新蔡故城遺址出土，古陶文明博物館收藏

著録：

《文物》，北京：文物出版社，2005年第1期，第56頁。

集釋：

周曉陸、路東之：

12.王（4-39:4）。印面方形，陽文。或表示楚王、王家之意，或爲姓氏圖九：13。《新蔡故城戰國封泥的初步考察》，《文物》，2005年第1期，第54頁。

李守奎按：

璽文單獨一個「王」字，楚璽。且楚官璽大多爲陰文，該璽從大小、形制和特點看，或當入姓名私璽類。單獨一個「王」字，或標明自己族姓，或標明物體所屬。

李守奎按：

已知的楚國銅器和簡帛文字中，「王」大都和楚王有關係。（《楚系簡帛文字編》，第38~41頁）楚璽中「王右酖鉨」「王之上士」、「王孫之又」等顯然與楚王有關。楚器物上多刻有單字「王」，「王」字横杆、「王」字封泥。這些刻有「王」字的器物可能也與楚王有關。楚璽有鳳紋王字璽（《湖南古代璽印》，第20頁）、虎紋王字璽（《湖南古代璽印》，第44～45頁）、擊鼓紋王字璽（《楚文物圖典》427頁）、龍鳳文王字印（《珍秦齋藏印·戰國篇》，第189頁），大概也是楚王用璽。文炳淳以爲是表示璽印主人身份的「身份璽」（《先秦楚璽文字研究》，第190頁）。

古文字中還有一些單刻「王」字的器物：「王」字鐸（《集成》418）、朱紋「王」字璽（《古璽彙編》5304～5306；《湖南古代璽印》，第42頁）等。其國別待考。

出土楚文獻中，尚未見到確切無疑的王氏。包山簡之「王婁」或以爲是人名，非是。包山簡婁官有「婁」（《包山楚簡》5，圖版三），「玉婁」，位在「玉令」之後（《包山楚簡》25，圖版一三）；有「正婁」（《包山楚簡》19、66、75、128，圖版一〇、圖版二九、圖版三三、圖版五六），「王婁」的私名叫「逯」，「王婁」是官名，當與「羕陵正婁」、「鄗正婁」等地方官相對，是王官。若此，在包山簡眾多的人名姓氏中，沒有一個王氏。《通志·氏族略·以爵爲氏》：「王氏，天子之裔也。所處不一，有姬姓之王，有嬀姓之王，有子姓之王，有虜姓之王……以其所出既多，故王氏之族最爲蕃盛云。」（《通志》，第

157頁）現在漢沒有材料可以證明楚有以「王」爲姓的氏族。從風格和字形結構上看，把《彙編》0606號「王羿（旗）」、0618號「王耀」、0623號「王瘽」斷爲楚璽，問題不大。這些王氏未必是楚之氏族。戰國末期，齊楚之間，此疆彼界，而以楚國北上爲主，齊人入楚或齊地入楚都可能導致楚國有王氏。

官璽第七：王右醓（酖）鉨（璽）

印　面：

印郵八冊、璽印集林四冊

著　錄：

《古璽彙編》，北京：文物出版社，1981年12月，第1頁。

《戰國古文字典》，北京：中華書局，1998年9月，第618頁。

《篆字印彙》，上海：上海書店出版社，1999年1月，第227頁。
《古璽漢印集萃》，南寧：廣西美術出版社，2001年10月，第40頁。
《古璽印通論》，北京：紫禁城出版社，2003年9月，第11頁。
《中國璽印類編》，天津：天津人民美術出版社，2004年6月，第4、37頁。
《戰國璽印分域研究》，長沙：嶽麓書社，2009年5月，第131頁。
《黃賓虹集古璽印存》，杭州：西泠印社出版社，2009年7月，第4、39頁。

集　釋：

黃賓虹：

右□（此未詳）王鉢，金銀合質。　《黃賓虹集古璽印存》，西泠印社出版社，2009年7月，第40頁。

羅福頤：

0001　右□王鉨　《古璽彙編》，文物出版社，1981年12月，第1頁。

黃錫全：

80、醋尹

「醋尹」　天星觀楚簡

第一字从酉、从央、从臼。此字又見於《古璽彙編》0001「右醋王璽」（第二字原缺釋）。金文徐諸尹鉦之諸則从言（見《三代》18.3.2-4.1，新版《金文編》附 1186 頁）。「醋尹」與「諸尹」應爲一種官名。李學勤云：徐「官名令尹和高安鉦鉞銘諸尹，都見於楚國銘文，說明徐人的制度受到楚國的很大影響」（李學勤《從新出青銅器看長江下游文化的發展》，載《文物》1980 年 8 期）。《說文》訓「濁酒」之醋可能是醠之訛字，《集韻》或作醎。醋、諸可以作醎、詇，猶如牙字古文作𤘗（《說文》古文）。《說文》：「詇，早知也。」《廣韻》詇訓「智也」。《廣雅·釋詁》詇訓「問也」、「告也」。「醎尹」於簡文中爲君占卜貞問，很可能是掌占卜之官，類似《周禮》之「大卜」。從典籍訓釋分析，此官當名「詇尹」，醎爲借字。　《古文字中所見楚官府官名輯證》，《文物研究》總第七輯，黄山書社，1991 年 12 月，第 228 頁。

何琳儀：

楚系　右𨢬王鉩

𨢬，从酉，从臼，央聲。疑醠之異文。

《說文》：「醠，濁酒也。从酉，盎聲。」

楚璽「右𨢬」，疑酒官。𨢬亦作盎。《周禮·天官·酒正》：「酒正辨五齊之名。一曰泛齊，二曰醴齊，三曰盎齊，四曰緹齊，五曰沈齊。」「右𨢬」似爲掌管「盎齊（劑）」之酒官。　《戰國古文字典》，中華書局，1998年9月，第618頁。

傅嘉儀：

右□王璽　《篆字印彙》，上海書店出版社，1999年1月，第227頁。

劉信芳：

王右𨢬鉩（圖一）（編按，圖略）

《璽彙》0001：右□王鉩。

「䤈」字屢見於包簡，其138「䤈差」即「詹佐」，165「䤈尹」即「詹尹」，177「大室䤈尹」即「太室詹尹」。「詹尹」見於《楚辭·卜居》，爲楚神職官員（說參劉信芳《包山楚簡職官與官府通考》，《故宮學術季刊》第十五卷，第二期，第148頁）。該璽舊讀「右□王鈢」，惟「右酟王」不成其職官，茲改讀爲「王右酟鈢」。「右酟」作爲職官名，類同於「詹佐」。「王右酟」者，蓋王府之右酟也。類似官名，包141、143有「王私司敗」。徐器有「徐諂尹鉦」（《三代》18.3.2），「諂」字或釋爲「茜」（董楚平：《吴越徐舒金文集釋》，杭州，浙江古籍出版社，1992年12月，第279頁），是誤釋。「諂尹」亦即「詹尹」。是「詹尹」非楚之所專設也。《古璽試解十則》，《中國文字》新廿六期，藝文印書館，2000年12月，第161頁。

戴山青：

右□王鈢 《古璽漢印集萃》上册，廣西美術出版社，2001年10月，第9、434頁。

何琳儀：

《璽彙》0219著録一方官璽，陰文四字：

成樂之璽

其讀序爲：左上↓右上↓右下↓左下。相同的讀序可參「王右酖鈢」（《璽彙》0001）、

「舒夗（間）之鉨」（《璽彙》0218、「郢臠腏官」（《璽彙》5605）、「抔（莫）囂之鉨」（見下文）等，均爲楚璽，疑此類讀序乃楚璽特徵之一。《楚官璽雜識》，《南京師範大學文學院學報》，2002年第1期，第166頁。

趙平安：

《三代吉金文存》5.11.2收有一件甗銘拓本，共4行19字（含重文）：

王人A輔歸（第一行）

雚鑄其寶（第二行）

其邁年子=孫（第三行）

其永保用貞（第四行）

應讀爲「王人A輔歸雚，鑄其寶鼎，其萬年子子孫孫其永保用。」貞（鼎）字錯位，應連在第二行寶字之後（陳劍：《青銅器自名代稱、連稱研究》，《中國文字研究》第一輯，

347頁，廣西教育出版社，1999年）。

「王人A輔歸雚」需要稍加解釋。「王人」又見於舀鼎，傳世古籍也習見不鮮。《尚書·君奭》：「天維純佑命，則商寔百姓王人，無不秉德明恤。」江聲《尚書集注音疏》謂王人爲同姓之臣。《左傳·僖公八年》：「冬，王人來告喪。」《莊公六年》：「王人子突救衛。」杜預注：「王人，王之微官也。」楊伯峻注：「王人猶言周王室之官。」（《春秋左傳注》，167頁，中華書局，1981年）綜合來看，王人可能是與百姓相對，與王同姓之官的一種泛稱，地位或高或低，不必都是所謂的微官（過去有人把王人理解爲君王，是由於對《尚書·君奭》「則商寔百姓王人，無不秉德明恤」斷句不當，造成誤解所致）。「雚」通灌、祼，祭名，與效卣「王雚於嘗」用法相同。《論語·八佾》：「禘自既灌而往者，吾不欲觀之矣。」何晏注：「灌者，酌鬱鬯灌於太祖以降神也。」《尚書·洛誥》「王入太室祼」孔穎達疏：「祼者灌也，王以圭瓚酌鬱鬯之酒以獻尸，尸受祭而灌於地，因奠不飲，謂之祼。」「歸」，返回，「歸雚」即回來舉行灌祭。大約器主此前出使，歸來後舉行灌祭。「A輔」處在「王人」和「歸祼」之間，爲人名或官名加人名結構。A舊釋爲忞，高田忠周分析爲从宂从心，釋爲忱（《古籀篇》43，第 17 頁，日本古籀篇刊行會，1925 年），李孝定隸作戭（李孝定、周法高、張日升：《金文詁林附錄》，2621 頁，香港中文大學，1977 年），吴鎮烽隸作沓（《金文人名彙編》，21 頁，中華書局，1987 年）。字的上部和沈子它簋「沈」以及番生簋「芜」所从相同，確爲宂字，下部和臼相似，與早期齒的寫法相去甚遠（參看《金文編》，508、509 頁，中華書局，1985 年；《甲骨文編》，85、86 頁，中華書局，1965 年），故此應從吴鎮峰先生隸作沓。

A　B　C　D　E　F　G　H　I　J

A 在春秋戰國文字中往往作爲聲符出現。上海博物館藏有一件銅鉦鍼（著錄情況可參看孫稚雛編《金文著錄簡目》，378 頁，中華書局，1981 年），銘文首句作：

[隹]（唯）正月初吉，日才（在）庚，郐（第一行）

B尹者（諸）故□自乍（作）征（鉦）城（鋮）（第二行）

高田忠周釋B爲謟（《古籀篇》52，第39頁），郭沫若隸作譗（《兩周金文辭大系考釋》，163頁，上海書店，1999年），董楚平釋爲莤（《吳越徐舒金文集釋》），278～280頁，浙江古籍出版社，1992年）。又《古璽文（編按：當「彙」字之誤）編》0001號璽右列第二字C與之結構相同，過去往往缺釋（《古璽彙編》第一頁該字釋文以方框代之，《古璽文編》入於附錄17頁）。

B、C兩字左邊从酉，右邊下半从臼，十分明確。長期不識的原因，主要是右邊上半詭譎難辨。其實類似的寫法見於魏三字石經，作。這個字是忱的古文，按常理分析，應从口冘聲。准此，B、C二字可隸作醅。鉦鋮「郐醅尹」和璽文「王右醅」（或讀爲「右□王」）即郐之醅尹和王之右醅，都用作官名。郐字金文常見，董楚平先生曰：「郐，从余从邑，金文皆爲徐國之徐。……經傳爲漢代人隸寫，漢隸徐字寫作徐，是金文的形變。《說

文》有𨛬字，云：『𨛬，邾下邑地，从邑，余聲，魯東有𨛬城，讀若塗。』《說文》祇釋爲地名，未釋爲國名。《周禮・司寇・雍氏》注『伯禽以出師征徐戎』，《釋文》：『劉本作𨛬』。是知文獻國名也有作𨛬者。」（《吳越徐舒金文集釋》，255頁）吳大澂釋沇兒鎛曰：「𨛬古徐字。」（《愙齋集古錄釋文賸稿》卷上，9下）然則鉦鉞爲徐器。王右酷璽未見鈕式，從印面風格（包括用字特點）看似當爲楚物。

近年來出土的戰國楚簡，也多次出現和B、C相同相近的寫法：

D差（佐）𨟠（蔡）惑、坪弫公𨟠（蔡）冒。包山138

囂E君（尹）之州加鈇鼳。包山165（編按：原簡「酷尹」之「尹」做「尹」，不作君）

羕陵公之人鈇誓（慎）、大室F尹溺。包山177

邮G尹逃以𨛬爲君月貞。天星觀簡卜筮類

G和D、E、F字形相似，用法相同，《楚系簡帛文字編》把它們處理爲同一個字，是完全正確的。這一組字，大多數人釋爲醓（如《包山楚簡》，湖北省荆沙鐵路考古隊編，文物出版社，1991 年；《楚系簡帛文字編》，滕壬生著，湖北教育出版社，1995 年；《楚文字編》，李守奎，吉林大學博士學位論文，1997 年等）。黄德寬、徐在國先生釋爲酖。（《郭店楚簡文字考釋》，《吉林大學古籍整理研究所建所十五週年紀念文集》，104 頁，吉林大學出版社，1998 年）。黄、徐二位先生是從李家浩先生釋（信陽楚簡 2~023，右邊字跡殘去）爲枕得到啓發的（《信陽楚簡中的「枳」》，《簡帛研究》第 2 輯 2 頁，法律出版社，1996 年）。李先生的文章沒有展開論證，但他的結論是可信的。因而黄、徐二位先生的結論也有其相應的合理性。不過，由於此前的古文字中已有 A 字，和 D、E、F、G 還是分別隸作楷、醓爲好。我們前面已據魏三字石經釋出了 B、C，而 B、C 與這裏的 G 寫法相近，所以釋 G 以及 D、E、F 爲醓就有了更堅強的支撐。楚簡中的醓也是職官名（何琳儀先生在舊釋的基礎上把它讀爲「監尹」或「藍尹」，《戰國古文字典》，1445 頁，中華書局，1998 年）。「嚚」、「郙」爲楚地名，「大室」即太室。《尚書·洛誥》：「王入太室祼。」孔穎達疏：「太室，室之大者。故爲清廟，廟有五室，中央曰太室。」

考慮到酷爲職官，字形和醢又極爲相似，所以我們認爲酷應理解爲醢，極可能是醢的異體字。孫詒讓曾經考證，醢典籍又作肬、膉、溘，它和醓是同義詞，都是牲肉做成的肉醬，並無有汁無汁、肉醢血醢之別（《周禮正義》，396頁，中華書局，1987年）。作爲職官，醢大概與醢人相當，只是叫法不同而已。《周禮・天官・冢宰》：「醢人掌四豆之實。朝事之豆，其實韭菹、醓醢，昌本、麋臡，菁菹、鹿臡，茆菹、麇臡。饋食之豆，其實葵菹、蠃醢，脾析、蜱醢，蜃、蚳醢，豚拍、魚醢。加豆之實，芹菹、兔醢，深蒲、醓醢，箈菹、雁醢，筍菹、魚醢。羞豆之實，酏食、糝食。凡祭祀，共薦羞之豆實，賓客、喪紀亦如之。爲王及后、世子共其內羞。王舉，則共醢六十甕，以五齊、七醢、七菹、三臡實之。賓客之禮，共醢五十甕。凡事，共醢。」

回過頭來看王人酓輔甗，「酓」似乎也理解爲醢爲好。「酓」爲官職，「輔」爲名。這樣理解和酓舉行灌祭很相應。根據「名從主人」的原則，該器應定名爲王人酓輔甗或酓輔甗。我們曾討論《窮達以時》第九號簡（《〈窮達以時〉第九簡考論》，簡帛發現與研究暨長沙吳簡國際學術討論會，2001年8月16日至19日，長沙），在吸收已有成果的基礎上，指出「初H醢，後名揚，非其德加」的H應隸作湁，理解爲醢。並引《楚辭・九章・涉江》「伍子逢殃兮，比干菹醢」來論證此句講述王子比干的故事。此句下接「子疋（胥）前多𥘅（功），後翏（戮）死，非其智悽（衰）也，」和文獻中比干、子胥故事往往連稱若合符節。H的右邊部分和D、E、F、G相同。

《雙劍誃古器物圖錄》卷下30頁著錄一件楚玉佩，上寬下尖，一端有孔，正、背、側三面有字。正面「」，黃錫全先生釋作玉圭（黃錫全：《「滔前」玉圭跋》，《古文字論叢》，371頁，藝文印書館，1999年）。楚文字玉竪筆兩側往往有點畫，佩銘（編按：原誤作「名」）此字無點畫，與王字相同，宜釋爲王。「恚」通圭。「王恚」或爲王室之圭，也可能是工匠的名稱。背銘「」爲玉佩編號，可能是十三的合文。後世器物銘文此類編號多見，可與此參照（李學勤：《漢代青銅器的幾個問題——滿城、茂陵所出金文的分析》，《李學勤集》，黑龍江教育出版社，1989年；徐正考：《漢代銅器銘文研究》第五章，吉林教育出版社，1999年）。側面第二字屢見於戰國銅器，爲楚王私名。這個字有多種隸釋，目前多數人傾向於隸作前（陳秉新：《壽縣楚器銘文考釋拾零》，《楚文化研究論集》第一集，荊楚書社，1987年；黃錫全：《「浛前」玉圭跋》，《古文字論叢》372頁），認爲就是考烈王熊元。前元古音相近。前上一字I主體部分和《窮達以時》第九簡醢上一字H相同。爲飾筆。楚文字家加爪爲飾（《楚文字編》，132～133頁），爪又可演變爲（參看《「浛前」玉圭跋》，《古文字論集》，372頁）。因此I可能是湝的繁化，也可以讀爲醢，官名。「湝前」結構和王人酉輔甗的「酉輔」相當，都是官名後面綴以人名。大約考烈王繼位以前曾負責過醢的工作。這樣看來，把此玉佩斷在考烈王繼位以前是合適的（陳邦懷先生把玉佩「I前」隸作「潘肯」，讀爲涌肯，認爲此佩是涌肯（即酓肯）爲太子時所作。見所著《戰國楚文字小記》，《楚文化新探》，湖北人民出版社，1981年）。《古陶文彙編》3.645、3.646爲兩枚齊璽，第二行第一字J寫法相同，或釋爲瀆（《古陶文字徵》，147頁）。按齊陶中膚旁與此所从不同（參見《古陶文字徵》，60、133、147、168、207頁等處），字不當釋瀆。此字左部所从爲水，右邊下部爲肉，右邊上部與戰國時代酉字所从相似，人上加一筆可與臽字合觀（參見裘錫圭：《戰國璽印文字考釋三則（一）》，《古文字研究》第十輯，中華書局，1984年；又《「浛前」玉圭跋》，《古文字論叢》，

372頁；《戰國古文字典》，1442～1444頁）。鑒於醢字異體作肬、膉、湓，或从水，或从肉，而基本聲符又相同，推測此字很可能是醢字異體，也用爲官名。分別爲「左斅」和「左」的屬官。斅讀若廩，《說文》：「亩，穀所振入。宗廟粢盛，倉黃而取之，故謂之亩。……廩，亩或从广，从禾。」《周禮·司徒》有廩人，掌管糧食的出入（《周禮正義》，1227頁）。「大祭祀，則共其粢盛。」從陶文看，廩人屬下設醢。西漢左馮翊屬官有廩犧，職掌祭祀用品（《漢書》，736頁，中華書局，1962年）。顏師古注：「廩主藏穀，犧主養牲。」大約歷史上廩和醢的職務或分立或隸屬，或並於一署，因時間地域不同而異。字又見於《璽彙》0259，在《璽彙》0209和2196、《陶彙》3.282中用作偏旁，與《說文》邦之古文相近，大概是邦的古文變體（《說文古籀補補》，卷六第九頁，《說文古籀補·補補·三補·疏正》，中國書店，1990年）。左邦醢，是國家管理相關事物的最高機構之一。

通過上面的分析，可以歸納出職官醢的一些特點：

一、至少從西周一直延續到戰國時代；

二、不同時期、不同地域用字有別，但各有理據可以尋繹；

三、中央和地方都有醘，中央政府設立的醘地位尊寵，曾由太子擔任；

四、醘有左右之分；

五、主官曰醘尹（或只說醘），副官曰醘佐。　《釋「酓」及相關諸字——論兩周時代的職官「醘」》，《古文字研究》第二十四輯，中華書局，2002年7月，第282~285頁。

小林斗盦：

右□王鉢　《中國璽印類編》，天津人民美術出版社，2004年6月，第4、37頁。

陳光田：

楚系古璽　「右醘王鉩（璽）」（0001）。「右」具有助、幫助之義。《說文・又部》云：「右，手口相助也。」「右」在原璽中當有輔助之義。「醘」本義是指一種酒，《說文・水部》云：「醘，濁酒也。从酉盎聲。」該璽當爲負責酒政事務的官璽。　《戰國璽印分域研究》，嶽麓書社，2009年5月，第131頁。

李守奎按：

關於「王右醅」之釋讀，又見於《窮達以時第九號簡考論》，《古籍整理研究學刊》，2002年第3期。上博六「醅尹子桱」，古書作「沈尹」。「醓」字之釋讀，李家浩《信陽楚簡中的「枳」》一文釋出信陽簡中的「枕」字。包山簡之「醅尹」即史書之「沈尹」。《上博》六「醅尹子桱」即《呂氏春秋·不苟論·贊能》中的「沈尹桱」。「沈尹」之「沈」與地名無關。趙平安釋爲「醓尹」可信。冘字見於《說文》卷五「冂」部。冘：「冘（從段注本），行皃。从人出冂。」楚系文字皆作「沓」，多作聲符，椹—枕、醅—醓、湁—沈。包山簡中的醅字所从的「冘」旁「人」形明顯。金文之醅是訛變之形，與「央」旁相似。「臼」下有泐痕，致使學者誤釋爲「心」。

官璽第八：君

印　面：

徐茂齋藏印正續集、故宮博物院藏印

著錄：

《古璽彙編》，北京：文物出版社，1981年12月，第495頁。

《中國篆刻全集》，哈爾濱：黑龍江美術出版社，2000年7月，第57頁。

《古璽印精品選：單字璽》，北京：工藝美術出版社，2001年1月，第14頁。

《古璽漢印集萃》上冊，南寧：廣西美術出版社，2001年10月，第94頁。

《古璽彙考》，安徽大學博士學位論文，2006年5月，第150頁。

《戰國璽印分域研究》，長沙：嶽麓書社，2009年5月，第135頁。

集釋：

羅福頤：

5486　君　《古璽彙編》，文物出版社，1981年12月，第495頁。

戴山青：

古璽（私鉩）　君　《古璽漢印集萃》上册，廣西美術出版社，2001年10月，第94頁。

施謝捷：

楚系官璽　君　《古璽彙考》，安徽大學博士學位論文，2006年5月，第150頁。

陳光田：

楚系古璽「君」（5486）。《戰國璽印分域研究》，嶽麓書社，2009年5月，第135頁。

官璽第九：君

印面：

陳簠齋手拓古印集四册、璽印集林四册、濱虹草堂藏印

著錄：

《印典》（一），石家莊：河北美術出版社，1989年8月，第222頁。

《中國肖形印大全》，太原：山西古籍出版社，1995年5月，第394頁。
《古璽彙考》，安徽大學博士學位論文，2006年5月，第150頁。

集　釋：

康　殷、任兆鳳：

君　《印典》（一），河北美術出版社，1989年8月，第222頁。

溫廷寬：

1639　樣式花紋類　《中國肖形印大全》，山西古籍出版社，1995年5月，第394頁。

張　榮、馬雲賢：

君　《古璽印精品選：單字璽》，工藝美術出版社，2001年1月，第14頁。

施謝捷：

楚系官璽　君　《古璽彙考》，安徽大學博士學位論文，2006年5月，第150頁。

官璽第十：弋（弋）昜（陽）君鉨（璽）

印面：

陳簠齋手拓古印集四冊、璽印集林四冊，故宮博物院藏印

著錄：

《古璽彙編》，北京：文物出版社，1981年12月，第1頁。

《古璽印概論》，北京：文物出版社，1981年12月，第43頁。

《近百年來對古璽印研究之發展》，杭州：西泠印社，1982年5月，第12頁。

《印典》（一），石家莊：河北美術出版社，1989年8月，第221頁。

《古璽通論》，上海：上海書畫出版社，1996年3月，第109頁。

《中國篆刻全集》，哈爾濱：黑龍江美術出版社，2000年7月，第7頁。

《古璽漢印集萃》上冊，南寧：廣西美術出版社，2001年10月，第2頁。

《戰國璽印分域編》，上海：上海書店出版社，2001年10月，第179頁。

《中國書法全集》第92卷，北京：榮寶齋出版社，2003年2月，第36頁。
《古璽印通論》，北京：紫禁城出版社，2003年9月，第3頁。
《中國璽印類編》，天津：天津人民美術出版社，2004年6月，第33、207、319頁。
《古璽彙考》，安徽大學博士學位論文，2006年5月，第149頁。
《戰國璽印分域研究》，長沙：嶽麓書社，2009年5月，第131頁。
《先秦印風》，重慶：重慶出版社，2011年5月，第34頁。
《先秦古璽集粹》，長春：吉林文史出版社，2011年11月，第1頁。

集釋：

李家浩：

「𨙸」字又見於下揭古璽：

（九）《簠齋手拓古印集》一・三，一三・五，一八・三

「弋阝易」當讀爲「弋陽」。《漢書·地理志》汝南郡有弋陽縣，在今河南潢川縣西，戰國時期屬楚。

最後需要説明一下，（一）和（九）的「弋阝」字，以及（二）的「貣」字，所从「弋」旁横畫下邊的一筆寫得較平，與「戈」字一般寫作斜筆略有不同。我們知道，古文字裏直畫上往往可以加一短横，例如：

幣《金文編》三三二

先《侯馬盟書》三三八

每《侯馬盟書》三〇八

母《古璽文字徵》一二·三

弓《古璽文字徵》一二·五

「弋」字寫成（一）、（二）、（九）偏旁的形狀，可能是同類現象。因其與「戈」字形近，所以發生混淆。這種因字形相近而混用的現象，在古文字裏是不乏其例的，例如「魚」與「焦」（古璽「鄦」字作：

 《古璽文字徵》六・六

「譙」字作：

 《古璽文字徵》三・三

所从「焦」旁可以看作从「焦」从「小」聲或从「火」从「雀」聲，即「焦」字的異體。鄦和譙又分別寫作：

　《古璽文字徵》六・六

　（同右三・五）

二字都从「焦」。「焦」、「魚」二字形近，故「焦」旁或寫作「魚」旁。）「商」與「商」，（如「適」字漢印或从「商」作：《漢印文字徵》二・一一），是其例　《戰國⿰弋阝布考》，《古文字研究》第三輯，中華書局，1980年11月，第163～165頁。

羅福頤：

0002　⿰戈阝昜君鉨　《古璽彙編》，文物出版社，1981年12月，第1頁。

羅福頤：

⿰戈阝昜君鉨　《近百年來對古璽印研究之發展》，西泠印社，1982年5月，第12頁。

吳振武：

⿰弋阝（弋）昜（陽）君鉨　《〈古璽彙編〉釋文訂補及分類修訂》，《古文字學論集》（初

編），香港中文大學，1983年9月，第487頁。

吳振武：

〔一七一〕○○九六號璽文和○○○二號璽文原璽全文分別作「彊（強）弩遂（後）𨟻（將）」、「昜（陽）君鉨」，李家浩同志在《戰國弋阝布考》一文中根據戰國時弋字往往作，將此二字釋爲弋阝，並指出○○九六號璽文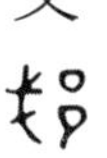應讀爲趙代郡之代，○○○二號璽文應讀爲楚弋陽之弋，其說甚確。弋阝實即弋字異體，戰國人常常在用作地名姓氏的文字上加注邑旁，例極多，參本文（一六○）條（編按：該書「一六○條」即舉例說明「戰國人常常在用作地名姓氏的文字上加注邑旁」）。故此二字可入二九三頁弋字條下。《〈古璽文編〉校訂》，吉林大學博士學位論文，1984年12月，第160～161頁。

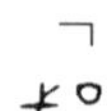

鄭　超：

35.弋阝昜君璽

首一字《古璽彙編》原釋「戈阝」，此從李家浩釋。（《戰國弋阝布考》，《古文字研究》第三輯）。李家浩並謂「弋阝昜」當讀爲「弋陽」，《漢書・地理志》汝南郡有弋陽縣，在今河南潢川縣西，戰國時期屬楚。《楚國官璽考述》，《文物研究》總第二輯，黃山書社，1986年12月，第91頁。

牛濟普：

1.弋陽君璽、弋發弩信璽

從文字特點，可以斷兩璽爲楚系官璽，如「邑」符作「」、「璽」字作「」、「」。「發弩」爲合文，寫作「」，與「郚發弩」的文字作「」近似。兩璽的「弋」字，隸定應是「⿰戈阝」，過去多認爲是「戈陽」，據李家浩先生在《戰國⿰弋阝布考》一文中所證，古文字「戈」與「弋」二字常相混用，以「戈」代「弋」的例證不少。比如《蔡侯鐘》「不愆（愆）不戝」中的「戝」應釋作「貣」，「不貣」當讀「不忒」，「貣」字與「忒」字都从「弋」得聲。《杕氏壺》「⿱罒弋獵毋後」中的「」，郭沫若先生釋爲「⿱罒弋」，認爲是「弋」字繁文。《史記·范睢傳》「且夫三代所以亡國者，君專授政，縱酒馳騁弋獵，不聽政事」。所記「弋獵」可證。另外，《信陽楚簡》「皆三伐之子孫」當讀爲「三代之子孫」，《侯馬盟書》「⿱戈心敢不閛其腹心」，「⿱戈心」即「⿱戈心（編按：當爲「忒」字

訛）」，爲人名。古籍中「戈」、「弋」相混用的例證還有不少，此不多加引述。「𨛭陽」即「弋陽」，《漢書・地理志》載汝南君有弋陽縣，其地在今河南省潢川縣西，戰國時期屬楚。《楚系官璽例舉》，《中原文物》，1992年第3期，第88頁。

曹錦炎：

31.𨛭（弋）昜（陽）君鉢

「𨛭昜」，即「弋陽」。在古文字中，弋字或「弋」旁常常寫作「戈」，例如楚帛書「四神相戈」即「四神相弋（代）」；信陽楚簡「皆三伐之子孫」，「三伐」即「三代」；杕氏壺銘「罡獵毋後」，「罡獵」即「弋獵」，「罡」是「弋」字繁構（參看李家浩《戰國𨛭布考》，《古文字研究》第三輯，中華書局，1980年版）；《越絕書》「戈船」即「弋船」，是用弩射方式作戰的水軍船名（曹錦炎《越絕書「戈船」釋義》，《文史》第36輯，中華書局1992年版），均是其例。

《漢書・地理志》汝南郡有弋陽縣，顏師古注引應劭說：「弋山在西北。故黃國，今黃城是。」地在今河南潢川縣西。公元前648年，楚滅黃，其後弋陽地屬楚。

弋陽君，楚之封君。戰國時代，各國除了普遍推行以郡統縣的地方行政機構外，同時又創設了封建的封君制度。按照封君制度，封君在其封邑內，除了有權征收租稅，還擁有另外一些經濟上的特權。封邑還必須接受國家法令的約束，或由國君委派官員進行治理（楊寬《戰國史》（新版）第六章，上海人民出版社1980年版）。楚國封君甚濫，所以吴起變法時曾認爲楚國的「貧國弱兵」，是由於「大臣太重，封君太眾」（《韓非子·和氏》）所致。

《古璽通論》，上海書畫出版社，1996年3月，第109～110頁。

何琳儀：

楚璽　⿰弋阝昜君鉨

⿰弋阝，从邑，弋聲

楚璽「⿰弋阝昜」，讀「弋陽」。見代字d（編按：「d」即楚系文字）。　《戰國古文字典》，中華書局，1998年9月，第70頁。

徐　暢：

東周·楚系公鉨　⿰弋阝（弋）昜（陽）君鉨　《中國篆刻全集》，黑龍江美術出版社，2000

年7月，第7頁。

肖　毅：

2.⿰戈阝（⿰弋阝）陽君璽　《古璽所見楚系官府官名考略》，《江漢考古》，2001年第2期，第45頁。

戴山青：

弋（⿰戈阝）陽（昜）君鉢　《古璽漢印集萃》上册，廣西美術出版社，2001年10月，第2頁。

莊新興：

1003　⿰戈阝陽君鉨　楚系・楚　《戰國璽印分域編》，上海書店出版社，2001年10月，第179頁。

徐暢主編：

戰國公鉨與印跡・楚系鉨印　66　⿰弋阝（弋）昜（陽）君　《中國書法全集》第92卷，榮寶齋出版社，2003年2月，第36頁。

徐暢主編：

66　⿰弋阝（弋）昜（陽）君鉨

作於東周時期。楚國官鉨。《古璽彙編》〇〇〇二號著錄。故宮博物院收藏。方形，邊長二・四釐米×二・五釐米。刻銘陰文四字，大篆。鈐本。

⿰弋阝昜當讀爲弋陽。《漢書・地理志》汝南郡有弋陽縣，在今河南潢川縣西，戰國時期屬楚。字跡恣肆橫扁，布白疏宕，銹蝕殘破較甚，金石氣韻濃郁。

參考　李家浩《戰國⿰弋阝布考》《中國書法全集》第92卷，榮寶齋出版社，2003年2月，第203頁。

小林斗盦：

⿰弋阝昜君鉢　《中國璽印類編》，天津人民美術出版社，2004年6月，第33、207、319頁。

施謝捷：

楚系　⿰弋阝（弋）昜（陽）君鉨（璽）　《古璽彙考》，安徽大學博士學位論文，2006年5月，第149頁。

陳光田：

楚系古璽　「⿰弋阝（弋）昜（陽）君鉨（璽）」（0002）。「⿰弋阝昜」即弋陽，楚帛書「四神相戈（弋）」之「弋」。信陽楚簡「皆三伐（代）之子孫」之「代」所从之「弋」的構形均與璽文「弋」相近。古文字中「弋」字或从「弋」的字經常寫作「戈」，這種現象楚簡中習見。「弋陽」即《漢書・地理志》汝南郡之弋陽縣，其地在今河南潢川縣西。（李家浩：《戰國邔布考》，《古文字研究》第3輯，中華書局，1980年，第160頁。）該璽當爲楚弋陽之地的封君用璽。上兩方璽中的「璽」字所从的「金」旁，雖然與上述楚系「璽」字所从的「金」有異，但從其他字的風格以及所从的偏旁看當屬楚系。《戰國璽印分域研究》，嶽麓書社，2009年5月，第131頁。

徐　暢：

戰國楚系官鉨　邔（戈）昜（陽）君鉨　《先秦印風》，重慶出版社，2011年5月，第34頁。

王義驊：

邔昜君鉨　《先秦古璽集粹》，吉林文史出版社，2011年11月，第1頁。

李守奎按：

「君」在楚璽中的用法有三：一、封君之稱，如□昜君、上贛君等，包山楚簡中這類封君很多；二表明身份的「君子」或「士君子」，上博四《昭王毀室》中有身穿喪服阻止昭王毀室的「君子」，當是有身份貴族的通稱；三、吉語「君壽」、「君子之又（有）」、「君子敬」等。據楚簡材料，在敘述中，楚王稱「王」或「某王」，在對話中，楚王稱「君王」。因此。「君壽」中的「君」不是國君，當是封君。

楚官璽以陰刻白文爲特色，朱文璽很少見。吉語璽中，多有陽刻朱文。兩方朱文「士君子」三圓合璽不僅在印面上與白文「士君子」三圓合璽相同，而且，字體風格與楚簡文字非常相近，是楚璽無疑。所收七方「君壽」小方璽印面形制與「福壽」幣和「福壽」璽文一致，且「壽」字的寫法非常接近，何琳儀先生斷爲楚璽，可信。

「弋」與「戈」的區別特徵是：「弋」旁作「」，右曳筆劃中間是短橫；「戈」字作「」，右曳筆劃中間是一「撇」。由於區別甚微，二者時有混訛。弋阝易君鉩中的「弋阝」是典型的「弋」。

官璽第十一：藋君之鉩（璽）

印面：

陳簠齋手拓古印集四冊、濱虹草堂藏古璽印二集八冊

著錄：

《古璽彙編》，北京：文物出版社，1981年12月，第39頁。
《印典》（一），石家莊：河北美術出版社，1989年8月，第747頁。
《古璽通論》，上海：上海書畫出版社，1996年3月，第11頁。
《中國篆刻全集》，哈爾濱：黑龍江美術出版社，2000年7月，第13頁。
《古印集萃・戰國卷》，北京：榮寶齋出版社，2000年11月，第53頁。
《中國璽印真僞鑒別》，合肥：安徽科學技術出版社，2001年1月，第139頁。

《古璽漢印集萃》上冊，南寧：廣西美術出版社，2001年10月，第26頁。

《戰國璽印分域編》，上海：上海書店出版社，2001年10月，第193頁。

《中國書法全集》第92卷，北京：榮寶齋出版社，2003年2月，第37頁。

《中國璽印類編》，天津：天津人民美術出版社，2004年6月，第438頁。

《書法新鑒：古璽文新鑒》，西安：世界圖書出版公司，2005年6月，第128頁。

《古璽彙考》，安徽大學博士學位論文，2006年5月，第183頁。

《戰國璽印分域研究》，長沙：嶽麓書社，2009年5月，第147頁。

《先秦印風》，重慶：重慶出版社，2011年5月，第40頁。

集 釋：

羅福頤：

0230　藿之鈢　《古璽彙編》，文物出版社，1981年12月，第39頁。

鄭　超：

36.藿君（合文）之璽

此印《古璽彙編》原釋「藿之璽」，但「藿」字下有重文符號，不應忽視。而若重一「藿」字則不辭。我們注意到「藿」字下半都寫成「君」字，也可能此重文符號表示「藿」當釋爲「藿君」，重的是「藿」字的下半部。這種部分重文的現象，戰國文字多見，如中山王嚳鼎「寡人」的合文（見《中山王嚳器文字編》79頁）。又秦簡的「旅衣」寫作「旅」，見李學勤先生《秦簡的古文字學考察》（《雲夢秦簡研究》，中華書局），也可爲證。此印從「璽」字的寫法上看可定爲楚璽。「藿」當讀爲「權」。《左傳·莊公十八年》：「初，楚武王克權，使鬥緡尹之，以叛，圍而殺之。遷權於那處，使閻敖尹之。」此兩地相距不遠，俱在今湖北省荊門縣東南。權君的封地當是此兩地中之一。《楚國官璽考述》，《文物研究》總第二輯，黄山書社，1986年12月，第91～92頁。

湯餘惠：

楚官璽　0230藿=之鉨　《略論戰國文字形體研究中的幾個問題》，《古文字研究》第十五輯，中華書局，1986年6月，第76頁。

康　殷、任兆鳳：

藿= 吳大澂：「觀，現藿爲觀字初文，晚周加見。」故移觀字於此。《印典》（一），河北美術出版社，1989年8月，第747頁。

牛濟普：

2.權之璽

第一字隸爲「藿」，借爲「權」，即古權國，春秋滅於楚。《左傳·莊公十八年》「楚武王克權」，杜注「南郡當陽縣東南有權城」。《水經注》「權水東南流逕權城北，古之權國也」，其地在今湖北省荆門。《楚系官璽例舉》，《中原文物》，1992年第3期，第88頁。

曹錦炎：

34.藿君之鉩

「藿君」二字爲合文，下有合文符號，君字借藿字下部爲「尹」，係借筆合文。

「藿」讀爲「權」（鄭超《楚官璽考述》，《文物研究》第二期，1986年），地名。《左傳》莊公十八年：「初，楚武王克權，使鬥緡尹之，以叛，殺之。遷權于那處，使閻敖尹之。」權，本爲國名，今湖北當陽縣東南有權城，即其舊地，楚武王滅權，以權爲楚邑。

後鬥緡以權邑叛，所以將權國之原有臣民另遷那處，那處在今湖北荆門縣東南。據璽文，權邑後爲封君之邑。

此璽爲楚國封君「權君」所用之印。《古璽通論》，上海書畫出版社，1996年3月，第111頁。

何琳儀：

楚系　藿之鉨

楚璽藿，讀權，地名。《左・莊十八》：「楚武王克權。」在今湖北荆門東南。《戰國古文字典》，中華書局，1998年9月，第984頁。

徐　暢：

東周・楚系公鉨　權君（合文）之鉨・陶質　《中國篆刻全集》，黑龍江美術出版社，2000年7月，第13頁。

劉信芳：

二、藿□之稱（編按：「稱」字當爲「璽」字誤）

鄭超先生釋「藋君之鈢」讀「藋君」（鄭超：《楚國官璽考述》，《文物研究》第二期，第91頁）。何浩、林清源先生證成其說（何浩：《楚國封君封邑續考》，《江漢考古》1991年第4期，第68頁。林清源：《楚國文字構形演變研究》，東海大學博士論文，1997年，第76頁）。按該璽第一字應是「藋口」合文，其字下部有「口」，《璽彙》0431、0432「王嚾」、1342「孟嚾」，1512「孫嚾」，3035「賦嚾」，「嚾」字皆如是作。諸姓名璽「嚾」字釋舊「藋」，非是。作爲人名用字，「嚾」應讀爲「讙」，包189有人名「張讙」。古文字从口从言不甚別，馬王堆漢墓帛書《老子》乙：「唯與呵，其相去幾何？」「呵」字甲本作「訶」。从口之「嚾」實與「君」字不相涉，將上揭合文釋爲「藋君」是沒有道理的。「藋口」即「權口」。《左傳》莊公十八年：「初，楚武王克權，使鬥緡尹之。以叛，圍而殺之；遷權於那處。」杜預注：「權，國名，南郡當陽縣東南有權城。」又：「那處，楚地，南郡編縣東南有那口城。」那一作「鄀」。據《春秋大事表》卷六，今湖北當陽縣東南有古權城，爲春秋時權國。《水經注·沔水》：「沔水自荊城東南流，逕當陽縣之章山東。……沔水又東，右會權口，水出章山，東南流逕權城北，古之權國也。《春秋》魯莊公十八年，楚武王克權，權叛，圍而殺之，遷權於那處是也。東南有那口城。權水又東入於沔。」楊守敬《疏》：「水自今荆門州東南流，至鍾祥縣西南入漢。」其地在今湖北鍾祥縣境內。 《古璽試解十則》，《中國文字》新廿六期，藝文印書館，2000年12月，第162頁。

來一石：

藋之鉨 《古印集萃・戰國卷》，榮寶齋出版社，2000年11月，第53頁。

后曉榮、丁鵬勃、渭 父：

圓形陰文公印。一般直徑2.5釐米左右，也有大型印面，印體扁而微隆，鼻鈕。例見「專室之璽，藋之璽」（圖1-77、圖1-309）。 《中國璽印真偽鑒別》，安徽科學技術出版社，2001年1月，第39頁。

肖 毅：

1.藋（權）君之璽

權君當爲權邑之封君。《左傳・莊公十八年》「初，楚武王克權，便（編按：「便」爲

「使」字訛）鬥緡尹之，以叛，圍而殺之。遷權於那處，使閻敖尹之。」《古璽所見楚系官府官名考略》，《江漢考古》，2001年第2期，第44頁。

戴山青：

藋之鉩　《古璽漢印集萃》上冊，廣西美術出版社，2001年10月，第26頁。

莊新興：

1086　藋之鉩　楚系·楚　《戰國璽印分域編》，上海書店出版社，2001年10月，第193頁。

徐暢主編：

戰國公鉩與印跡·楚系鉩印　68　藋=（權君）之鉩　《中國書法全集》第92卷，榮寶齋出版社，2003年2月，第37頁。

徐暢主編：

68　藋=（權君）之鉩

作於春秋時期。陶鉩。《璽彙》○二三○號著錄。陶質。圓形，直徑約四·八釐米。蔡守在《陳簠齋手拓古印集》此璽旁批註「匋鉩」，應有所本。印面剝蝕較甚，泥土氣息穠深，故從其說。藿借爲權，即古權國，春秋滅於楚。故地在今湖北荊門。「權水東南流逕權城北。」此爲故權國滅國前的可能性較大。金字旁爲楚系文字的特徵。

「藿」與「君」兩字爲合文，下有合文符號，前人多不注意。此右邊合文二字與左「之」兩字佈白隨意，疏落欹斜，生意逸出，有圓形邊使章法凝聚，不致散逸。

參考 徐暢《寓石齋璽印考》；牛濟普《楚系官璽例舉》 《中國書法全集》第92卷，榮寶齋出版社，2003年2月，第203頁。

小林斗盦：

藿之鉨 《中國璽印類編》，天津人民美術出版社，2004年6月，第438頁。

肖曉輝：

……《古璽彙編》0230號印爲楚官璽，首字應看作「藿君」二字的合文，字下有合文符號。「藿」字下部的「隹」與「君」部上部的「尹」寫法相近，故並爲一體。「藿君」讀爲「權君」，爲楚之封君。 《書法新鑒：古璽文新鑒》，世界圖書出版公司，2005年6月，127～128頁。

施謝捷：

楚系官璽舊=（藿藿—藿觀）之鉨（璽）【陶質】 《古璽彙考》，安徽大學博士學位論文，2006年5月，第183頁。

陳光田：

楚系古璽 「藿（權）君之鉨（璽）」（0230）。璽文第一字爲「藿君」的合文，字下面有合文符號。「藿」當讀做權，「權」爲地名，其地在今湖北荆門。（鄭超：《楚國官璽考述》，《文物研究》1986年總第2輯。）《左傳·莊公十八年》云：「初，楚武王克權，便都（編按：此兩字當作「使鬥」。）緡尹之，以叛，圍而殺之。遷權於他（編按：「他」當爲「那」字訛。）處，使閻敖尹之。」該璽當爲楚「權」地的封君用璽。 《戰國璽印分域研究》，嶽麓書社，2009年5月，第147頁。

徐暢：

戰國楚系官鉨 藿（權君二字合文）之鉨（陶印） 《先秦印風》，重慶出版社，2011年5月，第40頁。

李守奎按：

「藿」字屢見於楚簡，作「」，郭・六・24作「」。璽文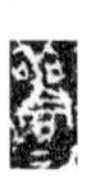釋爲「藿口」合文，符合楚文字合文釋讀習慣，但不符合楚官璽文例。「藿」字所从的「隹」旁與「尹」旁相近，當是有意改造。鄭超釋爲「藿君」合文可信。

官璽第十二：勻君

印面：

徵集品，湖南省博物館藏

著錄：

《湖南省博物館藏古璽印集》，上海：上海書店，1991年6月，第9頁。

《印典》（三），北京：國際文化出版公司，1994年1月，第1932頁。

《湖南古代璽印》，上海：上海辭書出版社，2004年12月，第40頁。

《古璽彙考》，安徽大學博士學位論文，2006年5月，第150頁。

《戰國璽印分域研究》，長沙：嶽麓書社，2009年5月，第135頁。

集　釋：

湖南省博物館：

匀君

年代：戰國　出處：徵集品

質地：銅　原大：15×15×9mm　《湖南省博物館藏古璽印集》，上海書店，1991年6月，第9頁。

康　殷、任兆鳳：

　从匀从君，君殆聲符。　《印典》（三），國際文化出版公司，1994年1月，第1932頁。

陳松長：

私璽　匀君　《湖南古代璽印》，上海辭書出版社，2004年12月，第40頁。

施謝捷：

楚系官璽　匀君　《古璽彙考》，安徽大學博士學位論文，2006年5月，第150頁。

陳光田：

楚系古璽　「匀（均）君」（《精粹》）。「匀」與「均」同，《說文・土部》云：「均，平徧也，或作匀。」「均」爲地名，《廣韻・諄韻》云：「均，亦州名，春秋戰國時期並屬楚，秦屬南陽郡。」其地在今湖北丹江口市。該璽當爲楚之「均」地的封君所用之物。

《戰國璽印分域研究》，嶽麓書社，2009年5月，第135頁。

官璽第十三：曲昜（陽）君□

印面：

1997年，安徽巢湖市北山頭戰國墓出土

著錄：

《古璽彙考》，安徽大學博士學位論文，2006年5月，第149頁。
《戰國璽印分域研究》，長沙：嶽麓書社，2009年5月，第133頁。
《二十世紀出土璽印集成》，北京：中華書局，2010年1月，第16頁。

集釋：

施謝捷：

楚系官璽 （曲）昜（陽）君𠚤【玉質】

此璽1997年安徽巢湖市北山頭戰國墓出土。《說文》曲部：「，古文曲。」先秦文字中的「曲」字，吳振武先生曾經專門討論過（詳看吳振武1993a），包山楚簡簡260「曲輅」及郭店楚墓竹簡《六德》簡43「能獸（守）弌（一）曲」的「曲」分別作「」、「」形（《戰國文字編》830頁；《楚文字編》714頁），與璽文「昜」上一字「」構形相同，然則「昜」可釋讀爲「曲陽」。《漢書·地理志上》揚州九江郡屬縣有「曲陽，侯國」，應劭曰：「在淮曲之陽。」東漢時改名爲「西曲陽」（《續漢書·郡國志四》），中國時期屬楚；又徐州東海郡屬縣也有「曲陽」，應劭曰：「在淮曲之陽。」東漢時爲侯

國，改屬下邳國（《續漢書・郡國志三》）；戰國時期屬齊。結合此璽所呈顯的楚文字風格及其出土地，可以確定璽文中的「曲昜」應該是在戰國時期處於楚國腹地的《漢志》九江郡屬縣「曲陽」（西曲陽）。「君」下一字「臽」，不識。從璽文文例看，「臽」應該是「曲陽君」的私名。1994年江蘇省徐州市簸箕山宛朐侯墓出土一金質「宛朐侯埶」四字印：

此印邊長2.3釐米、高2.1釐米，現藏江蘇省徐州市博物館，《楚王陵漢印原拓珍藏印譜》著錄。「埶」即宛朐侯劉埶。印文例與「曲昜君臽」完全相同，二者應該都非實用之印，係爲殉葬專制。漢印中有不少這樣的實例，《秦漢魏晉南北朝官印徵存》卷十一就收錄三十餘例，如「横野大將軍莫府卒史張林印」（2440）、「左奉翊掾王訢印」（2441）、「平陽侯相韓鳳」（2456）、「裨將軍張賽」（2457）等，是其比。古璽中也有類似文例的，如齊「卑（裨）醬（醬—將）匠（匠）匓仟（信）鉨（璽）」（《古璽彙編》0234），湯餘惠先生曾指出「匠匓」是裨將之私名（湯餘惠1993b；又《戰國銘文選》83頁）。還有如三晉

璽中的「癹（發）弜（弩）棆（榆）平」（《古璽彙編》0116）、「左宫⿰木魚（鮇）槫」（同上0254）、会「（陰）成君邑夫=（大夫）俞安」（同上0104），也應該如此看待。過去將人名「榆平」、「鮇槫」作爲地名考查，當然不會有結果的（參看本文「癹（發）弜（弩）棆（榆）平」、「左宫（鮇）槫」璽説明）。《古璽彙考》，安徽大學博士學位論文，2006年5月，第149～150頁。

陳光田：

楚系古璽　曲昜（陽）君頁（《國學網》）。璽文最後一字舊不識，當釋爲頁。曲陽，地名，戰國時期趙、楚均有曲陽。按此處非趙之曲陽，當爲《漢書·地理志》中屬九江郡的曲陽，因在淮曲之陽而得名，該地戰國時屬楚。該璽爲楚在曲陽之地的封君所用。「頁」可能爲封君之名。《戰國璽印分域研究》，嶽麓書社，2009年5月，第134頁。

周曉陸主編：

二-SY-0065　曲昜君𠕒　東周（楚）　青玉　覆斗紐　21×21-18　《二十世紀出土璽印集成》，中華書局，2010年1月，第16頁。

官璽第十四：鄀（著）君之□

印面：

北京文雅堂收藏

著録：

《古璽彙考》，安徽大學博士學位論文，2006年5月，第150頁。

集釋：

施謝捷：

楚系官璽　鄀（著）君之□　《古璽彙考》，安徽大學博士學位論文，2006年5月，第150頁。

官璽第十五：上⿰章各（贛）君之詎（謂）鉨（璽）

印面：

尊古齋印存四集四十冊、尊古齋古璽集林初二集，上海博物館藏印

著録：

《上海博物館藏印選》，上海：上海書畫出版社，1979年8月，第2頁。

《古璽彙編》，北京：文物出版社，1981年12月，第2頁。

《印典》（一），石家莊：河北美術出版社，1989年8月，第221頁。

《璽印鑒賞》，桂林：灕江出版社，1993年11月，第15頁。

《古璽通論》，上海：上海書畫出版社，1996年3月，第110頁。

《古璽印精品集成》，上海：上海古籍出版社，1998年9月，第1頁。

《中國歷代印章目錄》，北京：中國民族攝影藝術出版社，1998年9月，第26頁。

《中國璽印篆刻全集》，上海：上海書畫出版社，1999年11月，第47頁。

《中國篆刻全集》，哈爾濱：黑龍江美術出版社，2000年7月，第7頁。

《古印集萃·戰國卷》，北京：榮寶齋出版社，2000年11月，第38頁。
《古璽漢印集萃》上冊，南寧：廣西美術出版社，2001年10月，第1頁。
《戰國璽印分域編》，上海：上海書店出版社，2001年10月，第179頁。
《中國書法全集》第92卷，北京：榮寶齋出版社，2003年2月，第37頁。
《戰國璽印》，上海：上海書畫出版社，2003年8月，第233頁。
《中國璽印類編》，天津：天津人民美術出版社，2004年6月，第33、439頁。
《古璽彙考》，安徽大學博士學位論文，2006年5月，第150頁。
《戰國璽印分域研究》，長沙：嶽麓書社，2009年5月，第131頁。
《先秦印風》，重慶：重慶出版社，2011年5月，第29頁。
《先秦古璽集粹》，長春：吉林文史出版社，2011年11月，第1頁。

集釋：

上海博物館：

上輅君之䛐鈢　《上海博物館藏印選》，上海書畫出版社，1979年8月，第2頁。

羅福頤：

0008　上□君之□鉨　《古璽彙編》，文物出版社，1981年12月，第2頁。

吳振武：

上韽君之誔鉨　《〈古璽彙編〉釋文訂補及分類修訂》，《古文字學論集》（初編），香港中文大學，1983年9月，第487頁。

吳振武：

〔四八二〕此字从言从疋，應隸定爲誔，釋爲諝，參本文「一八四」（編按：該條即是對「誔」字的考釋）、「二二八」條（編按：該條即是對「疋」字的考釋）。諝字見於《說文·言部》。　《〈古璽文編〉校訂》，吉林大學博士學位論文，1984年12月，第381頁。

吳振武：

〔五九二〕此字从章从次从口，可隸定爲韽。古璽章字或作，（五八頁）正與此字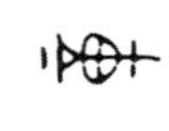旁同。即次，古璽从（欲）字所从之次作（五七五頁第六欄），是其證。從戰國文字从口不从口往往無別考慮，韽字很可能是贛字的聲符。《說文》贛字小篆作，

《說文》謂「从貝竷省聲」。新鄭所出十五年鄭令戈和二十年鄭令戈中有字。郝本性先生在《新鄭「鄭韓故城」發現一批戰國銅兵器》（《文物》一九七二年十期）一文中釋爲贛。我們從《說文》贛字籀文作以及漢印贛字作（《漢徵》六・十七）來看，郝先生釋可信（、皆之訛）。古璽中又有字（《彙》五六七九，本書未錄）似與字同，也應釋爲贛。從古文字看，贛字的基本聲符應是「欠」。《說文》謂贛从竷省聲雖不可信，但說明了贛、竷古音同。《說文》竷字條下引《詩・小雅・伐木》：「竷竷舞我」一句，今本作「坎坎鼓我」，可見，贛、欠古音亦近。古陶文中又有一個从章从欠从鹵的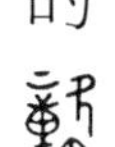字（《鐵陶》六二・一）。過去丁佛言在《說文古籀補補》中引吳大澂說釋爲贛雖不正確，但吳氏把字所从的看成是贛字所从的「竷」倒是可取的。、等字所从的歁應該就是字所从的歁）。戰國時欠旁可以寫作次，如見於《說文・欠部》的欨字信安君鼎作（人名，《考古與文物》一九八一年二期），古璽則作（人名《彙》二七四四）。漢印中的贛字既作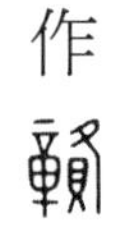，又作（《漢徵》六・十七及《漢補》六・四），其所从的或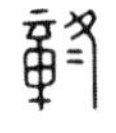旁應分別由、二旁演變而來。韶

（歆）或韐（歆）皆不見於後世字書。《〈古璽文編〉校訂》，吉林大學博士學位論文，1984年12月，第448～450頁。

李家浩：

壹　上韸君之謂璽

《古璽彙編》0008號楚印，其文如下（編按：圖略）：

原書「上」下一字和「鉩」上一字並缺釋，《古璽文編》作爲不認識的字收在附錄裏（見該書452、400頁）。按「上」下一字應分析爲从「章」从「次」从「口」。戰國文字裏有一個以此字的上半部份爲偏旁的字，从「貝」作：

江陵天星觀一號墓竹簡

《古璽彙編》518.5692

我們認爲這個从「貝」的字即「贛」字。

「贛」字《說文》篆文作：

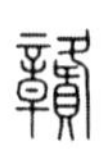

漢印文字作：

 a 楊贛《漢印文字徵》6.17

 b 楊贛私印　同上

按漢印文字a種寫法的「贛」字與上錄戰國文字顯然是一個字，其右半上半部份即「次」的變形，《說文》篆文「贛」字當是由此訛變而成。在古文字裏，「次」、「欠」二字作爲偏旁時往往混用，如「砍」字，古印文字寫作从「次」（羅福頤主編《古璽文編》575.2744，文物出版社，1981年）；長沙戰國帛書月名「[占欠]」字（巴納：《楚帛書》C14，堪培拉，1973

年），越王勾踐劍寫作从「次」（湖北省文化局文物工作隊：《湖北江陵三座楚墓出土大批重要文物》，《文物》1966年5期圖版壹。此字亦見於越王勾踐之子劍《商周金文錄遺》593，舊釋爲「鳩」，非是），即其例。因此，上錄漢印文字b種寫法的「贛」字右半部份當是「欠」的變形。古陶文有如下一個字：

 《古陶文孴錄》12.1

此字顯然是从「囟」从「⿰音夅」。「⿰音夅」的右旁正寫作从「欠」。古代「贛」、「欠」音近。《詩經·小雅·伐木》「坎坎鼓我」，《說文》「竷」字下引作「竷竷鼓我」（通行本「鼓」作「舞」，此從段玉裁注改）。《周易》坎卦之「坎」，馬王堆漢墓帛書《周易》作「贛」。是「贛」字所从聲符「⿰音夅」實从「欠」聲。在戰國文字裏，常見於文字之下加「口」的情況，（參看裘錫圭《戰國文字中的「市」》，《考古學報》1980年3期287頁；李家浩《戰國時代的「冢」字》，《語言學論叢》第六輯115頁注②，商務印書館，1981

年），如長沙戰國帛書「丙」作「⿱丙口」。上錄楚印「上」下一字之下加「口」，當與此同類。因此，此字應釋爲「贛」、「竷」等字所从的聲符「⿰章夅」。

「鉨」上一字應分析爲从「言」从「疋」，楚王酓忎鼎銘文「楚」字所从「疋」旁與此偏旁相近可證（容庚：《金文編》325頁，科學出版社，1959年）。此字當是「諝」字的異體。「胥」从「疋」聲，故「疋」、「胥」可以通用。《說文》：「疋，足也。……或曰胥字。」戰國印文複姓「疋于」（羅福頤主編：《古璽彙編》30.3260～3261，文物出版社，1981年），漢印作「胥于」（陳介祺：《十鐘山房印舉》3.25），此皆其證。

根據以上所說，上錄楚印可釋寫如下：

上⿰章⿱夅口（⿰章夅）君之⿰言疋（諝）鉨（璽）

「上⿰章夅君」當是楚國的一個封君。《漢書・地理志》豫章郡有贛縣，其地位於今江西贛水邊上的贛州市西。疑印文「上⿰章夅」當讀爲「上贛」，亦可能位於贛水邊上。「諝」是小吏之名，古書多以「胥」爲之。《周禮・天官・序官》「胥有十二人」，鄭玄注：「胥，讀如諝，諝其有才知（智）爲什長。」「上贛君之諝璽」，即上贛君的小吏所用的印。不過魏晉印裏常見「某言疏」、「某白疏」六面印（《十鐘山房印舉》4.18下、19上、20下。羅福頤：《古璽印概論》66頁，文物出版社，1981年）。「疏」从「疋」聲，故「疋」、「疏」二字可以通用。《說文》：「疋，……一曰疋記也。」即以「疋」爲「疏」。印文的「𧦝」也有可能讀爲「疏」。《楚國官印考釋（四篇）》，《江漢考古》，1984年第2期，第44～45頁。

李家浩：

附記：本文是1982年11月據筆記改寫而成的。近讀吳振武同志《〈古璽彙編〉釋文訂補及分類修訂》（《古文字學論集》初編，香港中文大學，1983年），吳氏（編按：原作「巳」，誤）亦把「上贛君之諝璽」之「贛」、「諝」二字隸定作「韜」、「𧦝」，「五渚正璽」之「渚」釋作「渚」。《楚國官印考釋（四篇）》，《江漢考古》，1984年第2期，第49頁。

李家浩：

補正：（一）1971年，河南新鄭「鄭韓故城」出土的T1：38、T1：46兩件銅戈銘文的「冶」名之字，跟本文第一篇所引天星觀楚墓竹簡和古璽的「贛」字寫法相似，郝本性先生將此字釋爲「贛」，爲本文所漏引。郝釋見《新鄭「鄭韓故城」發現一批戰國銅兵器》，《文物》1972年10期35頁。　《楚國官印考釋（四篇）・補正》，《著名中年語言學家自選集・李家浩卷》，安徽教育出版社，2002年12月，第139頁。

鄭　超：

37.上䪨君之証璽

謂，古書多以「胥」爲之，《儀禮・大射儀》「胥薦主人於洗北，西面」，注：「胥，宰官之吏。」《禮記・喪大紀》「大胥是斂」注：「胥，樂官也。」　《楚國官璽考述》，《文物研究》總第二輯，黃山書社，1986年12月，第92頁。

黃錫全：

（183）上贛君之謂璽　《古文字中所見楚官府官名輯證》，《文物研究》總第七輯，黃山書社，1991年12月，第232頁。

羅伯健：

上䪨君之証鉨 《璽印鑒賞與收藏》，吉林科學技術出版社，1996年1月，第28頁。

曹錦炎：

33.上䪨（贛）君之証（謂）鉨

「䪨」，即贛字，天星觀楚簡和漢印文字均寫作「贛」，《說文》篆文已有訛變（參見李家浩《楚國官璽考釋（四篇）》，載《江漢考古》1984年第2期）。上贛君，楚國的封君。《漢書·地理志》豫章郡有贛縣，其地在今江西贛州市西，位於贛水邊。「上贛」也可能位於贛水邊上，或與贛縣有關（參見李家浩《楚國官璽考釋（四篇）》，載《江漢考古》1984年第2期）。

「謂」，小吏。《周禮·天官·敘官》：「胥有十二人。」鄭玄注：「胥，讀如謂，謂其有才知（智），爲什長。」此璽爲上贛君屬下的小吏所用印。 《古璽通論》，上海書畫出版社，1996年3月，第110～111頁。

莊新興：

上□君之□鉨　《古璽印精品集成》，上海古籍出版社，1998年9月，第1頁。

何琳儀：

楚系　上歆君之詎鉨

楚璽歆，讀贛。地名。見《漢書·地理志》豫章郡。在今江西贛州西。《戰國古文字典》，中華書局，1998年9月，第1453～1454頁。

何琳儀：

楚系　上䣆（編按：該字上條隸定爲「歆」）君之詎鉨

詎，从言疋聲。疑諝之省文。《說文》：「諝，知也。从言胥聲。」

楚璽「詎」，讀胥。《周禮·天官·序官·小宰》「胥十有二人」，注：「胥，讀如諝，謂其有才知爲什長。」《戰國古文字典》，中華書局，1998年9月，第581頁。

莊新興：

上□君之□鉨　戰國　《中國璽印篆刻全集》，上海書畫出版社，1999年11月，第47頁。

徐暢：

東周・楚系公鉨　上韐（韓）君之証（謂）鉨　《中國篆刻全集》，黑龍江美術出版社，2000年7月，第7頁。

來一石：

上韐君之証鉨　《古印集萃・戰國卷》，榮寶齋出版社，2000年11月，第38頁。

后曉榮、丁鵬勃、渭　父：

……有的內容爲地名加職司、官名，有的僅爲職守或官名。此類璽印中，所見楚國地名有「上贛、江陵、上場、羕襄、柢里、新邦、龍城、安昌里、郛里、下蔡、䢵陽、樂成里、邟、吁陽、陳、蔿陵、東鄗、昜都、郢、王渚」等，據此可排列重現楚國的所轄疆域。璽印中職守、官名所反映的楚職官制更明顯，如「行府、高府、肆府、官、伍官、正官、計官、鄟官，新邦官、郢官、職歲、職室、專室、職飲、職襄、尹、連尹、上尹、軍計、客群粟客、郢粟客、莫囂、連囂、行邑大夫、行士、相、敔府」等。其中，常有一些官職名稱爲他國所沒有，如「連尹」、「莫囂（敖）」、「職室」、「職歲」、「軍計」等。這些楚國特有的官職也見於文獻記載，另外，楚璽文字形體亦有一些特殊寫法，如古璽中常見的「鉨」字，所从的金旁，在楚璽中多作「金、㑒、㑒」等形，「府」作「」，「陵」作「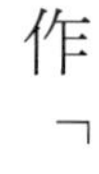」，「官」作「」，「職」作「戠」，「室」作「」等。都是楚系文字特點的特殊形體，是鑒定楚系古璽的可靠標準。例見「上場行邑大夫璽、計官之璽、連尹之璽、大莫囂璽、行士之璽、行府之璽、區夫相璽」（圖 1-302 至圖 1-308）。　《中國璽印真偽鑒別》，安徽科學技術出版社，2001 年 1 月，第 39 頁。

肖　毅：

37.上贛尹之詎璽（編按：「尹」當爲「君」）　《古璽所見楚系官府官名考略》，《江漢考古》，2001 年第 2 期，第 43 頁。

戴山青：

上鄗君之□鉥　《古璽漢印集萃》上冊，廣西美術出版社，2001 年 10 月，第 1 頁。

莊新興：

1002　上鄗君之詎鉨　楚系·楚　《戰國璽印分域編》，上海書店出版社，2001 年 10 月，第 179 頁。

徐暢主編：

戰國公鉨與印跡·楚系鉨印　69　上韸韜君之証（謂）鉨　《中國書法全集》第92卷，榮寶齋出版社，2003年2月，第37頁。

徐暢主編：

69　上韸君之証（謂）鉨

作於戰國時期。楚國官鉨。《古璽彙編》〇〇〇八號著録。上海市博物館收藏。

第二、五字據李家浩釋爲上韸即上贛，即今之江西贛州市西。上贛君應是楚國封於贛州附近的封君名，謂與胥通，「胥，宰官之吏」。此爲楚封於上贛的封君之屬吏的用印。

參考　李家浩《楚國官璽考釋》　《中國書法全集》第92卷，榮寶齋出版社，2003年2月，第203頁。

莊新興：

上韜君之証璽（楚）　《戰國璽印》，上海書畫出版社，2003年8月，第233頁。

小林斗盦：

上⿰章咨君之証鉨　《中國璽印類編》，天津人民美術出版社，2004年6月，第33、439頁。

施謝捷：

楚系官璽　上⿰章咨（⿰章夆）君之⿰言疋（諝）鉨（璽）　《古璽彙考》，安徽大學博士學位論文，2006年5月，第150頁。

陳光田：

楚系古璽　上⿰章咨（贛）君之諝鉨（璽）（0008）。璽文第二字从章从次从口，當隸作⿰章咨，即贛字，天星觀楚簡和漢印均寫作⿰章咨；第四字从「言」从「胥」，當爲「諝」的異體。「上贛君」爲楚國封君，「諝」爲小吏之名。《漢書・地理志》豫章郡有贛縣，「上贛」可能位於贛水邊上，在今江西贛州，或與贛縣有關。（李家浩：《楚國官印考釋（四篇）》，《江漢考古》1984年第2期。）該璽當爲上贛君的諝吏所用之物。　《戰國璽印分域研究》，嶽麓書社，2009年5月，第131~132頁。

徐　暢：

戰國楚系官鉨　上⿰章咨君之⿰言疋（諝）鉨　《先秦印風》，重慶出版社，2011年5月，第29頁。

王義驊：

上鄗君之証鉨　《先秦古璽集粹》，吉林文史出版社，2011年11月，第1頁。

邱傳亮按：

此字隸作「鄗」，釋作「鄗」，讀作「贛」，可信。楚文字中「欠」與「次」作爲偏旁，往往混用。

官璽第十六：𩁹𡊤（來）公鉨（璽）

印面：

故宫博物院藏印

著　録：

《古璽彙編》，北京：文物出版社，1981年12月，第45頁。

《印典》（一），石家莊：河北美術出版社，1989年8月，第191頁。

《古印集萃・戰國卷》，北京：榮寶齋出版社，2000年11月，第36頁。

《古璽漢印集萃》上冊，南寧：廣西美術出版社，2001年10月，第36頁。

《戰國璽印分域編》，上海：上海書店出版社，2001年10月，第527頁。

《中國璽印類編》，天津：天津人民美術出版社，2004年6月，第25、33、439頁。

《古璽彙考》，安徽大學博士學位論文，2006年5月，第168頁。

《戰國璽印分域研究》，長沙：嶽麓書社，2009年5月，第147頁。

《先秦印風》，重慶：重慶出版社，2011年5月，第29頁。

《先秦古璽集粹》，長春：吉林文史出版社，2011年11月，第20頁。

集　釋：

羅福頤：

0264　□□公鉨　《古璽彙編》，文物出版社，1981年12月，第45頁。

吳振武：

櫜□公鈢　《〈古璽彙編〉釋文訂補及分類修訂》，《古文字學論集》（初編），香港中文大學，1983年9月，第490頁。

吳振武：

〔八五八〕此字从木从臦，可隸定爲櫜。古璽臦字作或，正與此字旁同。參本文（一九二）條（編按：即「」字的考釋）。櫜字不見於後世字書。《〈古璽文編〉校訂》，吉林大學博士學位論文，1984年12月，第619頁。

何琳儀：

楚系　櫜□公鈢

楚器公，爵名。　《戰國古文字典》，中華書局，1998年9月，第408～409頁。

何琳儀：

楚系　榗□公鈢

榗，从木，晉省聲。《說文》：「榗，木也。从木，晉聲。《書》曰：竹箭如榗。」

楚璽「榗□公」，讀「晉□公」，封君名。　《戰國古文字典》，中華書局，1998年9月，第1153頁。

來一石：

□□公鉢　《古印集萃・戰國卷》，榮寶齋出版社，2000年11月，第36頁。

肖　毅：

3.㮨（晉）陵公璽

春秋時，楚強大以後，滅國設縣，「縣」的行政長官稱「公」，如申公、息公等。戰國時，楚低級官吏亦稱「公」，如包山楚簡中的敔公、邑公等。《淮南子・覽冥篇》高誘注：「楚僭號稱王，其守縣大夫皆稱公。」杜預注：「楚，僭號，縣尹皆稱公。」　《古璽所見楚系官府官名考略》，《江漢考古》，2001年第2期，第40頁。

戴山青：

□□公鉢　《古璽漢印集萃》上冊，廣西美術出版社，2001年10月，第36頁。

莊新興：

3027　□□公鉢　楚系・楚　《戰國璽印分域編》，上海書店出版社，2001年10月，第527

頁。

小林斗盦：

□□公鉨　《中國璽印類編》，天津人民美術出版社，2004年6月，第25頁。

施謝捷：

楚系官璽　（？）䢅□公鉨（璽）　《古璽彙考》，安徽大學博士學位論文，2006年5月，第168頁。

陳光田：

楚系古璽　「椻坴公鉨（璽）」（0264）。春秋時期，楚國滅國設縣，「縣」的行政長官稱爲「公」，如申公、息公等。戰國時期，楚的低級官吏也稱爲公，包山楚簡中習見。椻坴，地名。該璽可能爲楚椻坴之地的官員所用。　《戰國璽印分域研究》，嶽麓書社，2009年5月，第147～148頁。

王義驊：

䢅□公鉨　《先秦古璽集粹》，吉林文史出版社，2011年8月，第20頁。

李守奎按：

⿱巠木旁又見於信陽遣冊9號、21號簡之「⿰糸⿱巠木」字（偏旁）所从的「⿰至巠」，孫詒讓釋爲「箭」，已得到多數學者的認同。「⿱巠木」可能是「⿰至巠」的繁文，亦當釋爲「箭」。

當爲「⿱來土」之訛形，讀爲「陵」，楚地名後多綴「陵」。肖毅讀爲「陵」符合楚地名的特點。

邱傳亮按：

該璽首字何琳儀兩處的釋文不同，一處作⿱巠木，一處作橧，當以作橧爲是。

官璽第十七：公⿱罒卒（卒）之四

印　面：

上海博物館藏印

著録：

《古璽彙編》，北京：文物出版社，1981年12月，第504頁。
《印典》（一），石家莊：河北美術出版社，1989年8月，第190頁。
《古璽通論》，上海：上海書畫出版社，1996年3月，第102頁。
《中國篆刻全集》，哈爾濱：黑龍江美術出版社，2000年7月，第20頁。
《戰國璽印分域編》，上海：上海書店出版社，2001年10月，第192頁。
《中國書法全集》第92卷，北京：榮寶齋出版社，2003年2月，第45頁。
《古璽彙考》，安徽大學博士學位論文，2006年5月，第162頁。
《戰國璽印分域研究》，長沙：嶽麓書社，2009年5月，第141頁。
《先秦印風》，重慶：重慶出版社，2011年5月，第36頁。

集釋：

羅福頤：

5560 公□之四 《古璽彙編》，文物出版社，1981年12月，第504頁。

吳振武：

公狄之四　《〈古璽彙編〉釋文訂補及分類修訂》，《古文字學論集》（初編），香港中文大學，1983年9月，第526頁。

吳振武：

〔八六〇〕此字从爪从衣（或卒）。應隸定爲𧘝（或罙），釋爲狄。狄字侯馬盟書作，古璽作（二四九頁「狄」字所从），魏三體石經作（《石刻》一〇・六），皆與此字同。故此字應入二四九頁狄字條下。又《古璽彙編》三四二五號「安」璽中的字也應釋爲狄，本書未錄。戰國人常常在用作地名、姓氏的文字上加注邑旁，例極多。參本文「一三五」條。　《〈古璽文編〉校訂》，吉林大學博士學位論文，1984年12月，第622頁。

李家浩：

戰國印文最後一字是數字的還見於下錄二印：

公㚖之四。《古璽彙編》504.5560

西□亘四。《古璽彙編》55.0316

第一印「㚖」字亦見於下錄楚印：

司馬㚖鉨（璽）。《古璽彙編》7.0042

此字與三體石經古文「狄」相同（商承祚：《石刻篆文編》10.6，科學出版社，1959年）。「公㚖之四」和「司馬㚖鉨」都是官印，把㚖釋爲「狄」在此無法講通。按馬王堆三號漢墓帛書篆書陰陽五行「醉」字所从「卒」旁寫作「㚖」，這是因爲「㚖」包含有「卒」，所以作爲「卒」來用的（類似這種一字兩用的情況在戰國文字中還可以見到，我們另有專文討論）。《古璽彙編》337號「⿰亻㚖⿸广⿱付貝（府）」印，「⿰亻㚖」即「倅」字（「⿰亻㚖府」印原文爲反文。《古璽彙編》把「⿰亻㚖」作爲兩個字來處理，是錯誤的），「㚖」旁亦用作「卒」。

據此，疑上錄二印之「罕」也是作爲「卒」來用的。「公卒」是指縣公所屬的卒（《左傳》威公十六年：「伯州梨以公卒告王。」這裏所說的「公卒」是指晉公之卒，與印文「公卒」的意思不同），「司馬卒」是指司馬所屬的卒。《楚國官印考釋（四篇）》，《江漢考古》，1984年第2期，第48～49頁。

鄭　超：

52.公狄之四

此「狄」字也用爲「卒」，「公卒」是縣公所屬之卒（楚國稱縣令爲「公」），並李家浩說。《楚國官璽考述》，《文物研究》總第二輯，黄山書社，1986年12月，第94頁。

李家浩：

此字（編按：即「罕」字）即魏三體石經古文「狄」（商承祚：《石刻篆文編》10.6，科學出版社，1957年）。但是「狄」或跟「狄」音近的字，在這兩條印文裏都無法講通。馬王堆漢墓帛書篆書陰陽五行裏保存了不少楚國文字的寫法（參看李學勤《新出簡帛與楚文化》，《楚文化新探》，36、37頁，湖北人民出版社，1981年），其中「醉」字的寫法爲我們釋讀這個字提供了線索。篆書陰陽五行「醉」字所从的「卒」旁寫作p（即卒字，下同——編者），可知印文的p應當讀爲「卒」。「司馬卒」是指司馬所屬的卒，「公卒」是指縣公所屬的卒。（參看李家浩《楚國官印考釋（四篇）》，《江漢考古》1984年2期第48頁）。因爲p包含有「卒」字形，所以亦可讀爲「卒」，這跟上面討論1（即豙字—編者）的情況相似。《從戰國「忠信」印談古文字中的異讀現象》，《北京大學學報》，1987年第2期，第14頁。

康　殷、任兆鳳：

公卒之四　《印典》（一），河北美術出版社，1989年8月，第190頁。

黄錫全：

45、公狄之四

狄字也是从爪从卒，李家浩讀爲「卒」，「公卒」是指縣公所屬的卒，其說似可信。楚僭號稱王，縣令稱公，楚縣有自己的武裝。如《左傳》成公十六年「伯州犁以公卒告王」，杜注：「公，晉侯。」公卒即晉侯之卒。此爲軍璽，有兵符的作用，「四」爲記數，與漢虎符、竹使符第一至第五記數性質相似，詳見李文。《古文字中所見楚官府官名輯證》，《文物研究》總第七輯，黄山書社，1991年12月，第220頁。

曹錦炎：

19.公⿱爫卒（卒）之四

「⿱爫卒」，即「卒」字，馬王堆帛書篆書《陰陽五行》「醉」字所从「卒」作⿱爫卒，可證。卒，兵卒。「司馬卒」指司馬屬下之卒，「公卒」是指縣公屬下之卒（參見李家浩《楚國官印考釋（四篇）》，載《江漢考古》1984年第2期）。此兩璽均是楚國職掌兵卒之軍璽。「四」爲記數，釋見前。　《古璽通論》，上海書畫出版社，1996年3月，第102頁。

何琳儀：

楚系　公⿱爫衣之四

⿱爫衣，从爪，从衣，會以手脱衣之意。裼之初文。《説文》：「裼，袒也。从衣，易聲。」《玉篇》：「裼，脱衣見體也。」或在衣旁之下弧筆加短横爲飾，遂似从卒（衣、卒一字分化）。參三體石經《僖公》狄作。⿱爫衣、裼、狄一音之轉（均定紐支部）。

楚璽𧘝，讀狄。《廣雅・釋詁》四：「狄，驛也。」《戰國古文字典》，中華書局，1998年9月，第756頁。

徐　暢：

東周・楚系公鈢　公𠦘之四　《中國篆刻全集》，黑龍江美術出版社，2000年7月，第20頁。

肖　毅：

8.公倅之四 5560

5560「𠦘」當爲「倅」之省。「公𠦘」或指縣公所屬倅府。《漢書・文帝紀》二年：「九月，初與郡守爲銅虎符、竹使符。」顏師古注引應劭曰：「銅虎符第一至第五，國家當發兵遣使者，至郡合符，符合乃聽受之。竹使符皆以竹箭五枚，長五寸，鐫刻篆書，第一至第五。」李家浩認爲：「『連囂之□三』、『公卒之四』、『西□巨四』三印之『三』、『四』當與漢虎符、竹使符第一至第五的記數性質相類」（《四篇》）。又或讀「𠦘」爲卒（《四篇》）。《古璽所見楚系官府官名考略》，《江漢考古》，2001年第2期，第39頁。

莊新興：

1079　公之四卒　楚系・楚　《戰國璽印分域編》，上海書店出版社，2001年10月，第192頁。

徐暢主編：

戰國公鈢與印跡・楚系鈢印　145　公卒（卒）之四　《中國書法全集》第92卷，榮寶齋出版社，2003年2月，第45頁。

徐暢主編：

145　公卒（卒）之四

作於東周時期。楚國官鈢。《古璽彙編》五五六〇號著錄。上海市博物館收藏。

李家浩說：公卒（卒）即指縣公所屬的卒。

參考　李家浩《楚國官印考釋（四篇）》　《中國書法全集》第92卷，榮寶齋出版社，2003年2月，第208頁。

林文彥：

5560　公□之四・公（狄）之四

……

此璽當釋作「公⿱罒衣之四」，讀爲「公狄之四」，與本文第一則所載「西州巨（遽）四」皆爲驛館長官所用之璽，「四」作爲序數字，與「西州巨（遽）四」、「連囂（敖）之十（？）四」相似，可知「公⿱罒衣（狄）之四」與「西州巨（遽）四」至少應有四方璽印，巧合的是前三方璽印皆未見傳世。另，上述李文（編按即李家浩文）所述「司馬⿱罒衣鉨」亦可釋作「司馬⿱罒衣（狄）鉨」，係姓名私璽，「司馬」爲複姓，《璽彙》複姓私璽中多見（349～354頁、508頁），李釋「『司馬卒』是指司馬所屬的卒」並不恰當。《古璽中的「數字印」》，《臺南女院學報》第24期，2005年10月，第310～311頁。

施謝捷：

楚系官璽　公⿱罒衣（卒）之鉨（四）　《古璽彙考》，安徽大學博士學位論文，2006年5月，第162頁。

陳光田：

楚系古璽　「公⿱罒衣（卒）之四」（5560）。「⿱罒衣」用作卒，「公卒」文獻有載，《左傳·威公十六年》云：「伯州犁以公卒告王。」璽文「公卒」爲縣公所屬的卒。（李家浩：《楚國官印考釋（四篇）》，《江漢考古》1984年第2期。）　《戰國璽印分域研究》，嶽麓書社，2009年5月，第141頁。

徐　暢：

戰國楚系官鉩　公犾之四　《先秦印風》，重慶出版社，2011年5月，第36頁。

邱傳亮按：

「卒」、「衣」一字分化已是共識，「⿱爫衣」、「⿱爫卒」爲異寫字。對於此印的職掌，學者多從李家浩之說。對於該種說法，我們認爲尚存不少疑點：其一，該璽爲「之四」，但「之一」、「之二」、「之三」未見考古證明；其二，流傳或出土的古璽，未見相應的完整系列的「之一」、「之二」、「之三」等的璽印。所以，此璽的職掌，有待於進一步深入研究。

官璽第十八：下鄀（蔡）宛（縣）夫=（大夫）

印　面：

故宮博物院藏印

著　錄：

《古璽彙編》，北京：文物出版社，1981年12月，第17頁。

《近百年來對古璽印研究之發展》，杭州：西泠印社，1982年5月第15頁。

《故宮博物院藏古璽印選》，北京：文物出版社，1982年12月，第6頁。

《印典》（一），石家莊：河北美術出版社，1989年8月，第13頁。

《古璽印精品集成》，上海：上海古籍出版社，1998年9月，第2頁。

《中國璽印篆刻全集》，上海：上海書畫出版社，1999年11月，第47頁。
《楚文物圖典》，武漢：湖北教育出版社，2000年1月，第422頁。
《中國篆刻全集》，哈爾濱：黑龍江美術出版社，2000年7月，第18頁。
《古印集萃・戰國卷》，北京：榮寶齋出版社，2000年11月，第40頁。
《古璽漢印集萃》上冊，南寧：廣西美術出版社，2001年10月，第2頁。
《戰國璽印分域編》，上海：上海書店出版社，2001年10月，第197頁。
《中國書法全集》第92卷，北京：榮寶齋出版社，2003年2月，第40頁。
《戰國璽印》，上海：上海書畫出版社，2003年8月，第131頁。
《古璽印通論》，北京：紫禁城出版社，2003年9月，第105頁。
《中國璽印類編》，天津：天津人民美術出版社，2004年6月，第3、212、251、498頁。
《古璽印賞析》，濟南：山東美術出版社，2005年6月，第40頁。
《古璽彙考》，安徽大學博士學位論文，2006年5月，第166頁。
《寸心籀篆：中國古代璽印鑒賞》，長沙：湖南美術出版社，2009年5月，第34頁。

《戰國璽印分域研究》，長沙：嶽麓書社，2009年5月，第132頁。

《先秦印風》，重慶：重慶出版社，2011年5月，第29頁。

《先秦古璽集粹》，長春：吉林文史出版社，2011年11月，第8頁。

集　釋：

羅福頤：

大夫：卞宫夫＝，上場行宫夫＝，夫＝。《左傳》宣公二年，晉趙括爲公族大夫。成公十六年，晉郤犨將新軍，且爲公族大夫。《近百年來古璽文字之認識和發展》，《古文字研究》第五輯，中華書局，1981年1月，第248頁。

葉其峰：

楚官璽

下蔡宮大夫，下蔡戠璽。鄂君啓節「下蔡」的下字與這兩璽下字書法同，而、亦與鄂君啓節下蔡的（蔡）很相近，故定爲蔡字。

下蔡在今安徽鳳台，《漢書·地理志》下蔡注說：「故州來國，爲楚所滅，後吳取之，至夫差遷昭侯於此，後四世，侯齊，竟爲楚所滅。」《戰國官璽的國別及有關問題》，《故宮博物院院刊》，1981年第3期，第86頁。

羅福頤：

0097 下□宮夫＝ 《古璽彙編》，文物出版社，1981年12月，第17頁。

李學勤：

《古璽彙編》0097「下蔡宮夫人」，該璽的「夫人」二字合文，與「江陵行宮夫人鈢」寫法最爲接近。璽系陰文有邊，也同「江陵」璽相似。「蔡」字从古文「蔡」从「邑」，也見於鄂君啓節及長沙仰天湖楚簡，葉其峰同志已經指出。詳見「江陵行宛（縣）大夫璽」條。

《楚國夫人璽與戰國時的江陵》，《江漢論壇》，1982年第7期，第70~71頁。

《故宮博物院藏古璽印選》編輯組：

下□大夫 《故宮博物院藏古璽印選》，文物出版社，1982年12月，第6頁。

吳振武：

下鄀（蔡）宮夫人 《〈古璽彙編〉釋文訂補及分類修訂》，《古文字學論集》（初編），香港中文大學，1983年9月，第488頁。

吴振武：

〔四五一〕本條下所錄〇〇九七號璽文〼和〇三〇九號璽文〼原璽全文分別作「下〼宮大夫」、「下〼戠（織）嚴（纕）」，葉其峰先生在《戰國官璽的國別及有關問題》一文中根據鄂君啓節「下蔡」之蔡作〼，將此字釋爲蔡，並據史書所記下蔡地望定此二璽爲楚官璽，其説可信。〼、〼本从邑从希，」應隸定爲郗，釋爲希。希字金文作〼（看《金》三〇頁蔡字條下），上似「大」形，楚國大字一般都作〼（看《彙》〇一〇二「□□大夫之鉨」、〇一二七「大賡（府）」等楚璽），可知〼、〼即〼之變。戰國人往往在用作地名、姓氏的文字上加注邑旁，而在先秦古文字資料中，蔡字均借郗或从郗之字爲之，故「下蔡」之蔡可作郗，參本文「一六〇」、「四二六條」。故此字應和三七五頁第一欄〼、三七五頁第五欄〼、三八五頁第二欄〼同列一欄並隸爲郗，釋爲希。希字《説文》立爲部首。　《〈古璽文編〉校訂》，吉林大學博士學位論文，1984年12月，第362～363頁。

吳振武：

〔一六一〕此字當以釋宮爲是。□、□等字在原璽中往往和「左」、「右」連爲一辭作「左□（□）」或「右□」，葉其峰先生在《戰國官璽的國別及有關問題》一文中根據戰國印戳陶文中的「左宮」、「右宮」之宮作□（《季》二九・三〇頁），明確指出古璽中的□、□即宮字異體，其說甚是。需要進一步指出的是戰國文字中▽、□二形往往互訛。如「參（三）川釿」布中的參字既作□，又作□（《東亞》二・一二四），趙「建⿰身阝（信）君」兵器中的⿰身阝字既从▽□，又从▽▽（《三代》二十・四十六・二三）。古璽公字或作□（五六六頁第六欄），⿱艹公字或作□（三六八頁第五欄），閭字或作□（二八五頁閭），巽字或作□（五〇八頁第四欄）、□（五〇八頁第五欄），⿰月巽字或作□（四三九頁第一欄）等等即是。古璽宮字既作□（一八八頁），又作□，當與此同例。故此字應入一八八頁宮字條下。《〈古璽文編〉校訂》，吉林大學博士學位論文，1984年12月，第154~155頁。

鄭超：

3. 下蔡宮大夫

下蔡又見於鄂君啓節。《漢書·地理志》沛郡下蔡，本注「故州來國，爲楚所滅，後吳取之，至夫差遷昭侯於此。後四世，侯齊，竟爲楚所滅」。即今安徽省鳳台縣。當地居民至今仍稱鳳台縣城爲「下蔡街」。《楚國官璽考述》，《文物研究》總第二輯，黄山書社，1986年12月，第87頁。

湯餘惠：

楚璽　下鄗（蔡）宮夫人　《略論戰國文字形體研究中的幾個問題》，《古文字研究》第十五輯，中華書局，1986年6月，第75頁。

裘錫圭：

蔡國之「蔡」，西周金文作、、等形，春秋金文多作、等形（《金文編》三〇頁【見一九八五年版三七頁】），戰國金文作（鄂君啓節【《集成》一六·一二一一〇—一二一一二】「鄗」字偏旁）古印作（《璽彙》九七號印「鄗」字偏旁），三體石經《春秋》僖公二十八、二十九年古文作（《魏三字石經集錄》三一

上、三四上）。石經「蔡」字古文的寫法跟《說文》「殺」字古文全同。「蔡」、「殺」古音相近。近人大都認爲金文和三體石經假借「殺」字爲蔡國之「蔡」。這應該是正確的。所以「殺」字古文較原始的寫法是，《說文》和石經的古文的形體已有訛變（一九七五年岐山董家村窖藏出土的西周中期的衛鼎乙有字，似是反寫的殺字古文，見《文物》一九七六年五期三九頁圖一六【《集成》五・二八三一】）。

唐蘭先生在《殷虛文字記・釋》裏，反對把金文裏用作國名的的、等字讀爲「蔡」。他認爲這個字本从「大」，跟「殺」字古文不可能是一個字。五十年代在壽縣和淮南市蔡家崗先後發現蔡侯墓之後，這個字應該讀爲「蔡」已經不容懷疑了。唐先生也承認了這一點。（一九七七年唐先生曾在他自用的《殷虛文字記》的《釋》篇上批「此條誤」三字，見中華書局一九八一年出版的《殷虛文字記》一二二頁）。但是他指出的這個字本从「大」那一點仍然是正確的。衹不過這並不能證明這個字不是「殺」字古文，而衹能證明《說文》和三體石經的古文已有訛變。在蔡家崗墓所出土的蔡侯產劍上，蔡侯之「蔡」有、、等不同寫法（《考古》一九六三年四期圖版肆一、三、二）。

後兩種字形顯然是以「大」爲主體的。智龕在《蔡公子果戈》一文中指出，見於傳世兵器銘文中的字也應該讀爲「蔡」，當是這種寫法的簡體（《文物》一九六四年七期三三頁）。這些是這個字本从「大」的有力證據。據中華版《殷虛文字記》，唐先生在他自用的《殷虛文字記》的《釋》篇上批有一個「」字。甲骨卜辭裏屢見地名和侯之稱（參看《殷虛卜辭綜類》三六頁）。唐先生大概認爲跟有可能是一個字。從上舉蔡國兵器裏蔡國之「蔡」的那些寫法來看，這種猜測說不定是正確的，卜辭裏的地名「」和「侯」也許就應該讀爲「蔡」和「蔡侯」（卜辭裏還有一個寫作、、、等形的字，經常在提到「𠬝」的人祭卜辭裏出現。這個字的字形跟相近，不過它的下部的兩道較長的斜筆一般是直的，跟「大」的下部有別，上端或作，下部或加◇，也跟用作地名的不一樣。這個字跟究竟是什麼關係，有待研究）。

既然「殺」字古文本來从「大」，「△」當然就不可能是「杀」字了。總之，無論是把「△」釋作「希」，還是釋作「杀」，都是不可信的。　　《釋求》，《古文字研究》第十五輯，中華書局，1986年6月，第195～196頁。

劉　釗：

下蔡宮大夫鉩　詳見「新蔡大夫之璽」條　《楚璽考釋》（六篇），《江漢考古》，1991年第1期，第73頁。

黃錫全：

（26）下蔡宮大夫

……

「下蔡」，即鄂君啓節之「下蔡」，在淮北鳳台，「蔡」字的寫法還見於楚簡　詳見「江陵行宛（縣）大夫璽」條　《古文字中所見楚官府官名輯證》，《文物研究》總第七輯，黃山書社，1991年12月，第212～213頁。

牛濟普：

7.下蔡邑大夫、新蔡大夫之璽

《鄂君啓節（乙）》的「下蔡」寫作「」，《蔡公子義工簠》的「蔡」作「」。

兩璽的「蔡」字作「」、「」，分別與上所引銘文字相近。「下蔡」，春秋州來邑。《左傳·哀公二年》「蔡昭侯自新蔡遷於州來，謂之下蔡，故址在今安徽省鳳臺縣。」「下蔡邑大夫」璽出土於安徽省壽縣。《楚系官璽例舉》，《中原文物》，1992年第3期，第89頁。

曹錦炎：

24.下鄀（蔡）宫（邑）大夫

「蔡」字从古文蔡从邑，這種寫法也見於鄂君啓節及楚簡。《漢書·地理志》沛郡：「下蔡，故州來國，爲楚所滅，後吳取之，至夫差遷昭侯於此，後四世侯齊，竟爲楚所滅。」地在安徽鳳臺縣。

此璽爲下蔡的邑大夫所用之印。《古璽通論》，上海書畫出版社，1996年3月，第105～106頁。

陳　偉：

「宫大夫」一名，也很値得注意。宫从邑，先秦、秦漢時，邑有時指縣。《左傳》昭公五年：「韓賦七邑，皆成縣也。」《戰國策·秦策一》「張儀說秦王」章云：「代三十六縣，上黨十七縣，不頓一甲，不苦一民，皆秦之有也。」同書《趙策一》「秦王謂公子他」章記秦攻韓上黨郡，上黨守馮亭投向趙王時卻說：「今有城市之邑十七，願拜內之於王，唯王才之。」在楚國方面，《左傳》成公十七年記云：

楚圍宋之役，師還，子重請取於申、呂以爲賞田，王許之。申公巫臣曰：「不可，此申、呂所以邑，是以爲賦，以禦北方。若取之，是無申、呂也。」

這時的申、呂，一般認爲是楚縣（參看殷崇浩：《春秋楚縣略論》，《江漢論壇》1980年4期。楊寬：《春秋時代楚國縣制的性質問題》，《中國史研究》1981年4期）。申公巫臣所說的「邑」，實際指的是縣。又《史記·楚世家》記云：

二十三年，襄王乃收東地兵，得十餘萬，復西取秦所拔我江旁十五邑以爲郡，距秦。

可以組成郡的邑，大致也應是縣。《漢書·百官公卿表上》記云：

列侯所食縣曰國，皇太后、皇后、公主所食曰邑，有蠻夷曰道。

漢代稱有的縣爲邑，當與春秋、戰國時稱縣爲邑的習慣有一定聯繫。春秋晉縣的長官，稱爲某縣大夫或某某（地名）大夫。《左傳》襄公三十年：「趙孟問其縣大夫，則其屬也。」孔疏云：「諸是守邑之長，公邑稱大夫，私邑則稱宰。」昭公二十八年：「分祁氏之田以爲七縣，分羊舌氏之田以爲三縣。賈辛爲祁大夫，司馬烏爲平陵大夫，魏戊爲梗陽大夫……」孔疏復云：「此祁氏與羊舌氏之田，舊是私家采邑，二族既滅，其田歸公，分爲十縣，爲公邑，故選置大夫也。」對楚縣長官，漢晉時人也多以邑大夫或縣大夫作解。《史記·楚世家》「號曰白公」，《集解》引服虔曰：「白，邑名。楚邑大夫皆稱公。」《呂氏春秋·察微》「卑梁公怒」，高誘注：「公，卑梁大夫也。楚僭稱王，守邑大夫皆稱公。」《左傳》文公十四年「廬戢梨及叔麇誘之」，杜預注：「戢梨，廬大夫。」又宣公十一年「諸侯、縣公皆慶寡人」，杜預注：「楚縣大夫皆僭稱公。」以此比照，簡書「宫大夫」很可能是戰國時楚縣長官的一種稱謂。其所以作「宫」，大概是爲了同前面說到的規模很小、層級低下的「邑」區別開來。

綜觀以上三方面的情況，將我們討論的這級政區看作戰國時的楚縣，應該說問題不大。在簡 103-119 中，還有一些地方的官員與羕陵、正陽官員同時爲本地貣越異之金，他們的官職也與羕陵、正陽及上述其他楚縣所見相同。具體情形如下表所示：

	莫囂	連囂	司馬	攻尹	其他
鄝	莫囂		左司馬		
[虘又]陵				攻尹 少攻尹	
株陽	莫囂				喬差
夷陽			司馬		
鬲		連囂		攻尹	
陽陵		連囂	司馬 左司馬		大迅尹
新都	莫囂				
州	莫囂		司馬		

此外，簡26記鄟陽有宮大夫，簡129-130記業（葉）有宮大夫、左司馬，記亟（期）思有少司馬。這些地方大致也應該是當時楚國的縣。《包山楚簡初探》，武漢大學出版社，1996年8月，第98～99頁。

何琳儀：

楚系　下䣝⿱宀邑大夫

楚器「下䣝」，讀「下蔡」，地名。《文選・登徒子好色賦》：「惑陽城，迷下蔡。」在今安徽鳳臺北。　《戰國古文字典》，中華書局，1998年9月，第465～466頁。

何琳儀：

楚系　下⿰犮阝⿱宀邑大夫

⿰犮阝，从邑犮聲。疑䣝之異文。《説文》：「䣝，周邑也，从邑，祭聲。」

楚器「下⿰犮阝」，讀「下蔡」，地名。　《戰國古文字典》，中華書局，1998年9月，第942頁。

何琳儀：

楚系　下⿰犮阝⿱宀邑大夫

大夫，見《禮記・王制》：「諸侯之上大夫、卿、下大夫、上士、中士、下士，凡五等。」《左・襄三十》：「問其縣大夫」，疏：「公邑稱大夫，私邑稱宰。」　《戰國古文字典》，中華書局，1998年9月，第1492～1493頁。

莊新興：

下□邑大夫　《古璽印精品集成》，上海古籍出版社，1998年9月，第2頁。

李家浩：

包山楚簡中的「枳」字凡三見（爲打印方便，本文的竹簡釋文，一般用通行字寫出，不嚴格隸定）：

（1）一櫝枳，又（有）錦繡縞序。259號

（2）一竹枳，錦序。260號

（3）二枳錢（盞）。265號（湖北省荊沙鐵路考古隊：《包山楚墓》下冊圖版二〇二、二〇四，文物出版社，1991年）……

「序」字屢見於楚國文字，舊釋爲「宮」，或釋爲「⿱宀邑」，讀爲「邑」，皆不可信。此字在楚國文字裏大致有三種用法，（1）、（2）的用法衹是其中之一。像這種用法的「序」字還見於下錄楚簡：

（4）四虜，叡（編按：今据《望山楚簡》，「叡」字前有「皆」字）序。　望山二號楚墓

47號（湖北省文物考古研究所、北京大學中文系：《望山楚簡》60頁，中華書局，1995年）（5）一弓，紡序。　天星觀一號楚墓竹簡（滕壬生：《楚系簡帛文字編》616頁，湖北教育出版社，1995年）

古代裝弓的袋子有「韔」、「韜」、「櫜」、「韣」、「鞬」等不同名字（參看王念孫《廣雅疏證》卷八上262頁，江蘇古籍出版社，1984年），（5）的「序」當是裝弓的袋子的另一名字。因其是用「紡」作的，故稱「紡序」。（1）、（2）、（4）的「序」，皆與此同義。關於此字的釋讀，詳另文，此不贅述。　《包山楚簡中的「枳」字》，《徐中舒先生百年誕辰紀念文集》，巴蜀書社，1998年10月，第173～174頁。

莊新興：

下蔡宫大夫　戰國　《中國璽印篆刻全集》，上海書畫出版社，1999年11月，第50頁。

陳松長：

下蔡宮大夫　戰國官璽。銅質。三層臺鼻鈕，印面長2.3釐米，寬2.2釐米。白文，有不規則邊框。款識筆劃剛挺雄逸，文字構形中「下」字上部的羡筆，「蔡」、「宮」二字的結體，都是較典型的楚系文字。「下蔡」應與鄂君啓節中的「下蔡」同一地名，即今安徽鳳臺。宮當是「行宮」的省稱，「宮大夫」即指負責楚王出行時居住宮室管理的官員。因此，「下蔡宮大夫」即是主管下蔡行宮的官稱，這種官稱，在楚國官璽多有發現。例如：「鄗宮大夫璽」、「江陵行宮大夫璽」等。現藏北京故宮博物院。《楚文物圖典》，湖北教育出版社，2000年1月，第422頁。

李家浩：

[一九六]「圵」的左半是「土」，右半似是「邑」之殘文。「圯」字見於雲夢秦墓竹簡《日書》甲種《窨》篇一〇〇正：「凡爲室日，不可以筑（築）室。筑（築）大內，大人死。筑（築）右圯，長子婦死。筑（築）左圯，中子婦死。筑（築）外垣，孫子死。筑（築）北垣，牛羊死。」整理小組注：「圯，《集韻》音土，在此疑以音近讀爲宅。」按秦簡「不可以築室」是統下而言的，「大內」、「圯」、「垣」屬於「室」的不同部分。「室」指房屋，顯然「圯」不能讀爲「宅」。古文字「邑」、「予」二字形近。例如「序」字，馬王堆漢墓帛書《五十二病方》作（《馬王堆漢墓》[肆]二四·二〇四），銀雀山漢墓竹簡

《孫臏兵法》作（《銀雀山漢墓竹簡[壹]》圖版四〇·四〇三正），其所从「予」旁與某些「邑」字的寫法沒有多大區別。疑本墓竹簡的「圯」和秦簡的「圯」，都應當釋爲「圩」。「圩」字見於《集韻》卷五語韻，是「序」字的異體。古人稱堂的東西牆爲東序、西序，多以左爲東、右爲西。秦簡「右圩」、「左圩」，即西序、東序。本墓竹簡「不可以圩」，大概是不可以築序的意思。戰國文字中有一個可能是从「予」的字，作、等形（《古璽文編》一五七、一五八頁）。在古文字中，「宀」、「广」二旁可以通用。（參看高明《中國古文字學通論》一七三頁）。疑上揭之字應當是「序」的異體（參看李家浩《先秦文字中的「縣」》，《文史》第二十八輯五十八頁注26）。古文字「序」主要由兩種用法：一、名詞，例如「上廗序大夫之鉨」（《古璽彙編》一七·〇一〇〇），「鄟（博）易（陽）序大夫」（《包山楚簡》二十六號）；二、動詞，例如「䢵（襄）陵之行僕序於郊（鄗）」（《包山楚簡》一五五號）。「予」、「舍」古音相近，可以通用。疑這種用法的「序」，都應當讀爲「舍」。名詞的「舍」大概是指館舍，「舍大夫」是管理館舍的大夫。動詞的「舍」是居止的意思，與《左傳》宣公二年「宣子田於首山，舍於翳

桑」之「舍」用法相同（關於古文字「序」的問題，詳見李家浩《戰國文字中的「序」和「㕣」》）。《九店楚簡》，中華書局，2000年5月，第114～115頁。

徐　暢：

東周・楚系公鉩　下鄀（蔡）宛夳　《中國篆刻全集》，黑龍江美術出版社，2000年7月，第18頁。

來一石：

下□宛大夫　《古印集萃・戰國卷》，榮寶齋出版社，2000年11月，第40頁。

肖　毅：

下蔡（裘錫圭：《釋求》，《古文字研究》第十五輯，中華書局，1986年）宛大夫之璽

楚國設有「大夫」之職。《史記・楚世家》：「大夫蘇從入諫。」又常爲諸官泛稱。《戰國策・楚策三》：「王以三大夫計告慎子。」《左傳・僖公二十八年》：「大夫若入，其若申息之老何？」陳偉認爲：「宛大夫」，很可能是戰國時楚縣長官的一種稱謂，其所以作宛，大概是爲了同前面說到的規模很小、層級低下的「邑」區別開來（陳偉：《包山楚簡

初探》第100頁，武漢大學出版社，1996年）。《古璽所見楚系官府官名考略》，《江漢考古》，2001年第2期，第40頁。

戴山青：

下□邑大夫　《古璽漢印集萃》上冊，廣西美術出版社，2001年10月，第2頁。

莊新與：

1006　下蔡邑大夫　楚系・楚　《戰國璽印分域編》，上海書店出版社，2001年10月，第179頁。

羅運環：

在戰國文字中，邑字多見，楚簡、楚璽多作形（湖北省荊沙鐵路考古隊：《包山楚簡》邑字條，文物出版社，1991年；滕壬生：《楚系簡帛文字編》邑字條，湖北教育出版社，1995年；羅福頤：《古璽文編》邑字條，文物出版社，1981年），齊斧形器和戈文作、等形、齊陶文作形（前二者見中國社會科學院考古研究所：《殷周金文集成》第11836、10982號，1992年；後者見高明：《古陶文彙編》，第3.710號，1990年），

三晉璽文作、、等形（見羅福頤：《古璽文編》宫字條，文物出版社，1981年）。學術界有的釋「宫」（葉其峰：《戰國官璽的國别及有關問題》，《故宫博物院院刊》1981年第3期；李學勤：《楚國夫人璽與戰國的江陵》，《江漢論壇》1982年第7期；中國社會科學院考古研究所：《殷周金文集成》；高明：《古陶文彙編》，中華書局，1990年）、有的釋「邑」（湖北荆沙鐵路考古隊：《包山楚簡》，文物出版社，1991年；何琳儀：《戰國古文字典》，第1371頁，1998年）、有的釋「序」（李家浩：《先秦文字中的「縣」》，《文史》第28輯，中華書局，1987年；《九店楚簡》，第114-115頁，中華書局，2000年），也有的認爲宫是「邑」字的繁文、或「邑」字的異構（分别見於黄盛璋：《戰國「江陵」璽與江陵之興起因沿考》，《江漢考古》1986年第1期；曹錦炎：《古璽通論》，第104頁，上海書畫出版社，1996年）。區分宫字所从的「邑」與宫字所从的「呂」及序字所从的「予」，是解决問題的關鍵之所在。

首先，分析「宫」與「宫」在形體上的區别與混淆問題。宫字所从的邑，在甲骨文和西周春秋金文中區别是很明顯的。邑是會意字，从「口」从「人」，會意人所居的城邑。在甲骨文中其上作方框形，其下人旁作跪跽形。西周春秋金文，其上多變爲橢圓形，其下人旁變爲屈膝鞠躬形。宮字所从的呂，在甲骨文中作、、等形，這些形符是宮的初文和原始象形字（參見于省吾主編的《甲骨文字詁林》宮字和雍字條姚孝遂按語，中華書局，1996年）。西周春秋金文宮字所从呂多由兩個方形變爲兩個橢圓形。二者不相混淆。在戰國文字中情況就不同了，一部分宮字尤其是北方燕、晉文字中的宮字，所从呂寫成兩個三角形，作形，與訛變成上下兩個三角形的邑字易混。戰國時期，宫字所从的邑其上多呈三角形；下面的人旁，秦文字中仍然作屈膝鞠躬形，在隸變過程中多作形，與六國文字有所不同。在六國文字中，楚文字多作形；齊、燕、三晉文字邑字下面的人形雖變化不盡相同，但大多數保持了末筆下垂的特點，不過也有一些將下面的人形訛變爲上下兩個三角形的，尤其在古貨幣文和古璽文中最爲嚴重，這在宫字中也有反映。這種將邑字和邑旁訛變爲上下兩個三角形的狀況，極易與宮字所从的呂寫作上下兩個三角形者相混。在這種情況下，如果沒有文例則很難加以區別。如从「呂」的雍字，在戰國文字中變成兩個三角形後，秦代小篆訛爲从邑，寫作雝，就是一例。故今人將這種狀況的宫字誤

釋爲宮字是可以體諒的，但把末筆有明顯下垂筆劃的宫字釋爲宮字則是完全錯誤的。

其次，分析宫、序二字在形體上的區別與混淆問題。《說文解字》云：「序，東西牆也，从广予聲。」又云：「予，推予也，象相予之形。」許慎分析序从「予聲」是對的，說「予」是象形字則是不妥當的，近些年來學者們逐漸認識到了這個問題。認爲予是从郘字的初文呂得聲，「爲呂之准聲首」（何琳儀：《戰國古文字典》，第586頁，中華書局，1998年）。借用郘字的初文呂而又爲了區別於呂，六國文字一般加區別符號「八」，有時也作「𠔁」，在偏旁中也有的省去「八」、「𠔁」區別符號而作呂形，這雖有與呂相混的可能性，但其所構成的字多爲形聲字因而也不難區別。秦系文字作、形（見《石鼓文・鑾車》迂字所从的「予」。劉信芳、梁柱：《雲夢龍崗秦簡》圖版第220號簡，科學出版社，1997年），其末筆作下垂筆劃，區別方式與六國文字完全不同，而與六國文字尤其是齊、燕、三晉的末筆下垂的邑接近，如果不加區別就容易與宫字相混淆。

細審秦文字中的予，其上多呈連環狀，其下末筆下垂多作左彎劃，少數作豎劃。秦國文字的邑如前所云，其上呈三角狀，其下的人形仍作鞠躬屈膝形，隸變後末筆從左出作下垂右彎劃，與秦文字的予存在明顯的區别。六國文字尤其是楚文字，邑字的下垂的末筆多從右出，下垂作左彎劃，也與秦文字予存在明顯的區别。與秦文字易混淆的是齊、燕、三晉文字的少數邑字，這些形體的上面呈兩個三角形，其下作豎劃，與秦文字的予相近而易混。但衹要我們認識到秦系與六國系的區别後，這種混淆也是可以避免的。

其三，考察宮字的音讀及其造字意義。宮字不見於後世字書，於傳世古籍無徵。但在三晉文字中，宮與邑有相通之例。據黄盛璋先生考證，戰國時期，三晉地名有「左邑」，其邑字在三晉古璽中或作邑，如「左邑余子嗇夫」、「左邑發弩」；或作宮，如「左宮蘇棹」、「左宮」（黄盛璋：《燕齊兵器研究》，《古文字研究》第19輯，中華書局，1992年）。宮與邑可通作，表明宮从邑聲。至於宮字爲何要加宀，可从楚文字中得到解釋。在楚文字中，邑字上面凡加宀者皆是一種大邑，稱之爲「大宮」。故包山楚簡有「大宮」這個概念（見第12、13、126、127、67號簡）。大是相對於小而言的，主要是爲了有别於「田邑」、「邑里」之類的小邑。在這裏宀是一種區别符號，而不是一般的繁化和異構。

總之，宮與宮、序二字，在戰國中、後期的文字演變過程中，儘管有相混淆和易混淆的現象，但三者間各自的演變軌跡分明。⿱宀邑是有別於宮、序二字的一種被後世廢用的文字，是指一種有別於小邑的大邑。　《⿱宀邑字考辨》，《古文字研究》第二十四輯，中華書局，2002年7月，第345～346頁。

徐暢主編：

戰國公鉨與印跡·楚系鉨印　96　下蔡⿱宀邑夫=（大夫）　《中國書法全集》第92卷，榮寶齋出版社，2003年2月，第40頁。

徐暢主編：

96　下蔡⿱宀邑夫=（大夫）

作於東周時期。楚官鉨。《金文分域編》卷三六說出於安徽壽縣。《古璽彙編》〇〇九七號著錄。

下蔡即今安徽鳳臺縣。「下」字字形與曾侯乙墓、楚帛書字形同。「蔡」字與包山楚簡字形相近。大夫合文从大从人是楚文字的特點。

邊框系製範時字模壓抑而成，故與印文相連。佈白大起大落，朱白對比強烈。

參考　徐暢《寓石齋璽印考》《中國書法全集》第92卷，榮寶齋出版社，2003年2月，第205頁。

莊新興：

下蔡邑大夫　《戰國璽印》，上海書畫出版社，2003年8月，第131頁。

趙平安：

戰國時期有一個寫作下列諸形的字：

A  包山簡2.127　B  包山簡2.62　C  右昜宛弩牙（集成11930）

D  包山簡2.26　E  包山簡2.157　F  九年將軍張戈（集成11325）

G  陶彙3.710　H  璽彙0256　I  璽彙0254

J  璽彙0305　K  九年將軍張戈（集成11326）

釋法很多，影響較大的有釋宮、釋邑、釋序、大邑的專字等四種〔參見羅運環：《宮字考辨》，載《古文字研究》第二十四輯（北京：2002年），頁345～346〕。可以説各有各的依據。因爲它的某些寫法（如K和G、H之類）確實很像宮和序，它和邑的形體、用法也似乎有一定的聯繫。但是，這些釋法的不足也是很明顯的。它的各種寫法中最流行的是A、B之類，和宮、序相似的寫法只是偶爾爲之，並不具有代表性；它和邑的用法實際上有較嚴格的區分，和邑相似的形體，來源並不相同（詳後）；至於説它是大邑的專字，字形上根本無從證明。因此有必要重新考慮它的釋讀。

我們認爲這個字應當釋爲宛。論證如下：

《侯馬盟書》詛咒類一〇五：三有字作

L 

整理者隸作惌，解釋説：

惌—借爲冤字，音淵（yuan），冤屈的意思。《説文》以爲惌是怨的古體字。《一切經音義》：「怨，屈也。」《詩・都人士》注：「苑，猶屈也。」《說文》：「冤，屈也。」故惌字可與冤字通用。〔山西省文物工作委員會：《侯馬盟書・侯馬盟書類例釋注》（北京：文物出版社，1976年），頁44〕。

詛辭「不卑眾人惌死」就是「不俾眾人冤死」，文義順暢，足見整理者的釋讀正確可從。有人把惌改釋爲悒〔如何琳儀：《戰國古文字典》（北京：1998年），頁1370〕或序〔如湯餘惠主編：《戰國文字編》（福州：福建人民出版社，2001年）頁473〕，實際是沒有必要的。

新近發表的上博藏戰國楚竹簡《緇衣》第六簡和第十二簡有下面一組字：

M 　N 　O 

整理者隸作命或令〔馬承源主編：《上海博物館藏戰國楚竹簡（一）》（上海：上海古籍出版社，2001年）頁180、187〕完全是依樣畫葫蘆的產物。在今本《緇衣》中，與之相對應的字都寫作「怨」，因而也有學者直接把它隸作怨。但李零先生有不同意見，他指出：「怨」，……都是假「宛」字爲之，其寫法，可參看《說文》卷十下，《汗簡》40頁正、《古文四聲韻》卷四第19頁背和40頁正的古文「怨」，不是「命」或「令」字[李零：《上海楚簡校讀記（之二）》，載朱淵清、廖名春主編《上博館藏戰國楚竹簡研究》（上海書畫出版社，2002年）頁409]。

李說正確。《汗簡》、《古文四聲韻》和《說文》古文怨都是从心从宛省，應隸作惌，通怨。

曾侯乙墓竹簡第12號有一個被釋作邻的字，作

P 

之形。這個字簡文用爲地名，釋邻講不通。聯繫上博簡中N和O的寫法，應改釋爲𨛜。《戰國策·西周策》「薛公以齊爲韓、魏攻楚」章載韓慶爲西周謂薛公曰：「君以齊爲韓、魏攻楚，（九）[五]年而取宛、葉以北以強韓、魏，今又攻秦以益之。」知楚有宛地，𨛜即

宛之增累字。簡文「⿰宛阝連爜東臣所馭政車」即「宛連敖東臣所馭政車」（「連敖」之釋參見裘錫圭、李家浩《曾侯乙墓竹簡釋文及考釋》。載《曾侯乙墓》北京：文物出版社，1989年，上冊，頁512。包山楚簡中的鄗字，也有學者釋⿰宛阝。李運富先生認爲應釋鄗，同鄓，本爲「漢南之國」，後用爲姓氏。李說可從。參見李運富：《楚系簡帛文字構形系統研究》長沙：嶽麓書社，1997年，頁112-115）。

N、O和P所从宛同《汗簡》、《古文四聲韻》以及《說文》古文怨所从宛結構相同，都可以看作M之類寫法的省體。

M之類的用法，也反映在後世的楷書中。《正字通・心部》：「⿱命心，古文怨作⿱命心，⿱命心是⿱命心之訛。」說明在⿱命心（惌）這個合體字中，「宛」訛變爲「命」。又《禮記・大學》：「見賢而不能舉，舉而不能先，命也。」朱駿聲：「按命者⿱亼叩之誤，謂下民怨之。」（參看《說文通訓定聲》武漢：武漢市古籍書店，1983年，頁710）朱氏之說極具啓發性，結合上博簡看，命應是宛的訛寫，通怨。總之，《正字通》⿱命心所从以及上舉〈大學〉中的命字都應是M之類的寫法隸定的結果。上博簡整理者所犯的錯誤，歷史上早就出現了。

M比L所从宛多一橫畫，和集、宜的情形相似。楚文字集往往从宀，有時候宀下還加一橫（參看何琳儀：《戰國古文字典》北京：1998年，下冊，頁1396-1397）宜字也有宀下加橫的現象（湯餘惠：《戰國古文字典》（編按：誤，當是《戰國文字編》）福州：福建人民出版社，2001年，頁501），但並不影響它們是同一個字。事實上，《集篆古文韻海》所收怨古文作惌，《訂正六書通》引古文奇字怨或作寃，宀下都加一橫。

回過頭來看A-K的寫法，不難發現它們和L、P所从以及M、N、O屬於一路。特別是其中A、B等主流寫法和L所从基本相同，完全可以視爲同一個字，釋爲宛。

宛字「从宀夗聲」〔許慎：《說文解字》，大徐本，北京：中華書局，1998年），頁150〕。聲符夗本是象形字，從來裂變爲夕和卩。在秦系文字中，聲符夗成爲平置的兩個部件（關於該字的演變，參見于省吾：《釋㫚》，載《甲骨文字釋林》，北京：中華書局，1979年，頁40-42）。如：

《說文》小篆宛作

《古璽彙編》3629號作

《睡虎地秦墓竹簡》曰書乙種195號作

它們和西周金文臣辰卣𥂴字所从偏旁的寫法一脈相承，又爲後世楷書所從出。從傳承的角度看，應視爲主流的寫法。

和秦系文字比較起來，A-K所从夗顯然是被疊置起來了，情形和吁作㕦（參看《戰國文字編》，頁72）以及御將「午」移於「卩」上（參看《戰國文字編》，頁117-118）、取將「耳」移於「又」上（參看《戰國文字編》，頁182）、精和清分別將「青」移於「米」和「水」上（參看《戰國文字編》，頁488、頁743）相似。這一類例子還有很多，裘錫圭先生的文章有專門輯集（《戰國璽印文字考釋三篇》，載《古文字論集》，北京，中華書局，1992年，頁470），可以參看。B中疊上去的「夕」旁，還依稀可以看出來原來的筆意。後來演變爲，和原來的寫法就越來越遠了。但是宛中「夕」的演變軌跡，還可以從隸定宛字和宛字偏旁以及「夜」字中尋繹出來（參看《戰國文字編》，頁473）。

認識了A-K的形體，與之相關的讀法便可以迎刃而解了（疊置型宛字的用法除本文所討論的與縣有關的一類外，所見還有若干例子。如包山楚簡2.259：「一櫝枳，有絵（錦）綒，縞宛。」包山簡2.260：「一竹枳，絵（錦）宛。」望山簡2.247：「四膚，皆𠬸（紋）宛。」望山簡2.258：「□躗吕二膚，丹秋（緅）之宛。」這些都是遣冊，其中枳和膚是器物名，宛是與之有關的飾物，可以讀爲帑，《說文·巾部》：「帑，幡也。」《殷周金文集成》12031也有宛字，從銘文看，「宛右」綴於「齊司馬」之後，用爲私名，宛爲姓氏。此外包山簡2.145也有宛字，它與犬字組成一則合文，應釋爲「宛犬」）。

請看下面的例子：

（1）下鄰宛大夫　　璽彙0097

（2）上厤宛大夫璽　　璽彙0100

（3）上場行宛大夫璽　　璽彙0099

（4）江叜行宛大夫璽　　璽彙0101

（5）山桑行宛大夫璽　周秦古璽菁華145

（6）郪厚行宛大夫璽　古文字研究第二十二輯第179頁

（7）新東昜宛大夫璽　文物1988年第6期第89頁

（8）鄱宛大夫璽　臨淄封泥文字第一冊第2頁

（1）至（7）爲古璽，（8）爲封泥，都屬於楚國〔參看葉其峰：《戰國官璽的國別及有關問題》，載《古璽印與古璽印鑒定》，（北京：文物出版社，1997年），頁222-230；李學勤：《楚國夫人璽與戰國時代的江陵》，《江漢論壇》第7期，（1982年），頁70-71；徐在國：《楚國璽印中的兩個地名》，《古文字研究》第二十四輯，（北京：中華書局，2002年），頁317-318；韓自強、韓朝《安徽阜陽出土的楚國官璽》，《古文字研究》第二十二輯，（北京，中華書局，2002年），頁176-180〕。下鄀即下蔡，《漢書・地理志》屬沛郡；江夌即江陵，《地理志》屬南郡（李學勤：《楚國夫人璽與戰國時代的江陵》，《江漢論壇》第7期，（1982年），頁70-71）；山桑可與《地理志》沛郡屬下的山桑對應（徐在國：

《楚國璽印中的兩個地名》，載《古文字研究》第二十四輯，（北京：中華書局，2002年），頁317-318）上埸爲故唐鄉所在地，春秋時併入楚，漢時稱上唐鄉（李學勤：《楚國夫人璽與戰國時代的江陵》，《江漢論壇》第7期，（1982年），頁70-71）；鄱即《史記·吳太伯世家》「吳王使太子夫差伐楚，取番的「番」（李學勤：《楚國夫人璽與戰國時代的江陵》，《江漢論壇》第7期，（1982年，頁70-71）。郲厚與尣猶聲近相通，新東陽當爲新置的東陽縣，它們戰國時都曾屬楚，《地理志》屬臨淮郡。上郚不詳。

（9）東周之客𬪩組至（致）作（胙）於蕺組之歲，夏𡨧之月，甲戌之日，子左尹命漾陵宛大夫誅〔劉釗：《利用郭店楚簡字形考釋金文一例》，載《古文字研究》第二十四輯，（北京：中華書局，2002年），頁277-281〕郜室人呆瘽之典之在漾陵之參璽。漾陵大宛痎、大駐尹帀（師），鄖〔李學勤：《續釋「尋」字》，《故宮博物院院刊》第六期，（2000年），頁11〕公丁、市帀（師）墨、帀（師）陽慶吉啓漾陵之參璽而在之，呆瘽在漾陵之參璽，間御之典匱。大宛痎內（入）氏等。　包山12-13

（10）東周之客舋絽至（致）作（胙）於莪郢之歲，夏𡱄之月，甲戌之日，子左尹命漾陵之宛大夫譔州里人陽錆之與其父陽年同室與不同室。大宛痎、大駐尹帀（師）言胃（謂）：陽錆不與其父陽年同室。錆居郢，與其季父郤（?）連囂陽必同室。大宛痎內（入）氏等。

包山126-127

（11）羕陵宛大夫司敗譔羕陵之州里人陽錆之不與其父陽年同室。　包山128反

（12）八月壬申之日，郙昜大正登生鈦受期，八月癸巳之日，不遲〔黄德寬《說遲》，載《古文字研究》第二十四輯，（北京，中華書局，2002年），頁272-276〕郙昜宛大夫以廷，阩門又敗。正羅壽戠（識）之。　包山26

（13）九月甲辰之日，顉司敗孶（這個字多從鄭剛等先生隸作李。但就字形而言，是孶的省形，詳拙文《釋包山楚簡中的「笆」》，《簡帛研究》待刊）扗受期，十月辛巳之日不遲顉宛大夫、𨚕公旅期、朝（?）昜公穆痀與周惕（?）之分譔以廷，阩門又敗。　包山47

（14）□歲也，恆思少司馬屈䞇以足金六匀（鈞）聖命𦯬，𦯬宛大夫、左司馬陂虞弗受。䬾公䢐之歲，恆思少馬邗勳或以足金六匀（鈞）舍𦯬，𦯬宛大夫、集昜公鄰逯启（?）受。

包山130

（15）郯宛大夫命少割尹鄗訧。　包山157反

（16）乙酉，邸宛大夫黃⿰車獻。　包山188

（17）九月辛亥之日，臨昜之宛司馬孷𥐓受期，戊午之日不量廡下之賁，阩門又敗。秀免。　包山53

（18）九月壬戌之日，𨛭郢司悳鄀陽受期，十月辛巳之日不遲安陸之下隱里人屈犬、少宛陽申以廷，阩門又敗。疋犢。　包山62

（19）冬柰之月癸丑之日，周賜公訟郯之兵㢑執事人宛大夫競丁，以其政其田。期甲戌之日。郯洛公蛙戠（識）之，泥競爲孷。　包山81

（20）十月戊寅之日，郯郵大宛屈尪、大任（？）尹夏句浩受期，臭月辛未之日不軋丝䢅歸其田以至命，阩門又敗。勫絾。　包山67

（9）至（20）爲楚簡。宛前的地名還有相當一部份不可考，但是茱即葉，就是漢晉南陽郡

葉縣〔徐少華：《包山楚簡釋地五則》，《考古》第11期（1999年），頁74-77〕；郊即鄢，即《左傳・桓公十三年》「楚屈瑕伐羅……及鄢」的鄢；漾陵之漾即《水經注》汝水支流之養水，漾陵在養水之上〔黃盛璋：《鄴器鄴國地望及與楚之關系考辨》，《江漢考古》第1期，（1988年），頁50。〕；大致是可以認定的。陳偉先生還從司法職權、名籍管理、職官設置等方面論證簡文羕陵（即漾陵）喜（即顗）、鄢（郊）等相當於縣級組織〔陳偉：《包山楚簡初探》，（武漢大學出版社，1996年），頁94-101〕，甚爲有見。

（21）九年將軍張二月，剌宛我其獻。　九年將軍戈　集成11325-11326

（22）左周宛[董珊先生已將周後一字及（25）至（27）宛隸作宛。見其所著《戰國題銘與工官制度》，（北京大學博士研究生學位論文，2002年），頁97和頁196。但他仍將（21）（23）等處宛隸作宮。]　左周弩牙　集成11925-11928

（23）右易宛攻尹　右易宛弩牙　集成11930

這四例都是燕國之物，例（21）出土於河北易縣燕下都遺址。剸、左周、右昜爲地名，具體地望尚待進一步考證。需要注意的是，《集成》11929所收另一件燕國弩牙上刻有「右昜攻尹」「右昜」後省去「宛」字。

（24）陳猶立事歲𢿚月戊寅，各茲安陵宛命左關不䢵敕成左關之釜，節於𢿚釜，敦者曰陳純。　陳純釜　集成10371

（25）皇宛左[《殷周金文集成》10982號戈銘文作「皇宮左」，係鑄銘，大字，過去有人據此把同書10983-10985號戈小字刻銘釋爲「皇宮左」，是不對的。實際上前者是僞品，是模仿後者製造的，模仿過程中留下了作僞者錯誤理解（把宛誤作公）的痕跡。情形和兩件亡鹽右戈相似。亡鹽右戈真品（《集成》10975）係刻銘小字書寫正確，僞品《集成》10976係鑄銘大字，把「亡」字訛成「乍」。]　黃宛左戈　集成10983-10984

（26）辛宛左　辛宛左戈　集成10895

（27）皇宛右　皇宛右鶴嘴斧形器　集成11836

這四例是齊國器物。安陵，舊以爲《史記·田敬仲完世家》「齊宣公四十四年伐魯葛及安陵」的安陵，在今河南鄢陵縣西北。郭沫若先生以爲此器出於靈山衛，安陵當即靈山衛之古名〔郭沫若：《兩周金文辭大繫考釋》，（上海：上海書店出版社，1999年），頁223〕。當以舊說爲是。辛極可能就是《左傳·桓公十六年》「（衛宣）公使諸齊，使盜待諸莘」的莘，在今山東莘縣。其地本屬衛，在衛、齊邊界上，可能一度爲齊所有。皇地無考。

（28）左宛　璽彙0255-256

（29）左宛槐欂　璽彙0254

（30）宛右丞〔從李家浩先生釋讀，參看《先秦文字中的「縣」》，載《文史》第二十八輯，（北京：中華書局，1987年），頁54。〕　璽彙2718

（31）厽梠在宛　璽彙0305

從印面風格看，例（28）至（31）爲三晉之物。過去把左宛隸作左邑，以爲即三晉魏之左邑。魏璽中左邑。魏璽中左邑往往合文（參見《璽彙》0109、0110、0113等處），寫法與此迥異，兩者不能等同。例（31）中的「厽梠」吳振武先生認爲當讀爲「三臺」〔吳振武：《〈古璽彙編〉釋文訂補即分類修訂》，載《古文字論集初編》（香港：香港中文大學，1983年），頁491〕，是趙燕邊界上的城邑，在今河北容城縣西南，戰國時爲趙地〔曹錦炎：《古璽通論》（上海：上海書畫出版社，1996年，頁165）〕。

上舉各例的宛字，除少數外，絕大多數前頭冠以地名，後接官名，有時宛字還可以省去。從可考的地名看，戰國時大都爲縣邑，而這些縣邑又往往和《漢書·地理志》的縣名相應。其後所接官名如大夫、司馬、司敗（即司寇）、攻（工）尹之類，都爲東周縣制所能涵蓋。如《左傳·襄公三十年》：「趙孟問其縣大夫，則其屬也。」《史記·趙世家》：「晉頃公之十二年，六卿以法誅公族祁氏、羊舌氏，分其邑爲十縣，六卿各令其族爲之大夫。」縣大夫是掌管一縣之政令的官。《睡虎地秦墓竹簡·秦律杂抄》有「縣司馬」，爲掌管軍馬之官。李學勤先生《戰國題銘概述》引三晉官印「安陽司寇」、「樂陰司寇」，其中司寇，掌縣之刑獄。春秋時楚國置工尹，掌管百工。戰國時燕趙等國設大工尹、右工尹，主管兵器督造〔關於縣工尹，參見呂宗力主編：《中國歷代官職大辭典》（北京：北京出版社，1994年），頁22，頁429-430〕。縣工尹大約是縣工官的負責人。而古書中將縣名後的縣字省去更是司空見慣的事情。綜合上面各種因素來考慮，我們認爲可以把宛讀爲縣。宛上古屬元部影母，縣是元部匣母字，韻部相同，聲母同是喉音，古音很近。元部的影母和匣母有相通之例（王輝：《古文字通假釋例》（臺北：藝文印書館，1993年，頁834）。上古漢語裏，睘和縣聲字肙聲字相通（高亨纂著：《古字通假會典》（濟南：齊魯書社，1989年，頁169-170），而肙聲字和宛聲字相通（黃德寬、徐在國：《郭店楚簡文字考釋》，載《吉林大學古籍整理研究所建所十五周年紀念文集》（長春：吉林大學出版社，1998年，頁102），因而縣聲字和宛聲字相通是可能的。于省吾先生《商周金文選錄遺》指出「夗丸古本同字」，而《說文》以「圜」訓「丸」（聲訓）；《周禮・冬官・玉人》：「琬圭九寸而繅。」鄭玄注：「琬猶圜也。」（聲訓）說明宛聲字和睘聲字相通，而睘聲字常通縣，也可證明宛能通縣。

把宛理解爲縣，上述文例大多能講通。

例（3）至（6）中的「行宛」，和「宛」既有聯繫又有區別。《古璽彙編》有「邟行廈之璽」（0130）、「行廈之璽」（0128），又有「高廈之璽」（0132）、「廈」璽（5343），「宛」和「行宛」的區別，似與「廈」和「行廈」相當。近來有學者認爲，「行宛」是指僑置的有名無實的縣（參見韓自強、韓朝：《安徽阜陽出土的楚國官璽》，載《古文字研究》第二十二輯，（北京：中華書局，2000年，頁176~177），爲我們提供了一種新的思路。例（10）中「大宛」和「大⿰馬坴尹」並列，是官名。例（18）中的「少宛」，是與「大宛」相對的概念。《梁書》卷五十三《列傳》第四十七「良吏」：「溉等居官並以廉潔著，又著令小縣有能遷爲大縣，大縣有遷爲二千石。於是山陰令丘仲孚治有異績，以爲長沙內史，武康令何遠清公以爲宣城太守，剖符爲吏者往往承風焉。」《資治通鑒》卷一百四十五作「又著令小縣令有能遷大縣，大縣有能遷二千石。」「大縣」指大縣的長吏，「小縣」指小縣的長吏。「少宛」、「大宛」與「小縣」、「大縣」用法相同。（28）至（30）中的「左宛」是縣名，具體所指待考。「棆槫」爲左宛的屬官。

例（31）的情況比較特殊，「在」可能是「厸梠」屬下的縣，「厸梠」爲上一級機構，相當於郡。縣名前冠郡名的結構見於《古璽彙編》0352號三晉璽。（李家浩：《先秦文字中的「縣」》，載《文史》第二十八輯（北京：中華書局，1987年，頁54）

（25）至（27）爲齊國兵器，按照齊兵器銘文的慣例（黄盛璋：《燕齊兵器研究》，載《古文字研究》第十九輯，北京：中華書局，1992年，頁62），「左」「右」應是指縣的左右工而言，是製造兵器的專門機構。

如果上面的考證和推導不誤，那么在戰國縣制方面，我們可以獲得幾點新的認識：

第一，戰國時代各國用來表示縣的詞除了李家浩先生指出的縣、睘、鄙之外，（李家浩：《先秦文字中的「縣」》，載《文史》第二十八輯北京：1987年，頁49~58），至少還有一種宛的寫法，而且一個國家往往同時用幾個字來表示；

第二，各國縣吏的設置和稱謂並不完全相同；

第三，楚國和晉國一樣，縣令也可以稱縣大夫，而且相當普遍。《左傳・宣公十一年》：「諸侯、縣公，皆賀寡人。」杜預注：「楚縣大夫，皆僭稱公。」《漢書》孟康注：「楚舊僭稱王，其縣宰爲公。陳涉爲楚王，沛公起應涉，故從楚制稱曰『公』。」這些理解有失偏頗，應予糾正。《戰國文字中的「宛」及其相關問題研究——以與縣有關的資料為中心》，《第四屆國際中國古文字學研討會論文集》，香港中文大學中文系，2003年10月，第529~540頁。

小林斗盦：

下鄗宮大夫　《中國璽印類編》，天津人民美術出版社，2004年6月，第3、212、251頁。

小林斗盦：

下□宮大夫　《中國璽印類編》，天津人民美術出版社，2004年6月，第498頁。

魏永年：

下鄗（蔡）宮（邑）大夫

此印線條粗重，爽澀互用。邊線較細，且與印文碰接。五字印看去像是四字，「大夫」兩字合文，若一字。「下」、「宮」兩字下端左右均留有大塊空地，形成對稱呼應。「鄗」字的「阝」部右下有小塊三角空地，又與「阝」部兩個三角、「邑」字的兩個圓形及上端人字形狀構成多處呼應。「大夫」右側與「鄗」字的「阝」部間又留出小塊空地，使全印有疏有密，和諧穩定。《古璽印賞析》，山東美術出版社，2005年6月，第40頁。

曹錦炎：

包山楚簡中有⿱宀邑字，原篆作：

與A的構形正相一致，可以對照（張守中：《包山楚系簡文字編》第123頁，文物出版社，1996年。又前者A、B、C「宀」下有飾筆，可參看下D字構形）。「⿱宀邑」，其實即「邑」字之繁構。楚文字構形往往贅增宀旁，如「中」作「⿱宀中」、集作「⿱宀集」、「或（域）」作「⿱宀或」等，楚簡中這類例子甚多，不備舉。根據包山楚簡的內容知道，在楚地將「邑」字寫作「⿱宀邑」是表示「城邑」之邑，寫作「邑」是專指「四井爲邑」之小邑，在具體表述上兩者似有所區別。《說上博楚簡〈緇衣〉篇中的「悒」》，《楚文化研究論集》第六集，湖北教育出版社，2005年6月，第659頁。

李天虹：

二、予與邑

睡虎地秦簡《日書》甲種《帝》篇「爲室日」（100正）條説：「凡爲室日，不可以築室。築大內，大人死。築右△，長子婦死。築左△，中子婦死。築外垣，孫子死。築北垣，牛羊死。」「右」、「左」後一字，原文作，整理小組釋文作「邛」，並以音近讀作「宅」。這種解釋從字形上看沒有問題，但於文意並不順暢。施謝捷先生認爲「予」作爲偏旁常常因形近而混同「邑（阝）」，此字實應釋爲「⿰土予」。《集韻》上語：「序，《説文》東西牆也。或作⿰阝予、⿰土予」那麼「⿰土予」也就是「序」字的異構（施謝捷：《簡帛文字考釋劄記》，《簡帛研究》第三輯，第171頁，廣西教育出版社，1998年）。李家浩先生看法相同，並疏解説：《儀禮·士冠禮》鄭注：「堂東西牆謂之序。」古人多以左爲東，右爲西，故右序、左序即西序、東序（湖北省文物考古研究所、北京大學中文系：《九店楚簡》第114頁注釋[一九六]，中華書局，2000年）。按這一讀法於文意十分貼切。戰國文字中有一字作（璽彙0097）、（包155），等形，過去多隸定爲「宮」或「宫」，但很難

確定讀作什麼字。李家浩先生認爲此字可能也是从「予」，應當釋爲「序」，讀作「舍」。或用作名詞，指館舍，如包山26號簡的「博陽序（舍）大夫」，「舍大夫」即管理館舍的大夫；或用作動詞，是居止的意思，如包山155號簡的「襄陵之行僕序（舍）於鄗」，「舍於鄗」即居止於鄗（湖北省文物考古研究所、北京大學中文系：《九店楚簡》第114頁注釋[一九六]，中華書局，2000年）。今按孔家坡漢簡裏有一條關於「築室」的簡，其云：「一月二月午，三月四月申，五月六月戌，七月八月子，九月十月寅，十一月十二月辰，不可築室。築室大人死，右序長子死，左序中子死。」內容與秦簡「爲室日」條大體一致，與秦簡相當之字正作「序（）」，證明施、李二先生對秦簡文字的解釋是正確的。由此來看，李家浩先生對上舉楚簡之字的釋讀可能也是成立的。

上博《緇衣》用作「怨」的字或作、等形，李零先生釋爲「宛」，趙平安先生從之，並認爲上舉古璽、楚簡之字也是「宛」，應以音近讀作「縣」（趙平安：《戰國文字中的「宛」及其相關問題研究》，《第四屆國際中國古文字學研討會論文集》第529～540頁，香港中文大學，2003年）。此說也有一定道理。但趙先生文沒有涉及到包山155號簡

的該字，該字在文中好象無法讀作「縣」，所以此說還存在可商之處（馮勝君先生認爲上博《緇衣》之字應當釋爲「夗」，上部所从是肉形（）的演變，與宀無關；因爲字形與「令」太接近，或加注音符「○（圓）」而與「令」相區別。參看馮勝君：《釋戰國文字中的「怨」》，《古文字研究》第25輯，第282～283頁，中華書局，2004年）。

《楚簡文字形體混同、混訛舉例》，《江漢考古》，2005年第3期，第84頁。

施謝捷：

楚系官璽　下鄗（蔡）宫（序）夫=（大夫）　《古璽彙考》，安徽大學博士學位論文，2006年5月，第166頁。

陳光田：

楚系古璽　「下鄗（蔡）序大夫」（0097）。璽文第二字舊不識，且其他璽文所釋有誤。該字形體與鄂君啓節中的下蔡之「蔡」以及楚簡中的「蔡」字相近，將其釋爲「蔡」是可信的。（葉其峰：《戰國官璽的國別及有關問題》，《故宮博物院院刊》1981年第3期。）

下蔡，又見於鄂君啓節。《漢書·地理志》云：「下蔡，故州來國，爲楚所滅，後吳取之，至夫差遷昭侯來此，後四世侯齊，竟爲楚所滅。」下蔡爲古之蔡國的所屬之地，其地在今安徽鳳臺縣。第三字或認爲从「宀」从「邑」，當爲「邑」字的異構，寫作「宧」是表示「城邑」之邑，寫作「邑」是專指「四井爲邑」之小邑，兩者似有區別。（曹錦炎：《包山楚簡中的「受期」》，《江漢考古》1993年第1期。）該字當釋爲序。（李家浩：《包山楚簡中的「枳」》，《著名中年語言學家自選集》，安徽教育出版社，2002年，第289頁。）序爲機構名。該璽當爲楚下蔡的「序」大夫所用之璽。　《戰國璽印分域研究》，嶽麓書社，2009年5月，第132頁。

徐　暢：

戰國楚系官鉨　下蔡宧大夫　《先秦印風》，重慶出版社，2011年5月，第29頁。

王義驊：

下蔡宮大夫　《先秦古璽集粹》，吉林文史出版社，2011年8月，第8頁。

李守奎按：

「下」與「上」是一對反義詞，記錄它的文字是兩個區別符號，其區別特徵是某些筆劃位置的上下相反。這些區別特徵的歷史演變具有一致性。「下」字上部加羨一，也是楚文字的特徵。

國名用字，戰國古文與用漢隸整理後的「今文」差別很大。楚文字中的一些國名專用字，一些「以國爲氏」的姓氏用字也包括在內，結構也完全不同，此不贅舉。

蔡國之「蔡」，西周金文作、、等形，春秋金文多作、等形（《金文編》三〇頁），戰國金文作（鄂君啓節「鄝」字偏旁），古印作（《古璽彙編》〇〇九七號印「鄝」字偏旁），三體石經《春秋》僖公二十八、二十九年古文作（《魏三字石經集錄》三一上、三四上）。石經「蔡」字古文的寫法跟《說文》「殺」字古文全同。「蔡」、「殺」古音相近。近人大都認爲金文和三體石經假借「殺」字爲蔡國之「蔡」。這應該是正確的。所以「殺」字古文較原始的寫法是，《說文》和石經的古文的形體已有訛變。（一九七五年岐山董家村窖藏出土的西周中期的衛鼎乙有字，似是反寫的「殺」字古文，見《文物》一九七六年五期三九頁圖一六）

唐蘭先生在《殷墟文字記·釋》裏，反對把金文裏用作國名的、等字讀爲

「蔡」。他認爲這個字本从「大」，跟「殺」字古文不可能是一個字。五十年代在壽縣和淮南市蔡家崗先後發現蔡侯墓之後，這個字應該讀爲「蔡」已經不容懷疑了。唐先生也承認了這一點。但是他指出的這個字本从「大」那一點仍然是正確的。祇不過這並不能證明這個字不是「殺」字古文，而祇能證明《說文》和三體石經的古文已有訛變。在蔡家崗墓地所出的蔡侯產劍上，蔡侯之「蔡」有、、等不同寫法（《考古》一九六三年四期圖版肆1、3、2）。後兩種字形顯然是以「大」爲主體的。智龕在《蔡公子果戈》一文中指出，見於傳世兵器銘文中的字也應該讀爲「蔡」，當是這種寫法的簡體（《文物》1964年7期33頁）。這些是這個字本从「大」的有力證據。據中華版《殷墟文字記》，唐先生在《釋》篇上批有一個「」字。甲骨卜辭裏屢見地名和侯之稱（參看《殷墟卜辭綜類》36頁）。唐先生大概認爲跟有可能是一個字。從上舉蔡國兵器裏蔡國之「蔡」的那些寫法來看，這種猜測說不定是正確的，卜辭裏的地名「」和「侯」也許就應該讀爲「蔡」和「蔡侯」。

璽文字所从之，舊多隸作疋。唐蘭、（裘說、何說）等認爲此字本从「大」，是

「殺」字的古文，比較可信。

絲字屢見於西周金文，所从的迂形與有明顯差別。

主要有釋「邑」、「序」、「宛」三說，皆有理據，這裏不排除這個形體是同形字的可能。

邱傳亮按：

《古璽漢印集萃》收集兩方，疑爲同一方璽印，只是鈐印、摹拓略有不同。

官璽第十九：上場（唐）行宛（縣）夫=（大夫）鉨（璽）

印　面：

萬印樓藏印六十四卷、陳簠齋手拓古印集四冊，故宮博物院藏印

著　錄：

《賓虹草堂璽印釋文》石印本，1958年12月。

《印章概述》，北京：中華書局，1973年2月，第42頁。

《古璽彙編》，北京：文物出版社，1981年12月，第17頁。

《古璽印概論》，北京：文物出版社，1981年12月，第44頁。

《印典》（一），石家莊：河北美術出版社，1989年8月，第5、394頁。

《璽印鑒賞》，桂林：灕江出版社，1993年11月，第24頁。

《古璽通論》，上海：上海書畫出版社，1996年3月，第105頁。

《中國歷代璽印集粹》，北京：線裝書局，1997年7月，第24頁。

《古璽印精品集成》，上海：上海古籍出版社，1998年3月，第3頁。

《篆字印彙》，上海：上海書店出版社，1999年1月，第298頁。

《中國篆刻學》，杭州：西泠印社，1999年5月，第5頁。

《中國璽印篆刻全集》，上海：上海書畫出版社，1999年11月，第50頁。

《中國篆刻全集》，哈爾濱：黑龍江美術出版社，2000年7月，第18頁。

《古印集萃・戰國卷》，北京：榮寶齋出版社，2000年11月，第39頁。

《戰國璽印分域編》，上海：上海書店出版社，2001年10月，第179頁。

《中國書法全集》第92卷，北京：榮寶齋出版社，2003年2月，第40頁。

《戰國璽印》，上海：上海書畫出版社，2003年8月，第125、188、244、270頁。

《古璽印通論》，北京：紫禁城出版社，2003年9月，第2頁。

《中國璽印類編》，天津：天津人民美術出版社，2004年6月，第2、62、251、439、448、498頁。

《古璽印賞析》，濟南：山東美術出版社，2005年6月，第39頁。

《古璽彙考》，安徽大學博士學位論文，2006年5月，第167頁。

《戰國璽印分域研究》，長沙：嶽麓書社，2009年5月，第132頁。

《中國印學》，杭州：中國美術學院出版社，2010年6月，第14頁。

《先秦印風》，重慶：重慶出版社，2011年5月，第29頁。

《先秦古璽集粹》，長春：吉林文史出版社，2011年11月，第8頁。

集釋：

丁佛言：

古鈢　上場行鈢　許氏說：「場，祭神道也；一曰田不耕；一曰治穀田也。」《說文古籀補補》，中華書局，1988年2月，第57頁。

丁佛言：

古鈢　上場行克鈢　陳簠齋釋，謂从一，地也。《說文古籀補補》，中華書局，1988年2月，附錄第70頁。

丁佛言：

古鈢　上場行鈢　與、、似是一字。夢英書部首。王棻友以爲克字。　《說文古籀補補》，中華書局，1988年2月，附錄第73頁。

陳介祺：

上場行宮大夫鈢　《十鐘山房印舉選》，上海書畫出版社，1985年11月。

黃賓虹：

上場行⿱亼邑大夫鈢

《周禮·地官》：「場人掌國之場圃而樹之果蓏。」場叚借爲暘=又叚蕩，蕩叚爲場。《詩·南山》：「魯道有蕩」，傳：「平易也，又作宕。」蕩水出河內蕩陰東入黃澤，今河南彰德府湯陰縣西山至內黃入黃澤。　《賓虹草堂璽印釋文》石印本，1958年12月。

羅福頤：

0099　上場行邑夫=鉨　《古璽彙編》，文物出版社，1981年12月，第17頁。

李學勤：

上場行宮夫人鉨

上場，當讀爲上唐。《說文》「唐」字古文作「啺」，足爲旁證。《漢書·地理志》南陽郡「舂陵，侯國，故蔡陽白水鄉，上唐鄉故唐國」。《左傳》宣公十二年杜解：「唐，屬楚之小國，義陽安昌縣東南有上唐鄉。」《水經·溳水注》：「石水出大洪山，東北流注於溳，謂之小溳水，而亂流東北，經上唐縣故城南，本蔡陽之上唐鄉，舊唐侯國。」《史記·楚世家》正義引《括地志》：「上唐鄉故城在隨州棗陽縣東南百五十里，古之唐國也。」（《括地志輯校》卷四，棗陽縣）清吳卓信《漢書·地理志補注》云：「其地在今湖北隨州西北八十五里。」即今隨縣西北唐縣鎮一帶。由上引文獻可知，春秋時唐國爲楚所滅，漢代稱其地爲上唐鄉。根據古璽，上唐這個地名戰國時代已經存在了。《楚國夫人璽與戰國時的江陵》，《江漢論壇》，1982年第7期，第71頁。

吴振武：

上埸（唐）行宮夫人鈢　《〈古璽彙編〉釋文訂補及分類修訂》，《古文字學論集》（初編），香港中文大學，1983年9月，第488頁。

湯餘惠：

楚璽　上埸（唐）行宮夫人鈢　《略論戰國文字形體研究中的幾個問題》，《古文字研究》第十五輯，中華書局，1986年6月，第75頁。

鄭　超：

2.上□行宮大夫璽

上埸，李學勤先生讀爲上唐，謂即《漢書・地理志》南陽郡舂陵的上唐鄉，故唐國，今湖北隨縣西北唐縣鎮一帶。《楚國官璽考述》，《文物研究》總第二輯，黄山書社，1986

年12月，第87頁。

黃盛璋：

印文：上場行邑夫=鉩　形狀：方形；尺寸：23mm2；文別：白文。

上場李文（編按，即李學勤文）讀爲上唐，舉《說文》「唐」字古文作「啺」爲證，即《漢書·地理志》南陽郡春陵之「上唐鄉，故唐國」。《本經·溳水注》尚稱之爲「上唐縣故城」，此故城當即印文之「上場」。唐爲楚滅，改置上場邑，秦漢廢爲鄉，而六朝故縣城仍在，必來自楚，即此文之上場，可以無疑。　《戰國「江陵」璽與江陵之興起因沿考》，《江漢考古》，1986年第1期，第34~35頁。

黃錫全：

（27）上□宮大夫之璽　《古文字中所見楚官府官名輯證》，《文物研究》總第七輯，黃山書社，1991年12月，第212頁。

陳松長：

上場行宮大夫鉩　《璽印鑒賞》，灕江出版社，1993年11月，第24頁。

曹錦炎：

23. 上場行宧（邑）大夫鉨

「上場」，讀爲「上唐」（李學勤：《楚國夫人璽與戰國時的江陵》，《江漢論壇》，1982年第7期）。「昜」、「唐」古音相通，《春秋》昭公十二年「齊高偃帥師納北燕伯於陽」，《左傳》「陽」作「唐」；《戰國策・趙策》趙收天下且以伐齊章，「秦以三軍強弩坐羊唐之上」，馬王堆帛書本「羊唐」作「羊腸」；趙國貨幣三孔布面文的「南行昜」即古書上的「南行唐」（裘錫圭《戰國貨幣考》，《北京大學學報》1978年第2期），均其證。《左傳》宣公十二年杜預注：「唐，屬楚之小國，義陽安昌縣東南有上唐鄉。」《史記・楚世家》正義引《括地志》：「上唐鄉古城在隨州棗陽縣東南百五十里，古之唐國也。」地在今隨縣西北唐縣鎮一帶。上唐本即唐國之地，後入楚，此璽當爲楚上唐附邑的邑大夫所用之印。　《古璽通論》，上海書畫出版社，1996年3月，第105頁。

戴山青：

上場行宧大夫璽　《中國歷代璽印集粹》（I），線裝書局，1997年7月，第24頁。

何琳儀：

楚系　上場行宮（邑）大夫鉨。楚器地名前之上，表示地理方位。《戰國古文字典》，中華書局，1998年9月，第656～657頁。

莊新興：

上場行邑大夫鉨　《古璽印精品集成》，上海古籍出版社，1998年9月，第3頁。

傅嘉儀：

上場行邑大夫璽　《篆字印彙》，上海書店出版社，1999年1月，第298頁。

吳清輝：

上場行畬（宮）大夫鉨　《中國篆刻學》，西泠印社，1999年5月，第5頁。

莊新興：

上場行宮大夫鉨　戰國　《中國璽印篆刻全集》，上海書畫出版社，1999年11月，第47頁。

徐　暢：

東周·楚系公鉨　上場（唐）行宮大夫鉨　《中國篆刻全集》，黑龍江美術出版社，2000年

7月，第18頁。

來一石：

上場行宮夫之鉩 《古印集萃·戰國卷》，榮寶齋出版社，2000年11月，第39頁。

莊新興：

1007 上場行邑大夫鉩 楚系·楚 《戰國璽印分域編》，上海書店出版社，2001年10月，第179頁。

徐暢主編：

戰國公鉩與印跡·楚系鉩印 93 上場（唐）行宮夫=（大夫）鉩 《中國書法全集》第92卷，榮寶齋出版社，2003年2月，第40頁。

徐暢主編：

93 上場（唐）行宮夫=（大夫）鉩

作於戰國時期。楚國官鉩。《金石分域編》說壽縣出土。《古璽彙編》〇〇九九號、《故宮博物院歷代藝術館陳列品圖目》二九〇號著錄。故宮博物院收藏。銅質。二層臺粗鼻鈕。

正方形，邊長二・四釐米，高一・六釐米。

吳振武釋上埸爲上唐，何琳儀指出上唐即湖北省隨縣。爲職官用字，如「漾陵宮大夫」，「鄅昜大夫」等，邑爲地名用字，如竹邑、長陵邑等。這在楚簡中都有嚴格地區分。行宮猶行宮。大夫合文从大从人亦是楚文字特點。此爲上埸行宮大夫的用印。

參考　劉信芳《包山楚簡近似之字辨析》《中國書法全集》第92卷，榮寶齋出版社，2003年2月，第205頁。

莊新興：

上埸行邑大夫璽　《戰國璽印》，上海書畫出版社，2003年8月，第125、188、244、270頁。

趙平安：

上埸行宛大夫鉨　詳見「下蔡宛（縣）大夫鉨（璽）」條。《戰國文字中的「宛」及其相關問題研究——以與縣有關的資料為中心》，《第四屆國際中國古文字學研討會論文集》，香港中文大學中文系，2003年12月，第529～540頁。

小林斗盦：

上場行宮大夫鉨　《中國璽印類編》，天津人民美術出版社，2004年6月，第2、62、251、439、448、498頁。

魏永年：

邑璽

根據包山楚簡來看，將「邑」字寫作「𡨦」是表示「城邑」之邑，寫作「邑」是專指「四井爲邑」之邑，兩者似有大小之别。

上場行𡨦（邑）大夫璽白文楚官璽，文字布構錯落得法。印中除「行」字外，其它字畫與四周邊框均有交接，上疏下密、上輕下重的穩定感尤爲突出。「大夫」兩字爲合文，下面大塊空地，與「上」、「場」兩字間空地形成左右呼應。整印布局空則大空，密則大密，有上下開合之勢。「行」字的側欹，「𡨦」字末筆的斜拉，都給印面增色不少。如果「行」字與上邊線粘連，其藝術效果將大異其趣。　《古璽印賞析》，山東美術出版社，2005年6月，第39頁。

施謝捷：

楚系官璽　上場（唐）行宫（序）夫＝（大夫）鉨（璽）　《古璽彙考》，安徽大學博士學位論文，2006年5月，第167頁。

陳光田：

楚系古璽　「上場（唐）行序大夫鉨（璽）」（0099）。「上場」當讀做「上唐」（李學勤：《楚國夫人璽與戰國時的江陵》，《江漢論壇》1982年7期。），《左傳·宣公十二年》杜預注云：「唐，屬楚之小國，義陽安里縣東南有上唐鄉。」《史記·楚世家》正義引《括地志》云：「上唐鄉故城在隨州棗陽縣東南百五十里，古之唐國也。」上唐即古之唐國之地，後爲楚所滅，其地在今湖隨州西北唐縣鎮一帶。　《戰國璽印分域研究》，嶽麓書社，2009年5月，第133頁。

吴清輝：

戰國白文官鉨　上場行邑大夫鉨（楚）　《中國印學》，中國美術學院出版社，2010年6月，第14頁。

王義驊：

上場行宮大夫（編按：釋文脫「鈢」字）　《先秦古璽集粹》，吉林文史出版社，2011年8月，第8頁。

李守奎按：

行，楚璽中「行□大夫」習見，大家意見不同，迄今無定論。李天虹在《楚簡文字形體混同、混訛舉例》一文中，有新證據支援李家浩的「行序大夫」說，當屬可信。「行序（舍）」當是楚王在郢都之外所設置的用於遊行居處的宮殿館舍，「行舍大夫」就是掌管這些館舍的官吏。新蔡葛陵楚簡紀年中有「王徙於尋郢之歲」、「王復於藍郢之歲」等，這些不同名目的「郢」中，當設置「行序（舍）大夫」以掌管楚王的遊宮館舍。

官璽第二十：下場（唐）行宛（縣）夫=（大夫）鈢（璽）

印　面：

賓虹草堂藏印

著　録：

《賓虹草堂璽印釋文》石印本，1958年12月。

《古璽彙考》，安徽大學博士學位論文，2006年5月，第167頁。

集　釋：

黄賓虹：

卡場行𨛜大夫鈢

上之从卜，晚周奇字，亦或作𠄟。陝與大陽夾河對岸，故有上陽下陽之分，亦有南虢北虢之稱，實一虢也（王先謙説）。沈欽韓在《左氏傳地名注》：「虢叔封於制邑，虢仲封於上陽。」西虢舊都在陝西鳳翔寶雞縣東五十里，後隨平王東遷，更封於上陽，今河南陝州東南有上陽城，其左庶留於故都者爲小虢。，丁佛言《説文古籒補補·坿録》云與

似是一字，引夢英書部首。王菉友以爲克字。《賓虹草堂璽印釋文》石印本，1958年12月。

施謝捷：

楚系官璽　下場行宫（序）大夫鉨（璽）　《古璽彙考》，安徽大學博士學位論文，2006年5月，第167頁。

邱傳亮按：

此印文字風格、大小、形制、款式等各方面而言，是典型的楚璽。故置於此。但又有可疑之處：其一，既不是新出土古璽，卻只在黃賓虹先生的《賓虹草堂璽印釋文》著錄，羅福頤先生《古璽彙編》亦沒有收錄；其二，古璽中以「上」、「下」、「左」、「右」、「中」等方位詞命名的不少，如本書所錄「上⿰阝各（廐）宛（縣）大夫之鉨（璽）」、「王右酷（酖）鉨（璽）」、「上⿰章各（贛）君之誕（謂）鉨（璽）」、「下鄀（蔡）宛（縣）大夫」等，但像這樣「下場（唐）行宛（縣）大夫鉨（璽）」跟「上場（唐）行宛（縣）大夫鉨（璽）」成對出現的尚未見第二例；其三，該印「璽」字作「鉨」形，左邊是典型的楚文字寫法，右邊卻與齊系寫法相類。因而，該印的真實性有待于進一步考證。

官璽第二十一：上⿸厂各（廄）宛（縣）夫=（大夫）之鉨（璽）

印　面：

陳簠齋手拓古印集四冊、璽印集林四冊

著　錄：

《古璽彙編》，北京：文物出版社，1981年12月，第17頁。

《印典》（一），石家莊：河北美術出版社，1989年8月，第4頁。

《古璽印精品集成》，上海：上海古籍出版社，1998年9月，第3頁。

《篆字印彙》，上海：上海書店出版社，1999年1月，第8頁。

《中國璽印篆刻全集》，上海：上海書畫出版社，1999年11月，第73頁。

《中國篆刻全集》，哈爾濱：黑龍江美術出版社，2000年7月，第18頁。
《古印集萃·戰國卷》，北京：榮寶齋出版社，2000年11月，第39頁。
《古璽漢印集萃》上冊，廣西美術出版社，2001年10月，第1頁。
《戰國璽印分域編》，上海：上海書店出版社，2001年10月，第179頁。
《中國書法全集》第92卷，北京：榮寶齋出版社，2003年2月，第41頁。
《中國璽印類編》，天津：人民美術出版社，2004年6月，第2、251、314、498頁。
《古璽彙考》，安徽大學博士學位論文，2006年5月，第167頁。
《戰國璽印分域研究》，長沙：嶽麓書社，2009年5月，第133頁。
《黄賓虹集古璽印存》，杭州：西泠印社出版社，2009年7月，第8頁。
《先秦印風》，重慶：重慶出版社，2011年5月，第10頁。

集　釋：

黄賓虹：

上府邑、上大夫之鉨，凡八字，銀質，周身墨漆，古色，今壽州出土。陳壽卿、吳清卿諸公所稱晚周文字者即此類。《黄賓虹集古璽印存》，西泠印社出版社，2009年7月，第38頁。

羅福頤：

0100　上□宛夫=之鉨　《古璽彙編》，文物出版社，1981年12月，第17頁。

吳振武：

上□宮夫人之鉨　《〈古璽彙編〉釋文訂補及分類修訂》，《古文字學論集》（初編），香港中文大學，1983年9月，第489頁。

湯餘惠：

楚璽　上□宮夫人之鉨　《略論戰國文字形體研究中的幾個問題》，《古文字研究》第十五輯，中華書局，1986年6月，第75頁。

鄭　超：

5.上□宮大夫璽

第二字不識，「上□」也是地名。

由「行宮」一詞可知這些宮室都是王宮。葉其峰引左思《吳都賦》「烏聞梁岷有陟方之館，行宮之基歟？」李善注：「天子所立，名曰行宮。」大夫兩字作合文。諸宮大夫大概相當於《左傳》中的「司宮」。《左傳・昭公五年》：「楚子朝其大夫曰：『晉，吾仇敵也，苟得志焉，無恤其他。今其來者，上卿上大夫也。若吾以韓起爲閽，以羊舌肸爲司宮，足以辱晉，我亦得志矣。』」司宮，注：「加宮刑。」疏：「欲以叔向爲司宮，爲奄官之長。」羊舌肸爲上大夫，與宮室大夫秩也相近。可能諸宮大夫也是奄官。《楚國官璽考述》，《文物研究》總第二輯，黄山書社，1986年12月，第87～88頁。

黄盛璋：

印文：上⿸疒乱行邑夫=鉩　形狀：方形；尺寸：23mm2；文別：白文。

1印（編按：即《彙編》0100）壽縣東門外吳家嘴出土，2印（編按：即《彙編》0099，原書誤爲《古璽彙編》0090）亦壽縣所出。分别見《安徽通志金石志稿》卷十八與《金文分域篇》。1印一二兩字表地名（當即上洛），第二字「疒」乃附加，本字爲「⿸疒乱」，當讀如「洛」。上洛原爲晉地，《左傳・哀公四年》：「蠻子赤奔晉陰地，楚司馬起豐析與狄戎以臨上洛」，左師軍於菟和。又《竹書紀年》記晉列公三年「楚人伐南鄭至於上洛」。楚至少兩次攻打此地，當爲楚晉交界。菟和，杜預注謂在「上洛東」；《水經》：「丹水出京兆上洛縣西北塚山，東南過其縣南」，注：「丹水自倉野又東歷菟和山」，是菟和即在上洛之南。鄂君啓節車節有「庚方城、庚兔禾」，此兔禾即菟和，舊多誤讀爲象禾，于省吾先生指爲兔和，是正確的。可見楚懷王初年兔和尚爲楚地，此地當爲楚關防所在，特規定其名於車節中。又《左傳·文公十年》：「楚子使子西爲商公」，杜注，「商，楚邑，今上雒商縣」。商即上洛之商。商與兔和既皆爲楚地，而上洛又地處楚晉邊界，戰國疆界變化無常，所以至少上洛一度是無可置疑的。《戰國「江陵」璽與江陵之興起因沿考》，《江漢考古》，1986年第1期，第34頁。

傅嘉儀：

上□宛大夫之璽　《篆字印彙》，上海書店出版社，1991年1月，第8頁。

何琳儀：

楚系　上䣆宛大夫之鉨

楚器「宛大夫」，邑長。《書言故事·縣宰類》：「稱宰曰宛大夫。」《戰國古文字典》，中華書局，1998年9月，第1370頁。

莊新興：

上⿸厂各邑大夫之鉨　《古璽印精品集成》，上海古籍出版社，1998年9月，第3頁。

莊新興：

上□⿱宀邑大夫之鉨　戰國　《中國璽印篆刻全集》，上海書畫出版社，1999年11月，第47頁。

徐　暢：

東周·楚系公鉨　上⿸厂⿰台九（⿰台九）⿱宀邑夫=（大夫）之鉨　《中國篆刻全集》，黑龍江美術出版社，2000年7月，第18頁。

來一石：

上□⿱宀邑大夫之鉨　《古印集萃·戰國卷》，榮寶齋出版社，2000年11月，第39頁。

戴山青：

上⿸厂各邑大夫之鉨　《古璽漢印集萃》上册，廣西美術出版社，2001年10月，第1頁。

莊新興：

1005　上𠩵邑大夫之鉨　楚系・楚　《戰國璽印分域編》，上海書店出版社，2001年10月，第179頁。

徐暢主編：

戰國公鉨與印跡・楚系鉨印　99　上𠩵（𠘱）宫夫=（大夫）之鉨　《中國書法全集》第92卷，榮寶齋出版社，2003年2月，第41頁。

徐暢主編：

99　上𠩵（𠘱）宫夫=（大夫）之鉨

作於東周時期。楚國官鉨。壽縣吏門外吳家偕出土。《古璽彙編》〇一〇〇號著録。上𠩵，「广」爲附加。本字爲𠘱，讀如「洛」。上洛在今河南，是楚晉邊界地，爲楚重要關防地。

參考　《安徽通志金石志稿》卷十八；黄盛璋《戰國「江陵」璽與江陵之興起因沿考》《中國書法全集》第92卷，榮寶齋出版社，2003年2月，第205頁。

莊新興：

上郚邑大夫之璽（楚）　《戰國璽印》，上海書畫出版社，2003年8月，第232、233頁。

趙平安：

上郚宛大夫之璽　詳見「下蔡宛（縣）大夫鉨（璽）」條。《戰國文字中的「宛」及其相關問題研究——以與縣有關的資料為中心》，《第四屆國際中國古文字學研討會論文集》，香港中文大學中文系，2003年10月，第529~540頁。

小林斗盦：

上□宮大夫之鉨　《中國璽印類編》，天津人民美術出版社，2004年6月，第2頁。

小林斗盦：

上郚宮大夫之鉨　《中國璽印類編》，天津人民美術出版社，2004年6月，第251、314、498頁。

施謝捷：

楚系官璽　上郚宮（序）夫=（大夫）鉨（編按：此處脫一「之」字）（璽）【銀質】《古璽彙考》，安徽大學博士學位論文，2006年5月，第166頁。

陳光田：

楚系古璽「上□序大夫之鉨（璽）」（0100）。璽文第二字不識，「上□」爲地名。形制及璽文風格均屬楚。

《戰國璽印分域研究》，嶽麓書社，2009年5月，第133頁。

李守奎按：

商代和西周時期的「上」作，「下」作（《古文字類編》），都是以上下橫劃的短長作爲區別特徵的。但這兩個形體都與「二」相近，區別特徵不夠明顯，進入春秋時期，開始出現在短橫左側加豎的形體，蔡侯紳盤的「上」「下」作丄、丅，與現行文字幾乎完全一樣。這種形體的「上」、「下」與「二」、二有了明顯的區別，特徵突出，逐漸取代了、的寫法，進入戰國時期，舊的寫法已經消亡，丄、丅這種區別形式在秦、楚、三晉、齊、燕各系文字中普遍通行（《戰國文字編》，第2-4頁）。戰國時期，「上」產生了一些異體字和分化字：1加聲符「尙」，見於侯馬盟書（《侯馬盟書》，第330頁）和中山王方壺（《中山王嚳器文字編》，第56頁）。2加義符「止」（《楚文字編》，第82頁）；3加義符「辶」（《楚文字編》，第108頁）；4橫下加羨符短「一」（《楚文字編》，第6-7頁）。5在秦篆中，豎劃屈曲，字作形（《秦印編》，第1-2頁），爲《說

文》篆文所本。加義符和加羨符的「上」主要見於楚文字，可以說是楚文字的特徵。豎劃屈曲是秦篆的特徵。

今天見到的大徐本《說文》「上」字的形體是有問題的。「丄，高也。此古文上。指事也。凡丄之屬皆从丄。，篆文丄。」從這裏我們可以看到，「上」是以古文作字頭，以小篆爲重文。段玉裁據《說文》體例和「帝」、「示」等字釋文中「上」字古文的寫法改字條古文爲「二」，改篆文爲「丄」，前者爲卓識，後者爲繆改。如果段玉裁改「上」字古文不誤，那麼，《說文》古文中有比戰國文字更早的文字，因爲「二」形衹見於春秋以來的各種出土文獻。

古文字中，有以「辵」爲偏旁的辻。包山簡 150 號簡有兩個，有的學者釋爲「辻」。鄂君啓節有「辻」字，作，從用例上看，「辻」當是動詞「上」的分化字。簡文中「」用作地名，釋「上洛」在字形和用法上都嫌證據不足。

楚璽文字中，「上」有橫下加與不加羨符兩類，以加羨劃爲常，情形與楚簡文字相同。「上」字下加羨劃，是楚文字的特徵。

，釋陷可信。楚之「卜」字作，此字作，與「九」相類，當是變形音化。

官璽第二十二：江坙（陵）行宛（縣）夫=（大夫）鉨（璽）

印面：

觀自得齋秦漢官私印譜四冊、瞻麓齋古印徵八冊，上海博物館藏印

著録：

《上海博物館藏印選》，上海：上海書畫出版社，1979年8月，第5頁。

《古璽彙編》，北京：文物出版社，1981年12月，第17頁。

《印典》（三），北京：國際文化出版公司，1994年1月，第2266頁。

《中國歷代璽印集粹》，北京：線裝書局，1997年7月，第13頁。

《中國篆刻全集》，哈爾濱：黑龍江美術出版社，2000年7月，第18頁。

《古印集萃・戰國卷》，北京：榮寶齋出版社，2000年11月，第39頁。

《古璽漢印集萃》上冊，南寧：廣西美術出版社，2001年10月，第13頁。

《戰國璽印分域編》，上海：上海書店出版社，2001年10月，第180頁。

《中國書法全集》第92卷，北京：榮寶齋出版社，2003年2月，第40頁。

《中國璽印類編》，天津：天津人民美術出版社，2004年6月，第162、361、470頁。

《古璽彙考》，安徽大學博士學位論文，2006年5月，第167頁。

《寸心籀篆：中國古代璽印鑒賞》，長沙：湖南美術出版社，2009年5月，第34頁。

《戰國璽印分域研究》，長沙：嶽麓書社，2009年5月，第134頁。

《中國印學》，杭州：中國美術學院出版社，2010年6月，第135頁。

《先秦印風》，重慶：重慶出版社，2011年5月，第30頁。

《先秦古璽集粹》，長春：吉林文史出版社，2011年11月，第6頁。

集　釋：

上海博物館：

江垂行邑大夫鉨　《上海博物館藏印選》，上海書畫出版社，1979年8月，第5頁。

羅福頤：

0101　江□行宮夫=鉨　《古璽彙編》，文物出版社，1981年12月，第17頁。

葉其峰：

楚官璽

江垂行宮大夫鉨

江原是楚北方小國，在今河南省息縣西部。《左傳·文公》四年：「楚人滅江。」這是楚穆王三年（公元前623年）時事，以後江就歸入楚的版圖，故定此爲楚璽。垂，《說文》訓邊遠，江是楚北部邊境城邑，故稱江垂。宮字還見於「左」等璽，「左宮」古陶作「左」（見《季木藏陶》），故知此是宮字異體。行宮殆即鄂君啓節的遊宮。又左思《吳都賦》：「烏聞梁岷有陟方之館，行宮之基歟。」李善注：「天子行所立，名曰行宮。」因此，行宮、遊宮可能都是楚王設於外地的宮殿。夳，是大夫兩字的合文，璽文中的大夫可能是楚王設於江垂行宮的官員。　《戰國官璽的國別及有關問題》，《故宮博物院院刊》，

1981年第3期，第86頁。

李學勤：

一九七九年出版的上海書畫出版社編《上海博物館藏印選》，收錄了不少重要的古璽。其第5頁第二鈕系陰文，共七字，在最近逝世的羅福頤先生主編的《古璽彙編》書中編號爲0101。故宮博物院葉其峰同志作《戰國官璽的國別及有關問題》一文（《故宮博物院院刊》1981年第3期），指出它是戰國時期楚國的官璽，是正確的。

我認爲，這鈕楚璽的文字應釋爲「江陵行宮夫人鉨」，對研究楚國的制度和地理，是彌足珍貴的文物材料，縷述如下。

「江陵」，「陵」字多誤釋爲「垂」。按安徽壽縣出土的楚器鄂君啓節，銘文首云「大司馬昭陽敗晉師於襄陵之歲」，「陵」字从「阜」、「土」、从「夌」省。「陵」字的這種寫法，在楚國古文中習見。由節銘與文獻的一致，證明不能改讀爲「陲」。上海博物館此璽的第二字，从「土」从「夌」省，和節銘「陵」字的右半形同，自應讀作「陵」字。

「行宮」，「宮」字下部些（編按：疑「些」上脫「有」字）象「邑」字，戰國古文中也常見。過去我們曾把燕陶文裏類似這樣寫法的字釋爲「宮」（李學勤：《戰國題銘概述》（上），《文物》1959年第7期）。《古璽文編》第157頁云「或釋宮」，是對的。葉文對「行宮」一詞作了確切的解説。

「夫人」二字合文，有合文符。楚器曾姬壺的「夫人」雖分書，也附有合文符。需要説明的是，「夫人」合文同「大夫」合文是不一樣的，細看《古璽文編》第360頁前兩行所列，兩者不難分辨。大體講來，戰國古文的「大夫」合文絕大多數作「夫」字下加合文符，「夫」的下兩筆末端相平。「夫人」合文多作「夫」字下加「人」字，「人」的兩筆末端不齊，其右爲合文符；也有按照古文常例，假「大」爲「夫」，於「大」字下加「人」字的。

和上海博物館這鈕「江陵行宮夫人鉨」類似的古璽還有一些，試舉數例。

《古璽彙編》0097「下蔡宮夫人」，該璽的「夫人」二字合文，與「江陵行宮夫人鉨」寫法最爲接近。璽系陰文有邊，也同「江陵」璽相似。「蔡」字从古文「蔡」从「邑」，也見於鄂君啓節及長沙仰天湖楚簡，葉其峰同志已釋出。

方雨樓《周秦古璽菁華》145，即任熹《漢瓦硯齋古印叢》4.10，亦爲同型的陰文鉨，文字比較草率，釋爲「山朵（？）行宮夫人鉨」。第二字似从「九」从「木」，「夫人」合文，但不很清晰。

《古璽彙編》0099，即《周秦古璽菁華》156，也是陰文，釋爲「上場行宮夫人鉨」。「夫人」合文，从「大」从「人」作。

王獻唐編《臨淄封泥文字》第一冊第2頁古璽封泥，敘云出土於臨淄城北崔家莊，陽文，有十字界格，是用一鈕陰文璽印成的。封泥的文字是「鄱宮夫人鉨」，「夫人」也是「大」从「人」合文。

以上幾例有其共同特點，璽文開首均爲地名，云某某宮或某某行宮，下云夫人，末「鉨」字或有或省，可以看出是一種定制。

地名除「山朵（？）」外，大都可考。

江陵、下蔡，應爲楚地，是大家知道的。

上場，當讀爲上唐。《說文》「唐」字古文作「啺」，足爲旁證。《漢書・地理志》南陽郡「舂陵，侯國，故蔡陽白水鄉，上唐鄉故唐國」。《左傳》宣公十二年杜解：「唐，屬楚之小國，義陽安昌縣東南有上唐鄉。」《水經·溳水注》：「石水出大洪山，東北流注於溳，謂之小溳水，而亂流東北，逕上唐縣故城南，本蔡陽之上唐鄉，舊唐侯國。」《史記·楚世家》正義引《括地志》：「上唐鄉故城在隨州棗陽縣東南百五十里，古之唐國也。」（《括地志輯校》卷四，棗陽縣）清吳卓信《漢書·地理志補注》云：「其地在今湖北隨州西北八十五里。」即今隨縣西北唐縣鎮一帶。由上引文獻可知，春秋時唐國爲楚所滅，漢代稱其地爲上唐鄉。根據古璽，上唐這個地名戰國時代已經存在了。

鄱，也是楚地。封泥常爲郵遞文書所用，所以「鄱宮夫人鉨」封泥出於齊都臨淄，封泥所用璽印卻可能是楚國的。楚國古璽有些有十字界格，如大家喜歡稱引的「連尹之璽」，即其例。《史記·吳太伯世家》載，吳王闔廬十一年（公元前504年），「吳王使太子夫差伐楚，取番，楚恐而去郢徙鄀」。索隱云：「此言番，番音潘，楚邑名。」封泥的鄱，很可能就是番。

各璽及封泥都稱某某宮或行宮夫人，足以證明合文的字是「夫人」，不是「大夫」，因爲夫人居於宮中，而宮不宜設大夫。戰國時期楚王的夫人，是他的妃嬪。例如，《戰國策·

楚策》記楚懷王有南后，而所寵幸的鄭袖稱爲夫人，這和春秋時諸侯正配稱夫人有異。近年平山中山王墓出土「兆域圖」（張守中：《中山王嚳器文字編》，第 119 頁），共有五堂，中央爲「王堂」，左右爲「哀后堂」、「王后堂」，再左爲「大夫人堂」。「哀后」、「王后」當爲中山王先後兩后，哀后已死，用謚法，王后當時尚存。所謂「大夫人」，也就是中山王的一個妃嬪。

上海博物館的「江陵行宮夫人鉨」還告訴我們，戰國時楚國已經有了「江陵」地名，這是人們以前所不知道的。

江陵即楚都郢。《漢書・地理志》南郡「江陵，故楚郢都。楚文王自丹陽徙此，後九世平王城之，後十世秦拔我（字衍）郢，徙陳。莽曰江陸」。這個郢，文獻又稱「紀郢」。鄂君啓節及楚簡所見「栽郢」，前一字从「戋」聲，與「紀」同屬古之部。

《山海經》郭注：「江陵近地無高山，所有皆陵阜之屬，故名江陵。」說明了江陵得名的緣由。關於江陵一名始用的時間，前人有兩種說法。《水經・江水注》說：「漢景帝二年改爲江陵縣。」《通典》則云：「今荊州所理江陵縣，故楚之郢地。秦分郡，置江陵縣。」

清代全祖望已曾反駁《水經注》的漢景帝說。楊守敬在《水經注疏》卷三十四中說：「《史記·項羽紀》『共敖都江陵』，亦江陵爲秦置之徵，而《輿地紀勝》引《元和志》『秦分郢爲江陽縣，景帝三年改江陽爲江陵』；《渚宮故事》『楚舊有郢縣，秦分爲臨江，至漢景改臨江爲江陵』，似俱可證此景帝改江陵之說。然江陵既見於《項羽紀》，則非景帝所改無疑。」按雲夢睡虎地秦簡《語書》是秦王政（始皇）二十年的南郡文書，有「江陵」，確證秦已用「江陵」一名，「江陽」、「臨江」之說都沒有根據。

現在，在上海博物館這鈕楚國古璽上又發現「江陵」，看來白起拔郢以前「江陵」這個地名業已存在。這是否與當時楚都位置問題有關，其與「紀郢」的關係如何，與當地「郢」與「郊郢」的區別（參看段玉裁《說文解字注》「郢」字）有無聯係，都是有待進一步探討的問題。本文所論，祇是初步的設想，請同志們指教。《楚國夫人璽與戰國時的江陵》，《江漢論壇》，1982年第7期，第70～71頁。

吳振武：

江垂（陵）行宮夫人鉩　《〈古璽彙編〉釋文訂補及分類修訂》，《古文字學論集》（初編），香港中文大學，1983年9月，第489頁。

吳振武：

〔五六七〕今按：此字朱德熙、裘錫圭兩先生在《戰國文字研究（六種）》一文中已釋爲夌（陵），並指出從字形上看似應釋爲垂，其說可信。原璽全文作「江（陵）行宮大夫鉨」，江陵即楚都郢，地在今湖北省江陵縣。此璽從風格上也完全可以確定爲楚璽。在戰國楚文字資料中，以「垂」、「陲」爲「陵」是很常見的，如鄂君啓節中的「襄陵」之陵作，長沙楚帛書中的「山陵」之陵作，𨛬陵君三器中的陵字既作，又作（《文物》一九八〇年八期）。雖然目前我們還不能解釋楚文字中的陵字爲甚麼寫成「垂」或「陲」，但它們都當陵字用是無可懷疑的。也許、二字本來就是夌和陵，是楚文字的特殊寫法，和垂、陲二字毫無關係。本書編者將楚璽中用作「陵」的、等字釋爲垂，故此字亦可入三二五頁垂字條下。 《〈古璽文編〉校訂》，吉林大學博士學位論文，1984年12月，第426～428頁。

黃盛璋：

一、問題的提出與爭議

江陵原爲楚船官地，春秋時期爲楚之渚宫。對於江陵這一地名之最早出現，過去僅知始於漢。1975年雲夢秦簡南郡文書《語書》出土，確定江陵爲秦南郡屬縣。秦南郡來自楚。江陵一名最早始於何時？是不是也來自楚？抑或在楚還有另外的名字？這是關係到江陵起源的一個頗爲關鍵的歷史地理問題，單憑文獻將不能解決，而必須依賴考古遺物。雲夢秦簡已經提供秦有江陵。上海博物館藏有一枚「江坓」楚鉩可能爲解決上述疑問提供地下實物資料。此印經我三次辨認，最後雖認定就是江陵，但在文字結構上的疑難並未解決，同時印文其他文字牽涉名稱制度也還有不同的考釋，存在較大的爭議，這對於江陵的來源與楚地方官制都具有重要關係，故有必要針對問題解決矛盾，以求獲得最後認識之統一。爲了便於同志們今後進一步查證落實，特將我對此印地名反復辨認，與其它文字考證結果及存在問題，如實提供出來，並結合印文與相關考古證據，對江陵的起源、沿變，加以總結，這對於今後歷史考古與歷史地理問題研究或可供參考。

二、關於戰國「江陵」璽國別與地名考證

「江陵行邑大夫鉨」最早著錄於《瞻麓齋古印徵》與《觀自得齋秦漢官私印譜》，原藏龔心釗，後歸上海博物館。由於印文舊未全識，雖著錄有年，迄今未被重視，甚至有視爲秦漢印。龔是安徽合肥鄉人，與我實同鄉里，兼有遠戚，他所藏古印頗多精品，間有購自壽縣楚墓出土物。此印有可能出自壽縣，但今已無考。此印是楚印，「鉨」字的寫法是楚印最爲明顯的特徵。其他印文「⿱宀邑」與「夫=」合文亦皆爲楚文字寫法，邑大夫是楚國地方官制。與此印有聯繫的楚印「行邑夫」鉨見於著錄者有三，列表於下：

印文	形	尺寸	文別	著錄
1.上⿸疒⿰各几行邑夫=鉨	方	23²	白	右（編按：當爲「古」）璽彙編0100
2.上場行邑夫=鉨	方	23²	白	同上0090（編按：當爲0099）
3.南？和行邑夫=鉨	方	26²	朱	存叢

1印壽縣東門外吳家嘴出土，2印亦壽縣所出。分別見《安徽通志金石志稿》卷18與《金文分域編》。1印一、二兩字表地名（當即上洛），第二字「疒」乃附加，本字爲「⿰各几」，當讀如「洛」。上洛原爲晉地，《左傳・哀公四年》：「蠻子赤奔晉陰地，楚司馬起豐析與

狄戎以臨「上洛」，左師軍於菟和。又《竹書紀年》記晉列（編按：「列」爲「烈」誤植）公三年「楚人伐南鄭至於上雒」。楚至少兩次攻打此地，當爲楚晉交界。菟和，杜預注謂在「上洛東」；《水經》：「丹水出京兆上洛縣西北冢嶺山，東南過其縣南」，注「丹水自倉野又東歷菟和山」，是菟和即在上洛之南。鄂君啓節車節有「庚方城、庚兔禾」，此兔禾即菟和，舊多誤讀爲象禾，于省吾先生指爲兔和，是正確的。可見楚懷王初年兔和尚爲楚地，此地當爲楚關防所在，特規定其名於車節中。又《左傳·文公十年》：「楚子使子西爲商公」，杜注：「商，楚邑，今上雒商縣。」商即上洛之商。商與兔和既皆爲楚地，而上洛又地處楚晉邊界，戰國疆界變化無常，所以至少上洛一度是無可置疑的。「上場」李文讀爲上唐，舉《説文》「唐」字古文作「啺」爲證，即《漢書·地理志》南陽郡春陵之「上唐鄉，故唐國」。《水經·溳水注》：尚稱之爲「上唐縣故城」，此故城當即印文之「上場」。唐爲楚滅，改置上場邑，秦漢廢爲鄉，而六朝故縣城仍在，必來自楚，即此文之上場，可以無疑。上蔡與潘皆爲楚邑，李文已舉，潘即固始，見漢孫叔敖碑。漢廢爲潘鄉，則潘邑必爲楚滅鄀後所置，沿革與上場邑同。此印陽文封泥，出土臨淄故城，必爲楚郄邑陰文打印於文書封檢郵寄齊都臨淄。印一二兩字不清，無可考證，然亦必爲楚邑無疑。以上諸印，除小印稍小，大印稍大外其餘皆爲 24×24 釐米（編按「釐米」爲「毫米」誤植），形制、文刻皆與「江陵」鉨同，故國別皆爲楚鉨無疑。

此印既爲楚印，一二兩字必表楚邑，第一字是「江」，問題是第二字不清，極爲難認。上从「」，頗似「乘」字頭，江乘確爲楚地。秦始皇三十七年自會稽還過吳，從江乘渡江，其故城遺址即在南京下關，明初築南京城，利用此城故牆一段。1964 年作者在南京下關考查，親見其城被包挾於明南京城牆內，並訂其爲江乘故城，印象甚深，所以第一次即釋印文爲「江乘行邑大夫鉨」，函告馬承源還自矜以爲發現。其後審訂諸印國別，多次琢磨文字，始悟下从「」乃是「土」字。這也是從《安徽通志金石志稿》卷 18 著錄壽縣出土的所謂「淄垂之鉨」印文的啓示而最後才確定下來的。該印文第二字與此印第二字全同，其下正是从，必爲一字，而該印舊皆釋爲「淄垂」。第一字釋「淄」，乃因叔夷鐘有「淄陲」而加以附會，並不足據。第二字釋「垂」，於文字結構上頗爲有據，既是下从「土」，則決不能是「乘」，深感附會「乘」字之不安，所以不久就趕急去信馬承源說明

「江乘」之誤釋，請改爲「江垂」。該館《藏印選》釋此印爲「江垂行宫大夫鉩」就是我第二次去信改釋的。現在除「垂」字外，其他「宫」字與「大夫」，葉其（編按：原作「奇」字，今改）峰、李學勤同志皆不同意，而方改釋爲「宮」與「夫人」。此釋文如有錯誤，全由我負責，我也有辨明釋文的責任。留待下考。

改釋爲「垂」於心稍安，但在歷史地理上問題並未解決。一則江垂不見於史，再則楚地亦有江垂，究竟江垂在什麼地方，作爲歷史地理的研究者仍感問題存在，應有交代。認出「⿱厶土」字以後，有關此字諸鉩，過去多未能釋讀，現在皆一一迎刃而解，見於著錄者，我所搜集至少有四方：

印文	形	尺寸	文別	著錄
1 [illegible]～之鉩	方	21^2	陰	古璽彙編 0209
2 䅽～莫囂	方	21^2	陰	同上 0164
3 蒿～竽鉩	方	28^2	陰	同上 0283
4 邞～〔之鉩〕	圓	35^{π}〔一〕	陰	湖南考古集刊（一）95 頁

〔一〕 編按：當為「35^2」之誤。

都是用於地名第二字，根據歷史地理常識判斷，第二字都應該是「陵」字，而楚銘刻「陵陲」之爭，早就在六十年代就已開展，于省吾先生認爲，鄂君啓節「襄陵」應是「襄陲」誤釋。商承祚先生則據長沙楚帛書中四個「山～」顯然應釋「山陵」而不應釋「山陲」，但最後也承認，「陵與陲字的結構於金文確有區别，則此二字在楚人使用上是否通假？怎樣處理？仍有待於進一步研究」（《戰國楚帛書述略》，《文物》1964年7期12頁）。爲了徹底查清這一問題的來龍去脈，我決心將先秦器物（包括銅器、兵器、璽印、陶器、石刻、簡牘、帛書）中所能找到有關「陵」、「陲」兩方面的資料儘量予以彙集，仔細比較對勘。茲將考察結果分三類彙報如下：

一是楚文字系統中所謂「陵」字彼此結構一致，僅皆从坴作，僅有加阜旁或艸頭或不加之别，而皆爲一字，已搜到的例證已逾二十，其用法初步歸納可分爲四類：

（1）地名末綴：如「襄～」（鄂君啓節舟車兩節），「溓～」（曾姬壺），「長～」（戈），「郲～」（印），「葙～」（印），「蒿～」（印），「⿰阝畐～」（印），「⿰扌阝（義）～君」

（豆二，鑒一）、「栽～君」（望山一號楚簡），「嶽～公」（戈）。

（2）「東～」（鼎），依後代之例，當表園陵。

（3）「山～」（楚帛書四見）。

（4）「不見～」（楚帛書），用作動詞。

（1）用作地名之末，一般皆用「陵」字，也有用「陲」字，但少見。因而還講不死，不能確定非「陵」字不可。（2）（3）用表「園陵」與「山陵」，所見祇有「陵」字，無用陲字之例。

至於（4）用爲動詞表「侵陵」意，則更非陵字不可。根據用例分析，可以下這樣的結論，

第一類楚文字確是皆用作「陵」字。

第二類是楚以外的「陵」字，分別見於銅器、兵器、陶器、璽印、簡牘，國別可以確定的至少有齊、三晉、秦。彼此結「編按：疑原文脫『構』字」亦大同小異，基本一致，不僅和《説文》之小篆「陵」字結構符合，而且和西周銅器中之「陵」也一脈相承，但和上述

第一類楚文字則顯有不同，彼此不是一系。

第三類是「垂」字，僅找到齊叔夷鐘、鎛之浾，三晉（魏）「垂下官」鐘之「垂」（垂），和雲夢秦簡南郡《語書》中郵行之「郵」，所从的「垂」旁和《說文》小篆之「垂」結構基本符合，而和「陵」全不一樣。

爲了便於省覽和比較研究，我們把這三類材料總結爲下列一表。

楚文字  銘刻類編

用法	字	詞	器物根據
陵爲地名第二字	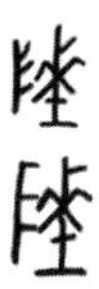	襄~	鄂君啓節
	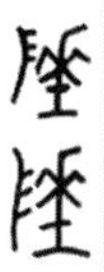	漾~	曾姬壺
	（殘）	邦~	楚璽（湘博）
		江~	楚璽（滬博）
		~	楚璽（0209）
		葙~	楚璽（0164）
		蒿~	楚璽（0283）
封君封地		郹~君	義陵君豆
		〃〃〃	〃〃鑒
		栽~君	望山楚簡
		嶽~公	嶽陵公戈
園陵		東~	東陵鼎
山陵		山~	楚帛書
侵陵	（殘）	不見~	〃〃〃

時	陵字銘刻比較：字	器物根據	陲、涶、垂比較：字	根據
西周		陵方罍		
		季娟鼎		
		夌尊		
		陵叔鼎		
		散氏盤		
東周		陳純釜（齊）		齊鐘
		陵右戈（齊）		齊鎛
		古璽0156		魏下官鐘
秦		陽陵虎符		
				南郡文書
漢		長陵盉		
		霸陵園印		
		杜陵壺		
		說文		說文

注：璽後數字爲《古璽彙編》收印編號。

從上表可以看到：除楚文字外，先秦古文字的「陵」具有一定的結構特點和演變規律。從西周到秦漢，基本是一貫而下，具有前後相承性，而楚文字則自成一系，不屬於「陵」字這個體系，儘管和「垂」字也不盡相同，但比較起來，畢竟近於「垂」而遠於「陵」，尤其是和三晉「𡍮下官」的「」比較，上部所从之確實象該字所从「垂」字頭部巫，而下又从「土」，則又和垂字下从土一樣，究竟是「陵」是「陲」是當前存在急待解決的主要矛盾。于省吾先生最早就是根據銅器中的「陲」和「陵」寫法結構不同而斷定是「陲」非「陵」。儘管商承祚先生提出反議，但最後也未能定奪。最近新出兩部古文字表，對此問題也有兩種不同處理。高明《古文字類編》將第一類楚文字三個字（曾姬壺、鄂君啓節、望山簡）定爲「陲」字（456頁），和第二類的陵字截然分開（453頁）。徐中舒主編的《漢字古文字字形表》則全歸於「陵」字項下（542頁，所收爲鄂君啓節、帛書、𨛭陵君豆），但在書眉上卻寫了如下批注：「楚器陵陲二字分別，如曾姬無卹壺、『陲』作『𨹧』，即與此無別。」此批注當出徐先生最後所加，其實曾姬壺該字與所收鄂君啓節等三字如何能是「陵」字呢？可見徐先生最後也感到了這個問題的不好處理，不是簡單歸於「陵」或「陲」字就能解決。

儘管作者對此問題考察研究有年，從用法上說雖可肯定是楚文字確皆用作「陵」字，但從文字結構上並未找到相承演化的證明與落實。古文字研究的責任就在辨析點劃結構及其演變的規律，有時差別就在點劃細微之間，如果用形近或大致差不多的簡單辦法，把不同的結構等同起來，那就用不著古文字研究了。我曾把這些蓄疑已久的問題，如實地和許多嗜好古文字的朋友質疑問難，有的認爲是兩字，有的認爲楚文字「陵」「陲」就是一字，還有的從古音通假上予以疏通調和，但基本問題並未解決，無證不足以服人。1981 年在太原古文字年會上，我曾同裘錫圭同志談過，裘君告從曾姬壺的「陸」字可以作爲分析楚文字由「陵」字演變的例證，此字下似从「壬」。然「壬」與「陵」收聲有-n與-ng之異，聲母也有r與l之別，字音難可比附，更主要者楚文字其他字全皆从「土」，此「壬」上部多出之三角形或爲附飾，不關結構，仍是从土，如此即與他字結構無異。裘君或尚有說，其證未詳，姑錄如上，或有突破可能。

在此之前，我也同李學勤同志談過，告以「江陵」鉨將在歷史地理上提供楚有「江陵」之證，但其字是「垂」字，楚文字何以皆用「垂」爲「陵」！疑莫能決。李君以爲楚文字「陵」字就是如此作，後來他在《江漢論壇》1982年7期發表《楚國夫人璽與戰國時江陵》，即用拙說，而釋此爲「从𨸏、从土、从夌省」，應是「陵」字而非「陲」字。其實，「陵」字並不从「土」，春秋戰國文字从𨸏旁者往往於其右下方或直接在下加土以爲增飾，不關結構，如「陳」、「阿」等字，皆於𨸏右下加土，陳純釜「陵」字亦同此作，如無𨸏旁則此「土」無所附麗，即不能存在，《說文》「陵从𨸏、夌聲」，「夌从夊，从兴」，皆與土無關，西周銅器中之「陵」亦無从「土」，从土者乃是「陲」字。《說文》：「垂（埀）从土、𠂹聲」，坴、陸下皆从土，後者並非作爲𨸏旁附麗，去𠂤之後，下仍要从「土」，不能省，可證。至於所（編按：疑脫「所」字）从之攴解說爲从夌省，無可取信，近於牽附，相反，如認爲从「𠂹」省，則倒有跡象可循，比較垂下官鐘之坴（垂），雲夢秦簡之郵（郵），所从之𠂹，豈不是很相象。不論从點劃結構或沿（編按：當爲「演」）變規律，楚文字至少字形很象「陲、垂」，而和「陵」字目前還未找到淵源沿承的證據。我們衹能用法上肯定楚文字用爲「陵」字，至於字形問題還有待於進一步探考落實。

三、關於古璽「大夫」與「夫人」、「行宫」與「行宮」的辨證

印文「夫=」，李文釋爲「夫人」二字合文，並說：「『夫人』合文同『大夫』合文是不一樣的，戰國古文的『大夫』合文絕大多數作『夫』字下加合文符，『夫』的下兩筆末端相平；『夫人』合文多作『夫』字下加『人』字，人字兩筆末端不平，其右爲合文符，也有按照古文常例，假「大」爲『夫』，於『大』字下加『人』字的。」我以爲此合文仍應爲「夫=」，即「夫」字下加合文符，而不是「夫人」二字下加合文（編按：原文脱「文」字）符。李文所舉戰國古文大夫合文「夫」的下兩筆末端相平，下加合文符，此乃三晉鉩印文字的寫法，見《古璽文編》18頁所舉「武隊大夫」、「勺成大夫」、「邑大夫俞□」、「上大夫」、「大夫」諸印，與常見之三晉官鉩小朱文方印同，其中武隊即武遂，確爲三晉之地，國別確屬三晉無疑。至於此印文的寫法，亦即李文所舉「兩筆末端不平其右爲合文符」者，乃楚鉩印文字，兩者國別不同，故寫法不一樣，但皆是「夫」字重文。不得分爲二字。

後一寫法仍是「夫=」而不是「夫人」合文，證據有以下三點：

（一）《古璽文編》（編按：當爲《古璽彙編》）19頁收錄「左邑余子嗇夫」二印（0109、0110），其中夫字寫法顯然屬於李文所舉「假『大』爲『夫』於『大』下加『人』」。但「嗇夫」連文，肯定是「夫」，而不是「夫人」。

（二）同上書18頁又收錄「行夫=」鉨（0105）。「夫」字寫法亦爲大字下面加人，人的兩筆末端不齊，其右爲合文符，與李文所舉「夫人」合文條件全合。從印文可以肯定爲「行大夫」官印，而不是「行夫人」，「行」爲暫攝與代理之意，「夫人」不能代理暫攝，故「行夫人」爲事理所無，只能是「行大夫」。

（三）同上書17頁收錄「□□夫=鉨」（0098），印文爲「黑?陞夫=鉨」，明顯屬於李文所舉「夫下加人，兩筆末端不齊，其右爲合文符」寫法，與李文所舉的那幾枚所謂楚「行宮夫人」鉨，字體結構，風格全同，一望而知是楚印無疑，印文一二兩字目前雖還不能確認，但第二字明確从邑旁，必爲地名，其下合文只能「夫=」即大夫，而不能是夫人。楚地方官吏確有大夫，如該書此印之下第四印即爲「□□夫=之鉨」（0102，从「止（之）鉨」

二字寫法證實亦爲楚印，一二兩字雖不識，但必爲地名，與此印同。三晉城邑亦有大夫，如上文所舉「武隊大夫」、「勾成君邑大夫俞□」，至於夫人一般不能置於縣邑，更不能各縣邑都有，作爲地方官吏亦所未見。據此可以確定李文所爲（編按：疑爲「謂」之訛）楚「夫人」諸印，皆爲「夫=」即大夫合文，說它是「夫人」合文，不論從文字、官制與情理都是無法立足。

其次是「行邑」與「行宮」的問題。

李文「夫人」合文說顯然是由於「行宮」而聯想起來的，而「行宮」二字的考釋則又據葉其峰文（《戰國官璽的國別及有關問題》，《故宮博物院院刊》，1981年第3期）。案《古璽彙編》皆釋爲「行宮」，羅福頤先生態度矜慎，釋字尤瑾，非有確證，不輕爲新釋，釋「宮」是有證據的。葉文釋「宮」，似有理由，而實乏基礎，不論從文字結構、印文類比，職官制度等都站不住腳。此字仍爲「宮」即「邑」之繁文，證明如次：

（一）「宮」字金文作，从門表房屋外形輪廓，从呂蓋表內部間隔狀房間。《說文》謂宮「从門、躳省聲」，何以要从躳省？許慎蓋已不明从呂之義，而曲爲解說，牽附躳旁

之呂，實不可信。金文所見皆爲兩圓圈，甲文則作兩方形或，可能最初爲方形，而後變圓，但不論方圓，皆封閉，沒有拖垂短尾。至於「邑」字，方、圓、三角形皆有，但最後皆有拖垂短尾，如、、。有沒有拖垂短尾應該是辨別从「邑」與从「呂」的關鍵標誌。李文所舉楚鈢此字皆有下拖短尾，從字形結構上看，應是从邑，不是从「呂」。

（二）《古璽彙編》0254「樇（蘇）棹左邑」爲三晉小朱文標準官印，實際乃當從右讀爲「左邑蘇棹」，⿱宀邑字下明確从「」，這是三晉「邑」字標準寫法。同書0046「陽州右（編按：當爲「左」字）邑右先司馬」，0109、0110兩「左邑余子嗇夫」，0113「左邑發弩」，「邑」字全如此作，它們全都是小朱文三晉標準官印，所以0254印文必爲左邑而非左宮。緊接此下0255、0256、0257連續三個「左⿱宀邑」印皆下从，下有拖尾，而不是从，因而皆可定爲「⿱宀邑」而不是「宮」字。這四顆左⿱宀邑官印，皆爲小朱文，而0254⿱宀邑下所从「邑」字又是三晉標準寫法，所以都是三晉官印。再下0258，《彙編》釋爲「右⿱宀邑」，這是陽文而又無邊框的大印；第二字作「」，下从，而無下拖尾（編按：原文脫

「尾」字），是「宮」而不是「⿱宀邑」。《彙編》於列（編按：疑前脫「列」字，今補）「左⿱宀邑」諸官印下，而葉文又據古陶有「左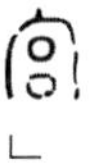」，又把「左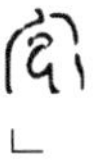」皆釋爲「宮」字異體，關鍵問題皆在於沒有分清「⿱宀邑、宮」寫法的特點。0258這方「右宮」陽文無邊框的巨印，與其上四方小朱文官印，形制、文體一望而知不同國別。前四方屬於三晉，這一方應屬於燕國官印。燕下都出土陶文常見有「左宮×，右宮×」，銅器上也有之。1958年安新出土兩件左宮馬銜，分別刻「左宮之三」、「左宮之廿」，李學勤同志據燕陶文左、右宮×，認爲「應爲燕王宮廷所用馬具」（《論河北近年出土的戰國有銘青銅器》，《古文字研究》第七輯，130頁），這是正確的。葉文所舉古陶「左」（《季木藏陶》）正是燕陶，「宮」字寫法相同。燕文字「宮」字下端不管作▽或○，全都封閉，下無拖尾，所以是「宮」不是「⿱宀邑」。這說明掌握結構的規律是辨認古文字的關鍵。

「⿱宀邑」字應是「邑」繁文，其證據也是从三晉官印「左邑」與「左⿱宀邑」比較得知。上引《古璽彙編》「陽州左邑右先司馬」、「左邑余子嗇夫」、「左邑發弩」，「邑」與「左」合文，合文符=在「邑」下，《彙編》皆釋爲一字「⿰左阝」，葉文改讀爲「左邑」，是正確的。

印文從右向左，「邑」在右，「左」在左。按印文順序，應讀「邑左」，「左邑」則違反常序，一則「陽州邑左右先司馬」讀不通，官印衹能一官，不能既是左職又是右職，更主要的是有「左邑桷棹」，亦爲「左宮」之職官，與「左邑余子嗇夫」，「左邑發弩」同，它們都是小朱文標準三晉官印，所以「左宮」即「左邑」。「宮」爲「邑」繁寫可以確定。邑大夫鉩在戰國官印中確有其例證，如上引「勾成君邑大夫□□」。至於大夫官印更多，其前如冠以城邑之名，雖然沒有邑字，亦必爲邑大夫，如上舉之「武隊大夫」。以上所舉雖爲三晉印，但楚印也有，如上所舉「黑郪大夫鉩」、「□□大夫之鉩」，後一印「大夫」二字並非合文，因而不能作其他解釋。前一印「大夫」合文寫法和印的形制與上印諸「行宮大夫」印同，此印肯定不能讀爲「夫人」，衹能是地方邑大夫的官印。此兩印證實楚地方城邑設邑大夫，或相當於邑令、邑長，至「宮大夫」不僅記載中沒有，古今亦皆無此職官，「宮夫人」、「行宮夫人」專門刻製官印，而且不止一地，不著名之城邑也有，更非情理所當有。

「行宮」之名出現甚晚，最早見於左思賦。秦漢以前並無行宮之稱。鄂君啓節有「王居於裁郢之遊宮」，此遊宮當即後世之行宮，是楚並不稱行宮。戰國官印中，「行」皆爲替代而非真除之意。此種邑大夫印所見有兩種：一無「行」字，如「下蔡邑大夫」；二有「行」字，如「江陵行邑大夫鉨」、「上場行邑大夫鉨」，證明區別就在職官上正式與代理。據戰國官印中「行」字之用法與官制，可以確定此「行」字爲暫署之意。如此「行宛」就不能是「行宮」，「夫人」更不能暫署與代理，「宛」只能是「宮」即「邑」，「夫=」合文衹能是「大夫」。

四、江陵的興起年代及其和紀南城、古郢城的演變關係

江陵最早始於何時，在歷史地理上一直不能明確，史籍所見，過去僅知爲漢。《史記·項羽本紀》：「因立敖爲臨江王，都江陵。」此爲最早記載。時在秦新滅之後（戰爭倥偬，項羽並無更立君縣之舉）。此江陵至少秦已經有。《輿地紀勝》卷64江陵縣下：「《元和郡縣志》曰：『秦分郢爲江陽縣，二縣俱立。景帝三年改江陽爲江陵，以郢並之。』今江陵志都不言改江陽爲江陵，失於考據。」所引《元和志》今本佚此卷，無可驗對。《水經江水注》「漢景帝二年改爲江陵縣」，謂改臨江國。據《漢書·地理志》南郡下「景帝二

年復爲臨江，中二年復故」，並無改爲江陵縣之說，酈道元當出於誤記。然江陵並非景帝三年所改名，前早已存在。郢亦未並入江陵，直到《漢書・地理志》所記元始二年（公元二年）郡國建制，江陵與郢仍然並立，凡此都證明此說之不可信。至於江陽之名從不見記載，其說全屬無稽。《通典》卷183江陵下：「故楚之郢地，秦分郢置江陵縣。」以江陵縣爲秦所設。1975年雲夢秦簡《南郡文書》（《語書》）出土後，證明秦始皇二十年已有江陵縣，《通典》之說似乎可據了。可是我們現在進一步解決「江陵行邑夫鈢」的國別。江陵不是秦始設，最早實來自楚。至於楚何時設置江陵，並無記載可考，但必在公元前278年秦白起拔郢前。從此年起，楚襄王流掩於城陽，東保陳城，後又遷都於壽春。秦拔郢後，以爲南郡，楚就沒有在此設置江陵邑的可能了，至於它的上限，因先秦文獻都沒有記載，設置的時間不能過早，置於戰國晚期是比較合適的。

印文稱爲江陵邑，與下蔡、上洛同。楚之邑等於縣。江陵邑與栽郢必爲兩地。不得在紀南城，而在其以外之地。《史記・貨殖列傳》：「江陵，故楚郢都，西通巫巴，東有雲夢之饒。」此時郢都已廢，地位已爲江陵所代替。司馬遷的意思顯然是指江陵爲故郢都之地，繼承了故郢都，有其歷史發展基礎，重點在説明江陵的經濟地位及其形成歷史，而不在江陵與郢都的沿革關係。《漢書·地理志》江陵下注：「故楚郢都楚文王自丹陽徙此，後九世平王城之，後十世秦拔我郢。」則楚郢都爲江陵前身，江陵爲郢都之更名。看來，班固至少已不瞭解楚已有江陵，所以把楚郢都的沿革都記在江陵賬上。嚴格説來，這是不正確的。可是最近仍然有混江陵與楚郢都爲一談，如《睡虎地秦墓竹簡》於《語書》注「江陵，即楚舊都郢」（18頁），或者認爲江陵最早就在郢。「江陵行邑大夫鉩」之考定，證明這些説法都是錯誤的。

《語書》前一文書告縣道嗇夫書包括江陵縣，證明秦江陵屬南郡，但江陵位置與其他縣道不同，其他縣道傳閲文書是「以次傳」，即按次一個縣一個縣傳下去，以次即按遠近與交通情況的次序。至於江陵縣，則不在其列。文書最後特別指出：「別書江陵布，以郵行。」郵即郵驛，由傳遞文書之驛站傳出。古代所謂五里一郵，十里一亭，當時秦南郡治所與江陵並不在一處，至少相距有五里一郵之遙，但也必相去較近，所以別寫一分，交郵驛送到江陵直接公佈。江陵應是秦南郡治所最近的縣，所以能這麼辦。現在江陵北與東北各有一個古城，正北十里就是紀南城，東北六里叫做郢城。紀南城即紀郢，望山一號墓楚簡與天星觀一號墓楚簡都有「聞王於栽郢之歲」，栽郢，楚王所都，必指紀南城。杜預《春秋左傳集解》也已指出：「楚國（都）今南郡江陵縣紀南城是。」考古勘探發掘證明，城牆建於春秋戰國之交，城內東南部揭露出來最早一期房屋建築的時代爲春秋晚期，以及戰國時期的兩座大型房基（《湖北省文物考古工作新收穫》，《文物考古工作三十年》300頁），城內東南部鳳凰山秦漢墓葬密集，並有少數戰國晚期墓。說明此城下限在戰國晚期已廢爲墓葬區。這裏發現168號漢文帝十三年墓葬出土告地策，有「十三年五月庚辰江陵丞敢告地下丞，市陽五大夫遂自言……」，證明墓主遂爲江陵縣市陽里居民；又11號墓爲漢景帝四年墓，出土簡牘也有市陽里田租賬（《湖北鳳凰山一六八號漢墓發掘簡報》，《文物》1975年9期；《湖北江陵鳳凰山西漢墓發掘簡報》，《文物》1974年6期），死者皆爲江陵市民，皆葬於此，此處已變爲江陵墓區，相去必近而非在一地。又據《說文》郢字下：「郢，故楚都，在南郡江陵縣北十里。」與今紀南城去江陵里距、方位皆合。由此確證，漢初的江陵即在今之江陵城的位置上。凡是認爲最早之江陵在紀南城或古郢都城，都是不對的。

戰國晚期，紀南城内已逐漸變爲墓葬區，鳳凰山秦漢墓葬已密集，則秦南郡治不可能在此。可是秦始皇二十年南郡文書又講明和江陵不在一處，那麽秦南郡治所究竟在裏？

案今江陵城東北六里之古郢都城來龍去脈過去一直未弄清楚，從杜預起就開始混淆，《春秋釋例》輯本卷6土地名「楚地」桓公二年荆與楚郢都楚郢下：「三名，楚國都於郢，南郡江陵縣北紀南城東，有小城名郢。」所指即古郢城（《春秋土地名》出於京相璠之手）。杜預以紀南城爲楚國都，但在這裏又提出紀南城小城郢，至少他對此城不能明白。盛宏之《荆州記》：「吳通江水灌紀南城，入赤湖，進灌郢城，遂破郢。」則更以此郢城爲春秋吳子胥所破之楚郢都。《漢書·地理志》以爲「楚別邑，故郢」，《水經注》明確記載紀南城與郢城，而以後者爲「子囊遺言所築城也」。《史記索隱》與《括地志》則又都以郢城爲楚平王所更城之郢。這些誤解所以產生，根本問題就在於郢城的名稱上。早在1974年我在《江陵鳳凰山漢墓簡牘及其在歷史地理上的研究價值》一文中就已推斷：「秦南郡最初應在古郢城」（《文物》1976年6期，（現收入拙著《歷史地理與考古論叢》188頁）。

秦簡《南郡文書》出土證實我的推斷正確。此城去江陵城僅六里，約當一郵之地，所以别書一分直接送到江陵公佈最爲方便，無須依次相傳。至於秦滅郢後「以爲南郡」，而郡治又不設於楚郢都紀南城，不能無因，我以爲當和白起破郢時的破壞有關。《史記・平原君傳》記毛遂說楚襄王「白起，小豎子耳，率數萬之衆，興師以與楚戰，一戰而舉鄢郢，再戰而燒夷陵，三戰而辱王之先人」。三戰爲最後一戰，應指破楚國都郢，「辱王之先人」，應指焚燒郢都城内楚先王廟，但過去一般都認爲焚夷陵楚陵廟，如胡三省即如此說。案再戰已云「燒夷陵」，三戰必爲另一戰地。《史記》楚、秦兩本紀所記皆略，唯《白起傳》稍詳「其白起攻楚拔鄢、鄧五城，其明年攻楚拔郢，燒夷陵，遂東至竟陵」，拔郢在燒夷陵前，而後又向東作戰，郢都既拔，無向西再戰夷陵之必要，而向西之後又向東至竟陵，方向頗爲紊亂，不合事理。拔鄢郢之後，先戰燒夷陵，而後向東拔郢更東至竟陵、安陸（秦簡《編年記》）。三戰諸舉必在郢都進行，先王之廟應在都城之内，與王宫相近。城内東南鳳凰山已有戰國晚期墓葬，與白起破郢時代相合，必爲入秦以後所葬，說明此城已廢，居民已不住這裏。如果不是破郢時焚燒破壞，稠密、繁榮之郢是不可能出現此種情形的。

古郢城很小，城內文化層很薄，多爲漢代，說明時代較晚，使用時間也不長。它不是楚郢都所在，更不可能是郢都以前的城。班固謂爲「楚别邑故郢」，不僅於文獻無徵，考古遺址也不予支持。漢初紀南城已廢爲江陵的墓葬區，而古郢城仍爲郢縣所在，必來自秦，由於秦南郡治所在此，所以名爲郢，以後郡治變遷，但居民仍在，降爲縣治，這是完全合乎情理發展的。

秦滅郢以爲南郡後，仍見郢之名，如《秦始皇本紀》：「二十一年新鄭反，昌平君徙於郢」（據新出秦簡《編年紀》：「二十一年韓王死，昌平君居其處，有（又）□屬」，「二十年韓王居□山」，如此昌平君居其處應即「韓王所居之□山」，似不是郢，今故引據爲秦南郡治郢之證。考證已詳拙著《歷史地理與考古論叢》58～59頁）。此時紀南城內鳳凰山秦墓已經密集，廢楚已較久，此郢爲南郡治所，但決不能在紀南城。秦始皇二十年南郡守騰所在發號施令之郢，應即古郢城。從秦始皇二十一年仍有郢之名，既不在紀南城，又不在江陵，從而解決古郢城，漢郢縣所以名郢縣案，抽出來不知道的秘密。

五 結論

綜上所述，總結如下：

（一）「江（陵）行邑大夫鉨」根據字體、形制、官制與相關官印之比較互證，確定爲楚國地方官印。

（二）楚文字「、、」就是「夌、陵、菱」，作爲地名就是「陵」字，所以「江」就是「江陵」。

（三）「⿱宀邑」字从「宀」从「」，下有拖尾，即「邑」，與「宮」字从「宀」从「呂」下皆對開，有原則區別，故此字是「⿱宀邑」字非「宮」，亦即「邑」字繁文。古璽「左⿱宀邑」與「左宮」有別可證。

（四）「夫=」爲「大夫」，而非「夫人」合文。「行」爲暫署、代理之意，故印文不能解讀爲「行宮」，更不能解讀爲「行宮夫人」。「邑大夫」爲楚國官制，或相當於令長。

（五）江陵設邑據此印最早來自楚，時間在戰國晚期。公元前278年白起破郢之役「三戰而辱王之先人」，三戰爲最後破郢，辱王先人當指焚楚宗廟，郢遭到嚴重破壞。秦南郡地皆來自楚。此印既爲楚官印，所以江陵必爲入秦以前就設邑，並置有邑大夫。

（六）楚郢都（紀南城）被焚壞之後，秦南郡治不能在此。據秦簡南郡文書，「別書江陵布，以郵行」，則秦南郡應在江陵北三公里之古郢城後又遷治（編按：「治」當爲「至」訛）江陵，古郢城降爲南郡屬縣，最早之江陵即在今江陵城位置。秦漢因之未變，以後皆就地發展。《戰國「江陵」璽與江陵之興起因沿考》，《江漢考古》，1986年第1期，第34～42頁。

湯餘惠：

楚璽　江陵行宮夫人璽　《略論戰國文字形體研究中的幾個問題》，《古文字研究》第十五輯，中華書局，1986年6月，第75頁。

鄭　超：

江陵行宮大夫璽

江陵，李學勤先生有詳細考證。即楚都郢，今湖北江陵。行宮，葉其峰謂即遊宮。《楚國官璽考述》，《文物研究》總第二輯，黄山書社，1986年12月，第87頁。

牛濟普：

5.江陵行邑大夫璽

「垂」借爲「陵」字，如前釋。「」字有解作「宮」字的，一般多隸爲「⿱宀邑」，我釋爲「邑」。「江陵」，春秋楚郢都，漢置江陵縣。……「大夫」爲職官，殷周有大夫、鄉大夫、遂大夫、朝大夫、冢大夫等。春秋晉有光祿大夫，楚有三閭大夫掌管昭、屈、景三姓貴族。楚國官璽表明楚有「行邑大夫」、「邑大夫」、「大夫」。

《楚系官璽例舉》，《中原文物》，1992年第3期，第89頁。

曹錦炎：

⿱宀邑字習見於楚璽，或釋「宮」，或釋「序」，其實即邑字異構。楚文字常贅增宀旁（按：原作「傍」），如中字作「⿱宀中」，或（域）作「⿱宀或」，集字作「⿱宀集」，包山簡例子甚多，不備舉。但從包山簡看，將邑字寫作「⿱宀邑」似專指「城邑」之邑，而寫作「邑」疑指「四井爲邑」（見《周禮・地官・小司徒》，孫詒讓認爲，邑有大小，視民居而言，在國中始於一里二十五家，在野則始於四井三十二家，詳《周禮正義》）這種小邑，兩者可能有所區別。（簡188、155⿱宀邑、邑同見一簡，所指似有區別）邑大夫，職官名。《包山楚簡中的

「受期」》，《江漢考古》，1993年第1期，第70頁。

曹錦炎：

22.江夌（陵）行宫（邑）大夫鉥

「江陵」，舊釋「江垂」，據鄂君啓節銘文「陵」字的寫法，應爲「江陵」無疑（李學勤《楚國夫人璽與戰國時的江陵》，《江漢論壇》1982年第7期）。《漢書·地理志》南郡：「江陵，故楚郢都。楚文王自丹陽徙此，後九世平王城之，後十世秦拔郢，徙陳。」此「郢」典籍或稱「紀郢」，今仍稱「江陵」。

「宫」，或釋「宮」，或釋「序」，其實即「邑」字之異構。楚文字往往贅增「宀」旁，如「中」作「宙」、「集」作「寨」，「或（域）」作「宬」等，包山楚簡中這類例子甚多，不備舉。根據包山楚簡來看，將「邑」字寫作「宫」是表示「城邑」之邑，寫作「邑」專指「四井爲邑」之小邑，兩者似有所區別。

行邑，疑爲設置在都城外的附邑。江陵爲楚都，璽文之「江陵行邑」可能指設在都城外的邑，隸屬於江陵。

大夫，官名。楚設有「大夫」之職，見於典籍，如懷王時上官爲大夫，屈原爲三閭大夫，均見《史記》。又《登徒子好色賦》「大夫登徒子侍於楚王」，可證。邑設有大夫一職，也見於包山楚簡。《穀梁傳》謂「楚無大夫」（僖公四年），《冊府元龜》也說「楚命大夫爲公」（卷701），當指春秋時而言。戰國時楚已設大夫之職，古璽及楚簡均可爲證。

《古璽通論》，上海書畫出版社，1996年3月，第104頁。

何琳儀：

楚系　江夌行宮大夫鉨

楚璽「江夌」，讀「江陵」，地名。《史記・項羽本紀》「因立王爲臨江王，都江陵。」

《戰國古文字典》，中華書局，1998年9月，第414頁。

何琳儀：

楚系　江夌行宮大夫鉨

夌，甲骨文作（後上一〇・六）。下从人，上所从不詳。商代金文作（子夌觶），突出人足，小篆下从夊即由腳趾形演變。戰國文字作，省腳趾與甲骨文一脈相

承。楚系文字从土，來聲（來，來鈕之部；夌，來鈕蒸部。之蒸陰陽對轉）。楚文字以坴爲陵，故亦可歸來聲首。楚文字夌亦作、等形，下从人形與中原文字接近，應該是類化所致。《說文》：「，越也。从文，从。，高也。一曰，夌，傉也。（力膺切）」（五下十四）

楚器陵，讀陵，均地名後綴。 《戰國古文字典》，中華書局，1998年9月，第152頁。

何琳儀：

楚系　江夌行宮大夫鉨

宮，从宀，邑聲。疑邑之繁文。

楚器「宮大夫」，邑長。《書言故事·縣宰類》「稱宰曰邑大夫」。 《戰國古文字典》，中華書局，1998年9月，第1371頁。

徐　暢：

東周·楚系公鉨　江夌（陵）行宮夫=鉨　《中國篆刻全集》，黑龍江美術出版社，2000年7月，第18頁。

來一石：

江垂行邑大夫璽　《古印集萃・戰國卷》，榮寶齋出版社，2000年11月，第39頁。

戴山青：

江□行邑大夫璽　《古璽漢印集萃》上冊，廣西美術出版社，2001年10月，第39頁。

莊新興：

1008　江陵行邑大夫鉩　楚系・楚　《戰國璽印分域編》，上海書店出版社，2001年10月，第180頁。

徐暢主編：

戰國公鉩與印跡・楚系鉩印　94　江陵行宫夫=（大夫）之鉩　《中國書法全集》第92卷，榮寶齋出版社，2003年2月，第40頁。

徐暢主編：

94　江陵行宫夫=（大夫）之鉩

作於東周時期。楚國官鉩。安徽壽縣出土。《安徽通志金石稿》卷十八、《古璽彙編》○

一〇一號著錄。

《古璽彙編》原第二字缺釋。吳振武釋爲垂，用爲陵。李學勤指出，此字爲夌，即陵的省形。《中國書法全集》第92卷，榮寶齋出版社，2003年2月，第205頁。

趙平安：

江夌宛大夫璽　詳見「下蔡宛（縣）大夫鉨（璽）」條。《戰國文字中的「宛」及其相關問題研究——以與縣有關的資料為中心》，《第四屆國際中國古文字學研討會論文集》，香港中文大學中文系，2003年10月，第529～540頁。

鄭　剛：

（一）

這個問題要先從鄂君啓節談起。

戰國時期的楚器鄂君啓節自發表以來。（發表於殷滌非、羅長銘《壽縣出土的〈鄂君啓節〉》。見《文物參考資料》1958年4期8～11頁。本文採用商承祚摹本，見《文物精華》第二集），得到了充分的重視和研究。文字已經大致認出，重要的人名、地名都被許多學者考釋過，可以說，它的基本內容已經可以了解。但是，有一些問題卻至今還糾纏不清甚至成爲爭論焦點。如出現于首句「大司馬邵𨛭敗晉帀（師）於襄陵之戢（歲）」的「陵」字就還沒有一個公認的結論。有些考釋者將它定爲「陵」。有的定爲「陲」。有的則定爲「陲」而通作「陵」。[有關文章參見：郭沫若《關於鄂君啓節的研究》（《文物參考資料》1958年4期3頁）。于省吾《鄂君啓節考釋》（《考古》1963年8期442頁）。商承祚《鄂君啓節考》（《文物精華》第二集49頁）。殷滌非、羅長銘《壽縣出土的鄂君啓金節》。吳振武《〈古璽彙編〉釋文訂補及分類修訂》（《古文字學論集（初稿）》）。]楚大司馬昭陽（節中寫作「邵𨛭」）在楚懷王六年於襄陵打敗魏國（三晉之一）。這件事見於《史記》，人名、地名、時代與金節都相符合（《史記・楚世家》：「懷王六年，楚使柱國昭陽將兵而攻魏，破之於襄陵，得八邑。」）。以史書與金節相對比，節中的「襄」應該就是史書上的襄陵。但是這個字本身與古文字中的「陵」字卻有區別。「陵」字金文作（散盤）、（陳猷釜）。璽印作（高陵），與字都不一樣。相反，這個字與古文字及小篆的「垂」字確有相似之處。這就是爲什麼會有許多學者將它

考定爲「陲」的原因。

但是，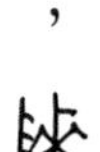字與「陲」字在字形上也還是有一定的差別的。「垂」字，小篆作，金文作（齊叔夷鎛「涶」字所从）、籀文作（《說文》「⿰馬垂」字籀文所从）。經過比較，我們可以看出。字所从的與垂字所从的是不同的。第一，上上部兩側各有一枝，向下貫穿而作，而垂字兩側各有兩枝，互不相連寫作；第二，字上部爲卜，是一橫附在一豎上，而垂字卻是。是一豎的上部向下彎；第三，字的一豎並不向下穿透。而字無一例外地都要延伸下來。從這三點來看，還不能認定爲「陲」字。

從字源上說，「垂、來、禾、朿」等字都是與植物有關的象形字。由於這些植物本身很相像，所以這些字的形體也有某些近似之處，再加上它們在意義上有關聯，所以在兩周金文中，這些字在用做意符時常可以互用。情況比較混亂。例如金文「華」字（《說文》从于聲可以寫作（郘公華鐘）、（克鼎）、（華季盨）、（仲姞鬲），與「禾」、「來」「朿」字相似而與不同；金文「嘉」字所以可以寫作（侯馬盟書嘉

字亦禾、屮、來通作）：

（陳侯作嘉姬簋）

（郳公鐘）

（齊鞄氏鐘）

（王子申盞盂）

（伯嘉父簋）

（王孫誥鐘）

另外，「來」字可以寫作（作冊大方鼎）、「棗」字从而可以寫作（宣□之棗戈）。「差」字从垂、从來、从禾通作，例繁不舉。

從這些字來看，「」、「來」、「禾」、「朿」等字在金文中是可以混用的。但是要把字與它們中間的某一個聯繫起來。有兩點是必須考慮的。第一、鄂君啓節的文字屬於

戰國文字系統。它從兩周金文中來。但有一定的發展變化，字形上有所歧異，不能把它與金文作簡單地比附；第二、上述各字的混用大都發生在它們用作意符的時候。而字中的卻無疑是聲符。無論把它認作「」還是「麦」都不能簡單地說它與某字形近、義近而換用。因此，我們必須從戰國文字的內部去尋找線索。

字又可以寫成（《楚帛書》「」字所从）。與只是在上邊一筆是否穿透上有所區別。而且從材料來看。穿透與否是一樣的（《古文四聲韻》引古老子「棘」字作，又另一體作，是的複體，上面一筆穿透與不穿透並見。「棘」字與「陵」在聲音上有關。又金文中來通作，然亦有作者，如般甗，單伯鐘，特別是釐所从的來，師酓簋作可證。）字又出現于戰國時代的三晉文字中。是「嗇夫」的「嗇」字所从：

（提練園壺）

（《左璽彙編》0108號印）（編按：「左」當爲「古」字誤植。）

（鷹柱盆）

（《古璽彙編》0109號印）

與、異文互見。分別出現在同一個字中，可以認爲是一個字的變體。秦簡（睡虎地）麥从，新量斗麥从並可爲證。

《說文》：「嗇，愛濇也。从來，从回會意。」金文「嗇」字作（周中僕匜）、（沈子簋）。從歷史發展的順序來看，字就是从演變而來的，字一豎縮短變成了，又變成了，這種省變的發展規律是前後一致的。因此，從「嗇」字結構和金文的寫法來看，、就是「」字的演變。另一方面，古文字中的「」字可以分爲兩個序列：

甲：（般甗）

（長囟盉字所以）

（戰國字布）

乙：（牆盤、昌鼎、石鼓）

甲序列中「」字上面一筆不穿透，而且都擺在一豎的右方，與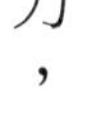字一樣；而乙序列一筆都穿透。與字相同。可見，、、諸字正是保留了這一特點而將一豎縮短。「」字一豎縮短不只是見於三晉文字。清代著錄的傳世器麥尊（麥尊見於《西清古鑒》8.33，又《兩周金文辭大系圖錄》20即爲此器。《西周金文斷代史徵》249頁也收有此器。）的「麥」字作，所从的正是寫作。這是一個有力的證據。

我們可以把「來」字的發展順序排列出來：

甲、（般甗）——→（鄂君啓節）

乙、（牆盤）——→（麥尊、帛書、提煉園壺）

——→（鷹柱盆）

因此，我們可以把陸字隸定爲盈陸，是一個从阜，从土，夫聲的字，也就是「陵」字的異體字。「來」字在上古屬於來紐之部字。「陵」字在上古屬於來紐蒸部字。（參見唐作藩《上古音手冊》，「來」字在75頁，「陵」字在80頁。）兩個字聲母相同，韻母相對轉，在上古是同音字可以通用（《詩經・女曰雞鳴》：「知子之來之，複佩以贈之。」來字與蒸部的贈字押韻。這是「來」與「陵」陰陽對轉的證據。《說文》棱「讀如棘」。（依段注），《老子・三十八章》「荊棘生」，「棘」字馬王堆帛書本《老子》作「朸」，又《詩經・斯干》「如矢斯棘。」「棘」字韓詩亦作「朸」，从力聲；「力」可通「離」，《史記・司馬相如傳》「荔枝」，索隱作「離支」《文選》及《漢書》亦作「離支」。「離」字古隸來母之部，與「來」字通用，例繁不舉。）。那麼，《史記》的記載可以證明並沒有錯，鄂君啓節中的「襄陸」就是《史記》的「襄陵」。出土文字與史書記載略有差略是常見的現象，特別是人名和地名，史書採用了比較規範化的寫法。而在出土文字中，由於戰國文字地域性的影響和文字系統本身在發展過程中的不穩定性，一些字的寫法有些差異。例如郲器中的「郲」字都寫作竈，與史書不盡相同，但總有一定的聯繫。楚文字的「陵」字與兩周金文和北方系統的「陵」字不同，改从來聲，產生了形聲異構體，就是楚文字本身的特點。

楚文字中的「陵」字又常常省去而只寫作（《古璽彙編》0164）、（同上0209），也應當隸定爲「坴」，讀爲陵。

（二）

戰國璽印中有兩方从來从子的印，寫作（《古璽彙編》3503）（同上3611），都可以隸定爲李。

這兩方璽印都是私名印，其中的李都用作姓，但此姓很難在古籍和出土文物中找到。它們相當於後代的什麼姓氏還是個有待於解決的問題。但是本文前面部份的探討可以爲此字的解決提供一定的線索。由於北方的「陵」字在楚文字中寫成，那麼楚文字中从來聲的字也就相當於北方从夌聲的字。「李」就應該與从夌从子的字相當。

古文字中的「夌」字寫爲（見上引陵字所从）。字在篆文中變成了，《說文》：「夌，越也，从夊从兲。」「」字一分爲二，字就是兲旁的來源，

亦成了。這與「夋」字的發展是相似的。在古文字中，「允」、「夋」本是一個字，寫作（班簋）、（石鼓）、（三體石經古文），但是由於古文字發展的特殊規律，由於从人的字可以加上，成了（楚帛書）。最後字又獨立出來。「允」字就派生爲「允」、「夋」二字。與的下半部份相似。「夋」與「夌」也相同。那麼，它們的發展規律也應該是一樣的。因此，把「夋」與「夌」聯繫起來看，我們可以發現，字可以分爲兩部份，上半部份是㠯字爲聲符，下半部份爲人（《說文》誤爲兒）。同樣，字也可以分爲兩部份，下半部份是「人」，而上半部份就是聲符。也就是「陸」字所由得聲的「圥」字（《說文》「陸」从「坴」會意。「坴」亦聲，「坴」从「圥」聲）。「陵」、「陸」所由得聲的「圥」爲一字，不但是《說文》的分析，也可以從古文字中得到證明。「陵」字从已見上文。「陸」字所从的「坴」則作（父已卣「陸」字所从）。（義伯卣「陸」字所从）。（《說文》「坴」字籀文及「陸」字籀文所从）。其形體雖繁簡不等，但其關鍵部件寫作卻是一樣的。「陵」字所从的與「陸」字所从的基本構形是一樣的，只是

下面兩筆有合併與分開不同。但這可能只是因爲「夌」字作下與人相接，才合併在一起。長陵盉「陵」字作。下面兩筆正好分開，可以證明「夌」字所从的本來是分開作的。

通過比較，我們可以看出「夌」與「陸」所从得聲的「圥」本爲一字。《說文》：「夌，越也。从从圥，圥，高也。」又曰：「陸，高平地也。」字上从圥，下从人。正好表示登攀、陵越的意思，而「陸」字所从的有高的意思。所以「夌」是個从圥从人的會意字，圥亦聲。「陵」和「陸」音義很近，很可能是個从圥或六（「六」疑即陸的本字）派生出來的同源字。一方面，二字都有高山大阜的意思。另一方面，二字在上古也常通用（編按：原文衍「常」字）。《老子・五十章》：「陸行不遇兕虎。」馬王堆帛書本老子「陸」字寫作陵；《管子・地員》：「其種陵稻黑鵝馬夫。」「陵稻」一詞在《內則》篇寫作「陸稻」。《楚辭・九懷》：「陵魁以蔽視兮」注：陵一作陸。「陵夷」一詞在《楚辭・劉向九歎・憂苦》作「巡陸夷之曲衍兮。」王逸注：「大阜曰陸。」而今本《爾雅・釋地》作「大阜曰陵。」以上諸例都可以證明「陵」、「陸」在先秦典籍

中是通用的。很可能是兩個同源字。古地名南方多稱陵，北方多稱陸，二者可能是地域性的異體字。

按《說文》，夫，从六聲。這也可以在古文字中得到證明。「陸」字所从的亦可單寫作（如邾公釛鐘及戰國印的陸字）。因此，「陵」、「陸」所由得聲及孳乳的根字就是或，這也就是字的根本部份。

確定了从聲之後，从「夌」从子的就容易發現了。戰國璽印中有一個大姓就是從「夌」从子，寫作（《古璽彙編》2829）、（同上2834）、（同上2809）、（同上2807）。這是一個出現次數較多的姓氏。過去一直沒有認出。《古璽彙編》缺釋。這個字的形音義諸方面來看，它就是常見的姓氏李。

第一，從聲音來看。「李」字上古音屬於來母之部。（參見唐作藩《上古音手冊》，「李」字在77頁。）與「來」字一樣，「陸」字與「陵」字是異構形聲字。那麼與「來」字同音的「李」字也可以由「夌」字來充當聲符。因此，從聲音上看，「孛」與「李」同音。「孛」可以讀爲李。（「李」字與「理」字古同，《管子・法法》：「皋陶爲李。」注「李同理」《史記・魏世家》「李克」，《韓詩內傳》作「里克」馬王堆帛書《經法》：「四時有度，天地之李也」借爲理；「理」又與「來」同。《詩經・烈祖》：「賚我思成。」鄭箋：「讀如往來之來。」《詩經・湯誓》：「予其大賚汝。」《史記・殷本紀》引「賚」爲「理」。是「來」與「李」同音。）

第二，從用法上看，「孛」是戰國璽印中常見的大姓。《古璽彙編》中共收有孛姓私名印44方。而寫作的李姓僅一見（2475）。「孛」與李共同作爲李姓用字在文例上並不互相衝突。因爲李姓在戰國時已出現。多見於經史書中。著名者如老子李耳、魏相李悝、秦相李斯、趙名將李牧、秦將李信（《史記》有傳），開鑿都江堰的李冰父子，如果李姓僅一見的話，就與歷史不符。一個史書上的大姓不會在姓名璽中呈現出如此特殊的狀態。而且從時代上來看，寫作的2475號印字形比較規範，屬於戰國晚期至秦的遺物。而寫作孛的則時代都相對的早。其中2834號可能早到春秋。因此，這兩種寫法在時代上是可以互補的。

第三，更重要的是，從字形上看，「孛」就是「李」字，它們的寫法極其相似。

孛：（2834）（2807）（2815）

李：【摹寫有誤】（《漢徵》）（2475）

其中2834一方時代較早，而2815最晚。

通過將「孛」字與「李」字相比較，不難發現「孛」與「李」的差別主要有兩點：第一，「孛」字上邊寫作、、，中間的一豎並不下透寫成「李」字的、。但是從歷史的眼光來看，這一豎的下透是秦漢時代漢字演變的結果。漢印李字有寫作（《漢印文字徵》）的。這一豎並沒有透下來，可見在漢代也還是有較古的寫法保留下來。這種在歷史演變中加長或減短筆畫的現象在古文字中是常見的。例如「吉」字寫作（毛公鼎）、（侯馬盟書），中間的一豎也可以拉下來寫作（中子化盤）、（王孫甗）。第二，「孛」字上部寫成、，而「李」字上部寫成、。「孛」字中間多了兩筆組成的形。但是這兩筆也恰恰是在發展中省去了的。這種省變所留下的痕跡現

在仍然可以看到。《古文四聲韻》「李」字下引云台碑李字寫作，「李」中間恰好有此兩筆，而且，戰國璽印的「孛」字中也有省去這兩筆作的（2816）。原本玉篇「使」字古文作，這與《古文四聲韻》所引崔希裕《纂古》「使」字寫作是相同的。可以看出，它實際上就是「孛」字省去了中間的∨形之後，上面一筆又沒有向下穿透時的過渡體。「使」字从人，吏聲。古與「來」、「裏」同音。同爲來母之部字。《方言三》：「俚，聊也。」郭璞注：「音吏」。「吏」與「里」、「來」同音，實際上應是「孛」字假借爲「使」字，這也從側面證明了「孛」向「李」的過渡。

因此，「孛」字就是「李」字，從字形上看，它們的繼承關係是很明顯的：

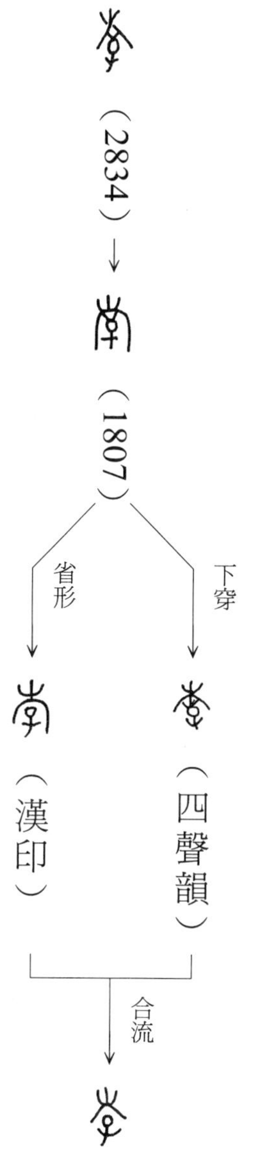

晚到馬王堆帛書（《春秋事語》93），李字仍寫作。

上面我們從形音義三個方面辨析了「孛」與「李」的關係，可以確定，「孛」就是「李」的本字，寫成李是後代字形訛變的結果。「李」（即「孛」）是一個从子、𣎵聲的形聲字。那么，我們就要重新考察《說文》對「李」字的解釋了。《說文》：「李，李果也，从木，子聲，杍，古文。」但是「子」字古音在精紐，（參見唐作藩《上古音手冊》，「子」字在180頁。）與在來紐的「李」字畢竟有些區別。「李」字到底是不是从「子」得聲，這一直是一個問題（參見《說文解字詁林・五上》「李」字條）。由於許慎的說解根據的是已經訛變了的篆書和隸書，所以他的字形分析有些訛誤。但是現在我們還是能夠看出他自己對這種分析也有所懷疑。在「李」字下他只說：「杍，古文。」而不是象《說文》的通例那樣說：「杍古文李。」王筠認爲：「不言古文李者，蓋本古文梓。」（《說文句讀》卷十二。）「杍」是《尚書・梓材》「梓」字的古文本，兩個字古音同通假。（參見說文段注。）但是《說文》並沒有按慣例將「杍」附於「梓」字下，又沒有指明「李」與「杍」的關係。從字形結構上看，與「梓」字通假的「杍」字確實是从木、子聲。這個字在《說文》中的地位就是「李」字現在所在的地位。由於「李」字出現，「杍」字無處可歸，又與「李」字在音義上不同。所以才出現了這種在《説文》通書中不多見的無條理的擺放。這也可以證明，「李」字絶不會是从木、子聲。否則《説文》就會指明它與真正的从木、子聲的「杍」的或體關係。或者同字關係（古文字中偏旁的位置是不固定的）。這從反面證明了「李」字的結構應該解釋爲从子，夫聲。

因此，璽印中的「孛」都應該解釋爲李字，作姓氏用。

現在我們回過頭來看楚文字中的「麥」字，由於我們已經明確了北方文字中「夌」聲與楚文字中的「來」聲的關係，那么可以認爲這個字就是「孛（李）」在楚文字中的異構。3503與3611兩方印也應該分別定爲「李弄」與「李道」與南方的「陵」从來聲。北方的「陵」从「夌」聲一樣，南「李」从「來」，北「李」从「夌」（「陵」與「陸」可能也有同樣的關係）。在後代的文字統一過程中，北方系統被保存了下來，而楚文字的陵、李卻被合流了。

這個「孛（李）」字又見於楚帛書，寫法與璽印完全一樣。過去的解釋很多，分別釋爲

「季」、「孛」、「殺」等。（參見《長沙子彈庫戰國楚帛書研究》54頁。）其中「孛」字說較易爲人接受。但是從字形上看，這個字所从的絕非「孛」字所从的，釋「孛」于字形未安。由於以前對字的認識不足，此字也未能確認。但是把它與楚文字中的「陸」（陵）、「李（李）」的寫法聯係起來看，就可以確認它爲「李」字。以前的「孛」字說將它解釋爲彗星，雖然對字本身的認識有所不當，但基於對全帛書的理解將它解釋爲星名還是正確的。李即李星。《史記・天官書・東宮》房宿南方左角有星名爲「李」，字又作「理」，《漢書・天文志》即寫爲「理」。「李」與「理」同音通假字。李星和帛書中出現的歲星、天棓星一樣同爲古代占星術中引用的星名，或爲天理星。《靈台秘苑・卷十》、《唐開元（編按：原文爲「六」字誤植）占經・卷六十九》都有專節論述天理的運行，占驗。天理又見於睡虎地秦簡日書，字正作「天李」。第751反至750反號簡云：「天李正月居子。二月居子，三月居午，四月居酉，五月居子，六月居卯，七月居午，八月居酉，九月居子，十月居卯，十一月居午，十二月居辰。凡此日不可入宮及入室，入室必滅，入宮必有辠。」這是以天理星在天空十二宮的位置來決定行事的占星術。

在帛書中，李星都是與其他星一起出現的。「天地作恙（祥），天棓將作木槨，降于其方。山陵其𩏂，又㒸□洍。是謂𡴓（李）。𡴓（李）歲□月，內（入）月七日。八日……。」李星與天棓共同出現。「李歲」當指李星出現之歲，與日書中以天李之所在決定日所宜不宜有相似之處。「唯＋有＝□，唯𡴓（李）悳匿。出自黃㒸，土身無翼，出入□同。」「悳匿」即「側匿」，指星的運動，在這段文字中。「出自」與「出入」相對，所以「李」與「土身無翼」（依曾憲通師隸定，未刊稿）是兩種星象，土疑即土星。因此，將𡴓（李）釋爲李星，與帛書的天文學內容是相符的。《戰國文字中的「陵」和「李」》，古文字學第七次年會論文，1988年；又，《楚簡道家文獻辨正》，汕頭大學出版社，2004年3月，第61～75頁。

小林斗盦：

江夌行宮大夫鉢

楚簡中陵作。《中國璽印類編》，天津人民美術出版社，2004年6月，第162、361、470頁。

施謝捷：

楚系官璽　江坙（夌—陵）行宫（序）夫=（大夫）鉨（璽）　《古璽彙考》，安徽大學博士學位論文，2006年5月，第167頁。

郭　兵：

江陵行宮大夫璽　《寸心籀篆：中國古代璽印鑒賞》，湖南美術出版社，2009年5月，第34頁。

陳光田：

楚系古璽　「江夌（陵）行序大夫鉨（璽）」（0101）。璽文第二字舊不識，當釋作夌，讀做陵。（朱德熙、裘錫圭：《戰國文字研究（六種）》，《考古學報》，1972年第1期。）鄂君啓節銘文「陵」字就是从「夌」而作，「江夌」即湖北江陵。（李學勤：《楚國夫人璽與戰國時的江陵》，《江漢論壇》1982年第7期。）「陵」字从「夌」或作「夌」，爲楚文字的特有寫法。該璽爲楚江陵「行序」大夫之官所用之物。　《戰國璽印分域研究》，嶽麓書社，2009年5月，第134頁。

吴清輝：

江陵行邑大夫鉨　戰國（楚）　《中國印學》，中國美術學院出版社，2010年6月，第135頁。

王義驊：

江夌行邑大夫鉢　《先秦古璽集粹》，吉林文史出版社，2011年11月，第6頁。

邱傳亮按：

坴、陸二字，學界已經確知釋爲「陵」，但構形不明。鄭剛分析爲从土「來」聲之字，所論甚詳（參鄭剛：《戰國文字中的「陵」和「李」》，古文字學會第七次會議論文，《楚道家文獻辯證》，汕頭大學出版社，2004年3月，頁61～75）。

邱傳亮 編著

第二册

楚官璽集釋 上編

學苑出版社

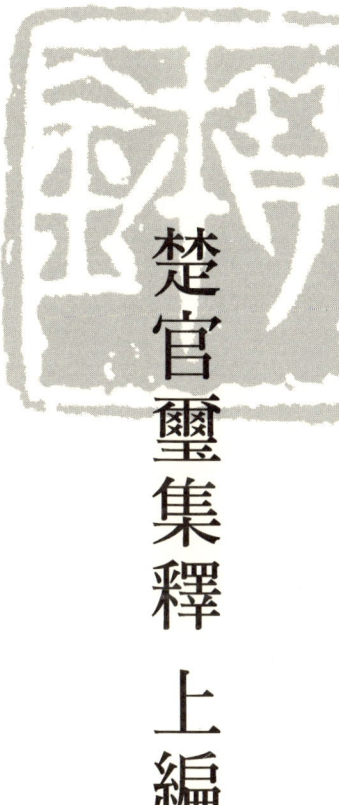

官璽第二十三：坪（平）夜（與）大夫之鉨（璽）

印面：

陳簠齋手拓古印集四冊

著録：

《古璽彙編》，北京：文物出版社，1981年12月，第17頁。
《印典》（三），北京：國際文化出版公司，1994年1月，第2192頁。
《古璽通論》，上海：上海書畫出版社，1996年3月，第106頁。
《篆字印彙》，上海：上海書店出版社，1999年1月，第321頁。
《中國璽印篆刻全集》，上海：上海書畫出版社，1999年11月，第101頁。

《中國篆刻全集》，哈爾濱：黑龍江美術出版社，2000年7月，第18頁。
《古印集萃・戰國卷》，北京：榮寶齋出版社，2000年11月，第43頁。
《古璽漢印集萃》上冊，南寧：廣西美術出版社，2001年10月，第35頁。
《戰國璽印分域編》，上海：上海書店出版社，2001年10月，第180頁。
《中國書法全集》第92卷，北京：榮寶齋出版社，2003年2月，第40頁。
《中國璽印類編》，天津：天津人民美術出版社，2004年6月，第339頁。
《古璽印賞析》，濟南：山東美術出版社，2005年6月，第31頁。
《古璽彙考》，安徽大學博士學位論文，2006年5月，第165頁。
《戰國璽印分域研究》，長沙：嶽麓書社，2009年5月，第134頁。
《先秦印風》，重慶：重慶出版社，2011年5月，第29頁。
《先秦古璽集粹》，長春：吉林文史出版社，2011年11月，第8頁。

集　釋：

裘錫圭：

戰國時代的楚國文字裏有一個寫作、等形的字：

九州不（長沙帛書）

阿（古印，《簠齋古印集》20上，原爲反文）

夜大夫□●（同上，14下）

夜君成之載貞（鼎）（《三代》3.11下）

秦王卑命競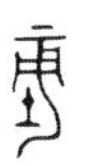王之定救秦戎（枝江出土銅鐘，《文物》1974年6期86頁）

過去我們就設想這個字是的變體，應該釋爲「坪」，讀作「平」。「九州不平」是很通順的，與帛書上下文義也相合。西漢時沛郡有平阿侯國，在今安徽懷遠縣一帶，戰國時正在楚國境內。「夜」、「與」古音相近，「平夜」可以讀爲「平與」，平與也是楚邑（見前）。但是最後那條鐘銘卻讀不通，因此這個設想就落實不了。在曾侯墓的文字資料裏，不但簡文出現「坪夜君」，而且見於鐘銘的律名「坪皇」，在石磬上就寫作「皇」，

這就確鑿地證明這個字應該釋作「坪」。至於那條鐘銘未能讀通，當別有原因，有待進一步研究（原編按：嚴一萍早在六十年代就已釋出了楚帛書和平夜君鼎的「坪」字，參看本文所附《談曾侯乙墓鐘磬銘文中的幾個字》）。《談談隨縣曾侯乙墓的文字資料》，《文物》，1979年第7期，第31頁。

羅福頤：

0102 □□大夫之鉨 《古璽彙編》，文物出版社，1981年12月，第17頁。

湯餘惠：

楚璽 □□大夫□鉨 《略論戰國文字形體研究中的幾個問題》，《古文字研究》第十五輯，中華書局，1986年6月，第75頁。

劉釗：

一、新蔡大夫之鉨

舊著錄於陳介祺《陳簠齋手拓古印集》，後收錄於羅福頤主編的《古璽彙編》，編號爲0102。此璽爲近方形白文璽，帶有邊框。字刻得十分草率，筆劃纖細。「大夫」二字不合書，「璽」字是典型的楚文字寫法，《古璽彙編》識出「大夫之鉨」四字，前兩字不識。按首字右旁拓印不清，左旁明顯从「亲」，這個字極有可能是「新」字。第二字作「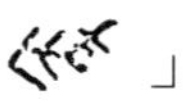」，與金文蔡字作「」、「」、「」（《金文編》36頁）形體十分接近。不同的是璽文「」字上部多出兩筆，這可能是一種贅增的飾筆。所以璽文前兩字應釋爲「新蔡」，全文應讀作「新蔡大夫之鉨」。「新蔡」乃地名，即今河南新蔡。新蔡春秋時本屬蔡，蔡平侯時由上蔡遷至此爲都，蔡昭侯時又由此移都於州來，即下蔡。蔡侯齊四年（BC447）蔡滅於楚。新蔡遂屬楚。

戰國時期楚在許多地方設有「大夫」，《古璽彙編》收有以下楚「大夫」璽：

下蔡宮大夫鉨　0097

上場（唐）行宮大夫鉨　0099

上□宮大夫之鉨　0100

江陵行宮大夫鉨　0101

郢間晏大夫鉨 0183

由此璽可知戰國時楚在新蔡也曾設有「大夫」一職。《楚璽考釋》（六篇），《江漢考古》，1991年第1期，第73頁。

牛濟普：

7.新蔡大夫之璽

「新蔡大夫之璽」的識讀順序為 123/456 。前兩字前人未釋，我釋為「新蔡」。「新」字作「」，形近「辛」與「亲」，西周金文有「亲」字，《中伯壺》作「」，《中伯毀》作「」。《說文》：「亲，實如小栗，从木，辛聲。」「新」，《說文》：「取木也，从斤、亲聲。」段注「當从斤木，辛聲，非从亲聲也」。先秦文字「新」有从「亲」者，也有从「辛」者，「新」與「亲」兩字皆从「辛」得聲，此璽文借「亲」為「新」字。「蔡」字古文與「殺」字同，甲骨文作「」、「」，金文作「」、「」，鄭韓陶文作「」、「」，璽文作「」、「」、「」。「新蔡」，東周時屬楚。《左

傳・昭公十三年》「楚平王歸蔡隱太子之子廬於蔡，是爲平侯」。《漢書・地理志》載「汝南郡新蔡，蔡平侯自蔡徙此，秦置新蔡縣」。故址在今河南省新蔡縣。《楚系官璽例舉》，《中原文物》，1992年第3期，第89頁。

曹錦炎：

26.坪（平）夜大夫网（？）鉥

「坪」字舊釋「墉」，根據隨縣曾侯乙墓所出文字資料，可以認定是「坪」字，即「平」字之異構（裘錫圭《談談曾侯乙墓的文字資料》，《文物》1979年第7期）。「夜」，讀爲「輿」，夜、輿二字古音相同，均爲以（編按：當爲「疑」字訛）母魚部字，故可相通（裘錫圭、李家浩《曾侯乙墓竹簡釋文與考釋》，載《曾侯乙墓》）。

平輿，地名，見於典籍，《史記・秦始皇本紀》：「二十三年，秦王復召王翦，彊起之，使將擊荊（楚）。取陳以南至平輿，虜荊（楚）王。」平輿本爲沈國舊地，見《史記・陳杞世家》索隱說，後入楚爲邑，地在今河南汝南縣東南。

傳世有平夜君鼎，見《三代吉金文存》卷3.11下；曾侯乙墓竹簡文記曾侯乙死後，「帠車」

的人中也有平夜君（67號簡）；包山楚簡中也有平夜君名（181號、220號簡），平夜二字的寫法均與此璽同。曾侯乙墓的下葬年代在戰國早期（《曾侯乙墓》，文物出版社1989年版），據此，平夜（輿）地方在春秋時早已入楚爲邑。

此璽爲楚國封君平夜（輿）君屬下的大夫之印。「网」可能是大夫之私名，或即「之」字之誤刻。《古璽通論》，上海書畫出版社，1996年3月，第106頁。

何琳儀：

楚系　羕大夫之鉨

楚璽羕，地名。《戰國古文字典》，中華書局，1998年9月，第1227頁。

何琳儀：

楚系　□家大夫之鉨

楚璽家，卿大夫。見a（編按：「a」即齊系文字）。《戰國古文字典》，中華書局，1998年9月，第484頁。

傅嘉儀：

□□大夫之璽　《篆字印彙》，上海書店出版社，1991年1月，第321頁。

莊新興：

平夜大夫□鉨　戰國　《中國璽印篆刻全集》，上海書畫出版社，1999年11月，第47頁。

徐　暢：

東周・楚系公鉨　新蔡大夫之鉨　《中國篆刻全集》，黑龍江美術出版社，2000年7月，第18頁。

來一石：

□□大夫之鉨　《古印集萃・戰國卷》，榮寶齋出版社，2000年11月，第43頁。

戴山青：

□□大夫之鉨　《古璽漢印集萃》上冊，廣西美術出版社，2001年10月，第35頁。

莊新興：

1009　平夜大夫□鉨　楚系・楚　《戰國璽印分域編》，上海書店出版社，2001年10月，第180頁。

徐暢主編：

戰國公鉨與印跡・楚系鉨印　95　新蔡大夫之鉨　《中國書法全集》第92卷，榮寶齋出版社，2003年2月，第40頁。

徐暢主編：

95　新蔡大夫之鉨

作於東周時期。楚系官鉨。《古璽彙編》〇一〇二號著錄。銅質。首兩字劉釗釋爲新蔡。新蔡即今河南新蔡。其地春秋時本屬蔡。蔡平侯時由上蔡遷至此爲都，蔡昭侯時又由此移都於州來，即下蔡。蔡齊侯四年（前四四七年）滅於楚。此爲新蔡地方的最高行政長官的用印。

參考　劉釗《楚璽考釋（六篇）》《中國書法全集》第92卷，榮寶齋出版社，2003年2月，第205頁。

小林斗盦：

□□大夫之鉨　《中國璽印類編》，天津人民美術出版社，2004年6月，第339頁。

吴振武：

在古文字資料中，「之」是一個常見字，從甲骨文到戰國文字，它的一般寫法，早已爲大家所熟知。然在戰國時期的楚文字資料中，有一種在正常寫法的「之」字頂部多加一斜畫的特殊「之」字，卻往往被學者所忽略，以致從文字的認定到工具書的編撰以及資料的辨僞，多有問題發生。朱家集所出的鑄客大鼎，是第一個例子。

該鼎口平沿上刻有銘文十二字，曰：

鑄客爲集𦞠、造𦞠、□□𦞠爲之。（羅振玉：《三代吉金文存》3.26上—下，中華書局，1983年（影印1937年線裝本）北京；中國社會科學院考古研究所：《殷周金文集成》4.2480），中華書局1986年，北京）（附圖1）（編按：附圖略）

字大約3.5釐米見方。「鑄客」也叫「鑄器客」，（「鑄器客」之稱見《殷周金文集成》3.914鑄器客甗，中華書局，1989年，北京。）是管鑄銅器的官；「集𦞠、造𦞠、□□𦞠」是三個管理王室飲食或祭品的機構。（「𦞠」字舊有「祭」、「散」、「膴」、「賸（饎）」、「屠」、「腏」、「肴」等釋法，皆不可信。説詳另文。）「爲之」的「之」字原作：

跟一般的「之」字比較，頂部顯然是多了一筆。那麼這一筆會不會是泐痕呢？回答是否定的。理由是：一，從筆道上看，這一筆跟鼎上所有文字的筆道風貌是一致的，如果是泐痕，恐怕不會那麼湊巧。巧的是，銘文第七字和第八字之間正有一條斜的泐痕，倒是可資比較。二，從字的高度和字距上看，因爲「之」字有了這一筆，銘文後三字的大小和距離也顯得和諧。因此，這一筆是「之」字的一部份，是完全可以肯定的。

然而奇怪的是，過去凡是對此銘作整編摹錄的，倒是大都摹出「之」字的這一筆，如徐乃昌《安徽通志金石古物考稿》（1.8下—9上）、（安徽通志館石印本，1936年）朱德熙、裘錫圭《戰國文字研究（六種）》（81頁）、（《考古學報》1972年第1期，北京：又收入《朱德熙古文字論集》，40頁，中華書局，1995年，北京。）崔恒昇《安徽出土金文訂補》（10頁）（黃山書社，1998年，合肥。）等論著中的摹本；可是一旦作爲單字收進工具書時，這個「之」字卻幾乎都被摹錄者漏摹這一筆，如容庚《金文編》（416頁）、（中華書局，1985年，北京。按，跟1959年版《金文編》（330頁，科學出版社，北京）相比較，1985年版在摹錄此字已有所改進，即底部橫畫兩頭都作彎鉤狀。）張世超等《金文形義通解》（1503頁）（中文出版社，1996年，京都）等等。工具書中能體現這一筆的，我見到的只有戴家祥先生主編的《金文大字典》（1053頁），（學林出版社，1995年，上海），這應該是得力於該書編纂採用剪貼拓本的方法。此外就是未正式出版的黃靜吟女士編的《楚金文字形表》（45頁）。（附錄，台灣中山大學中國文學系博士論文，1997年，高雄。）該表的編纂也是採用裁剪拓本的方法，但經電腦處理，使銘拓由陰文轉爲陽文。在電腦處理過程中，編者能注意到保留這一筆，是頗具卓識的。

鼎銘中這個寫法特殊的「之」字，湯餘惠主編的《戰國文字編》（福建人民出版社，2001年，福州）和李守奎的《楚文字編》（華東師範大學出版社，2003年，上海）均未錄；專門校訂1985年版《金文編》的三種專著——即陳漢平的《金文編訂補》、（中國社會科學出版社，1993年，北京。）董蓮池的《金文編校補》、（東北師範大學出版社，1995年，長春。）嚴志斌的《四版〈金文編〉校補》，（吉林大學出版社，2001年，長春。），也都未能出校。

除鑄客大鼎外，這種多一筆的特殊「之」字也見於楚國璽印，目前已發現三例：

（1）計官（之）璽　《古璽彙編》0139

（2）坪（平）夜（與）大夫（之）璽　同上0102

（3）士君子（之）信坣（符）　《平畬考藏古璽印選》1.89（加藤慈雨樓編，臨川書店，1980年，京都）（附圖4、5）

……

（2）上的地名「坪夜」讀作「平輿」，是裘錫圭先生的意見（裘錫圭：《談談隨縣曾侯乙墓的文字資料》，《文物》1979年第7期，31頁，北京；又收入同作者《古文字論集》，415頁，中華書局，1992年，北京。裘錫圭、李家浩：《談曾侯乙墓鐘磬銘文中的幾個字》，同上引裘書，421-422頁。又，此璽「夜」字的寫法，與包山楚簡206號簡上的「坪夜君」之「夜」同，看湖北荊沙鐵路考古隊《包山楚簡》圖版九二・206，文物出版社，1991年，北京）。此璽早先著錄在《簠齋古印集》14下，（中國書店，1990年，影印神州國光社線裝本，北京。關於此譜的掌故，可參看康殷、任兆鳳：《印典》第4冊「編餘漫語」，國際文化出版公司，1994年，北京），鈐本不甚清晰，《璽彙》即據該譜翻錄。後來，曹錦炎先生的《古璽通論》曾收錄過一個比較清晰的鈐本（106頁圖158），據作者說，是出自浙江省博物館所藏的一部無名舊印譜，本文附圖3即據此複製。璽上的「之」字雖然早已被釋出，但卻無人指出這個「之」字也是多一筆的，而且整個字向右旋轉了90度。因爲這樣兩個特殊情形，再加上字上還有一處泐痕或誤筆，致使曹錦炎先生在《通論》中既懷疑它是「之」字的誤刻，同時又懷疑它可能是「网」字，解作「大夫之私名」（106-107頁）。其實，只要將泐痕或誤筆去掉，再迴旋90度，這個字就是一個明明白白的「之」字，祇不過它的結構是那種上部多一筆的特殊寫法。至於古璽因璽面位置局促而將某一個字旋轉90度，此璽並非孤例。齊國印戳陶文「中蒦圖王僝」上的「中」字也是右轉90度6（編按：附圖略），〔高明：《古陶文彙編》3.302、3.303，中華書局，1990年，北京；周紹良、李零：《新編全本季木藏陶》0338、0339，中華書局，1998年，北京。按此「中」字，高書誤釋爲「西」（目錄索引第19頁），周、李書闕疑。高書之誤，亦被高明、葛英會《古陶文字徵》215 頁，中華書局，1991 年，北京；徐谷甫、王延林《古陶字彙》470 頁，上海書店，1994 年，上海；陳建貢《中國磚瓦陶文大字典》892 頁，世界圖書出版公司，2001 年，西安〕等工具書所沿襲；周寶宏博士所撰專門校訂《古陶文字徵》的《〈古陶文字徵〉校議》同作者：《古陶文形體研究》下編，社會科學文獻出版社，2002 年，北京）亦未校出〕與此同例。近有學者懷疑此璽是僞品或是「爲了殉葬而臨時刻的明器」（文炳淳：《先秦楚璽文字研究》，223-225 頁，臺灣大學中國文學研究所博士論文，2002 年，臺北），理由並不充分。1934 年《藝林月刊》（北平）第 55 期第 16 頁上曾刊有一枚內容與此璽相同的印（尺寸稍大），儘管該印文字左行（反書），「之」字作正常寫法（左傳 90 度），但全印文字軟弱，當是仿刻的贋品。

……

通觀上述各例，戰國時期楚地文字中的「之」字存在一種多一筆的特殊寫法，是可以肯定的。〔安徽鳳臺出土的楚郢大府筲銘文中的「之」字遽視也是上部多一筆的那種寫法（《文物》1978 年第 5 期，96 頁，北京；國家計量總局等：《中國古代度量衡圖集》，55 頁，文物出版社，1984年，北京），程鵬萬君在撰寫《安徽省壽縣朱家集李三孤堆出土青銅器銘文集釋》一文（吉林大學碩士學位論文，2003年，長春）時，曾按筆者的指示將其作爲鑄刻大鼎「之」字寫法的例證（47頁）。然據最近印行的《阜陽、亳州出土文物文字篇》一書（非正式出版，韓自強主編，2004年，阜陽）所刊該筲修復前的銘拓（37頁，202），這個「之」字上的一斜劃似也有可能是泐痕。故此例暫宜存疑」至於在文字學上，這多出一筆是否就可以視爲羨劃，還有待進一步研究。《朱家集楚器銘文辨析三則》，《黃盛璋先生八秩華誕紀念文集》，中國教育文化出版社，2005年6月，第291～295頁。

魏永年：

大夫

西周開始有爵位。天子之下，有諸侯、大夫、士三等。士不一定是爵稱，而諸侯、大夫既是爵稱，又是官稱。戰國時大夫有五大夫、上大夫等差別，略低於卿，皆無封地。

坪（平）夜大夫网（？）璽　這枚印給人的印象散淡、空靈。線條較輕、細，看上去是鑿印，起收呈尖形。六字分上下兩排，中間留出大面積空間。「坪」、「夜」兩字字距較近，使印面文字形成了一個整體。其它幾字斑斑點點，筆雖殘而意連，似天降細雨，如柳吐嫩絮，飄飄灑灑。看上去支離破碎，卻不失其神韻，充滿著一股迷離、幽遠的意韻，帶給欣賞者奇異若幻夢般的藝術享受。《古璽印賞析》，山東美術出版社，2005年6月，第31頁。

施謝捷：

楚系官璽　坪（平）夜（夜—與）大夫之鉨（璽）　《古璽彙考》，安徽大學博士學位論文，2006年5月，第165頁。

陳光田：

楚系古璽　「坪（平）夜（輿）大夫之鉨（璽）」（0102）。璽文第一字舊釋爲墉，根據隨縣曾侯乙墓所出文字資料可以認定，「坪」即「平」字之異構。（裘錫圭：《談談隨縣曾侯乙墓的文字資料》，《文物》1979年第7期。）「平夜」在包山楚簡中曾出現六次。「夜」當讀做「輿」。（裘錫圭、李家浩：《曾侯乙墓竹簡釋文考釋》，《曾侯乙墓》，三聯書店，2003年。）平輿爲地名，其地在今河南汝南縣東南。《史記・秦始皇本紀》云：「二十三年，秦王復召王翦，強起之，使將擊荆（楚）。取陳以南至平輿，虜荆（楚）

王。」該璽當爲楚平輿之地的大夫所用之印。《戰國璽印分域研究》，嶽麓書社，2009年5月，第134頁。

徐　暢：

新蔡大夫之鈢　《先秦印風》，重慶出版社，2011年5月，第29頁。

王義驊：

平夜大夫□鈢　《先秦古璽集粹》，吉林文史出版社，2011年8月，第8頁。

李守奎按：

「坪」字中「平」旁與「土」旁豎劃共用，「大夫」不用合文，「之」字倒書且加飾劃如「正」，都極富特點。

邱傳亮按：

該璽前兩字何琳儀兩處釋文不同，一作「□家」，作兩字處理；一作「豪」，作一字處理。可見其對該字的考釋尚存可疑之處。

官璽第二十四：鄱宛（縣）夫=（大夫）鈢（璽）

印　面：

著　錄：

《古璽通論》，上海：上海書畫出版社，1996年3月，第106頁。

《篆字印彙》，上海：上海書店出版社，1999年1月，第327頁。

《中國篆刻全集》，哈爾濱：黑龍江美術出版社，2000年7月，第18頁。

《中國書法全集》第92卷，北京：榮寶齋出版社，2003年2月，第40頁。

《書法新鑒：古璽文新鑒》，西安：世界圖書出版公司，2005年6月，第31頁。

《古璽彙考》，安徽大學博士學位論文，2006年5月，第166頁。

《戰國璽印分域研究》，長沙：嶽麓書社，2009年5月，第133頁。

《歷代印匋封泥印風》，重慶：重慶出版社，2011年5月，第79頁。

集釋：

李學勤：

鄱宮夫人鉨

鄱，也是楚地。封泥常爲郵遞文書所用，所以「鄱宮夫人鉨」封泥出於齊都臨淄，封泥所用璽印卻可能是楚國的。楚國古璽有些有十字界格，如大家喜歡稱引的「連尹之鉨」，即其例。《史記·吳太伯世家》吳王闔廬十一年（公元前504年），「吳王使太子夫差伐楚，取番，楚恐而去郢徙都」。索隱云：「此言番，番音潘，楚邑名」。封泥的鄱，很可能就是番。詳見「江陵行宛（縣）大夫鉨（璽）」條。《楚國夫人璽與戰國時的江陵》，《江漢論壇》，1982年第7期，第71頁。

黄盛璋：

[illegible]陵之鉨　方形　22毫米　陰文　古璽彙編0209

上蔡與潘皆爲楚邑，李文（編按：即李學勤《楚國夫人璽與戰國時的江陵》），《江漢論壇》，1982年第7期）已舉，潘即固始，見漢孫叔敖碑，漢廢爲潘鄉，則潘邑必爲楚滅鄱後所置，沿革與上場邑同，此印爲陽文封泥，出土臨淄故城，必爲楚鄱邑陰文印打印於文書封檢郵寄齊都臨淄。印一二兩字不清，無可考證，然亦必爲楚邑無疑。以上諸印，除小印稍小，大印稍大外，其餘皆爲24×24釐米（編按：當爲毫米），形制、文刻皆與「江陵」鉨同，故國別皆爲楚鉨無疑。詳見「江陵行宛（縣）大夫鉨（璽）」條。《戰國「江陵」璽與江陵之興起因沿考》，《江漢考古》，1986年第1期，第35頁。

鄭　超：

4.鄱宮大夫璽　《臨淄封泥文字》1.2

李學勤先生認爲鄱也是楚地，很可能即《史記》中的「番」。《史記・吳太伯世家》載，吳王闔廬十一年（公元前504年）「吳使太子夫差伐楚，取番，楚恐而去郢徙鄀」。《索隱》云：「此言番，番音潘，楚邑名。」　《楚國官璽考述》，《文物研究》總第二輯，黄山書社，1986年12月，第87頁。

黄錫全：

28、鄱宮夫人璽　《臨淄封泥文字》1.2　《古文字中所見楚官府官名輯證》，《文物研究》

總第七輯，黃山書社，1991年12月，第212頁。

曹錦炎：

25.鄱宛（宮）大夫鉢

「鄱」即「番」，是「番」的地名（或姓氏）專用字。……1979年，於河南固始縣侯古堆一號墓出土了「番子成周」的編鐘及宋景公爲其幼妹「句敔夫人」陪嫁的銅瑚，出土文物證實了《史記》記載的可靠性。所以，楚國的番邑可能就在今固始一帶（歐潭生《豫南考古新發現的重要意義》，《中原文物》1981年特刊）。

此璽爲番邑大夫所用之印。　《古璽通論》，上海書畫出版社，1996年3月，第106頁。

傅嘉儀：

鄱宛太飲　《篆字印彙》，上海書店出版社，1999年1月，第327頁。

徐暢主編：

戰國公鉨與印跡·楚系鉨印　100　鄱宛（邑）大夫鉨　《中國書法全集》第92卷，榮寶齋出版社，2003年2月，第41頁。

徐暢主編：

100　鄱宧（邑）大夫鉨

作於戰國時期。楚國官鉨封泥。《古封泥集成》三號著録。泥質。

第三字爲「夫=」，即「大夫」二字合文。左下有合文符，一短横明顯，另一短横隱約可見。第四字爲「鉨」字，金旁可判爲楚鉨。《史記·伍子胥傳》：「闔閭使太子夫差將兵伐楚，取番。」番通鄱。《索隱》：「蓋鄱陽也。」《集解》：「番，音普寒反，又音婆。」此封泥作「鄱」，有邑旁，與無邑旁的番（潘）國不同。近年在河南固始附近潢川縣一帶出土了一批番國銅器。證明這裡可能是古代潘國封地所在地。此與鄱邑非爲一地。

參考　《辭源》二一二一、三一二五頁。《商周青銅器銘文選》（四）四〇八頁；徐暢《寓石齋璽印考》《中國書法全集》第92卷，榮寶齋出版社，2003年2月，第205頁。

趙平安：

鄱宛大夫璽　詳見「江陵行宛（縣）大夫鉨（璽）條」。《戰國文字中的「宛」及其相關問題研究——以與縣有關的資料為中心》，《第四屆國際中國古文字學研討會論文集》，香港中文大學中文系，2003年12月，第529～540頁。

小林斗盦：

鄬公太歆　《中國璽印類編》，天津人民美術出版社，2004年6月，第202頁。

肖曉輝：

先秦的封泥則爲數極少，見於收藏及著錄的不過二、三十枚，其文字內容和書法風格往往與古璽相合。例如一枚先秦楚封泥，文字保存完好，印面呈方形，田字界格，印文爲「鄬宧大夫鉨」，「大夫」二字合文，無論其形制和文字都恰與楚系璽印一致。楚官璽中有多枚「宧大夫」印，均爲白文，「大夫」合文，如「下蔡宧大夫」（《古璽彙編》0097）、「上場（唐）行宧大夫鉨」（《古璽彙編》0099）、「江陵行宧大夫鉨」（《古璽彙編》0101）、「上□宧大夫之鉨」（《古璽彙編》0100）等，「鄬宧大夫鉨」中「大夫」寫法與上述「大夫」相同，且「鉨」爲典型的楚璽特色寫法。至於田字格，楚官璽中也有幾方，如「敔府之鉨」（《古璽彙編》0131）、「正官之鉨」（《古璽彙編》0136）、「計官之鉨」（《古璽彙編》0138）、「連尹之鉨」（《古璽彙編》0145）等。　《書法新鑒：古璽文新鑒》，世界圖書出版公司，2005年6月，第32頁。

施謝捷：

楚系官璽

鄱宫（序）夫=（大夫）鉨（璽）【封泥】　《古璽彙考》，安徽大學博士學位論文，2006年5月，第165頁。

陳光田：

楚系古璽　「鄱（番）序大夫之鉨（璽）」（封泥94）。「鄱」即「番」，爲「番」邑的地名專用字。番邑，楚邑名，未見典籍。（李學勤：《楚國夫人璽與戰國時的江陵》，《江漢論壇》1982年第7期。）《史記・吳太伯世家》云：「吳王使太子夫差伐楚，取番，楚恐而去徙鄀。」索隱云：「此言番，番音潘，楚邑名。」楚的番邑可能在今河南固始一帶。（歐潭生：《豫南考古新發現的重要意義》，《中原文物》1981年特刊。）　《戰國璽印分域研究》，嶽麓書社，2009年5月，第133~134頁。

傅嘉儀：

戰國印匋封泥　鄱邑太歙　《歷代印匋封泥印風》，重慶出版社，2011年5月，第79頁。

官璽第二十五：山桑行宛（縣）夫=（大夫）鉨（璽）

印面：

周秦古璽菁華、漢瓦硯齋古印叢

著錄：

《印典》（三），北京：國際文化出版公司，1994年1月，第1954頁。

《古璽彙考》，安徽大學博士學位論文，2006年5月，第167頁。

《戰國璽印分域研究》，長沙：嶽麓書社，2009年5月，第132頁。

集釋：

李學勤：

方雨樓《周秦古璽菁華》145，即任熹《漢瓦硯齋古印叢》4.10，亦爲同型的陰文鉨，文字比較草率，釋爲「山朵（?）行宮夫人鉨」。第二字似从「九」从「木」，「夫人」合文，但不很清晰　詳見「江陵行宛（縣）大夫鉨（璽）」。《楚國夫人璽與戰國時的江陵》，《江漢論壇》，1982年第7期，第70頁。

康　殷、任兆鳳：

山朵行鄖大夫　《印典》（三），國際文化出版公司，1994年1月，第1594頁。

徐在國：

山桑

方雨樓《周秦古璽菁華》145著錄如下一方陰文楚官璽：

或釋爲「山朵（?）行宮夫人鉨」（李學勤《楚國夫人璽與戰國時的江陵》，載《江漢論壇》1982年第七期）。

按：古文字中「喪」及从「喪」之字作：

喪：

、、《甲骨文編》54頁

 旂作父戊鼎　 喪史賓鉼

 包山92　 包山167

 郭店·老子丙8　 同上10

 郭店·語叢1.98

《古璽彙編》3271　 同上3272

鍊：

（施謝捷：《〈古璽彙編〉釋文校訂》，《容庚先生百年誕辰紀念文集》，第646頁，廣東人民出版社，1998年），同上1090

趚：

 墻盤  瘨鐘

「喪」字本从「桑」聲，从二口或三口、四口表示哭喪之意。「桑」字作 ，象樹上有桑葉之形，後變作 、、、，或省作 ，遂與「九」形相混。通過對比我們可以發現楚璽「」與包山簡「喪」字所从「」（桑）形基本相同，因此，「」可釋爲「桑」。

如上所述，上引楚璽當釋爲「山桑行序（此字或釋「宮」，或釋「⿱宀邑」，或釋「序」（李家浩釋））大夫鉨」。「山桑」地名。見《漢書・地理志》「沛郡，戶四十萬九千七十九，口二百三十萬四百八十，縣三十七：……山桑……」。《後漢書・郡國二》：「汝南郡」下「山桑，侯國，故屬沛，有下城父聚，有垂惠聚」。故址在今安徽省蒙城縣北，戰國時代當屬楚國。

《楚國官璽中的兩個地名》，《古文字研究》第二十四輯，中華書局，2002年7月，第317頁。

趙平安：

山桑行宛大夫璽　詳見「江陵行宛（縣）大夫鈢（璽）條」。《戰國文字中的「宛」及其相關問題研究——以與縣有關的資料為中心》，《第四屆國際中國古文字學研討會論文集》，香港中文大學中文系，2003年10月，第529～540頁。

施謝捷：

楚系官璽

山（桑）杂行宫（序）夫=（大夫）鈢（璽）　《古璽彙考》，安徽大學博士學位論文，2006年5月，第167頁。

陳光田：

楚系古璽　「山桑行序大夫鈢（璽）」（《印典》2.1140）。璽文第二字舊釋爲雜，可疑。當釋爲桑。（徐在國《楚國璽印中的兩個地名》，《古文字研究》第24輯，中華書局，2002年，第317頁。）山桑爲地名，據《漢書·地理志》載，其地在今安徽蒙城縣，戰國時屬楚。　《戰國璽印分域研究》，嶽麓書社，2009年5月，第132～133頁。

李守奎按：

徐在國釋爲「山桑」正確。楚文字中「桑」與「喪」的區別性特徵是：「桑」下部从「木」，「喪」下部从「亡」或「死」，與是否从「口」無涉。

官璽第二十六：新東昜（陽）宛（縣）夫=（大夫）鉨（璽）

印面：

1976年於安徽省阜陽縣合作社廢銅倉庫揀選，安徽省阜陽市博物館收藏

著錄：

《文物》，北京：文物出版社，1988年第6期，第89頁。

《楚文物圖典》，武漢：湖北教育出版社，2000年1月，第422頁。

《中國篆刻全集》，哈爾濱：黑龍江美術出版社，2000年7月，第15頁。

《古文字研究》第二十二輯，北京：中華書局，2000年7月，第177頁。

《中國書法全集》第92卷，北京：榮寶齋出版社，2003年2月，第41頁。
《古璽彙考》，安徽大學博士學位論文，2006年5月，第166頁。
《戰國璽印分域研究》，長沙：嶽麓書社，2009年5月，第154頁。
《二十世紀出土璽印集成》，北京：中華書局，2010年1月，第49頁。
《先秦印風》，重慶：重慶出版社，2011年5月，第29頁。

集釋：

韓自強：

5.新東陽宮大夫鉨

戰國楚銅官印。1976年於阜陽縣合作社廢銅倉庫揀選。印體方形，壇座鼻鈕。邊長2.1釐米、通高1.6釐米，白文，有邊欄。大夫二字合書。

此印與公認爲楚印的安徽壽縣所出「上場行宮大夫鉨」、《上海博物館藏印選》所收「江陵行宮大夫鉨」二印的形制、字體相似，當爲戰國時楚國官印。

春秋時以東陽爲地名的有魯邑、齊邑等。此新東陽究屬何地，尚待考證。　《安徽阜陽博物館藏印選介》，《文物》，1988年第6期，第89頁。

黄盛璋：

二、新東陽□大夫鉩

韓文釋爲「新東陽宫大夫鉩」，並引據壽縣出土「上場行宫大夫鉩」與《上海博物館藏印選》所收「江陵行宫大夫鉩」，以爲「與二印的形制、字體相似，遂訂爲戰國時楚國官印」。今按大夫合文上一字明顯不从「邑」，不能釋爲「宫」字，因而不能與所引二楚印比附，如此定爲楚官印就失去依據，印的國別還必須另行證明。

此印定爲楚官璽，主要證據就是鉩字的特殊寫法。

第一字韓文釋爲「新」字，此字左从「羊」右从「斤」，很明確，並不从「辛」，所以並不能釋爲「新」，字書皆無从羊从斤之字，故現尚不識。但東陽秦末已有，原爲楚地，秦得自楚，來源可以查明，《史記・項羽本紀》：項梁「聞陳嬰已下東陽，……陳嬰者故東陽令史，居縣中素信謹，稱爲長者。東陽少年殺其令相，聚數千人，……遂強立嬰爲長，……以兵屬項梁」，「陳嬰爲上柱國，封五縣，與懷王都盱眙」，《正義》引《括地志》：「東陽故城在楚州盱眙縣東七十里，秦東陽縣城也，在淮水南。」東陽故城60年代初即進行考古查勘，位於大、小雲山南。今盱眙東稍偏南約37公里，淮水出洪澤湖後之南約10公里，現尚名東陽城。城垣東西500米、南北400米。城內漢文化層厚1.5米，遺物豐富，原城門缺口尚可見（尹煥章、趙青芳《淮陰地區考古調查》，《考古》1963年第1期），1965年城內出土秦廿六年詔權（南京博物院《江蘇盱眙東陽公社出土的秦權》，《文物》1965年第11期），1974年發掘東陽城東南部漢代墓葬7座，出土漢代陶、銅、鐵、玉、木器等大批遺物（南京博物院《江蘇盱眙東陽漢墓》，《考古》1979年第5期），1976年再次發掘墓葬區並勘察試掘東陽城址，1982年在盱眙東南22.5公里南窑莊窖藏出土銅壺上蓋金獸，內貯郢爰11塊、金餅25塊（姚遷《江蘇盱眙南窑莊楚漢文物窖藏》，《文物》1982年第11期），銅壺上刻有燕國銘文（拙著《盱眙新出土銅器金器及其相關問題考辨》，《文物》1984年第10期），與齊國伐燕得此壺的刻銘（周曉陸《盱眙所出重金絡鐳、陳璋圓壺讀考》，《考古》1988年第3期），窖藏距東陽城更較去盱眙爲近，大約衹有10多公里，應是東陽縣居民所藏。秦東陽縣當得自楚，並且爲時很晚，約在滅楚最後戰役中。《史記・

王翦傳》「王翦果代李信擊荆……荆數挑戰，而秦不出，乃引兵而東。翦因舉兵追之，令壯士擊，大破荆軍。至蘄南，殺其將軍項燕」，「秦因乘勝略定荆地城邑，歲餘虜荆王負芻」。蘄去東陽不遠，殺項燕在秦始皇二十三年，次年即入壽春之郢滅楚，虜負芻。秦得楚東陽顯然就在始皇二十三年至二十四年間「略定荆地城邑」的戰役中，南窑莊窖藏這批金幣應該以此時可能性最大，由使用郢爰證明物主爲楚人，時代應屬戰國末年，貯藏之銅壺有燕、齊銘刻，説明窖藏時尚爲實用之器，也衹能以屬於戰國爲宜。

秦末，東陽與盱眙一帶亦爲戰亂之地，秦二世元年「東陽少年殺其令相，聚數千人」，東陽已陷於混亂之中，立陳嬰爲長後，「縣中從者，得二萬人」。二世二年項梁立楚懷王孫心爲楚懷王，都盱台也就是盱眙，窖藏於此時亦有可能。《清一統志》卷九四「泗州」「盱眙故城，在今縣東北，……元學士曹元用《重修縣治碑記》：『盱眙縣舊寓慈氏山麓，延祐庚申遷築東嶽行廟之右，泰定四年縣尹李克中以縣治卑隘，又遷臨淮府舊基，即今治也。』縣治故城在縣東北盱眙山之麓，又有漢王城在縣北三十里，相近又有霸王城、小兒城，相傳皆項氏立義帝時屯兵處，或有以爲漢縣治此」。按霸王城又名城圍子已經考古調查，在泗洪縣南12公里、傅圩子西南，雖爲漢城遺址，但距東陽城西北約100公里（尹煥章、張正祥《洪澤湖周圍的考古調查》，《考古》1964年第5期），顯然不是漢盱眙故城。今盱眙縣城乃元泰定四年所遷臨淮府舊基，《括地志》說：東陽故城在盱眙縣東七十里。而《盱眙縣志》卷一一記「東陽故城，治東南八十里」，比唐代盱眙縣城多十里，但不能據此否定今東陽城爲漢東陽，因盱眙縣於元時已兩次遷徙，先秦與漢東陽即今東陽城故址。由此印發現而獲得證明，是值得重視和研究的。《關於安徽阜陽博物館藏印的若干問題》，《文物》，1993年第6期，第79～80頁。

何琳儀：

楚系　□東陽𨑕大夫鉨

楚璽「𨑕大夫」官名。《禮・王制》：「諸侯之上大夫卿、𨑕大夫、上士、中士、𨑕士，凡五等。」《漢書・王莽傳》：「千石曰𨑕大夫。」《戰國古文字典》，中華書局，1998年9月，第466頁。

韓　朝：

新東陽宮大夫鉨

戰國官璽。1976年安徽阜陽合作社從廢銅倉庫揀選。通高1.6釐米，邊長2.1釐米。重27克。方形，壇形鼻鈕。印面刻「新東陽宮大夫鉨」7字。白文，有邊框。「大夫」二字爲合書。此璽與壽縣出土「上埸行宮大夫鉨」、上海博物館藏「江陵行宮大夫鉨」在形制、字體上均相似。「鉨」字爲楚璽的特殊寫法。東陽爲地名，春秋時代有魯邑和齊邑。秦漢時的東陽，在今江蘇省盱眙縣境的東陽城，而楚國的新東陽究屬何地，尚待考證。現藏安徽省阜陽地區博物館。

《楚文物圖典》，湖北教育出版社，2000年1月，第422頁。

韓自強、韓 朝：

二、新東陽宮大夫璽

1976年在阜陽廢銅倉庫撿選，今藏阜陽博物館。銅璽方形，壇座鼻鈕，邊長2.1釐米，通高1.6釐米，白文有邊闌（編按：當爲「欄」）。大夫兩字合文。新作，从辛从斤，與包山楚簡202簡字相似。東作與包山簡156簡字同。陽作與包山楚簡陽均寫作同。

歷史上叫東陽的地名有魯邑、齊邑等，秦國有東陽縣，在今江蘇盱眙縣東南，新東陽在什麼地方，黄盛璋先生著文也説「待考」。

這方「新東陽宫大夫璽」與故宫「下蔡宫大夫璽」大小相等，與（編按：當爲「比」字誤）「行宫大夫璽」小0.2～0.3釐米，「行宫大夫璽」都是楚國東徙陳、鉅陽、壽春時的地方流亡政權官璽，因此「宫大夫璽」和「行宫大夫璽」有早晚之别。

「新東陽宫大夫璽」是在阜陽廢銅倉庫撿選的，可能新東陽就在阜陽周圍，阜陽地區的古城遺址，可以界首縣光武鄉的尹城子當之，該城址面積廣大，夯土城牆和城門歷歷在目，這裏是春秋蔡國的莘邑，《春秋·莊公十年》「荆敗蔡師於莘」即此地，西漢時曾在此建置新陽縣，西晉時廢。包山楚簡的新字寫法很多如（16）、（154）、（186）等。楚敗蔡後佔有了莘邑，把它改稱爲新東陽，把莘寫作新，才有西漢在這裏建置新陽縣的可能。

《安徽阜陽出土的楚國官璽》，《古文字研究》第二十二輯，中華書局，2000年7月，第177頁。

徐　暢：

東周・楚系公鈢　新東昜（陽）下上夫=（大夫）鈢　《中國篆刻全集》，黑龍江美術出版社，2000年7月，第15頁。

徐暢主編：

戰國公鈢與印跡・楚系鈢印　97　新東陽下上夫=（大夫）鈢　《中國書法全集》第92卷，榮寶齋出版社，2003年2月，第41頁。

徐暢主編：

97　新東陽下上夫=（大夫）鈢

作於戰國時期。楚官鈢。一九七六年阜陽縣合作社廢銅倉庫揀選。《文物》一九八八年第六期八八頁著錄。安徽阜陽博物館收藏。銅質。壇座鼻鈕。邊長2.1釐米，通高1.6釐米。東陽故城六十年代初即進行考古查勘，證明在今盱眙東稍偏南約三十七公里，淮水出洪澤湖後之南約十公里，現尚名東陽城。

參考　《文物》一九九三年第六期黃盛璋文：《文物》一九八八年第六期韓自強文　《中國書法全集》第92卷，榮寶齋出版社，2003年2月，第205頁。

趙平安：

新東昜宛大夫璽　詳見「江陵行宛（縣）大夫鉨（璽）條」。《戰國文字中的「宛」及其相關問題研究——以與縣有關的資料為中心》，《第四屆國際中國古文字學研討會論文集》，香港中文大學中文系，2003年10月，第529～540頁討會論文。

施謝捷：

楚系官璽　新（新）東昜（陽）宮（序）夫＝（大夫）鉨（璽）　《古璽彙考》，安徽大學博士學位論文，2006年5月，第166頁。

陳光田：

楚系古璽　「新東陽序大夫鉨（璽）」（《書鑒》412）。楚設有「大夫」一職，《戰國策·楚策》云：「忘以三大夫計高慎子。」或認爲第四到第六字讀做「宮大夫」，可能是戰國時期楚縣長官的一種稱謂，其所以作宮，大概是爲了同前面説到的規模很小、層次較低的「邑」區别開來。（陳偉：《包山楚簡初探》，武漢大學出版社，1996年，第100頁。）春秋時期以東陽爲地名的有魯邑、齊邑等，具體待考。　《戰國璽印分域研究》，嶽麓書社，2009年5月，第154頁。

周曉陸主編：

二-GY-0032　新東陽邑大夫鉩　東周（楚）　銅　鼻紐　21×21-16　《二十世紀出土璽印集成》，中華書局，2010年1月，第49頁。

徐　暢：

戰國楚系官鉩　新東陽下上大夫鉩　《先秦印風》，重慶出版社，2011年5月，第29頁。

邱傳亮按：

璽文左第二字，徐暢釋「下上大夫」不詳。仍應以釋「大夫」合文爲宜。

官璽第二十七：郗厚行宛（縣）夫=（大夫）鉩（璽）

印　面：

1992年，臨泉縣楊集小潤河邊發現，臨泉縣博物館藏

著錄：

《古文字研究》第二十二輯，北京：中華書局，2000年7月，第176頁。

《古璽彙考》，安徽大學博士學位論文，2006年5月，第167頁。

《戰國璽印分域研究》，長沙：嶽麓書社，2009年5月，第155頁。

集釋：

韓自強、韓　朝：

郱厚行宮大夫璽

這枚銅璽是1992年臨泉楊集農民楊應美在小潤河邊發現的，今藏臨泉縣博物館。銅璽壇座鼻鈕，方形，每邊寬2.5釐米，白文有邊闌。璽文三行七字，文曰「郱厚行宮大夫璽」，大夫兩字合文。璽文字从邑从秀，此字包山楚簡（47）、（142）人名

的字寫法相同，應隸定爲郙字。在包山楚簡89簡的又寫作秀齊，知郙字也可寫作秀。

璽文第二字作，从后、人、大，在包山楚簡裏我們找到幾個人名與此字相同的字，如46簡，厚字从后、人、（土）；99簡的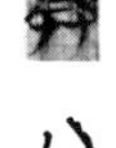，厚字从后、人、土、乏；第170簡的，厚字从后、大、土。《說文》：「，山陵之厚也，从从。」「古文，从后、土。」璽文所从后、大，與包山楚簡170簡同，璽文从的人，與99簡、46簡相同，璽文省去土字，稍有差別，但該字仍應隸定爲厚字。郙厚作爲地名，遍查阜陽歷史地理地名沿革資料，沒有發現郙厚線索，顯系外方僑置的地名。

《安徽阜陽出土的楚國官璽》，《古文字研究》第二十二輯，中華書局，2000年7月，第176頁。

趙平安：

郙厚行宛大夫璽　詳見「江陵行宛（縣）大夫鉨（璽）條」。《戰國文字中的「宛」及其相關問題研究——以與縣有關的資料為中心》，《第四屆國際中國古文字學研究討會論文集》，香港中文大學中文系，2003年10月，第529～540頁。

施謝捷：

楚　郱㲋行宮（序）夫=（大夫）鉩（璽）　《古璽彙考》，安徽大學博士學位論文，2006年5月，第167頁。

陳光田：

楚系古璽　「郱（秀）厚行序大夫鉩（璽）」（韓自強、韓朝：《安徽阜陽出土的楚國官璽》，《古文字研究》第22輯，中華書局，2000年第176頁。）璽文前兩字與包山楚簡中的「郱」、「厚」寫法相類，「郱」帶有「邑」旁，當是地名專用字，秀厚文獻無載。

《戰國璽印分域研究》，嶽麓書社，2009年5月，第155頁。

李守奎按：

「泿」、「碨（裛）」與「厚」無涉。楚文字「厚」字从「石」从「𩫖」省。下部似倒毛形，與習見之「厚」不同，疑爲「厚」之訛體。韓文所言包山簡中的「厚」不可信。44號簡、99號簡、170號簡可能是「」。

官璽第二十八：噩（鄂）宛（縣）夫=（大夫）鈢（璽）

印面：

1999年，湖南省常德市德山寨子嶺一號楚墓出土，湖南省博物館藏

著錄：

《第四屆國際中國古文字學研討會論文集》，香港：香港中文大學中國語言及文學系，2003年10月，第599頁。
《湖南古代璽印》，上海：上海辭書出版社，2004年12月，第35頁。
《書法新鑒：古璽文新鑒》，西安：世界圖書出版公司，2005年6月，第134頁。
《古璽彙考》，安徽大學博士學位論文，2006年5月，第166頁。
《戰國璽印分域研究》，長沙：嶽麓書社，2009年5月，第135頁。
《二十世紀出土璽印集成》，北京：中華書局，2010年1月，第49頁。

集　釋：

陳松長：

這枚璽1999年出土於常德市德山寨子嶺1號楚墓，銅質，鼻鈕，邊長2.5釐米見方。同墓還出土有一封錯金銘文銅距末（詳見拙文《湖南常德新出土銅距末銘文小考》，載《文物》2002年10期）和其他楚器，是較爲典型的戰國晚期楚墓，因此，該璽乃是一枚有明確墓葬資料參證的楚璽。

璽文的第一字即「鄂」字，《包山楚簡》二·七六作「」，二·一九三作「」，釋咢，孳乳爲鄂，可見此字是楚系文字中「鄂」字的特殊寫法。第二字在古璽中習見，或釋爲宮（葉其峰《戰國官璽的國別及有關問題》，載《故宮博物院院刊》1981年3期。李學勤《楚國夫人璽與戰國的江陵》，載《江漢論壇》1982年7期。黃錫全《古文字所見楚官府官名輯證》，載《文物研究》第七期，1991年），或釋爲邑（黃盛璋《戰國江陵璽與江陵之興起因沿考》，載《江漢考古》1986年1期），有學者更進一步指出帶寶蓋頭的⿱宀邑，乃是楚國大邑的特定字（羅運環《⿱宀邑字考辨》，載《古文字研究》第二十四輯，中華書局2002

年），因此，璽文的前兩字應釋爲「鄂邑」，鄂爲楚地名，《史記·楚世家》：「中山紅爲鄂王。」注《九州記》曰：「鄂，今武昌。」又《輿地記》：「今鄂州武昌，楚之東鄂。」邑或爲都邑，如《尙書·湯誓》「率割夏邑」。《詩經·商頌》「商邑翼翼」，或爲侯國之邑，如《詩經·大雅》「作邑於豐」，此外還有公邑，家邑之別，如《周禮·載師》：「以公邑之田任甸地，以家邑之田任稍地。」注：「公邑謂六遂之餘地，家邑謂大夫之采地。」據此，這裏所謂鄂邑，當指楚國大夫的家邑。

「大夫」二字合文，有合文符號，但其字形頗爲草率變形。

「鉨」字銹蝕變形，特別是「金」旁，幾不可辨識。

在已知的楚官璽中，稱邑大夫的有「下蔡邑大夫」、「上場行邑大夫」、「江蔆行邑大夫」、「上□邑大夫之鉨」等，從其內容和文字看，它們都屬於同一類的楚國大夫所封的家邑官璽。　《湖南新出土戰國楚璽考略》（四則），《第四屆國際中國古文字學研討會論文集》，香港中文大學中國語言及文學系，2003年10月，第599～600頁。

陳松長：

鄂邑大夫之鉨　這裡的所謂「鄂邑」當指楚國鄂地大夫的家邑。「鄂邑大夫之鉨」也就是楚國大夫所封的家邑官璽。　《湖南古代璽印》，上海辭書出版社，2004年12月，第35頁。

施謝捷：

楚系官璽　咢（噩—鄂）宮（序）夫=（大夫）鉨（璽）　《古璽彙考》，安徽大學博士學位論文，2006年5月，第166頁。

陳光田：

楚系古璽　「噩（鄂）序大夫鉨（璽）」（《常德》）（龍朝彬：《湖南常德出土「秦十七年太后」扣器漆合及相關問題探討》，《考古與文物》2002年第5期。）。「噩」爲地名，當讀做鄂。關於「鄂」的具體地望，或以爲「鄂」地應在江漢平原中尋找。（曹淑琴：《噩器初探》，《江漢考古》1993年第2期。）但應與商周時期的「鄂侯」有關。　《戰國璽印分域研究》，嶽麓書社，2009年5月，第136頁。

周曉陸主編：

二-GY-0031　鄂邑大夫鉢　東周（楚）　銅　鼻紐　26×26-13　《二十世紀出土璽印集成》，

中華書局，2010年1月，第49頁。

李守奎按：

咢（噩）

「噩」字《說文》所無，構形不明，字見《爾雅・釋天》，陸德明《釋文》：「噩，本或作咢。」古文字中早見於西周金文，楚文字與之一脈相承，楚文字之「□」即《說文》之「鄂」。「噩」與「咢」音義相當，當是一字異體，後者可能是前者的省形。璽文「噩」讀「鄂」無疑義。

戰國楚之鄂尚有鄂君啓節之西鄂，在今河南南陽，此「噩宮」是東鄂還是西鄂待考。

官璽第二十九：匀州宮（宛）夫＝（大夫）

印面：

安徽六安地區出土，皖西博物館李勇2003年提供拓本

著錄：

《介紹兩枚楚官璽》，復旦大學出土文獻與古文字研究中心網站論文，http://www.gwz.fudan.edu.cn/SrcShow.asp? Src_ID=1177

集釋：

黃錫全：

此璽爲安徽六安地區數年前出土，拓本爲皖西博物館李勇先生於2003年提供。璽印陰刻白文，下部凹凸不平，印面寬2.4釐米，銘文左右排列，「大夫」二字爲合文，清晰可辨，楚璽風格明顯。

第一字，似「前」非「前」字。前字从止从舟，與此不同。如下列包山楚簡、鄂君啓節从「前」的逈和箭字：

包山簡185・193 逈

鄂君啓節

鄂君啓節的「前」似乎與古璽類似，但筆意不同。

其實，這個字我們認爲應該是匀字。楚系文字的匀多作下列形，中間撇出一筆。璽文當是這種構形的分離之形：

包山楚簡129、130

這種分離，類似下列楚璽「次」字，欠形本連筆書，又可分離書。它如大、夫、敬、馬、羕、善、食等字，本應連筆，又多作分離形。

王子嬰次爐

酓悍鼎

專秦匕

郭店簡成之13

老甲13

六德34

包山簡142

郭店楚簡語叢1.17

老甲7

此璽該字上部豎筆傾斜，基本保留了勻的構形特徵。
倘若不是勻字分離形，就應該分析爲从中从勻。中即艸，如同下列从中之字：如九店簡M56芒从中，古璽3230苛从中作岢，包山簡169菑从中（可參考李守奎編《楚文字編》34、35、39頁，吉林大學博士論文）。

九店簡M56

包山簡169

古璽3230

不論屬於哪一種，此字均當讀从勻。不過，我們還是傾向第一種釋讀。

另見一枚著錄於《珍秦齋藏歷代璽印精品集》「陲戍勻」璽，釋文爲「陲（陲）戍勻（軍）」。（見施謝捷《古璽彙考》178頁，安徽大學2006年5月博士學位論文）。我們認爲璽文的「勻」可能是「於」字，與勻不同。雖然有的勻字如傳統寫法，沒有內中向外撇出的一筆，但也沒有左面上部向外撇出的一筆。如下舉包山、郭店簡等材料的「於」（湯餘惠主編《戰國文字編》244頁。滕壬生《楚系簡帛文字編》增訂本377-391頁）：

包二・一一五
大司馬卲陽敗

包二・一五八
畢得硼爲右㝴

郭・成・七
君均（袀）褐（冕）

郭・成・三三
言余之此而宅

上（二）・魯・二
女（如）毋忎（愛）

此璽也是楚璽。「於」應是地名，很可能與秦楚邊陲之「商於之地」有關。（《史記・商君列傳》：「衛鞅既破魏還，秦封之於商十五邑，號爲商君。」。「徐廣曰：弘農商縣也。〔索隱〕曰：於、商，二縣名，在弘農。〔正義〕曰：於、商在鄧州內鄉縣東七里，古於邑也。商洛縣在商州東八十九里，本商邑，周之商國。《史記・張儀列傳》：張儀說楚王曰：「大王誠能聽臣，閉關絕約於齊，臣請獻商於之地六百里。」〔索隱〕曰：劉氏云：「商，今之商州有古商城，其西二百餘里有古於城。」又見有「鯲呈之璽」，鯲當是地名，二「於」是否一地，待考。參見施謝捷博士論文《古璽彙考》174頁）。

第二字州，與《古璽彙編》0184（州璽）、0185（右州之璽）等楚璽州字類似：

勻州，可讀均州。戰國楚地有「均陵」，在湖北均縣北。《史記・蘇秦傳》：「殘均陵，塞鄳厄」。《索引》：「均陵在南陽，今之均州。」勻也可讀旬或荀。楚地西北有旬關（漢中）、郇陽（當在漢中）。（可參考錢穆《史記地名考》569、568頁）。

第三字宀下作，戰國文字中多見（趙平安《戰國文字中的「宛」及其相關問題研究》，《第四屆國際中國古文字學研討會論文集》533頁，香港中文大學中國語言及文學系編輯，2003年10月）。尤其是楚系文字。

1見於古璽、封泥：

下蔡⿱宀邑大夫（璽彙0097）

上⿸厂各⿱宀邑大夫之璽（璽彙0100）

江陵行邑大夫璽（璽彙0101）

上場（唐）行邑大夫璽

下場（唐）行邑大夫璽（施謝捷博士論文167頁）

山桑行邑大夫璽（《周秦古璽菁華》145）（桑字考釋，說見徐在國《楚國璽印中的兩個地名》，《古文字研究》24輯，中華書局，2002年）

郗（編按原文脫「郗」字）厚（？）行邑大夫璽（《古文字研究》22輯179頁）

新東陽邑大夫璽（《文物》1988年6期89頁）

鄗（編按原文脫「鄗」字）邑大夫璽（《臨淄封泥文字》第一冊2頁）（材料可參考黃錫全《古文字論叢》299頁，臺北，藝文印書館1999年；徐再（編按：當爲「在」字誤）國《楚國璽印中的兩個地名》，《古文字研究》24輯；趙平安《戰國文字中的「宛」及其相關問題研究》，《第四屆國際中國古文字學研討會論文集》533頁，香港中文大學中國語言及文學系編輯，2003年10月）。

「鄂宫大夫璽」（《湖南考古2002》，嶽麓書社2004年，湖南常德寨子嶺一號楚墓出土；又可參見《楚文化研究論集》第七集461頁，嶽麓書社2007年9月）

「鄅（？）侯宫（序）璽」（施謝捷博士論文151頁）

「雋（？）宫（序）」（施謝捷博士論文166頁）

2見於包山楚簡：

漾陵宫大夫（簡12、128），漾陵之宫大夫（簡126），

陽宫大夫（簡26）

宫大夫（簡47）

枼宫大夫（簡130）

宫大夫（簡157反）

宫大夫（簡188）

臨陽之宫司馬（簡53）

郘大宮（簡 67）

大宮（簡 67、13、）、少宮（簡 62）、縞宮（簡 259）、絟宮（260）等。

3 望山楚簡：

虛　宮（M2：47，《望山楚簡》60 頁，中華書局，1995 年 6 月）

宮字釋讀頗有分歧，有釋宮（葉其峰《戰國官璽的國別及有關問題》，《故宮博物院院刊》1981 年 3 期。李學勤《楚國夫人璽與戰國的江陵》，《江漢論壇》1982 年 7 期）、釋邑（黃盛璋《戰國「江陵」璽與江陵之興起因沿考》，《江漢考古》1986 年 1 期）、釋序（李家浩《先秦文字中的縣》，《文史》28 輯 56 頁注 26，中華書局，1987 年。《九店楚簡》115 頁，中華書局，2000 年。認爲序讀爲舍，「舍大夫」是管理館舍的大夫）等意見，最近又見有釋从「宛」讀宮爲「縣」者（趙平安《戰國文字中的「宛」及其相關問題研究》，《第四屆國際中國古文字學研討會論文集》533頁，香港中文大學中國語言及文學系編輯，2003年10月）。有學者注意到「邑」有从宀與不从宀的區別，認爲从宀的「邑」之級別要高於不从宀的邑。𡨦很可能相當於縣（羅運環《𡨦字考辨》，《古文字研究》24輯，中華書局，2002年。陳偉《包山楚簡初探》98頁，武漢大學出版社，1996年）。這些説法均各自成理，至今尚未達成共識。「行𡨦」與「行府」不知是否有類似之處，也不清楚。此字一時難以定奪，在此不作討論，姑且存疑，暫且隸定从「邑」。

「匀州𡨦大夫」，即匀州之地某種大夫。《介紹兩枚楚官璽》，復旦大學出土文獻與古文字研究中心網站論文，http://www.gwz.fudan.edu.cn/SrcShow.asp? Src_ID=1177。

官璽第三十：郢閑（閒）愧（威）夫=（大夫）鉩（璽）

印　面：

上海市文管會藏印三冊，上海博物館藏印

著錄：

《上海博物館藏印選》，上海：上海書畫出版社，1979年8月，第6頁。
《古璽彙編》，北京：文物出版社，1981年12月，第31頁。
《印典》（四），北京：國際文化出版公司，1994年1月，第2416頁。
《古璽通論》，上海：上海書畫出版社，1996年3月，第107頁。
《中國歷代璽印集粹》，北京：線裝書局，1997年7月，第40頁。
《中國璽印篆刻全集》，上海：上海書畫出版社，1999年11月，第150頁。
《中國篆刻全集》，哈爾濱：黑龍江美術出版社，2000年7月，第18頁。
《古印集萃・戰國卷》，北京：榮寶齋出版社，2000年11月，第45頁。
《戰國璽印分域編》，上海：上海書店出版社，2001年10月，第192頁。

《中國書法全集》第92卷，北京：榮寶齋出版社，2003年2月，第41頁。

《中國璽印類編》，天津：天津人民美術出版社，2004年6月，第201、382頁。

《書法新鑒：古璽文新鑒》，西安：世界圖書出版公司，2005年6月，第125頁。

《古璽彙考》，安徽大學博士學位論文，2006年5月，第166頁。

《戰國璽印分域研究》，長沙：嶽麓書社，2009年5月，第133頁。

《先秦印風》，重慶：重慶出版社，2011年5月，第34頁。

《先秦古璽集粹》，長春：吉林文史出版社，2011年11月，第15頁。

《先秦古璽賞析100例》，南昌：江西美術出版社，2015年7月，第49頁。

集　釋：

上海博物館：

思間郢大夫　《上海博物館藏印選》，上海書畫出版社，1979年8月，第6頁。

羅福頤：

0183　□□閑（閒）郢鉨　《古璽彙編》，文物出版社，1981年12月，第31頁。

李家浩：

此印即從左邊的「郢」字開始順時針方向讀爲「郢閒愧（？）大夫」。曾姬無卹壺銘文有「漾陵蒿閒之無駟（匹）」語（郭沫若：《兩周金文辭大系圖錄考釋》4.181，科學出版社，1958年）。「蒿」、「郊」古通，《周禮・地官・載師》鄭玄注：「故書……郊盛爲蒿。……杜子春云：『蒿』，讀爲郊。」此是其証。疑銘文的「蒿」當讀爲「郊」。「漾陵蒿」是指漾陵這個地方的郊區。《說文・邑部》：「郢，南陽西鄂亭。」印文「閒」綴於地名之後，與曾姬無卹壺銘文文例相同。詳參「郟菱（陵）鉨（璽）」條。　《楚國官印考釋（四篇）》，《江漢考古》，1984年第2期，第46頁。

何琳儀：

楚璽　郢　《璽彙》0183　河南南陽　《戰國文字通論》，中華書局，1989年4月，第156頁。

黄錫全：

（三）郢閒愧（編按：原「閑」與下文不合，當誤）大夫璽　璽彙0183

龔夫人之大夫　包山楚簡

《說文》郢，「南陽西鄂亭」。段玉裁《說文解字注》云：「今河南南陽府北五十里故西鄂城是也。郢者，漢時亭名。」「郢間」，猶如曾姬無卹壺之「漾陵蒿（郊）間」，應是地區名。「愧」很可能是「郢間」的小地名，或者是「郢間」的某種大夫名。《禮記·曲禮下》：「天子有后，有夫人。」楚僭號稱王，故有「王后（鑄客鼎）」、「夫人」之稱。「龔夫人」爲某王之妾。「龔夫人之大夫」應是專門負責侍候龔夫人的官員。由此看來，楚之「王后」、「夫人」等每人都有專職的官員負責。至於「行宮大夫」或「宮大夫」，乃是負責管理設在郢都外供楚王出行時居住的宮室之官員。　《古文字中所見楚官府官名輯證》，《文物研究》總第七輯，黄山書社，1991年12月，第223頁。

牛濟普：

6.郢間思大夫璽

此璽爲圓形，文字的印序排列各家釋文排列不一致。《古璽彙編》釋爲「□□閑（閒）璽（編按：「璽」前脫「郢」字」，《上海博物館藏印選》釋爲「思閒郢大夫璽」，我讀爲「郢間思大夫璽」。我認爲此璽是依圓形由左中向右旋轉讀的，首先確定「璽」字爲最末一個字，它右邊爲合文「大夫」，依例「璽」左上角應是第一個字，故列「郢」爲第一字，「郢間」爲地名，何琳儀先生考「郢」地在今河南南陽，戰國時代屬楚。《楚系官璽例舉》，《中原文物》，1992年第3期，第89頁。

曹錦炎：

27.郢閑（間）思大夫鉨

郢，地名。《説文》：「郢，南陽西鄂亭。」西鄂縣見《漢書・地理志》，屬南陽郡。顏師古注引應劭説：「江夏有鄂，故加西云。」地在今河南南陽縣南，戰國時當屬楚。璽文「大夫」前有「間思」二字，其義不詳（此璽釋讀順序依李家浩説）。《古璽通論》，上海書畫出版社，1996年3月，第107頁。

戴山青：

思閒（閑）郢大夫璽　《中國歷代璽印集粹》（Ⅰ），線裝書局，1997年7月，第40頁。

劉信芳：

六　郢閒愄大夫鉨

「愄」字李家浩釋「愧（?）」，曹錦炎釋「思」。目前楚簡文字出土既多，已知是「愄」字，字讀如「威」，包簡166「愄王坨」即楚威王墓地。「郢閒」如同「蒿閒」，「郢閒威大夫」即墓區中管理威王墓地的大夫。

《漢書·廣陵厲王傳》：「蒿里召兮郭門閱，死不得取代庸，身自逝。」師古注：「蒿里，死人里。」《說文》：「薨，死人里也。」段注：「然則蒿里者，謂虛墓之間也。」按「死人里」稍嫌費解，所謂蒿里者，管理墓地者居住之里也。《說文》：「里，尻也。」「蒿里」又作爲墓地、死所的隱諱語，晉崔豹《古今注·音樂》：「薤露，蒿里，並喪歌也。出田橫門人。橫自殺，門人傷之，爲之悲歌。」錄其古辭曰：「蒿里誰家地，聚斂魂魄無賢愚。鬼伯一何相催促，人命不得少踟躕。」其辭又見《樂府詩集·相和歌辭》。

綜上，戰國時期墓地爲「蒿閒」、「蒿陵」，應源自西周祭祖之「蒿宮」。西周議政之「蒿宮」發展爲戰國之王宮，而祭祖之「蒿宮」發展爲戰國「蒿閒」建置。戰國之王陵管理已相當於縣制，設有大夫從事管理，設有門禁官以及關市管理的職官。漢代的「蒿里」乃墓地管理人員的居住處，又作爲死所的隱諱語。　《蒿宮、蒿閒與蒿里》，《中國文字》新廿四期，藝文印書館，1998年12月，第118頁。

何琳儀：

楚系　郢閖愧大夫鉨

《說文》：「郢，南陽西鄂亭。从邑，里聲。」

楚璽郢，地名。見《說文》。在今河南南陽北。　《戰國古文字典》，中華書局，1998年9月，第83頁。

何琳儀：

楚系　郢閖愧大夫鉨

愧，从心，鬼聲。媿之異文。《集韻》「媿，《說文》「慙也。或从心。」

楚璽愧，讀隗，姓氏。赤狄姓，隗潞子嬰兒是也。見《通志・氏族略・以姓爲氏》。　《戰國古文字典》，中華書局，1998年9月，第1185頁。

莊新興：

□□閖郢鉨　戰國　《中國璽印篆刻全集》，上海書畫出版社，1999年11月，第50頁。

徐　暢：

東周・楚系公鉨　郢閑（閒）愧夫=鉨　《中國篆刻全集》，黑龍江美術出版社，2000年7月，第18頁。

來一石：

□□閑郢鉨　《古印集萃・戰國卷》，榮寶齋出版社，2000年11月，第45頁。

莊新興：

1082　□□閑郢鉨　楚系・楚　《戰國璽印分域編》，上海書店出版社，2001年10月，第192頁。

徐暢主編：

戰國公鉨與印跡・楚系鉨印　98　郢閑（閒）夫=（大夫）鉨　《中國書法全集》第92卷，榮寶齋出版社，2003年2月，第41頁。

徐暢主編：

98　郢閑（閒）愧夫=（大夫）鉨

作於東周時期。楚國官鉩。《古璽彙編》〇一八三號著錄。面徑二・四釐米。作自作向右瞬時旋轉讀。第三字鬼字頭下从心。作上下結構。李家浩釋作「愧」。何琳儀同其說。郢，故地在今河南南陽。後之閒愧可能是郢的下屬地名。

圓形鉩印，文字錯落如亂石鋪街，但佈白勻整和諧，殊爲不易。《中國書法全集》第92卷，榮寶齋出版社，2003年2月，第205頁。

陳松長：

……由是而反觀所謂「郢閑愄大夫鉩」中的「閑愄」，很可能是「愄閑」之倒置，「閑」有防衛之義。《左傳・昭公六年》：「閑之以義」疏云「閑謂防衛也」。《詩經・敝笱序》：「不能防閑文」姜疏「閑，亦防禁之名」。准此，則「愄閑」當即主掌防衛之官名，這種官的級別較低，其官職也可能僅「大夫」的級別而已。《湖南新出土戰國楚璽考略》（四則），《第四屆國際中國古文字學研討會論文集》，香港中文大學語言及文學系，2003年10月，第598頁。

小林斗盦：

□□閑郢鉨　《中國璽印類編》，天津人民美術出版社，2004年6月，第201頁。

小林斗盦：

□大夫閒野鉨　《中國璽印類編》，天津人民美術出版社，2004年6月，第382頁。

肖曉暉：

一、「郢閑愧大夫鉨」、「郢室愧戶之鉨」

《古璽彙編》以下簡稱《璽匯》錄有一枚白文圓形楚璽，印文爲「郢閑（愧）大夫鉨」。對此印文的解讀，以筆者陋聞，大約有李家浩、劉信芳、何琳儀、陳松長等幾位先生在相關論著中涉及。本文先將各家的觀點作一個簡要的總結。

印文讀序，李家浩先生曾有分析，指出應該從「郢」字始，右向順時針讀（李家浩：《楚國官印考釋（四篇）》，《江漢考古》1984年第2期。）。從古璽文字讀序的一般情形來看，李先生的意見是對的。李先生認爲這裏「閑（間）」可能和曾姬無卹壺銘文裏的「漾陵蒿間」之「間」用法相同，而他在另一篇文章中認爲曾姬無卹壺銘文「蒿間」讀作「郊閈」，意思相當於「郊里」（李家浩：《從曾姬無卹壺談楚滅曾的年代》，《文史》，北京：中華書局，1990），可見在他心目中，此印「閒」字也應該讀爲「閈」。至於「愧」字是什麼意思，並沒有説明。

何琳儀先生在《戰國古文字典》中將「愧」字讀爲「隗」，認爲是姓氏。（何琳儀：《戰國古文字典》，北京：中華書局，1998年，第1185頁。）

劉信芳先生提出，曾姬無卹壺「蒿間」近似於漢魏晉時期文獻中的「蒿里」，是指墓區包括陵寢、管理人員居住區及耕作區，並認爲《璽彙》0183印中的「郢閒」和「蒿閒」相同，亦指墓地。他又釋該印第三字爲「愄」，讀作「威」，認爲「郢閒威大夫」就是「墓區中管理威王墓地的大夫」。（劉信芳：《蒿宮、蒿閒、蒿里》，《中國文字》新廿四期，藝文印書館，1998年。）

近來湖南新出一枚白文方形楚璽，文曰「郢室（愧）屎之鉨」。陳松長先生意識到這兩枚楚璽之間的密切關係，指出其中的「」字用法應該相當。他也釋字爲「愄」，以爲「畏」之繁構，然後據典籍中「畏」「辟」互爲異文《詩經・盛民》「不畏強禦」，《戰國策・秦策》注作「不辟強禦」且「辟」有「理」「治」之訓，將「愧」解釋爲「治

理」「管理」，「郢室愧𡱂」即管理郢都太廟門戶的官員。（陳松長：《湖南新出土戰國楚璽考略（四則）》，張光裕主編《第四屆國際中國古文字學研討會論文集》，香港：香港中文大學中國語言及文學系，2003年10月。）

以上諸家的討論，實際上已經解決了印文釋讀的大部分問題，但各種觀點需加以釐清，個別字義仍有進一步討論的必要。下麵談談我對該印文及相關語詞的理解。

劉信芳先生將曾姬壺銘中的「蒿閒（間）」和包山簡上的「鄗𨛭」解釋爲墓地，是可信的。曾姬壺銘文「虗（吾）宅（從黃德寬先生釋，見《曾姬無卹壺銘文新釋》，刊於《古文字研究》第23輯，中華書局，2002年。）兹漾陵蒿間之無駆（匹）」的意思就是「我把她塋葬在漾陵墓區最好的地方」，如此文通字順，較爲合理。正如劉文所引，「蒿」其實就是《說文》裏的「薧」，《說文》「薧，死人里也。」而「里」本指人聚居之處，《說文》「里，凥也。」所以「蒿里」就是指死人塋宅聚集之所，即墓區。至於「蒿間」的「間」字，應如李家浩先生所言，讀作「閈」。「閈」本指「里門」。《說文》「閈，閭也。汝南平輿里門曰閈。」據段注本「閭，里門也。」《左傳·襄公三十一年》「高其閈閎，厚其牆垣。」《管子・八觀》「里域不可以橫通，閭閈不可以毋闔。」皆用爲大門之意。又由此引申爲「里居」，《廣韻・翰韻》「閈，里也，居也。」此猶如「閭」本指里門，又可指鄉里。既然「閈」有「里」義，那麼「蒿閈」與「蒿里」同義也就不難理解了。值得注意的是，漢代人多認爲「閈」爲楚人語，如《楚辭・招魂》「去君之恒幹，何爲四方些」注「或曰去君之恒閈。閈，里也。楚人名里曰閈也。」《漢書・敘傳》「綰自同閈，鎭我北疆。」注「應劭曰：『閈音捍。盧綰與高祖同里，楚名里門爲閈。』」，說文所說的「汝南平輿」戰國時屬楚地，楚文字材料中作「坪夜」。現在看來，楚器稱「蒿間（閈）」而不說「蒿里」，大概正符合楚方言的習慣。

但是，把《璽彙》0183印中的「間」也看作是墓區，並沒有什麼根據。我認爲，這裏的「間」仍應讀爲「閈」。不過，意思是「里門」而不是「里」，與「蒿間」的「間（閈）」略有差別。「𨛬」即「鄉里」之「里」的專字。「里閈」一詞，於文獻中多見，一般表示「鄉里」「里居」之意，如劉峻《廣絕交論》「出平原而聯騎，居里閈而鳴鐘。」《後漢書・馬援傳》「援素與述同里閈，相善。」但也可表示「里門」，如左思《蜀都賦》「內則議殿爵堂，武義虎威，宣化之闉，崇禮之闈，華闕雙邈，重門洞開。……外則軌躅八達，里閈對出。比屋連甍，千廡萬室。」文中「里閈」很顯然指大門。

將「郢間（愧）大夫鉨」與「郢室（愧）㞒之鉨」兩相對照，可以看出其中的「（愧）」應該是個動詞，表示某種職守，而「㞒（戶）」和「郢間」對應，所以此處的「間（閈）」應該和「戶」一樣，表門戶之意。這兩枚楚璽都是掌管門戶的職官璽，只不過一掌鄉里之門，一掌宮室之（「室」即宮室，「郢室」可能指位於郢都的楚王之宮室），所司各異。「郢間」指鄉里之門，和「蒿間」不同，與墓區無關。事實上，「蒿里」「蒿閈」之所以表示墓區，關鍵在於「蒿」字。「郢間」無「蒿」字，就難以和墓葬扯上關係。

理解了印文中的「郢間」，再來看「（愧）」字。陳松長先生認爲兩個字意思相當，且都理解爲動詞，這是對的。但他對「」字的解釋卻未必恰當，値得商榷。首先應該指出，將「愄」解釋爲「治」頗爲迂曲，有輾轉相訓之嫌，恐不大可信。古籍中的異文情況很複雜，應該具體情況具體分析，有的異文是通假關係，有的異文是形體訛變

所致，有的則意義相近而可替換，有的甚至只是代語，詞義本不同，但放在特定語句中，整個文句意思大體相當，換成另一個語境則未必能互相替換。所以，雖然「畏」和「辟」在上述文獻中成爲一對異文，但不能據此認定它們的意義完全相同。事實上，「畏」是「畏懼」的意思，而「辟」是「避開，逃避」的意思（《戰國策・秦策一》：「公平無私，罰不諱強大，賞不私親近。」姚注：「諱，猶辟也。詩仲山甫不辟強禦，不侮鰥寡。」其實，《左傳・文公十年》「詩曰：剛亦不吐，柔亦不茹」杜注云：「《詩・大雅》，美仲山甫不辟強禦。」亦引「畏」作「辟」。而在漢代以後的一些文獻中，常見「不避強禦」的說法，「辟」一般徑作「避」，如《鹽鐵論・訟賢》：「奉法推理，不避強禦。」《潛夫論・述赦》：「正真之士之爲吏也，不避強禦……」等。可見，杜注、姚注可能只是以後世習慣用詞取代了詩經原文而已。），「不畏強禦」和「不避強禦」的句義差不多，但「畏」「辟」的詞義卻不同。更何況訓爲「治、理」的「辟」和這個表示「逃避、避開」的「辟」雖然共用一個形體，卻並非一詞，不可昧於字形而強爲牽連，混爲一談。「畏」既然不能解釋成「辟」，所謂「治理、管理」的意思自然也就無從說起，可置不論。

其次，字仍以釋作「愧」爲妥，而非「愄」字。金文中「鬼」字、「畏」字分別作以下形體：

鬼：（鬼壺）（梁伯戈）

畏：（盂鼎）（毛公㾓鼎）（王孫鐘）

很明顯，「鬼」和「畏」無論在語言層面上，還是在文字層面上，都屬於同源分化。字形上的區別在於，「畏」是在「鬼」字基礎上增添了一個「卜」形（「攴」所从）。在戰國楚文字裏，這個「卜」形就訛變成「止」形，如郭店簡中的「畏」字作（五行36）。因此，上述兩枚楚璽中的字應分析爲从鬼从心，可隸定爲「愧」，而不是「愄」字。雖然字在楚簡中可用如「畏」字，但字形隸定當以「愧」爲妥。當然，「鬼」和「畏」本來就音近義通，無論釋爲「愧」還是「愄」，對我們下面的討論都沒有根本的影響。

這兩枚印中的「愧」字究竟應作何解？我對此有不成熟的意見，略述如下：

我認爲「愧」通「蒐」，「蒐」又與「搜」同，是檢查、檢閲的意思。「郢閈愧大夫鉨」中的「閈」爲里閭之門，「郢室愧㞒之鉨」中的「㞒」則爲宫室之門。這兩枚印應當分別是負責檢查里閭之門和郢都宫室門户的職官所用。

先來看「蒐」與其偏旁「鬼」的關係。《説文解字・艸部》：「蒐：茅蒐，茹藘，人血所生，可以染絳。从艸、从鬼。」據此，「蒐」似乎是會意字，「鬼」爲表意偏旁，與「蒐」字的聲韻無關。很多説文家認爲其中「人血所生」之語即是對偏旁「鬼」表意作用的解説。但也有人指出，對此字形體的分析應當改爲「从艸鬼聲」。桂馥《義證》、朱駿聲《通訓定聲》等皆力持此説。尤其是宋保《説文諧聲補逸》對這個問題展開了詳細的討論，認爲古音幽部和脂微部多有交涉，「蒐」本以「鬼」爲聲，後轉人幽部。特摘引部分如下：

蒐从艸鬼聲。王先生曰，禮記明堂位「脯鬼侯」正義曰，周本紀作九侯。九與鬼聲相近。然則鬼字可讀爲九，故蒐从鬼聲。凡幽部之字固有从脂部之聲者。説文褎字从衣采聲，即其例也。保謹按，軌宄二字皆从九聲，軌古音讀如九，漢書多借宄爲軌，顔師古注云宄古軌字，而今音皆讀入脂部內，由脂幽兩部之音相出入故也。……

今按，慧琳《一切經音義》卷九十五：「春搜：所尤反。《尒疋》云，春獵爲搜。郭云，搜，索取不任者也。《説文》从艸鬼聲也。」所引《説文》正作「从帥鬼聲」。可見唐時《説文》本作「从艸鬼聲」，今本「从艸从鬼」爲後人所改動。我們認爲桂氏等人的結論是可信的，「蒐」應以「鬼」爲聲。既然如此，將「愧」讀爲「蒐」，在音理上就站得住腳了。

「愧」可讀爲「蒐」，「蒐」又與「廋」「搜」同。如《春秋公羊傳·定公十一年》「大廋」陸德明音義：「所求反。本又作蒐。」「蒐」「廋」皆有「搜索」「檢查」義，如《爾雅·釋天》：「春獵爲蒐」郭璞注「搜索取不任者。」陸機《辨亡論》：「於是講八代之禮，蒐三王之樂。」李善注：「蒐與搜，古字通。」《玉篇·从部》：「蒐，求也，索也。」又皆有「隱匿」義，如《左傳·文公十八年》：「靖譖庸回，服讒蒐匿，以誣盛德。」杜注：「蒐，隱也。」《論語》：「子曰視其所以，觀其所由，察其所安。人焉瘦哉人焉廋哉」何晏集解：「孔安國曰：廋，匿也。言觀人終始，安有所匿其情也。」「搜索、檢查」義與「隱匿」義相反相成。

如此，印文中的「愧」可以理解爲「檢查」之意。這裏討論的兩枚楚璽所涉及的職官，近似《周禮》之「閽人」或「司門」，掌管宮室或閭里之門戶，檢查人員之出入。古璽中多見門關璽，如《璽彙》0295「勿正關鈢」、0168「南門出鈢」等，亦可與此二璽相印證。

《楚官璽釋讀二則》，《勵耘學刊》（語言卷），2005年第2期，第84～88頁。

肖曉輝：

文字除了要適應印面，彼此之間還要協調一致，使得整體佈局和諧自然，富於美感。例如楚官璽「郢閑愧大夫鈢」（《古璽彙編》0183），六字排列緊湊，但該收縮即收縮，該舒展處就舒展，既互相避讓，又見縫插針，使得六字似交融爲一體，整個印面充實美觀。《書法新鑒：古璽文新鑒》，世界圖書出版公司，2005年6月，第115～116頁。

肖曉輝：

環式讀法在圓形印面中較爲常見，這是受到印面本身格局的影響所致，如《古璽彙編》3653

「尹之厶鉨」、0183「郢閑愧大夫鉨」等。按順時針方向讀，其文字排列方式爲 $\begin{smallmatrix} & 1 \\ 4 & 2 \\ 5 & 3 \end{smallmatrix}$。《書法新鑒：古璽文新鑒》，世界圖書出版公司，2005年6月，第125頁。

施謝捷：

楚系官璽　郢郢閑（閒）愳愳夫=（大夫）鉨（璽）　《古璽彙考》，安徽大學博士學位論文，2006年5月，第168頁。

陳光田：

楚系古璽　「郢閒愧大夫鉨（璽）」（0183）。璽文舊釋有誤，可釋爲郢閒愧大夫璽。（李家浩：《楚國璽印考釋（四篇）》，《江漢考古》，1984年2期。）郢，地名，《說文·邑部》云：「郢，南陽西鄂亭。」其地在今河南南陽市南，戰國時期屬楚。「閒愧」可能爲郢所屬之地。　《戰國璽印分域研究》，嶽麓書社，2009年5月，第133頁。

徐　暢：

戰國楚系官鉨　郢（里）閑閑愧大夫鉨　《先秦印風》，重慶出版社，2011年5月，第34頁。

王義驊：

□大夫閑野鉨 《先秦古璽集粹》，吉林文史出版社，2011年8月，第15頁。

楊勇：

郢間思大夫鉨

戰國楚銅質官鉨。郢，楚國地名，在今河南南陽縣南。「大夫」二字爲合文，是楚國鉨印的特有寫法，亦常見於其他楚官鉨，所以在觀察此印時不要忽略右下角與邊框相接的那兩個小短横。此印爲楚國邑大夫所用之印，現藏上海博物館。

此印在圓形古鉨中堪稱經典，漢印中有「滿白文」之説，此印可稱爲是古鉨印中的「滿白文」。其章法緊密，筆畫飽滿，六個字隨圓框之形佈勢，相互咬合穿插，渾然一體，字勢都指向印面中心。而印面中心部位的空白與周邊空白產生呼應，使得氣息流動，從而不顯得擁擠。此印的線形多呈兩頭尖中間鼓起狀，因而在圓厚的基礎上又增加了些許鋒利，從而使得線條不臃腫。圓形邊框線條粗壯，仿佛是畫地爲牢，將六個字緊緊地捆綁在一起，邊框外側有一條虚虚的朱文線條，使得整個印面虚和起來。

另外，此印的釋讀順序是從左到右轉一圈，與尋常所見不同。《先秦古璽賞析100例》，江西美術出版社，2015年7月，第48頁。

李守奎按：

隸作「⿱鬼心」是對的，但與字書中的「愧」沒有關係。「⿱鬼心」在楚文字中記錄的是「畏」和「威」這兩個同源詞。

邱傳亮按：

小林斗盦對於該印的釋讀一作「□□閑郢鉩」（P201），一作「□大夫閑野鉩」（P382），釋文、讀序皆不同，不知何據。

官璽第三十一：士尹之鉨（璽）

印面：

衡齋藏印十六冊，故宮博物院藏印

著　録：

《古璽彙編》，北京：文物出版社，1981年12月，第25頁。
《印典》（一），石家莊：河北美術出版社，1989年8月，第589頁。
《古璽通論》，上海：上海書畫出版社，1996年3月，第95頁。
《中國篆刻全集》，哈爾濱：黑龍江美術出版社，2000年7月，第7頁。
《古印集萃・戰國卷》，北京：榮寶齋出版社，2000年11月，第43頁。
《古璽漢印集萃》上冊，南寧：廣西美術出版社，2001年10月，第1、232、233頁。
《戰國璽印分域編》，上海：上海書店出版社，2001年10月，第184頁。
《中國書法全集》第92卷，北京：榮寶齋出版社，2003年2月，第45頁。
《戰國璽印》，上海：上海書畫出版社，2003年8月，第228頁。
《中國璽印類編》，天津：天津人民美術出版社，2004年6月，第2、180頁。
《古璽彙考》，安徽大學博士學位論文，2006年5月，第166頁。
《戰國璽印分域研究》，長沙：嶽麓書社，2009年5月，第138頁。

《先秦印風》，重慶：重慶出版社，2011年5月，第37頁。

集釋：

羅福頤：

工尹：工尹之鉨。《左傳》文公十年，楚子使子西爲工尹。杜注：「掌百工之官。宣公四年，楚蔿賈爲工尹。又十年，楚工尹齊。」　《近百年來古璽文字之認識和發展》，《古文字研究》第五輯，中華書局，1981年1月，第249頁。

羅福頤：

0146　上尹之鉨　《古璽彙編》，文物出版社，1981年12月，第25頁。

鄭　超：

15. 上尹之璽

上尹不知何所掌。《史記·屈原列傳》有上官大夫，不知與此有無聯繫。　《楚國官璽考述》，《文物研究》總第二輯，黃山書社，1986年12月，第89頁。

黃錫全：

（154）士尹之璽

根據「尹」和「之」字的寫法，可定此印爲楚璽。第一字，《古璽彙編》釋爲「上」，何琳儀釋爲土。鄭超云：「《史記・屈原列傳》有上官大夫，不知與此有無聯繫。」「士尹」有可能是管理土地之官。《古文字中所見楚官府官名輯證》，《文物研究》總第七輯，黄山書社，1991年12月，第228頁。

牛濟普：

17.「連尹」、「上尹」爲楚職官名。《楚系官璽例舉》，《中原文物》，1992年第3期，第94頁。

何琳儀：

《璽彙》〇一四六著録一方楚系官璽，其文爲：

尹之鉨

首字編者釋「上」。按戰國文字作「上」作「」、「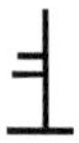」、「」等形，均與有別。檢楚系文字「吉」有下列異體：

（其次句鑃） （姑馮句鑃）

（郤膡尹譖鼎） （郤調尹征城）

其所从的「士」均作「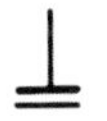」，與上揭楚璽文字「」吻合無間。而郤調尹征城「余是尙」，舊讀「士余是尙」，亦「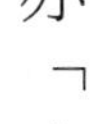」應釋「士」之確證。另外，戰國文字「士」或作「土」形。例如《中山》「在」作「」（二三），「壯」作「」（三一）等。與之相應，楚系文字「土」亦或作「」形。例如二十八星宿漆書「奎」作「」，者旨於賜戈「戜」作「」等，均可資旁證。

「士尹」爲楚官，見《呂覽·招類》「士尹池爲荆使於宋，司城子罕觴之」。有些學者根據《太平御覽》四百十九引《呂覽》作「工尹他」爲證，認爲「士」乃「工」之訛。固然，《左傳·文公十年》有「工尹」，但不能成爲否定「士尹」的理由。楚璽文字證明「士尹」確爲楚官，今本《呂覽》不誤。至於《御覽》所引《呂覽》乃淺人所改，《文選·張景陽杂詩》注引《呂覽》作「士尹陁」尙且不誤。

楚官往往以「尹」爲名，楚系文字材料中，除「士尹」之外，尚有「命（令）尹」、「攻（工）尹」、「連尹」、「䢵（郊）尹」、「調（莠？）尹」等，凡此多可以與典籍相互印證（董説《七國考》卷一）。　《古璽雜識續》，《古文字研究》第十九輯，中華書局，1992年8月，第482~483頁。

曹錦炎：

5. 士尹之鉨

「士」字《彙編》誤釋爲「上」。按「上」字古文字無此構形，而「吉」字上部所从之「士」與此相同，可以爲證。春秋時代，士是最低一級的貴族，楚璽有「行士鉨」，或以爲「行」讀爲「行伍之行」（鄭超《楚國官璽考述》，《文物研究》第二期，1986年）；包山楚簡有「王士」（簡152、155）、「左尹士」（簡152），即楚王之士、左尹之士（包山楚簡·包山二號楚墓簡牘釋文與考釋注[293]）。

楚官中以「尹」命官者甚多，於主管某事或某地方者往往稱「尹」，即使是里巷小吏亦可稱尹（參見楊伯峻、徐提《春秋左傳詞典》，1985年版）。《左傳》文公元年曾記楚穆王任命潘崇「爲太師，且掌環列之尹」。見於《左傳》及包山楚簡和曾侯乙墓竹簡的，就有令尹、左尹、右尹、連尹、工尹、竽尹、左喬尹、大迅尹、大工尹、宮廄尹、監馬尹、箴（緘）尹、畋尹等等，楚國銅器鄂君啓節也有攻（工）尹、集尹、裁尹等名稱，不勝備舉。璽文「士尹」，應是主管士之事務的長官。包山楚簡有「士師」（簡13），據《周禮》係大司寇之屬官，爲治獄官。齊國也設有此官，見《孟子·梁惠王下》及《公孫丑下》。有可能「士尹」是專門負責士之治獄官。　《古璽通論》，上海書畫出版社，1996年3月，第94～95頁。

何琳儀：

楚系　士尹之鉨　《戰國古文字典》，中華書局，1998年9月，第1336、102頁。

徐　暢：

東周·楚系公鉨　士尹之鉨　《中國篆刻全集》，黑龍江美術出版社，2000年7月，第7頁。

來一石：

上尹之鉨　《古印集萃·戰國卷》，榮寶齋出版社，2000年11月，第43頁。

肖　毅：

36. 士尹之璽

應是管理士之事務的長官（《璽通》95 頁）　《古璽所見楚系官府官名考略》，《江漢考古》，2001 年第 2 期，第 43 頁。

戴山青：

士尹之鉢　《古璽漢印集萃》上册，廣西美術出版社，2001 年 10 月，第 1 頁。

徐暢主編：

戰國公鉨與印跡・楚系鉨印　147　士尹之鉨　《中國書法全集》第 92 卷，榮寶齋出版社，2003 年 2 月，第 45 頁。

徐暢主編：

147　士尹之鉨

作於東周時期。楚官鉨。《璽彙》〇一四六號著錄。故宮博物院收藏。

首字《璽彙》釋爲上。何琳儀舉楚系文字其次句鑼、郘調尹征等所从「士」均作上，與此印文吻合無間。「士尹」爲楚官，《呂覽·招類》有「士尹池」。楚官往往以「尹」爲名。

參考　何琳儀《古璽雜識》　《中國書法全集》第92卷，榮寶齋出版社，2003年2月，第208頁。

莊新興：

上尹之璽（楚）　《戰國璽印》，上海書畫出版社，2003年8月，第228頁。

小林斗盦：

上尹之鉨　《中國璽印類編》，天津人民美術出版社，2004年6月，第2、180頁。

施謝捷：

楚系官璽　士尹之鉨（璽）

璽文「士」，原釋爲「上」（《古璽彙編》0146），失之。何琳儀先生改釋爲「士」，謂：「『士尹』爲楚官，見《呂覽·招類》『士尹池爲荊使於宋，司城子罕觴之』。有些學者根据《太平御覽》四百十九引《呂覽》作『工尹他』爲證，認爲『士』乃『工』之訛。固然《左傳·文公十年》有『工尹』，但不能成爲否定『士尹』的理由。楚璽文字證明『士尹』確爲楚官。今本《呂覽》不誤。至於《御覽》所引《呂覽》乃淺人所改，《文選・張景陽雜詩》注引《呂覽》作『士尹陁』尚且不誤。」（何琳儀1992b）捷按：何説極確。包山楚簡有「士尹紬訢（慎）」（122簡）、「士尹宭（宜）咎」（185簡），亦其徵。《古璽彙考》，安徽大學博士學位論文，2006年5月，第153頁。

陳光田：

楚系古璽　「士尹之鉨（璽）」（0146）。璽文第一字舊釋爲上，非是。該字當釋爲士，字下面兩横筆等長，風格與長沙樹木嶺戰國墓出土的「士」字璽風格相近（熊傳新：《長沙樹木嶺戰國墓阿彌嶺西漢墓》，《考古學報》1984年第9期。），該璽應是管理士之事務的長官用印。（曹錦炎：《古璽通論》，上海書畫出版社，1996年，第95頁。）包山楚簡中有「士師」一職，其職權當與「士尹」相近。　《戰國璽印分域研究》，嶽麓書社，2009年5月，第138頁。

官璽第三十二：士賓（府）

印面：

鑒印山房藏印

著錄：

《古璽彙考》，安徽大學博士學位論文，2006年5月，第158頁。

《鑒印山房藏古璽印菁華》，鄭州：河南美術出版社，2006年7月，第29頁。

集釋：

施謝捷：

楚系官璽　士賓（府）　《古璽彙考》，安徽大學博士學位論文，2006年5月，第158頁。

許雄志：

士賓　銅質　鼻鈕　《鑒印山房藏古璽印菁華》，河南美術出版社，2006年7月，第219頁。

李守奎按：

長方形印面，楚璽罕見。

官璽第三十三：王之上士

印　面：

萬印樓藏印六十四卷，故宮博物院藏印

著　錄：

《古璽彙編》，北京：文物出版社，1981年12月，第438頁。

《印典》（一），石家莊：河北美術出版社，1989年8月，第43、73頁。

《戰國璽印分域編》，上海：上海書店出版社，2001年10月，第240頁。

《古璽彙考》，安徽大學博士學位論文，2006年5月，第199頁。

集釋：

羅福頤：

4825 王之上士 《古璽彙編》，文物出版社，1981年12月，第438頁。

莊新興：

1366 王之上士 楚系·楚 《戰國璽印分域編》，上海書店出版社，2001年10月，第240頁。

肖曉輝：

另有一枚「王之上士」璽（《古璽彙編》4824），排列方式爲$\begin{smallmatrix}3&4\\2&1\end{smallmatrix}$。雖然右下首字「王」橫置，但根據《古璽彙編》中多枚「王之上士」璽（4819-4826）來看，應依環式讀序讀爲「王之上士」無疑。 《書法新鑒：古璽文新鑒》，世界圖書出版公司，2005年6月，第124頁。

肖　毅：

五、以某種身份爲重要內容

王之上士

上士，泛指德行高尚的人。　《楚系成語璽輯略》，《漢字研究》第一輯，學苑出版社，2005年6月，第529頁。

施謝捷：

楚系官璽　王之上士　《古璽彙考》，安徽大學博士學位論文，2006年5月，第199頁。

官璽第三十四：王之上士

印　面：

著　錄：

《古璽彙考》，安徽大學博士學位論文，2006年5月，第199頁。

集釋：

施謝捷：

楚系官璽　王之上士　《古璽彙考》，安徽大學博士學位論文，2006年5月，第199頁。

官璽第三十五：王之上士

印面：

安昌里館璽存

著錄：

《古璽彙考》，安徽大學博士學位論文，2006年5月，第199頁。

集釋：

施謝捷：

楚系官璽　王之上士　《古璽彙考》，安徽大學博士學位論文，2006年5月，第199頁。

官璽第三十六：王之上士

印面：

十鐘山房印舉

著錄：

《十鐘山房印舉》，北京：中國書店，1985年3月。

集釋：

陳介祺：

舉之一・古鉨一　《十鐘山房印舉》，中國書店，1985年3月。

官璽第三十七：王士之鉨（璽）

印面：

安昌里館璽存

著　錄：

《古璽彙考》，安徽大學博士學位論文，2006年5月，第199頁。

集　釋：

施謝捷：

楚系官璽　王士之鉨（璽）　《古璽彙考》，安徽大學博士學位論文，2006年5月，第199頁。

官璽第三十八：君士

印　面：

鶴廬印存

著　錄：

《古璽彙考》，安徽大學博士學位論文，2006年5月，第199頁。

集　釋：

施謝捷：

楚系官璽　君士　《古璽彙考》，安徽大學博士學位論文，2006年5月，第199頁。

官璽第三十九：行士鉨（璽）

印　面：

印郵八冊、陳簠齋手拓古印集四冊、璽印集林四冊

著　錄：

《古璽彙編》，北京：文物出版社，1981年12月，第28頁。

《近百年來對古璽印研究之發展》，杭州：西泠印社，1982年5月，第19頁。

《印典》（一），石家莊：河北美術出版社，1989年8月，第71-394頁。
《中國篆刻全集》，哈爾濱：黑龍江美術出版社，2000年7月，第19頁。
《古印集萃·戰國卷》，北京：榮寶齋出版社，2000年11月，第44頁。
《古璽漢印集萃》上冊，南寧：廣西美術出版社，2001年10月，第12頁。
《戰國璽印分域編》，上海：上海書店出版社，2001年10月，第187頁。
《中國書法全集》第92卷，北京：榮寶齋出版社，2003年2月，第45頁。
《戰國璽印》，上海：上海書畫出版社，2003年8月，第188頁。
《中國璽印類編》，天津：天津人民美術出版社，2004年6月，第7、62、440頁。
《古璽印賞析》，濟南：山東美術出版社，2005年6月，第52頁。
《古璽彙考》，安徽大學博士學位論文，2006年5月，第161頁。
《戰國璽印分域研究》，長沙：嶽麓書社，2009年5月，第141頁。
《先秦印風》，重慶：重慶出版社，2011年5月，第37頁。
《先秦古璽集粹》，長春：吉林文史出版社，2011年11月，第14頁。

集釋：

羅福頤：

0165　行士鉨　《古璽彙編》，文物出版社，1981年12月，第28頁。

鄭　超：

最後討論的幾鈕楚璽既與軍制有關，也與爵制有關。

56.行士璽（《古璽彙編》0165）

57.行士之璽（《古璽彙編》0166）

從「璽」字的寫法看，上兩璽俱爲楚璽。「行」，當讀爲「行伍」之「行」。春秋時代，貴族有卿、大夫、士三級，他們都是能文能武的，說明當時不分文武（參看童書業《春秋左傳研究》369頁）。戰國時代，文武分職，故楚有行士之名。行士的地位應高於士。

《楚國官璽考述》，《文物研究》總第二輯，黄山書社，1986年12月，第94頁。

湯餘惠：

楚璽　行士鉨　《略論戰國文字形體研究中的幾個問題》，《古文字研究》第十五輯，中華書局，1986年6月，第76頁。

李家浩：

一　行士璽

《古璽彙編》二八頁著錄如下兩方楚印：

（1）行士璽。0165

（2）行士之璽。0166

印文的「行士」顯然是職官名。先秦的外交官叫「行李」或「行理」（《戰國策・魏策一》：「犀首受齊事，魏王止其行使，燕、趙聞之，亦以事屬犀首。」《韓非子・說林上》：「泰（編按：當爲「秦」字）武王令甘茂擇所欲爲於僕與行事。孟卯曰：『公不如爲僕。公所長者，使也。公雖爲僕，王猶使之於公也。公佩僕璽而行事，是兼官也。』」有人認爲此「行使」、「行事」也是「行理」或「行李」的異文）。參看朱起鳳《辭通》12.95，上海古籍出版社，1982年（原按「使」字在古文字中寫作「事」，疑「行事」即「行使」。「行使」可能用的是本義，不一定是「行理」或「行李」的異文）。《左傳》襄公八年：

知武子使行人子員對之曰：君有楚命，亦不使一介行李告於寡君。杜預注：行李，行人也。

《國語 周語中》：

敵國賓至，關尹以告，行理以節逆之。韋昭注：理，吏也。逆，迎也。執瑞節爲信而迎之。行理，小行人也。

「士」、「李」、「理」三字音近古通。《孟子・盡心上》「皋陶爲士」之「士」，《管子・法法》作「李」。《史記・天官書》「左角李」之「李」，司馬貞《索隱》引《元命包》和《漢書・天文志》並作「理」。《左傳》僖公十八年「士榮爲大士」之「大士」，

《周禮・秋官・小司寇》鄭玄注引作「大理」。據此，疑「行李」、「行理」皆是印文「行士」的異文。

《古璽彙編》一八頁還著錄如下一方國別不明的印：

（3）行大夫。**0105**

此「行大夫」也應該是「行人」之類的官。《周禮・秋官》中管外交的官有「大行人」、「小行人」、「行夫」。據《序官》，「大行人」是中大夫，「小行人」是下大夫，「行夫」是下士。疑（3）的「行大夫」相當於《周禮》的大、小行人，而（1）、（2）的「行士」相當於《周禮》的行夫。

「行人」之類的官又有單稱「行」的，如《管子・小匡》：

隰朋爲行。尹知章注：行，謂行人也，所以通使諸侯。

所以下面的（4）也應該是行人所用的印：

（4）坓行。《古璽彙編》（以下簡稱爲《璽彙》）313 · 3352

「行」前一字在戰國文字中常見，从「土」从「井」聲，在此用爲地名。用爲地名的从「土」从「井」之字還見於十七年邢令戈：

十七年，坓令吳蒦，上庫工師宋艮，治厜執齊（劑）。《文物》1982年9期圖版伍：2、7李學勤先生認爲此字應讀爲「邢」（李學勤：《北京揀選青銅器的幾件珍品》，《文物》1982年9期45、46頁），甚是。戰國平肩方足布面文有一個从「邑」从「土」从「井」的字（奧平昌洪：《東亞錢志》4.43下，日本東京岩波書店。1983年），此字亦見於古印文字（羅福頤主編：《古璽文編》163頁，文物出版社，1981年），即「邢」字的異體，所从偏旁與上錄印文和戈銘之字相同。「邢」在今河北邢臺，戰國時屬趙。（4）的「邢行」當是趙國邢邑的行人。　《楚國官印考釋（兩篇）》，《語言研究》，1987年第1期，第121～127頁。

黄錫全：

45、行士

（98）「行士璽」　璽彙0165

（99）「行士之璽」　璽彙0166

鄭超認爲，「行」當讀爲「行伍」之「行」。春秋時代，貴族有卿、大夫、士三級，他們都是能文能武的，說明當時不分文武。戰國時代，文武分職，故楚有行士之名。行士的地位應高於士。李家浩認爲，士、李、理三字音近古通，先秦的外交官叫「行李」或「行理」，疑「行李」、「行理」，皆是印文「行士」的異文，又疑「行士」相當於《周禮》的「行夫」。按，士、事古通，金文的「卿事」即典籍之「卿士」。古事、使、吏，本一字分化，古文字中的使多作事。印文「行士」當讀「行使」。《左傳》桓公十年疏：「行使被執，例稱行人。」《戰國策·魏策》：「犀首受齊事，魏王止其行使，燕、趙聞之，亦以事屬犀首。」《左傳》僖公十三年，「若舍鄭以爲東道主，行李之往來，共其乏困，君亦無所害」。注：「行李，使人。」《左傳》昭公十三年：「行理之命，無月不至。」注：「行理，使人通聘問者。」《國語·周語中》：「周之《秩官》有之曰：『敵國賓至，關尹以告，行理以節逆之。』」注：「理，吏也。……行理，小行人也。」是行使、行李、行理等均是掌出使聘問、接待賓客之官，名稱雖異，其事一也，當即印文之「行士」。朱起鳳《辭通》以爲「行使」、「行事」是「行理」或「行李」的異文，有一定道理。另外，《璽彙》0167「都（?）行士璽」之「士」的上部未出頭，學者疑之，檢《書道全集》27卷，此璽「士」字出頭，釋士可從。假如第一字是「都」，當理解爲「都縣」之都。　《古文字中所見楚官府官名輯證》，《文物研究》總第七輯，黄山書社，1991年12月，第221頁。

何琳儀：

楚系　行士鉨

楚璽「行士」，讀「行理」，官名。《禮記・雜記》下「則里尹主之」，注：「里或爲士。」是其佐證。《左・昭十三年》「行理之命」，注：「行理，使人通聘問者。」《左・僖卅年》作「行李」，《戰國策・魏策》作「行使」。　《戰國古文字典》，中華書局，1998年9月，第623～625頁。

徐　暢：

東周・楚系公鉨　行士鉨　《中國篆刻全集》，黑龍江美術出版社，2000年7月，第19頁。

來一石：

行士鉩《古印集萃・戰國卷》，榮寶齋出版社，2000年11月，第44頁。

肖　毅：

35.行士璽《古璽所見楚系官府官名考略》，《江漢考古》，2001年第2期，第43頁。

戴山青：

行士鉩《古璽漢印集萃》上冊，廣西美術出版社，2001年10月，第12頁。

莊新興：

1050　行士鉩　楚系・楚《戰國璽印分域編》，上海書店出版社，2001年10月，第187頁。

徐暢主編：

戰國公鉩與印跡・楚系鉩印　148　行士鉩《中國書法全集》第92卷，榮寶齋出版社，2003年2月，第45頁。

徐暢主編：

148　行士鉩

作於東周時期。楚官鉩。《古璽彙編》〇一六五號著錄。

「行士」，職官名。典籍記載，先秦外交官叫「行李」、「行理」、「行人」等。《周禮》記有「大行人」、「小行人」、「行夫」。李家浩疑鉨印「行大夫」相當於《周禮》的行夫。

參考　李家浩《楚國官印考釋（兩篇）》　《中國書法全集》第92卷，榮寶齋出版社，2003年2月，第208頁。

莊新興：

行士璽　《戰國璽印》，上海書畫出版社，2003年8月，第188頁。

小林斗盦：

行士鉨　《中國璽印類編》，天津人民美術出版社，2004年6月，第7、62、440頁。

魏永年：

行士璽

「行士」未見考釋。

此印無論文字體勢，還是章法佈白都十分精采，刀情筆趣兼而有之。「行士」兩字略小，占一邊，且向右下傾斜。「鉨」字居左，上、下均留有大塊空地，與「鉨」字右側、「士」

字下端等幾處空地構成多處呼應。邊線的殘蝕更添幾分虛實之美。從全印看疏密對比強烈，爽健自然，刀痕明顯而率真，給人以賞心悅目的快感。　《古璽印賞析》，山東美術出版社，2005年6月，第52頁。

施謝捷：

楚系官璽　行士鉩（璽）　《古璽彙考》，安徽大學博士學位論文，2006年5月，第161頁。

陳光田：

楚系古璽「行士鉩（璽）」（0165）。……有學者認爲士、李、理三字音近可通，先秦時期的外交官叫「行李」或「行理」。「行李」或「行理」是「行士」的異文，「行士」相當於《周禮》中的「行夫」。(5)「行」應該讀做「行伍」之「行」，戰國時代文武分職位，故楚有行士之名。(6)「行士」當讀做「行使」……上列諸璽當爲楚諸地負責外交事務的官吏用印。　《戰國璽印分域研究》，嶽麓書社，2009年5月，第141頁。

徐暢：

戰國楚系官鉩　行士鉩　《先秦印風》，重慶出版社，2011年5月，第37頁。

王義驊：

行士鉨　《先秦古璽集粹》，吉林文史出版社，2011年8月，第14頁。

官璽第四十：行士之鉨（璽）

印面：

鐵雲藏印四集四十八冊，上海博物館藏印

著錄：

《上海博物館藏印選》，上海：上海書畫出版社，1979年8月，第9頁。

《古璽彙編》，北京：文物出版社，1981年12月，第28頁。

《近百年來對古璽印研究之發展》，杭州：西泠印社，1982年5月，第19頁。

《印典》（一），石家莊：河北美術出版社，1989年8月，第394頁。

《中國歷代璽印集粹》，北京：線裝書局，1997年7月，第16頁。
《篆字印彙》，上海：上海書店出版社，1999年1月，第1322頁。
《中國篆刻學》，杭州：西泠印社，1999年5月，第6頁。
《中國璽印篆刻全集》，上海：上海書畫出版社，1999年11月，第12頁。
《中國篆刻全集》，哈爾濱：黑龍江美術出版社，2000年7月，第19頁。
《古印集萃・戰國卷》，北京：榮寶齋出版社，2000年11月，第44頁。
《古璽漢印集萃》上冊，南寧：廣西美術出版社，2001年10月，第35頁。
《戰國璽印分域編》，上海：上海書店出版社，2001年10月，第187頁。
《中國書法全集》第92卷，北京：榮寶齋出版社，2003年2月，第45頁。
《中國璽印類編》，天津：天津人民美術出版社，2004年6月，第440頁。
《古璽彙考》，安徽大學博士學位論文，2006年5月，第161頁。
《歷代名印鑒賞》，鄭州：河南美術出版社，2008年4月，第22頁。
《戰國璽印分域研究》，長沙：嶽麓書社，2009年5月，第141頁。

《先秦印風》，重慶：重慶出版社，2011年5月，第37頁。

集　釋：

上海博物館：

行士之鉩　《上海博物館藏印選》，上海書畫出版社，1979年8月，第9頁。

羅福頤：

0166　行士之鉩　《古璽彙編》，文物出版社，1981年12月，第28頁。

鄭　超：

行士之璽　詳見「行士鉩（璽）」條。　《楚國官璽考述》，《文物研究》總第二輯，黃山書社，1986年12月，第94頁。

湯餘惠：

楚璽　行士之鉩　《略論戰國文字形體研究中的幾個問題》，《古文字研究》第十五輯，中華書局，1986年6月，第76頁。

李家浩：

行士之璽　詳見「行士鉨（璽）」條。　《楚國官印考釋（兩篇）》，《語言研究》，1987年第1期，第121～127頁。

黄錫全：

行士之璽　詳見「行士鉨（璽）」條。　《古文字中所見楚官府名官輯證》，《文物研究》總第七輯，黄山書社，1991年12月，第221頁。

戴山青：

行士之璽　《中國歷代璽印集粹》（I），線裝書局，1997年7月，第16頁。

何琳儀：

楚璽　行士之鉨　詳見「行士鉨（璽）」條。　《戰國古文字典》，中華書局，1998年9月，第623～625頁。

傅嘉儀：

行士之璽　《篆字印彙》，上海書店出版社，1999年1月，第1322頁。

吳清輝：

行士之鉩　《中國篆刻學》，西泠印社，1999年5月，第6頁。

莊新興：

行士之鉩　戰國　《中國璽印篆刻全集》，上海書畫出版社，1999年11月，第12頁。

徐　暢：

東周・楚系公鉩　行士之鉩　《中國篆刻全集》，黑龍江美術出版社，2000年7月，第19頁。

來一石：

行士之鉩　《古印集萃・戰國卷》，榮寶齋出版社，2000年11月，第44頁。

肖　毅：

行士之璽　《古璽所見楚系官府官名考略》，《江漢考古》，2001年第2期，第43頁。

莊新興：

1051　行士之鉩　楚系・楚　《戰國璽印分域編》，上海書店出版社，2001年10月，第187頁。

徐暢主編：

戰國公鉩與印跡·楚系鉩印　149　行士之鉩　《中國書法全集》第92卷，榮寶齋出版社，2003年2月，第45頁。

徐暢主編：

149　行士之鉩

作於東周時期。楚官鉩。《古璽彙編》〇一六六號著録。《中國書法全集》第92卷，榮寶齋出版社，2003年2月，第208頁。

施謝捷：

楚系官璽　行士之鉩（璽）　《古璽彙考》，安徽大學博士學位論文，2006年5月，第162頁。

杜志宇：

行士之璽　戰國·楚

「行士之璽」，此印楚系古璽。「行士」官職無考。樸拙圓渾、靈動幽默爲此璽主要特點。每個字都是由短而粗的線條構成，憨態可掬，同時也具有一種沉酣飽滿的筆墨情趣。如果我們對這方印從章法構成的角度進行一番分析，就會發現充滿了機心巧思，古代印匠的確令人贊嘆。其一，印中的每一根線條以邊框爲基準，沒有一筆是「橫平豎直」的，都富有微妙的動感，也更耐得住細細咀嚼；其二，「璽」右面的偏旁基本居中，以此爲核心，其他字符既形成對角呼應，也做疏密有致若即若離的環繞之態，就像幾個人或端莊而立，或俯身屈膝，或拉開架式作（編按：原作「座」，今改）相鬥狀，或舒展襟袖翩翩起舞——抽象的文字組合喚起的聯想和想像，使得此印含蘊了更爲豐厚的審美感染力。《歷代名印鑒賞》，河南美術出版社，2008年4月，第22頁。

陳光田：

楚系古璽　「行士之鉨（璽）」（0166）　詳見「行士鉨（璽）」條。《戰國璽印分域研究》，嶽麓書社，2009年5月，第141頁。

楊　勇：

行士之鉨

戰國楚銅質官鉨。縱24毫米，橫23毫米。現藏上海博物館。

「士」是周代貴族的最底層，一般貴族男子都稱士。《周禮・六卿》設有中大夫、下大夫、上士、中士、下士。「行士」是職官名，先秦的外交官稱「行李」或「行理」，「行士」應與此有關。

此印筆畫較少，但蘊含的信息卻極爲豐富，在筆畫上，全印以短線條爲主，長線條爲輔，線型渾厚生拗，粗細相間，含蓄內斂。章法上，有三個字筆畫較少，似較難處理，但此印隨形佈勢，「行」、「鉨」二字較大，「士」、「之」二字較小，各呈對角呼應，「行」字有六筆斜線，基本對稱但又不完全對稱，中間微分且整體向右傾斜，「士」字基本平正，但兩橫的方向略有不同。「之」字體勢略右傾，且與右邊「行」字成錯位之勢。「鉨」字左右兩部份調換位置，形體寬博，所占空間最多，「爾」部的中間長豎右彎。此外，該印邊框較細，似是刀劃爾成，更襯托出印文的厚重感，故全印筆畫雖不甚粗壯，但處處給人以樸實厚實的美感。

此方印文左右穿插，上下錯落，渾然一體。實際創作中，遇到幾字筆畫較少時，章法可參照此鉨的處理方法。　《先秦古璽賞析100例》，江西美術出版社，2015年7月，第60頁。

官璽第四十一：都行士鉨（璽）

印面：

陳簠齋手拓古印集四冊，現藏日本東京藤井齊成會友鄰館

著錄：

《古璽彙編》，北京：文物出版社，1981年12月，第28頁。
《印典》（一），石家莊：河北美術出版社，1989年8月，第394頁。
《篆字印彙》，上海：上海書店出版社，1999年1月，第1496頁。
《中國篆刻全集》，哈爾濱：黑龍江美術出版社，2000年7月，第19頁。
《中國書法全集》第92卷，北京：榮寶齋出版社，2003年2月，第45頁。
《中國璽印類編》，天津：天津人民美術出版社，2004年6月，第7、62、441頁。
《古璽彙考》，安徽大學博士學位論文，2006年5月，第162頁。

《戰國璽印分域研究》，長沙：嶽麓書社，2009年5月，第141頁。
《先秦印風》，重慶：重慶出版社，2011年5月，第37頁。

集　釋：

羅福頤：

0167　都行士鉨　《古璽彙編》，文物出版社，1981年12月，第28頁。

黄錫全：

《璽彙》0167「都（?）行士璽」之「士」的上部未出頭，學者疑之，檢《書道全集》27卷，此璽「士」字出頭，釋士可從。假如第一字是「都」，當理解爲「都縣」之都。　《古文字中所見楚官府官名輯證》，《文物研究》總第七輯，黄山書社，1991年12月，第221頁。

傅嘉儀：

都行士璽　《篆字印彙》，上海書店出版社，1999年1月，第1496頁。

徐　暢：

東周·楚系公鉨　□行士鉨　《中國篆刻全集》，黑龍江美術出版社，2000年7月，第19頁。

徐暢主編：

戰國公鉨與印跡・楚系鉨印　150　□行士鉨　《中國書法全集》第92卷，榮寶齋出版社，2003年2月，第45頁。

徐暢主編：

150　□行士鉨

作於戰國時期。楚官鉨。《古璽彙編》〇一六七號著錄。

首字《古璽彙編》釋爲都，施謝捷以爲非「都」字。應爲地名，某邑之行士。《中國書法全集》第92卷，榮寶齋出版社，2003年2月，第208頁。

小林斗盦：

都行士鉨　《中國璽印類編》，天津人民美術出版社，2004年6月，第7、62頁。

小林斗盦：

□行士鉨　《中國璽印類編》，天津人民美術出版社，2004年6月，第441頁。

肖　毅：

都行士璽　詳見「行士鉨（璽）」條。　《古璽所見楚系官府官名考略》，《江漢考古》，2001年第2期，第43頁。

施謝捷：

楚系官璽　行士之鉨（璽）　《古璽彙考》，安徽大學博士學位論文，2006年5月，第162頁。

陳光田：

楚系古璽　「都行士之鉨（璽）」（0167）……「都」爲「都縣」之「都」。（黄錫全：《古文字中所見楚官府官名輯證》，《文物研究》1991年總第7輯。）「都行士璽」可能爲地方官所用。　詳見「行士鉨（璽）」條。　《戰國璽印分域研究》，嶽麓書社，2009年5月，第141頁。

徐　暢：

戰國楚系官鉨　都行士鉨　《先秦印風》，重慶出版社，2011年5月，第37頁。

李守奎按：

「郜」字見於包山129號簡，爲鄦之異文，文獻中作「許」。許國被楚所逼屢遷，後爲楚所滅。

官璽第四十二：士鉨（璽）

印面：

尊古齋古璽集林初二集，故宮博物院藏印

著錄：

《古璽彙編》，北京：文物出版社，1981年12月，第417頁。

《印典》（一），石家莊：河北美術出版社，1989年8月，第71頁。

《古璽漢印集萃》上冊，南寧：廣西美術出版社，2001年10月，第35頁。

《古璽彙考》，安徽大學博士學位論文，2006年5月，第201頁。

集釋：

羅福頤：

4581 士鉨 《古璽彙編》，文物出版社，1981年12月，第417頁。

康 殷、任兆鳳：

士璽《印典》（一），河北美術出版社，1989年8月，第71頁。

戴山青：

士鈢《古璽漢印集萃》上冊，廣西美術出版社，2001年10，第38頁。

施謝捷：

楚系官璽 士鉨（璽）《古璽彙考》，安徽大學博士學位論文，2006年5月，第201頁。

官璽第四十三：士鉨（璽）

印面：

珍秦齋藏印

著錄：

《珍秦齋藏印・戰國篇》，澳門：澳門基金會出版，2001年6月，第21頁。

《書法新鑒：古璽文新鑒》，西安：世界圖書出版公司，2005年6月，第63頁。

《古璽彙考》，安徽大學博士學位論文，2006年5月，第201頁。

集　釋：

吳振武：

士鉨（璽）

質料：銅　尺寸（公分）：1.10×2.25　《珍秦齋藏印・戰國篇》，澳門基金會出版，2001年6月，第21頁。

肖　毅：

士璽（編按：肖毅以爲成語璽）　《楚系成語璽輯略》，《漢字研究》第一輯，學苑出版社，2005年6月，第529頁。

肖曉輝：

珍秦齋所藏人形鈕「士鉨」（《珍秦齋藏印・戰國篇》21），從文字風格來看，也是楚地所出。其印鈕爲一坐著的人形，兩手自然下垂於膝前，張嘴嘻笑，面容生動。《書法新鑒：古璽文新鑒》，世界圖書出版公司，2005年6月，第63頁。

施謝捷：

楚系官璽　士鉩（璽）　《古璽彙考》，安徽大學博士學位論文，2006年5月，第201頁。

官璽第四十四：士

印　面：

1978年，湖南益陽縣赫山廟24號戰國楚墓出土，湖南省益陽地區博物館藏印

著　錄：

《考古學報》，北京：1981年第4期，第535頁。

《楚文物圖典》，武漢：湖北教育出版社，2000年1月，第424頁。

《古璽彙考》，安徽大學博士學位論文，2006年5月，第199頁。

集釋：

熊傳新、盛定國：

士。印章，一枚。出土於人骨旁。白色，正方形，蓋頂，鈕有一小孔對穿。陰刻「干」字。長寬1.2釐米（圖十二，15）（編按：圖略）。《湖南益陽戰國兩漢墓》，《考古學報》，1981年第4期，第535頁。

高至喜：

士玉璽　戰國官璽。1978年湖南益陽縣赫山廟24號墓出土。印面長寬均爲1.2釐米。白色。鼻鈕，有穿孔。印面正方形，刻白文「士」字，有邊框。印文原報告釋「干」。其實應倒過來釋「士」，即表示墓主人的身份等級屬士級。共存物有細頸高圈足瓶狀壺、淺盤豆、勺、匕等陶器，還有銅劍鐔、羽狀紋地四山紋鏡，但是沒有表明身份等級的禮器鼎，大概就是以此璽來標志墓主人的士級身份。長沙市樹木嶺1號墓所出「士」銅璽的大小規格字體與此璽完全相同，說明這應是楚國統一頒發的士級官璽。由所出瓶狀陶壺、淺盤陶豆等來看，其年代約在戰國中晚期之際。現藏湖南省益陽地區博物館。《楚文物圖典》，湖北教育出版社，2000年1月，第424頁。

施謝捷：

楚系官璽　士

此璽1978年湖南省益陽縣赫山廟24號戰國楚墓出土，印文原倒置而誤釋爲「干」（湖南省博物館、益陽文化館1981年）。《古璽彙考》，安徽大學博士學位論文，2006年5月，第199頁。

官璽第四十五：士

印面：

1974年，湖南長沙樹木嶺一號戰國墓，阿彌嶺西漢墓，湖南省博物館藏

著錄：

《考古》，北京：1984年第9期，第790頁。

《中華五千年文物集刊・璽印篇》，臺北：《中華五千年文物集刊》編輯委員會，1985年5月，第56頁。

《古代璽印》，北京：中國書店，1998年6月，第260頁。

《楚文物圖典》，武漢：湖北教育出版社，2000年1月，第424頁。

《中國書法全集》第92卷，北京：榮寶齋出版社，2003年2月，第46頁。

《古璽彙考》，安徽大學博士學位論文，2006年5月，第199頁。

《二十世紀出土璽印集成》，北京：中華書局，2010年1月，第15頁。

集　釋：

熊傳新：

出土時鈕已殘損，形狀不明，印面呈正方形，長寬均爲1.2釐米。印文爲「干」。《長沙樹木嶺戰國墓阿彌嶺西漢墓》，《考古》，1984年第9期，第791頁。

《中華五千年文物集刊》編輯委員會：

湖南省　41　干　玉　1.2×1.2　戰國　民國六十七年（一九七八）　益陽縣赫山廟二十四號

墓　人骨旁　印的三側鑄有幾何紋，一側有一陰文「敬」字　《考古學報》民國七十年（一九八一）四期　印爲白色，蓋頂有紐，有一小孔對穿。同時出土有銅器及陶器。　《中華五千年文物集刊・璽印篇》，《中華五千年文物集刊》編輯委員會，1985年5月，第56頁。

裘錫圭：

一九七四年，湖南省考古工作者在長沙樹木嶺發掘了一座戰國墓，出土物中有單字銅印一枚，印文發表在發掘簡報《長沙樹木嶺戰國墓阿彌嶺西漢墓》一文中，字作「干」形（《考古》1984年9期790頁圖二），簡報釋作「干」（同上791頁）。1978年，湖南省考古工作者又在益陽赫山廟戰國墓群的24號墓中發現了一枚同文玉印（《考古學報》1981年4期533頁圖一二之15），發掘報告《湖南益陽戰國兩漢墓》也把印文釋作「干」（同上535頁）。今按：「干」字在古文字裏寫作𢆉，上端不作平劃，上舉印文其實是「士」字，但是在兩篇報告裏都被倒置了。這兩枚「士」字印都出土於古之楚地。《彙》165號的「行士鉨」，從「鉨」字「金」旁的寫法來看無疑是一枚楚印，「士」字兩橫劃等長，寫法跟這兩枚印完全相同（但是戰國時代楚地「士」字寫法不止一種，《彙》166「行士之鉨」也是楚印，

「士」字寫法就寫作士）。

傳世戰國印中屢見「士」字印，《彙》即收入三枚（5121-5123）。此外，傳世戰國印中尚有「士鉨」（《彙》4581）、「上士」（《彙》4632-4634）、「王之上士」（《彙》4819-4823、4825、4826）（4826號印吳振武同志釋爲「王之上士冃」，見其博士研究生畢業論文《〈古璽文編〉校訂》8-9頁）。「上士之又」（《彙》4844①、4851、4824）（這種印文的「又」字，《彙》讀爲「右」。「右」字有高、上等義）、「信士」（《彙》1664、1665、4681、5695、1663、4670、4671、5403、5593）（印文「信」字或作「訫」，又往往借「身」字爲之。《彙》對所收「信士」印往往誤釋或缺釋，5405號印文原側置，皆據注②所引吳振武文訂正，見該文191-192、289、662等頁。又1665與4681號，4670與4671號，都有可能是同一印的不同鈐本）、「正行治士」（《彙》4875）、「士正無私」（《彙》4881-4883）等印。這些士印應該大都是身份爲士的人所佩帶的。

一九七四年發掘的樹木嶺戰國墓是長2.5寬1.8米的豎穴坑墓，隨葬品除銅印外有銅鼎、匕首、矛、玉璧各一件，此外還有已經朽爛的漆器（《考古》1984年9期790～791頁）。發掘簡報據鼎和匕首的形制，定此墓爲越人墓（同上791～792頁）。看來墓主可能是爲楚國貴族服務的越族武士。一九七八年發掘的赫山廟24號墓是長2.9寬1.35米的豎穴土坑墓，隨葬品有銅劍格、銅鏡各一件，陶壺、豆、勺、匕各二件。墓主也許是一個比較貧困的文士。《古文字釋讀三則》，《古文字論集》，中華書局，1992年8月，第395頁。

高至喜：

士銅璽　戰國官璽。1974年湖南長沙市樹木嶺1號墓出土。印面長寬均爲1.2釐米。鈕已殘。印面正方形，刻白文「士」字，有邊框。士字的筆劃兩端尖，中間較粗，顯得圓渾剛勁典雅。與此印共存的器物有越式人形柄銅匕首、越式銅鼎，也有楚式銅矛、羽狀紋地四山銅鏡、圓點紋玉璧等，但沒有楚墓中常見的仿銅陶禮器，故其墓主可能爲越人。此璽文原報告釋「干」，其實應倒過來以釋「士」爲宜。因爲墓中沒有表示墓主人身份等級的陶禮器，可能即以此璽來表明墓主人的身份屬士級。1978年湖南益陽赫山廟24號墓中也出土一顆「士」玉璽，大小字體與此璽完全相同，說明以此璽來表明士級身份，並非孤證。墓中所出羽狀紋地四山紋銅鏡尚無業紋，屬四山鏡的初期形態，其年代應在戰國中期。現藏湖南省益陽地區博物館。　《楚文物圖典》，湖北教育出版社，2000年1月，第424頁。

徐暢主編：

戰國公鉨與印跡·楚系鉨印　151　士　《中國書法全集》第92卷，榮寶齋出版社，2003年2月，第46頁。

徐暢主編：

151　士

作於戰國晚期至秦王朝。一九七四年長沙東南角樹木嶺戰國墓出土。《考古》一九八四年九期七九〇頁著錄。湖南省博物館收藏。銅質。鈕殘損，形狀不明。

參考　《長沙樹木嶺戰國墓阿彌嶺西漢墓》　《中國書法全集》第92卷，榮寶齋出版社，2003年2月，第208頁。

施謝捷：

楚系官璽　士

1974年湖南省長沙東南樹木嶺1號戰國墓（後重編爲M1647）出土，印文原倒置而誤釋爲

「干」（湖南省博物館 1984）。裘錫圭先生在指出這種寫法誤釋爲「干」的印文其實是「士」字的同時，還指出在傳世戰國印中屢見「士」字印，像「士鉨」、「上士」、「王之上士」等印，應該大都是身份爲士的人所佩帶的（裘錫圭 1990b）。因爲這類古璽往往可代表佩印者的身份，因此本文將此類印附在官璽類。

《古璽彙考》，安徽大學博士學位論文，2006年5月，第199頁。

周曉陸主編：

二-SY-0059 士 東周（楚） 銅 11×11- 《二十世紀出土璽印集成》，中華書局，2010年1月，第15頁。

官璽第四十六：士

印面：

現藏日本菅原一廣鴨雄綠齋

著　錄：

《古璽彙考》，安徽大學博士學位論文，2006年5月，第199頁。

集　釋：

施謝捷：

楚系官璽　士　《古璽彙考》，安徽大學博士學位論文，2006年5月，第199頁。

官璽第四十七：士

印　面：

十鐘山房印舉

著　錄：

《古璽彙考》，安徽大學博士學位論文，2006年5月，第200頁。

集　釋：

施謝捷：

楚系官璽 士 《古璽彙考》，安徽大學博士學位論文，2006年5月，第200頁。

官璽第四十八：士

印 面：

出土於山東鄒縣。私家收藏

著 録：

《古陶文彙編》，北京：中華書局，1990年3月，第302頁。

《二十世紀出土璽印集成》，北京：中華書局，2010年1月，第75頁。

集 釋：

高　明：

3.1122　士　《古陶文彙編・古陶文拓本目錄索引》，中華書局，1990年3月，第51頁。

周曉陸主編：

二-SP-0161　士　東周　陶片　《二十世紀出土璽印集成》，中華書局，2010年1月，第75頁。

官璽第四十九：士

印　面：

安昌里館璽存

著　錄：

《古璽彙考》，安徽大學博士學位論文，2006年5月，第200頁。

集　釋：

施謝捷：

楚系官璽　士　《古璽彙考》，安徽大學博士學位論文，2006年5月，第200頁。

官璽第五十：士

印　面：

1954年，湖南長沙市窯巔21號墓出土，湖南省博物館收藏

著　錄：

《考古》，北京：1978年第4期，第272頁。

《古肖形印臆釋》，上海：上海書畫出版社，1983年9月，第62頁。

《中華五千年文物集刊．璽印篇》，臺北：《中華五千年文物集刊》編輯委員會，1985年5月，第61頁。

《篆字印彙》，上海：上海書店出版社，1999年1月，第283頁。

《中國篆刻全集》，哈爾濱：黑龍江美術出版社，2000年7月，第680頁。
《湖南古代璽印》，上海：上海辭書出版社，2004年12月，第16頁。
《古璽彙考》，安徽大學博士學位論文，2006年5月，第200頁。
《中國印》（下），哈爾濱：黑龍江美術出版社，2007年12月，第130頁。

集釋：

周世榮：

……爲瓦鈕銅印，「王」字帶鉤背形印。《長沙出土西漢印章及有關問題研究》，《考古》，1978年第4期，第274頁。

王伯敏：

三十六　解鷹印

解鷹印　漢代。銅印。一（編按：即）、方者，帶鉤，山東博物館收藏；二（編按：即）、方者，鼻鈕，西泠印社收藏；三（編按：即）、園者，鼻鈕，安徽出土，今藏安徽阜陽地區博物館；四（編按：即）、方者，長沙出土，帶鉤（原載《考古》，一

九七八年四期二七二頁）。作獸形，一角，張口，欲奔狀，擬解廌。

據《說文》：「牛一角曰解廌獸也」。解廌，稱法不一，《史記》作「解豸」，《論衡》作「觟𧣾」，《後漢書》、《文選》作「獬豸」，又《廣韻》稱「虒」，其實字異而一物。郭沫若考：「一九七一年十二月八日，考古研究所在安陽小屯發掘的牛胛骨卜骨中，其中有一枚刻有『御廌』等字。『御廌』即訓治解廌之意，內『廌』字，卜骨刻辭作『』，據其形，一角，兩耳，四足」。（《考古》一九七二年第二期）此印所刻，與卜骨刻辭，大體相合。

相傳解廌爲「神獸」，古代決訟，「令觸不直」。《後漢書》志第三十一載：「獬豸神羊，能別曲直。」又《異物志》載：「東北荒中有獸名獬豸，一角，性忠，見人鬥，則觸不直者，聞人論，則咋不正者。」所以後世法官所戴的法冠，名之曰「獬豸冠」。《隨書》卷十二引《禮圖》曰：「獬豸冠，高五寸，秦制也，法官服之。」

第一方印，有人釋「司徒」。日本藤原楚水在《圖書書道史·璽印及封泥的文字》中認爲獨角獸爲虒，虒旁「土」形爲「土」字，「虒」的假借音爲「司」，「土」的假借音爲

「徒」，故「虒土」即「司徒」。他又說：「中國漢以前的鼎彝銘文，也有把『司徒』書作『司土』的，從而證明這方印是一種『司徒畫押』」。藤原楚水釋文裏提到的「土」，似乎還需要注意這幾種情況：一、解廌印多見，有的獸旁飾「土」旁，有的不飾「土」，如西泠印社與阜陽博物館收藏之印，獸旁無一物；二、「土」形，不只是飾虒旁，《紺雪齋集印譜》庚編，内有幾方印，「土」形飾于鳥形旁；三、肖形印中，在圖像旁飾各類符號者不少，如「王」，有飾虎形旁，也有飾馬、象、羊形旁；又如「㠯」，「中」，有飾馬形旁，鹿形旁，以至人形旁。根據上述，每方肖形印，凡飾物不同，其意義固然不同，但如「土」，既可飾「虒」，又可以飾「鳥」，猶如「王」，既可飾「虎」，又可以飾「馬」、飾「羊」，說明「土」、「王」之類，並非某一方印專用符號，必有其另一種共通的意義，所以釋「虒土」爲「司徒」，如僅從假借音來推斷，似可商酌。《古肖形印臆釋》，上海書畫出版社，1983年9月，第62～63頁。

《中華五千年文物集刊》編輯委員會：

湖南省　59　帶鉤　銅　1.5×1.5　釐米　秦漢之際　民國四十三年（一九五四）　長沙窑，

墓二一　墓葬品　《考古》，民國六十七年（一九五九七八）四期。此印爲肖形印，印文釋法有「王」及「士」之分。　《中華五千年文物集刊·璽印篇》，《中華五千年文物集刊》編輯委員會，1985年5月，第61頁。

傅嘉儀：

士　《篆字印彙》，上海書店出版社，1999年1月，第283頁。

陳松長：

「王」字虎紋肖形璽。　《湖南古代璽印》，上海辭書出版社，2004年12月，第16頁。

施謝捷：

楚系官璽　士　《古璽彙考》，安徽大學博士學位論文，2006年5月，第200頁。

沈沉主編：

戰國·龍　《中國印》（下），黑龍江美術出版社，2007年12月，第130頁。

官璽第五十一：士

印面：

安昌里館璽存

著錄：

《古璽彙考》，安徽大學博士學位論文，2006年5月，第200頁。

集釋：

施謝捷：

楚系官璽　士　《古璽彙考》，安徽大學博士學位論文，2006年5月，第200頁。

官璽第五十二：士

印面：

故宮博物院藏印

著錄：

《故宮博物院藏肖形印選》，北京：人民美術出版社，1984年9月，第16頁。

《中國篆刻全集》，哈爾濱：黑龍江美術出版社，2000年7月，第680頁。

《古璽彙考》，安徽大學博士學位論文，2006年5月，第200頁。

集釋：

《故宮博物院藏肖形印選》編輯室：

獸紋璽　戰國　邊長一·五×一·五五釐米　帶鉤印　《故宮博物院藏肖形印選》，人民美術出版社，1984年9月，第16頁。

施謝捷：

楚系官璽　士　《古璽彙考》，安徽大學博士學位論文，2006年5月，第200頁。

官璽第五十三：士

印面：

日本園田湖城氏舊藏

著錄：

《古璽彙考》，安徽大學博士學位論文，2006年5月，第200頁。

集釋：

施謝捷：

楚系官璽　士　《古璽彙考》，安徽大學博士學位論文，2006年5月，第200頁。

官璽第五十四：士

印面：

續衡齋藏印、尊古齋印存二集

著錄：

《中國肖形印大全》，太原：山西古籍出版社，1995年5月，第167頁。

《中國篆刻全集》，哈爾濱：黑龍江美術出版社，2000年7月，第680頁。

《古璽彙考》，安徽大學博士學位論文，2006年5月，第200頁。

集釋：

施謝捷：

楚系官璽　士　《古璽彙考》，安徽大學博士學位論文，2006年5月，第200頁。

官璽第五十五：士

印面：

1954年，出土於湖南省長沙市窯嶺21號墓

著錄：

《湖南古代璽印》，上海：上海辭書出版社，2004年12月，第44頁。

《二十世紀出土璽印集成》，北京：中華書局，2010年1月，第44頁。

集　釋：

陳松長：

帶鉤「王」字肖形璽　銅質，帶鉤長3.4釐米，通高1.2釐米，璽印的邊長1.6釐米是方，1954年長沙窯嶺21號出土。鉤已殘。該墓葬的時代屬兩漢早期，但此璽的形制和虎的造型都是戰國肖形璽的風格。　《湖南古代璽印》，上海辭書出版社，2004年12月，第44頁。

周曉陸主編：

二-SY-0319　王（畫）　東周（楚）　銅　鼻紐　15×15-9　《二十世紀出土璽印集成》，中華書局，2010年1月，第44頁。

邱傳亮按：文字構形與「王」不類，與「士」相同，當釋「士」字。

官璽第五十六：士

印　面：

現藏日本菅原一廣鴨雄綠齋

著錄：

《古璽彙考》，安徽大學博士學位論文，2006年5月，第200頁。

集釋：

施謝捷：

楚系官璽　士　《古璽彙考》，安徽大學博士學位論文，2006年5月，第200頁。

官璽第五十七：士

印面：

上海博物館藏印

著錄：

《古圖形璽印彙》，石家莊：河北省美術出版社，1983年8月，第142頁。

《中國肖形印大全》，太原：山西古籍出版社，1995年5月，第205頁。

《古璽彙考》，安徽大學博士學位論文，2006年5月，第200頁。

集　釋：

施謝捷：

楚系官璽　士　《古璽彙考》，安徽大學博士學位論文，2006年5月，第200頁。

官璽第五十八：上士

印　面：

故宮博物院藏印

著　錄：

《古璽彙編》，北京：文物出版社，1981年12月，第422頁。

《中國書法全集》第92卷，北京：榮寶齋出版社，2003年2月，第46頁。

《戰國璽印分域研究》，長沙：嶽麓書社，2009年5月，第205頁。

集釋：

羅福頤：

4633　上士　《古璽彙編》，文物出版社，1981年12月，第422頁。

徐暢主編：

戰國公鉩與印跡・楚系鉩印　60　上士　《中國書法全集》第92卷，榮寶齋出版社，2003年2月，第46頁。

徐暢主編：

60　上士

作於春秋時期。《故宮博物院藏古璽印選》、《古璽彙編》四六三三號著錄。故宮博物院收藏。

春秋戰國之際的思想政治家孟子在回答學生北宮騎問「周室班爵祿也，如之何？」時說：「其詳不可得聞也，……然而軻也曾聞其略也。……君一位，卿一位，大夫一位，上士一位，中士一位，下士一位，凡六等。」《禮記・王制》所記與孟子所言相合。君、卿、大夫分爲三位，士分爲三等，可見地位懸殊，等級制度森嚴。上士是士中最高一等。《周禮》地官、夏官、春官、天官等章節多次出現「上士」的記載，司士、司右等官都是上士的爵稱。

參考　徐暢《春秋官璽考説》《中國書法全集》第92卷，榮寶齋出版社，2003年2月，第203頁。

陳光田：

晉系古璽　「上士」（4632～4634）。詳見「王之上士」條。《戰國璽印分域研究》，嶽麓書社，2009年5月，第205頁。

官璽第五十九：訐（信）士

印　面：

故宮博物院藏印

著錄：

《古璽彙編》，北京：文物出版社，1981年12月，第172頁。

《古璽漢印集萃》上冊，南寧：廣西美術出版社，2001年10月，第37頁。

《戰國璽印分域編》，上海：上海書店出版社，2001年10月，第237頁。

集釋：

丁佛言：

士信　《說文古籀補補》，中華書局，1988年2月，第10頁。

羅福頤：

1664　士信　《古璽彙編》，文物出版社，1981年12月，第172頁。

吳振武：

信士　《〈古璽彙編〉釋文訂補及分類修訂》，《古文字學論集》（初編），香港中文大學，1983年9月，第500頁。

莊新興：

1352　士信　楚系・楚　《戰國璽印分域編》，上海書店出版社，2001年10月，第237頁。

戴山青：

士信　《古璽漢印集萃》上冊，廣西美術出版社，2001年10月，第37頁。

肖　毅：

信士　詳見「訐（信）士」條。　《楚系成語璽輯略》，《漢字研究》第一輯，學苑出版社，2005年6月，第526～527頁。

李守奎按：

「訐」是典型的楚文字。「信士」似自勵箴言。

官璽第六十：訐（信）士

印　面：

故宮博物院藏印

著　錄：

《古璽彙編》，北京：文物出版社，1981年12月，第172頁。

《戰國璽印分域編》，上海：上海書店出版社，2001年10月，第237頁。

集　釋：

丁佛言：

士信　《說文古籀補補》，中華書局，1988年2月，第10頁。

陳介祺：

舉一·古鉩四·十五　《十鐘山房印舉》，中國書店，1985年3月。

羅福頤：

1665　士信　《古璽彙編》，文物出版社，1981年12月，第172頁。

吳振武：

信士　《〈古璽彙編〉釋文訂補及分類修訂》，《古文字學論集》（初編），香港中文大學，1983年9月，第500頁。

莊新興：

1351　士信　楚系·楚　《戰國璽印分域編》，上海書店出版社，2001年10月，第237頁。

官璽第六十一：訐（信）士

印面：

陳簠齋手拓古印集四冊

著錄：

《古璽彙編》，北京：文物出版社，1981年12月，第426頁。

集釋：

丁佛言：

士信　《說文古籀補補》，中華書局，1988年2月，第10頁。

羅福頤：

4681　士信　《古璽彙編》，文物出版社，1981年12月，第426頁。

吴振武：

信士　《〈古璽彙編〉釋文訂補及分類修訂》，《古文字學論集》（初編），香港中文大學，1983年9月，第522頁。

何琳儀：

楚系　士信

士，西周金文作（臣辰卣），構形不明。或省簡作（㝬簋）、（多友鼎）、後者與土字相混。春秋金文作（秦公簋）、（秦公鎛）後者亦與土字相混。戰國文字承襲兩周金文，或豎筆脱節作、形，在偏旁中或明確作土形。《説文》：「士，事也，數始於一終於十。从一，从十。孔子曰，推十合一爲士。」以事釋士屬聲訓。《戰國古文字典》，中華書局，1998年9月，第102～103頁。

肖 毅：

信士 詳見「訐（信）士」條。《楚系成語璽輯略》，《漢字研究》第一輯，學苑出版社，2005年6月，第526～527頁。

官璽第六十二：詿（信）士

印 面：

上海博物館藏印

著 錄：

《古玉印精萃》，上海：上海書店，1989年9月，第25頁。

《古玉印集存》，上海：上海書店出版社，2002年10月，第96頁。

《書法新鑒：古璽文新鑒》，西安：世界圖書出版公司，2005年6月，第117頁。

集 釋：

韓天衡、孫慰祖：

詮《古玉印精萃》，上海書店，1989年9月，第25頁。

韓天衡、孫慰祖：

詮《古玉印集存》，上海書店出版社，2002年10月，第96頁。

徐在國：

上海書店所出《古玉印精萃》（1989年9月一版）一書，係韓天衡、孫慰祖二先生編訂。該書25頁著錄一方陰文小璽。原書隸作「詮」。顯然是誤將此璽當作單字璽了。實際上，此璽文是兩個字，應釋爲「信士」。此璽「信」字所从的「千」旁傾斜，「士」字放在了「千」旁的下部，容易被誤認爲是一個字。

「信士」一詞，典籍中常見。如《荀子·王霸》：「人無百歲之壽，而有千歲之信士，何也？曰：以夫千歲之法自持者，是乃千歲之信士矣。」「曰：援夫千歲之信法以持之也，安與夫千歲之信士爲之也？」王先謙《集解》：「謂使百世不易可信之士爲政。」《史記·滑稽列傳》：「楚王曰：善，齊王有信士若此哉！厚賜之，財倍鵠在也。」《說文》：

「信，誠也。」「信士」就是可信之士，即誠實可信的人。《「信士」璽跋》，《古漢語研究》，1998年第4期，第90頁。

肖　毅：

信士

此璽璽文從徐在國先生釋（徐在國：《「信士」璽跋》，《古漢語研究》，1998年第4期）。有信義的士人，《荀子·王霸》：「人無百歲之壽，而有千歲之信士。」或讀爲「士信」，即士有信義（葉其峰：《戰國成語璽析義》，《故宮博物院院刊》，1983年第1期），也可通。《禮記·禮運》：「士以信相考，百姓以睦相守，天下之肥也。」《荀子·臣道》：「民親之，士信之。」　《楚系成語璽輯略》，《漢字研究》第一輯，學苑出版社，2005年6月，第528頁。

肖曉輝：

爲了在狹小的印面上放置所有的字，有時就要改變局部形體以屈就空間，或對局部寫法加以變異以騰出地方。例如《古玉印集存》96號印印文作，徐在國釋爲「信士」二字，非常

正確。偏旁「言」較爲醒目，占有整個印面一半的空間，「士」字局促收縮於「信」字右下部，使得「信」所从的「千」旁被迫斜置於右上角。這樣一來，「信士」二字就容易看成是一個字。

《書法新鑒：古璽文新鑒》，世界圖書出版公司，2005年6月，第117頁。

官璽第六十三：訐（信）士

印面：

香港中文大學文物館藏印

著錄：

《香港中文大學文物館藏印集》，香港：香港中文大學文物館，1980年初版，第111頁。

集釋：

王人聰：

士信

銅　壇鈕　一・一七×一・一九釐米　高一・一五釐米（館藏號：七三・一〇三四）　《香港中文大學文物館藏印集》，香港中文大學文物館，1980年初版，第111頁。

肖　毅：

信士　詳見「訐（信）士」條。　《楚系成語璽輯略》，《漢字研究》第一輯，學苑出版社，2005年6月，第526～527頁。

官璽第六十四：訐（信）士

印　面：

著　錄：

《中國璽印類編》，天津：天津人民美術出版社，2004年6月，第2頁。

集　釋：

小林斗盦：

上信　《中國璽印類編》，天津人民美術出版社，2004年6月，第2頁。

官璽第六十五：訏（信）君子

印　面：

昔則廬古璽印存初二三集，故宮博物院藏印

著　錄：

《古璽彙編》，北京：文物出版社，1981年12月，第302頁。

《戰國璽印分域編》，上海：上海書店出版社，2001年10月，第211頁。

《戰國璽印》，上海：上海書畫出版社，2003年8月，第125頁。

《中國璽印類編》，天津：天津人民美術出版社，2004年6月，第496頁。

《古璽文新鑒》，西安：世界圖書出版公司，2005年6月，第82頁。

集　釋：

羅福頤：

3219　計□　《古璽彙編》，文物出版社，1981年12月，第302頁。

吳振武：

計君子　《〈古璽彙編〉釋文訂補及分類修訂》，《古文字學論集》（初編），香港中文大學，1983年9月，第513頁。

吳振武：

〔六六二〕此應釋爲「君子」二字合文。在這裏，君字所从之口是借用了子（）字的上半部份，雖然它們原非同形，但因形近，所以也就不妨借用。古文字中與此類似的借筆合文並不罕見，如曹公子戈「公子」合文作，公子裙儆壺「公子」合文作（《金》四一頁），古璽「公孫」合文作或，皆與此同例，詳拙作《古漢字中的借筆字》。原璽全文作「計君子」，君子是人名。戰國銅器中有智君子鑒（《錄遺》五一九、五二〇），可見古人有以「君子」爲名的。故此字應入本書合文部份。這裏我們再附帶談一個與此類

似的三字合文。舊傳陝西出土的伯家父作孟姜簋銘文云：「伯家父作姜賸簋，其子子孫孫永寶用。」（《三代》七・三十六・一）與此同銘的還有伯家父作孟姜鬲（《三代》五・三十・四，銘中「簋」作「鬲」）。關於銘文中的字，舊均釋爲孟，如容庚先生《金文編》即收於卷十四孟字條下，似無異議。但也從未有人談過字釋孟有何根據。其實，字釋孟是錯誤的，應釋爲「公子孟」三字合文。在這裏，子字的上半部份是借用了公字所从的◯（厶），這和前舉曹公子戈和公子裙僛壺中的「公子」合文作或是相同的，而孟字所从的子則又借用了「公子」合文中的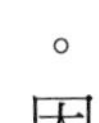。因此，銘文前半段應讀爲「伯家父作公子孟姜賸簋」。在古代，諸侯等貴族之女也可稱公子，即女公子。如《左傳・桓公三年》：「凡公女，嫁於敵國，姊妹，則上卿送之，以禮於先君；公子，則下卿送之。於大國，雖公子，亦上卿送之。」《公羊傳・昭公三十一年》：「孝公幼，顏淫九公子於宮中，因以納賊，則未知其爲魯公子與？邾婁公子與？」又如《戰國策・中山策》：「魏文侯欲殘中山。常莊談謂趙襄子曰：『魏併中山，必無趙矣。公何不請公子傾以爲正妻，因封之中山，是中山復立也。』」公子卿是魏文侯之女，則戰國時仍有此稱。凡此皆

可證伯家父作孟姜簋和伯家父作孟姜鬲這兩件媵器中的「姜」應釋爲「公子孟姜」。雖然在其他媵女銅器中尚未見有稱「公子」之例，但稱「子」或「元子」者則多見。我們相信在以後發現的媵女銅器中還會出現「公子」之稱。總之，將釋爲「公子孟」三字合文，無論從字形上看，還是從文義上看，都是可以成立的。這也反過來說明「君子」合文作是毫不奇怪的。　《〈古璽文編〉校訂》，吉林大學博士學位論文，1984年12月，第498～501頁。

王輝：

一、釋「君子」

《古璽彙編》3219著錄一方古璽：

原釋「計□」，第二字不釋，第一字釋「計」，實誤。「計」字古璽作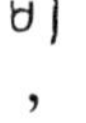，習見「計官」，如《古璽彙編》137～140，均爲「計官之璽」。此字當釋爲「信」，古璽每稱「信璽」，「信」字作、、或，前二形易與「計」字相混，但「信」每與「璽」連

用，或作吉語璽。所以從字形、文例來看，「信」與「計」迥然有別，不難區分。《說文》：「信，誠也，从人从言會意。」《詩經・九罭》：「於女信處。」鄭玄疏：「信，誠也。」《論語・學而》：「信近於義。」皇侃疏：「信，不欺也。」《古璽彙編》5695爲「信士」。

第二字「」當爲「君子」合文。「君」字戰國文字每省口作「」，如「群」字侯馬盟書作「」（88.1）、戰國印「群粟客璽」之「群」作「」（《古璽彙編》0160）；「郡」字《古璽彙編》2176作「」、《古陶文舂錄》64作「」，「均」、「群」二字聲旁「君」均如此，即其證。

合文而不用合文符號者古文字習見，如金文「彤弓」（瓶侯鼎）、「工師」（新鄭九年矛），古璽「上官」（《古璽彙編》3968、3969）、「乘車」（上書0742、3945）、「五鹿」（上書0458、1764），盟書「至于」（185.9），均不用合文符號。

「君子」謂有才德之人。《論語・子路》：「故君子名之必可言也，言之必可行也。」《荀子・勸學》「故君子結於一也」，均其證。君子可爲私名，春秋銅器有智君子鑒二器，銘云「智君子之弄鑒」，陳夢家先生說：「我們以爲此智氏之器，君子是作器者私名。」又謂：「原東北人民大學藏有一鼎，銘『君子之弄鼎』。」「驗其花紋形制，確是三晉之器。」（陳夢家《美帝國主義刼掠的我國銅器集錄》156頁《說明》鑒A840-841）「君子」亦可爲吉語，如《古璽彙編》4512「君子」、4731～4734「士君子」、4841～4842「君子之有」、4843「君子有志」。

此印之「信君子」謂誠信有才德之人，亦當爲一方吉語璽。　《古璽釋文二則》，《人文雜志》，1986年第2期，第105頁。

何琳儀：

分域待考　計君子

君子，人名。　《戰國古文字典》，中華書局，1998年9月，第1499頁。

林素清：

《彙編》釋文作「計□」，其實當讀爲「信君子」。戰國文字常於直筆中點附加短橫或圓點爲飾，故，又作、；信字可作：、、。字則當拆成

（君）、（子）兩字，因兩字共有「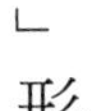」形，可省其一。即君子兩字合文。《古璽叢考》，《古文字學論文集》，國家圖書出版社，1999年初版，第167頁。

吳振武：

君子　古璽三二一九　《古文字中的借筆字》，《古文字研究》第二十輯，中華書局，2000年7月，第320頁。

莊新興：

1192　計□　楚系·楚　《戰國璽印分域編》，上海書店出版社，2001年10月，第211頁。

莊新興：

計君子　《戰國璽印》，上海書畫出版社，2003年8月，第125頁。

小林斗盦：

計君子　《中國璽印類編》，天津人民美術出版社，2004年6月，第496頁。

李守奎按：

王輝釋「訐」可信。

官璽第六十六：君子

印　面：

古印偶存八冊，故宮博物院藏印

著　錄：

《古璽彙編》，北京：文物出版社，1981年12月，第412頁。

《印典》（一），石家莊：河北美術出版社，1989年8月，第222頁。

《戰國古文字典》，北京：中華書局，1998年9月，第1338~1340頁。

《古璽漢印集萃》上冊，南寧：廣西美術出版社，2001年10月，第94頁。

《中國書法全集》第92卷，北京：榮寶齋出版社，2003年2月，第35頁。

《古璽印通論》，北京：紫禁城出版社，2003年9月，第60頁。

集釋：

羅福頤：

4512　君子　《古璽彙編》，文物出版社，1981年12月，第412頁。

何琳儀：

楚系　君子

楚璽「君子」，有才德者。《詩・周南・關雎》：「窈窕淑女，君子好逑。」《戰國古文字典》，中華書局，1998年9月，第1338~1340頁。

戴山青：

古璽（私鈢）　君子　《古璽漢印集萃》上冊，廣西美術出版社，2001年10月，第94頁。

徐暢主編：

戰國公鈢與印跡・楚系鈢印　57　君子　《中國書法全集》第92卷，榮寶齋出版社，2003年2月，第35頁。

徐暢主編：

57 君子

作於東周時期。晉國官鉩。《古印偶存》、《古璽彙編》四五一二號著録。

「君子」在西周、春秋時期是對統治階級或貴族男子的通稱。或曰：「古代各級統治者」（《辭源》四八六頁），或曰「在位者」，「人君之稱」。古籍中君子系指國君、諸侯、卿大夫、士，或者國君（諸侯）之子。如《石鼓文》中有「君子之求」，「君子漁之」，顯然是指統治階級的貴族身份。春秋末期以後，君子則作爲有才德的人的代名詞。此鉩形制較小，可能是春秋時期表示貴族身份的用印，與「王孫」等鉩印同義。

參考　徐暢《春秋官璽考説》《中國書法全集》第92卷，榮寶齋出版社，2003年2月，第203頁。

葉其峰：

有鐫刻「君子」二字，《儀禮·鄉飲酒禮》：「以告於先生君子，可也。」注「君子，國有盛德者」。《古璽印通論》，紫禁城出版社，2003年9月，第60頁。

肖　毅：

五、以某種身份爲重要內容

君子　《楚系成語璽輯略》，《漢字研究》第一輯，學苑出版社，2005年6月，第529頁。

官璽第六十七：君子

印面：

20世紀90年代後期，河南省駐馬店市新蔡縣城東部新蔡故城遺址出土，古陶文明博物館收藏

著錄：

《古陶文明博物館藏戰國封泥》，北京：文雅堂，2003年8月。

《文物》，北京：文物出版社，2005年第1期，第56頁。

《二十世紀出土璽印集成》，北京：中華書局，2010年1月，第73頁。

集釋：

路東之：

第一品　君子

三晉系。陰文。小瓶塞狀，似封精小瓶口。僅見一品。　《古陶文明博物館藏戰國封泥》，文雅堂，2003年8月。

周曉陸、路東之：

1.「君子」（2-23：4）。印面圓形，有邊欄，陰文。　《新蔡故城戰國封泥的初步考察》，《文物》，2005年第1期，第53頁。

周曉陸主編：

二-SP-0138　君子　東周　泥封　《二十世紀出土璽印集成》，中華書局，2010年1月，第73頁。

官璽第六十八：君子

印　面：

安昌里館璽存

著録：

《古璽彙考》，安徽大學博士學位論文，2006年5月，第198頁。

集釋：

施謝捷：

楚系官璽　君子　《古璽彙考》，安徽大學博士學位論文，2006年5月，第198頁。

官璽第六十九：士君子之訐（信）坣

印面：

日本園田湖城氏藏印

著録：

《平盦攷藏古璽印選》，京都：臨川書店，1980年5月，第189頁。

《中國璽印類編》，天津：天津人民美術出版社，2004年6月，第2、33頁。

《古璽彙考》，安徽大學博士學位論文，2006年5月，第197頁。

集　釋：

小林斗盦：

上君子之信㞈　《中國璽印類編》，天津人民美術出版社，2004年6月，第2、33頁。

吳振武：

楚璽　士君子（之）信㞈（符）　《平盦攷藏古璽印選》1.89（加藤慈雨樓編，臨川書店，1980年，京都）。

（3）收藏在日本。平盦是園田湖城的別號。《平盦》著錄古璽印的方法相當地道，每一枚璽印都列有三項內容：一、鈐本；二，璽面拓本；三，用原璽鈐製而成的泥模拓（仿封泥）。本文附圖4和5分別是此璽的鈐本和泥墨拓。從此璽的鈐本和泥模拓上可以看得很清楚，璽文中「之」字的寫法也是上部多一筆。「㞈」字在古璽中多用作官府之「府」（參看李家浩：《楚國官璽考釋（兩篇）》，《語言研究》1987年第1期，122～124頁，武漢），然在此璽中，似應讀作符節之「符」。《說文・竹部》：「符，信也。」《墨子・旗幟》：「門二人守之，非有信符不行，不从令者斬。」璽稱「信符」，在先秦璽印中亦屬首見。詳見「坪（平）夜（與）大夫之鉩（璽）」條。《朱家集楚器銘文辨析三則》，《黄盛璋先生八秩華誕紀念文集》，中國教育文化出版社，2005年6月，第291～295頁。

施謝捷：

楚系官璽　士君子之訐（信）坒（府）　《古璽彙考》，安徽大學博士學位論文，2006年5月，第197頁。

官璽第七十：士君子

印面：

鐵雲藏印四集四十八冊

著　錄：

《古璽彙編》，北京：文物出版社，1981年12月，第430頁。

《印典》（一），石家莊：河北美術出版社，1989年8月，第71頁。

《篆字印彙》，上海：上海書店出版社，1999年1月，第356頁。

《中國篆刻全集》，哈爾濱：黑龍江美術出版社，2000年7月，第76頁。

《古璽漢印集萃》上冊，南寧：廣西美術出版社，2001年10月，第38頁。

《中國璽印類編》，天津：天津人民美術出版社，2004年6月，第7、33頁。

《古璽彙考》，安徽大學博士學位論文，2006年5月，第198頁。

集　釋：

羅福頤：

4731　士君子　《古璽彙編》，文物出版社，1981年12月，第430頁。

李東琬：

在箴言璽中還有「士君子」璽，士君子指有志操和學問的人。《荀子》多次講到士君子，如：「士君子不爲貧窮怠乎道。」（《荀子・修身》）「義之所在，不傾於權，不顧其利，舉國而與之，不爲改視，重死持義而不撓，是士君子之勇也。」（《荀子・榮辱》）「先慮之，早謀之，斯須之言而足聽，文而致實。博學而黨正，是士君子之辯者也。」（《荀子・非相》）「士君子之容，其冠進，其衣逢，其容良」（《荀子・非十二字》）等等。

《箴言古璽與先秦倫理思想》，《北方文物》，1997年第2期，第32頁。

王人聰：

6.士君子，編號4731-4734

士君子系指有豐富知識和很高道德修養的人，高於一般的士。《荀子・子道》載孔子與弟子的對話，子路曰：「知者使人知己，仁者使人愛己。子曰：可謂士矣。子貢曰：知者知人，仁者愛人。子曰：可謂士君子矣。」《性惡》云：「有圣人之知者，有士君子之知者，有士人之知者，有役夫之知者。」《修身》：「士君子不爲貧窮怠乎道。」《榮辱》云：「義之所在，不傾於權，不顧其利，舉國而與之不爲改觀，重死，持義而撓，是士君子之勇也。」

《戰國吉語、箴言璽考釋》，《故宮博物院院刊》，1997年第4期，第52頁。

戴山青：

士君子　《古璽漢印集萃》上册，廣西美術出版社，2001年10月，第38頁。

小林斗盦：

士君子　《中國璽印類編》，天津人民美術出版社，2004年6月，第7、33頁。

肖　毅：

士君子

士君子指士階層中最有知識最有德行者（葉其峰：《戰國成語璽析義》）。《荀子·修身》：「士君子不爲貧困怠乎道。」　《楚系成語璽輯略》，《漢字研究》第一輯，學苑出版社，2005年6月，第529頁。

施謝捷：

楚系官璽　士君子　《古璽彙考》，安徽大學博士學位論文，2006年5月，第198頁。

官璽第七十一：士君子

印面：

續齊魯古印攈十六冊

著錄：

《古璽彙編》，北京：文物出版社，1981年12月，第430頁。

《印典》（一），石家莊：河北美術出版社，1989年8月，第71頁。

《中國篆刻全集》，哈爾濱：黑龍江美術出版社，2000年7月，第76頁。

《古璽漢印集萃》上冊，南寧：廣西美術出版社，2001年10月，第38頁。

《中國書法全集》第92卷，北京：榮寶齋出版社，2003年2月，第166頁。

《中國璽印類編》，天津：天津人民美術出版社，2004年6月，第34頁。

《書法新鑒：古璽文新鑒》，西安：世界圖書出版公司，2005年6月，第120頁。

《古璽彙考》，安徽大學博士學位論文，2006年5月，第198頁。

集釋：

羅福頤：

4732　士君子　《古璽彙編》，文物出版社，1981年12月，第430頁。

王人聰：

士君子　詳見063號「士君子」條。《戰國吉語、箴言璽考釋》，《故宮博物院院刊》，1997年第4期，第52頁。

戴山青：

士君子　《古璽漢印集萃》上冊，廣西美術出版社，2001年10月，第38頁。

徐暢主編：

成語鉨　1420　士君子　《中國書法全集》第92卷，榮寶齋出版社，2003年2月，第166頁。

小林斗盦：

士君子　《中國璽印類編》，天津人民美術出版社，2004年6月，第34頁。

肖曉輝：

改變文字置向，除了將文字橫置以外，還有的璽印將文字倒置，頭下腳上，我們將這類情況稱爲「倒文」。「倒文」並沒有改變文字的寫法，而只是在佈局上將文字的置向加以改變而已。倒文一般發生在特定位置上，多數是末字，個別是首字，例如《古璽彙編》4732「士君子」中末字「子」倒置……《書法新鑒：古璽文新鑒》，世界圖書出版公司，2005年6月，第119～120頁。

肖　毅：

士君子　詳見063號「士君子」條。《楚系成語璽輯略》，《漢字研究》第一輯，學苑出版社，2005年6月，第529頁。

施謝捷：

楚系官璽　士君子　《古璽彙考》，安徽大學博士學位論文，2006年5月，第198頁。

官璽第七十二：士君子

印　面：

弜庵藏印二冊，天津市藝術博物館藏印

著　録：

《古璽彙編》，北京：文物出版社，1981年12月，第430頁。

《周叔弢先生捐獻璽印選》，天津：天津人民美術出版社，1984年3月，第50頁。

《印典》（一），石家莊：河北美術出版社，1989年8月，第71頁。

《中國歷代璽印精品博覽》，南昌：江西人民出版社，1995年9月，第77頁。

《天津市藝術博物館藏古璽印選》，北京：文物出版社，1998年8月，第50頁。

《古璽印精品集成》，上海：上海古籍出版社，1998年9月，第79頁。

《中國篆刻全集》，哈爾濱：黑龍江美術出版社，2000年7月，第75頁。

《古璽漢印集萃》上冊，南寧：廣西美術出版社，2001年10月，第38頁。

《戰國璽印分域編》，上海：上海書店出版社，2001年10月，第239頁。

《中國書法全集》第92卷，北京：榮寶齋出版社，2003年2月，第166頁。
《戰國璽印》，上海：上海書畫出版社，2003年8月，第46、207頁。
《古璽印通論》，北京：紫禁城出版社，2003年9月，第62頁。
《古璽彙考》，安徽大學博士學位論文，2006年5月，第197頁。
《中國印》（上），哈爾濱：黑龍江美術出版社，2007年12月，第23頁。
《天津博物館藏璽印》，北京：文物出版社，2013年11月，第45頁。

集釋：

羅福頤：

4733　士君子　《古璽彙編》，文物出版社，1981年12月，第430頁。

葉其峰：

「士君子」。此詞多見於《墨子》和《荀子》，爲古代成語。指士中的君子，即士中最有知識最有德行者。《荀子・非十二子篇》：「士君子之容，其冠進，其衣逢，其容良。」《榮辱篇》：「重死持義而不橈是士君子之勇也。」《非相篇》「先慮之、早謀之，斯須之言而足聽、文而致實，博而黨正，是士君子之弁者也。」可見，士君子無論是儀表、道德，還是知識、處事均非一般士人可比。相類的成語璽有「圣人」、「君子」、「王之上士」、「王孫之右」、「君子之右」、「上士之右」等，右即佑，訓輔佐。《戰國成語璽析義》，《故宮博物院院刊》，1983年第1期，第77頁。

天津市藝術博物館：

士君子　《周叔弢先生捐獻璽印選》，天津人民美術出版社，1984年3月，第50頁。

王人聰：

士君子　詳見063號「士君子」條。《戰國吉語、箴言璽考釋》，《故宮博物院院刊》，1997年第4期，第52頁。

蕭高洪：

0106　「士君子」爲兩個圓和一個三角形合璧的雜形鉨。《中國歷代璽印精品博覽》，江西人民出版社，1995年9月，第77頁。

莊新興：

1365　士君子　《古璽印精品集成》，上海古籍出版社，1998年9月，第79頁。

莊新興：

1065　士君子　楚系・楚　《戰國璽印分域編》，上海書店出版社，2001年10月，第239頁。

戴山青：

士君子　《古璽漢印集萃》上冊，廣西美術出版社，2001年10月，第38頁。

徐暢主編：

成語鉨　1421　士君子　《中國書法全集》第92卷，榮寶齋出版社，2003年2月，第166頁。

徐暢主編：

1421　士君子

作於東周時期。箴言鉨。《弢庵藏印二冊》、《古璽彙編》四七三三號著錄。天津市藝術博物館收藏。銅質。鼻鈕，兩圓珠與一三角形聯綴。

士君子系指有豐富知識和很高修養的人，高於一般的士。《荀子・子道》載孔子與弟子的對話，子路曰：「知者使人知己，仁者使人愛己。子曰：可謂士矣。子貢曰：知者知人，仁者愛人。子曰：可謂士君子矣。」《修身》：「士君子不爲貧窮怠乎道。」《榮辱》云：「義之所在，不傾於權，不顧其利，舉國而與之不爲改觀，重死，持義而撓，是士君子之勇也。」

作左旋逆時讀，三字大小，正欹、疏密、輕重，皆自然率意，渾然天成。

參考　王人聰《戰國吉語、箴言璽考釋》《中國書法全集》第92卷，榮寶齋出版社，2003年2月，第268頁。

莊新興：

士君子　楚系　《戰國璽印》，上海書畫出版社，2003年8月，第46、207頁。

葉其峰：

還有刻「士君子」三字的。士君子乃指士中的君子，即士中最有知識最有德行者。《荀子·非十二子篇》：「士君子之容，其冠進，其衣逢，其容良。」《榮辱篇》：「重死持義而橈是士君子之勇也。」《非相篇》：「先慮之、早謀之，斯須之言而足聽，文而致實，博而黨正，是士君子之辨者也。」士君子無論是儀表、道德，還是知識、處事均非一般士大夫可比，是士的表率。如上引述，可知古人鐫此詞語，不僅顯示了對聖人、君子的尊敬，還表明聖人、君子是修身的最高境界。　《古璽印通論》，紫禁城出版社，2003 年 9 月，第 58 頁。

肖　毅：

士君子　詳見 063 號「士君子」條。　《楚系成語璽輯略》，《漢字研究》第一輯，學苑出版社，2005 年 6 月，第 529 頁。

施謝捷：

楚系官璽　士君子　《古璽彙考》，安徽大學博士學位論文，2006 年 5 月，第 197 頁。

沈沉主編：

戰國・士君子　《中國印》（上），黑龍江美術出版社，2007 年 12 月，第 23 頁。

天津博物館編：

042　「士君子」銅璽　戰國

高 0.8、長 1.8、寬 1.7 釐米

箴言璽。鼻紐呈半環形，半圓形穿。印面呈罕見的三聯珠形，印文爲陰文大篆「士君子」

三字。此璽爲戰國聯珠璽，字體簡潔，爲戰國古文篆書。《天津博物館藏璽印》，文物出版社，2013年11月，第45頁。

官璽第七十三：士君子

印面：

鐵雲藏印四集四十八冊

著錄：

《古璽彙編》，北京：文物出版社，1981年12月，第430頁。

《古圖形璽印彙》，石家莊：河北美術出版社，1983年8月，第235頁。

《印典》（一），石家莊：河北美術出版社，1989年8月，第71頁。

《篆字印彙》，上海：上海書店出版社，1999年1月，第304頁。

《中國篆刻全集》，哈爾濱：黑龍江美術出版社，2000年7月，第75頁。
《古璽漢印集萃》上冊，南寧：廣西美術出版社，2001年10月，第38頁。
《中國璽印類編》，天津：天津人民美術出版社，2004年6月，第7頁。
《古璽彙考》，安徽大學博士學位論文，2006年5月，第197頁。
《中國印學》，杭州：中國美術學院出版社，2010年6月，第128頁。

集　釋：

羅福頤：

4734　士君子　《古璽彙編》，文物出版社，1981年12月，第430頁。

康　殷：

士君子　《古圖形璽印彙》，河北美術出版社，1983年8月，第235頁。

王人聰：

士君子　詳見063號「士君子」條。　《戰國吉語、箴言璽考釋》，《故宮博物院院刊》，1997年第4期，第52頁。

徐　暢：

東周・三晉系公鉩　士君子　《中國篆刻全集》，黑龍江美術出版社，2000年7月，第75頁。

戴山青：

士君子　《古璽漢印集萃》上册，廣西美術出版社，2001年10月，第38頁。

小林斗盦：

士君子　《中國璽印類編》，天津人民美術出版社，2004年6月，第7頁。

肖　毅：

士君子　詳見063號「士君子」條。　《楚系成語璽輯略》，《漢字研究》第一輯，學苑出版社，2005年6月，第529頁。

施謝捷：

楚系官璽　士君子　《古璽彙考》，安徽大學博士學位論文，2006年5月，第197頁。

吳清輝：

三連珠印　士君子　戰國　《中國印學》，中國美術學院出版社，2010年6月，第128頁。

官璽第七十四：士君子

印面：

香港中文大學文物館藏印

著錄：

《香港中文大學文物館藏印選》，香港：香港中文大學文物館，1980年初版，第139頁。

《中國篆刻全集》，哈爾濱：黑龍江美術出版社，2000年7月，第75頁。

《古璽彙考》，安徽大學博士學位論文，2006年5月，第197頁。

集釋：

王人聰：

銅　鼻鈕　一・九×一・五五釐米　高〇・八釐米（館藏號：七三・一二七四）

士君子　《香港中文大學文物館藏印選》，香港中文大學文物館，1980年初版，第139頁。

徐　暢：

東周・三晉系公鈢　士君子　《中國篆刻全集》，黑龍江美術出版社，2000年7月，第75頁。

肖　毅：

士君子　詳見063號「士君子」條。　《楚系成語璽輯略》，《漢字研究》第一輯，學苑出版社，2005年6月，第529頁。

施謝捷：

楚系官璽　士君子　《古璽彙考》，安徽大學博士學位論文，2006年5月，第197頁。

官璽第七十五：士君子

印　面：

安昌里館璽存

著　錄：

《古璽彙考》，安徽大學博士學位論文，2006年5月，第197頁。

集　釋：

施謝捷：

楚系官璽　士君子　《古璽彙考》，安徽大學博士學位論文，2006年5月，第197頁。

官璽第七十六：士君子

印　面：

千璽齋古璽選、鶴廬印存

著　錄：

《篆字印彙》，上海：上海書店出版社，1999年1月，第238頁。

《中國篆刻學》，杭州：西泠印社，1999年5月，第88頁。

《中國璽印類編》，天津：天津人民美術出版社，2004年6月，第33、486頁。

《古璽彙考》，安徽大學博士學位論文，2006年5月，第198頁。

集釋：

傅嘉儀：

君子士　《篆字印彙》，上海書店出版社，1999年1月，第238頁。

吳清輝：

君子士　《中國篆刻學》，西泠印社，1999年5月，第88頁。

小林斗盦：

君士子　《中國璽印類編》，天津人民美術出版社，2004年6月，第33、486頁。

肖　毅：

士君子　詳見「士君子」條。　《楚系成語璽輯略》，《漢字研究》第一輯，學苑出版社，2005年6月，第529頁。

施謝捷：

楚系官璽　士君子　《古璽彙考》，安徽大學博士學位論文，2006年5月，第198頁。

官璽第七十七：士君子

印面：

陳簠齋手拓古印集四冊

著錄：

《印典》（一），石家莊：河北美術出版社，1989年8月，第71頁。

《中國肖形印大全》，太原：山西古籍出版社，1995年5月，第423頁。

《古璽彙考》，安徽大學博士學位論文，2006年5月，第198頁。

集釋：

施謝捷：

楚系官璽　士君子　《古璽彙考》，安徽大學博士學位論文，2006年5月，第198頁。

官璽第七十八：士君子

印面：

安昌里館璽存

著錄：

《古璽彙考》，安徽大學博士學位論文，2006年5月，第198頁。

集釋：

施謝捷：

楚系官璽　士君子　《古璽彙考》，安徽大學博士學位論文，2006年5月，第198頁。

官璽第七十九：士君子

印面：

千璽齋古璽選

著　錄：

《中國璽印類編》，天津：天津人民美術出版社，2004年6月，第33、486頁。

《古璽彙考》，安徽大學博士學位論文，2006年5月，第198頁。

集　釋：

小林斗盦：

子君□　《中國璽印類編》，天津人民美術出版社，2004年6月，第33、486頁。

施謝捷：

楚系官璽　士君子　《古璽彙考》，安徽大學博士學位論文，2006年5月，第198頁。

官璽第八十：士君子

印　面：

璽印集林四冊

著錄：

《古璽彙考》，安徽大學博士學位論文，2006年5月，第198頁。

集釋：

施謝捷：

楚系官璽　士君子　《古璽彙考》，安徽大學博士學位論文，2006年5月，第198頁。

官璽第八十一：大莫囂鉨（璽）

印面：

1982年，安徽六安城西北古城遺址出土，1984年7月皖西博物館徵集

著錄：

《文物研究》，合肥：黃山書社，1988年第2期，第62頁。

《文物》，北京：文物出版社，1988年第2期，第62頁。

《古代璽印》，北京：中國書店，1988年6月，第279頁。

《古璽通論》，上海：上海書畫出版社，1996年3月，第92頁。

《楚文物圖典》，武漢：湖北教育出版社，2000年1月，第422頁。

《中國篆刻全集》，哈爾濱：黑龍江美術出版社，2000年7月，第7頁。

《古璽漢印集萃》上冊，南寧：廣西美術出版社，2001年10月，第3頁。

《戰國璽印分域編》，上海：上海書店出版社，2001年10月，第191頁。

《古代璽印》，北京：文物出版社，2002年7月，第37頁。

《中國書法全集》第92卷，北京：榮寶齋出版社，2003年2月，第38頁。

《古璽彙考》，安徽大學博士學位論文，2006年5月，第151頁。

《戰國璽印分域研究》，長沙：嶽麓書社，2009年5月，第140頁。

《二十世紀出土璽印集成》，北京：中華書局，2010年1月，第49頁。

《先秦印風》，重慶：重慶出版社，2011年5月，第36頁。

集釋：

吳同玲：

最近，安徽省文物總店與六安文物商店在六安城西北古城遺址旁的一個村莊，徵集到一枚東周時代的官印——人（編按：「人」當爲「大」字誤植）莫囂官璽。

印璽爲黃銅質地，正方形，每邊長 2.5、厚 1.1 釐米，上鈕爲橋形，重 46.5 克，印文爲「大莫囂璽」四字。據《漢書·五行志》顔師古注：「莫囂，楚人官名也。」可見，「大莫囂璽」是戰國或春秋時期的一枚官璽，距今已有兩千多年。這件珍貴文物，現由皖西博物館珍藏。《六安發現一枚東周大莫囂官璽》，1986 年 9 月 15 日《中國文物報》。

胡仁宜：

1984 年 7 月，皖西博物館在安徽六安縣木廠區十字路鄉黃店村徵集到一方「大莫囂」古官璽。這方官璽是 1982 年春該村農民在六安城西北古城遺址東坡耕土層中發現的。

璽爲黃銅質地。正方形，每邊長 2.5、厚 1.1 釐米。橋形鈕，鈕高 0.7、通高 1.8 釐米。重 46.5 克。印文爲「大莫囂鉢」四字白文，書體似金文。

《漢書・五行志》顔師古注：「莫囂，楚官名也，字或作敖，其音同。」隨縣曾侯乙墓出土的簡文中也有「大莫敖」楚官名記載（見《文物》1979年第7期裘錫圭《談談隨縣曾侯乙墓的文字資料》）。羅福頤先生《古璽彙編》序文中列舉近世發現的戰國官璽中即有「莫囂」等官璽；同書所收錄的0127「大廈」和0164「□相垂莫囂」兩璽的「大」字和「莫囂」二字與此璽的書體基本一致。據此，「大莫囂鉨」應是戰國或春秋時的楚官璽。

按《左傳》桓公十一年《楚屈瑕敗羅師》、十三年《屈瑕敗於羅》均出現「莫敖」這一官名的記載，再從曾侯乙墓簡文中「敖」从囂从戈來看，「大莫囂」可能是屬於「司馬」之類的武官。

六安，春秋時爲六國，自公元前622年（周襄王三十年）楚穆王滅六，直到戰國末期，其地一直屬楚。西古城原名白沙城，其遺址濱臨淠水東岸，南距今縣城約5公里左右，規模宏偉，總面積達20萬平方米以上。過去每逢大雨之後，當地群眾時常在遺址上拾到「鬼臉錢」（楚幣「蟻鼻錢」俗稱）。據清同治《六安州志》記載，此遺址曾是九江王英布的都城。1981年遺址被公佈爲省級重點文物保護單位，在這裏發現楚國璽是不難理解的。

「大莫囂璽」的發現，對進一步研究西古城遺址的歷史沿革和楚與六的關係以及楚國的職官等，都提供了可貴的實物依據。《「大莫囂」古官璽》，《文物》，1988年第2期，第62頁。

李家浩：

「莫」字右側的兩個「中」，將跟邊框平等的豎劃省去。《戰國官印考釋（二篇）》，《文物研究》總第七輯，黄山書社，1991年12月，第347頁。

黄錫全：

大莫敖璽　詳見「𦉳（相）坴（陵）莫囂」條。《古文字中所見楚官府官名輯證》，《文物研究》總第七輯，黄山書社，1991年12月，第218頁。

曹錦炎：

2. 大莫囂鉢

「大莫囂」之稱，舊僅見於《漢書·曹參傳》，《史記·曹相國世家》作「大莫敖」。據顏師古注引張晏說，因時近六國，故仍沿用楚官名號。1978年發掘的隨縣曾侯乙墓，出土的竹簡中也載有此官名，如1號簡文以「大莫囂䲷喙適豧之春」記時，「大莫囂」即「大莫囂」（《曾侯乙墓》文物出版社1989年版）。新出土的包山楚簡中也有此官名，如「大莫囂屈陽爲命邦人……」（《包山楚簡》「集箸」類），以屈氏職掌，同於典籍。可見，「大莫敖」應是楚國中央軍事機構中的長官。

此印於1986年文物普查中在安徽六安縣發現（吳同玲、胡援《新發現的「大莫囂」古璽考略》，《文物研究》總第3期，1987年），當爲楚國的晚期官璽。《古璽通論》，上海書畫出版社，1996年3月，第92～93頁。

方林：

大莫囂鈢　戰國官璽。1984年安徽六安城西古城出土。通高1.8釐米，邊長2.5釐米，厚1.1釐米。重46.5克。銅質正方形，刻陰「大莫囂鈢」四字。書體屬戰國楚文字風格。《漢書·五行志》顔師古注：「莫囂，楚官名也。」從《左傳》有關章節中對此官名的涉及以及隨縣曾侯乙墓出土的簡文中提及「大莫戳湯爲賻之春」中戳字从戈囂聲的字形看，大莫囂（敖）當是楚國軍事機構中地位相當高的官職，「大莫囂鈢」的出土爲研究楚國的官職制度提供了重要依據。現藏安徽省皖西博物館。《楚文物圖典》，湖北教育出版社，2000

年1月，第422頁。

徐　暢：

東周·楚系公鉨　大莫囂（敖）鉨　《中國篆刻全集》，黑龍江美術出版社，2000年7月，第7頁。

肖　毅：

大莫囂璽　《古璽所見楚系官府官名考略》，《江漢考古》，2001年第2期，第40頁。

戴山青：

大莫敖（囂）鉢　《古璽漢印集萃》上册，廣西美術出版社，2001年10月，第3頁。

莊新興：

1078　大莫囂鉨　楚系·楚　《戰國璽印分域編》，上海書店出版社，2001年10月，第191頁。

徐暢主編：

戰國公鉨與印跡·楚系鉨印　75　大莫囂鉨　《中國書法全集》第92卷，榮寶齋出版社，

2003年2月，第38頁。

徐暢主編：

75　大莫囂鉨

作於春秋至戰國時期。楚官鉨。一九八二年春，安徽六安縣木廠區十字路鄉黃店村農民在六安城北古城遺址東坡耕土層中發現，一九八四年七月徵集，《文物》一九八八年第二期六二頁著錄。皖西博物館收藏。黃銅質。橋形鈕。正方形，邊長二・五釐米，印臺厚一・一釐米，通高一・八釐米，重四六・五克。

《漢書・五行志》顔師古注：「莫囂，楚官名也，字或作敖，其音同。」《左傳・桓公十一年》「楚屈瑕敗羅師」，十三年「屈瑕敗於羅」，屈瑕時任「莫敖」。莊公四年有「莫敖屈重」，襄公十五年「屈到位莫敖」，襄二十二年「屈建爲莫敖」，襄二十五年「屈蕩爲莫敖」，昭公五年「以屈生爲莫敖」等等。隨縣曾侯乙墓出土的官文中也有「大莫囂鉨」的職官名。可見莫敖（囂）是春秋至戰國的楚官名。

六安，春秋爲「六國」，自公元前六二二年（周襄王三十年）楚穆王滅六，直到戰國末期，其地一直屬楚。西古城原名白沙城。「大莫囂鈢」爲何在此處發現？此印是「六國」時鈢印還是楚鈢？值得探討。

參考　胡仁宜《「大莫囂」古官璽》；徐暢《寓石齋古印考》　《中國書法全集》第92卷，榮寶齋出版社，2003年2月，第204頁。

肖曉輝：

大莫囂鈢　《書法新鑒：古璽文新鑒》，世界圖書出版公司，2005年6月，第78頁。

施謝捷：

楚系官璽　大莫㗊（嚻—囂）鈢（璽）

1982年春六安縣十字路鄉黄店村農民在六安城北西古城遺址東坡耕土層中發現。《左傳·襄公十五年》：「楚公子午爲令尹，公子罷戎爲右尹，蔿子馮爲大司馬，公子橐師爲右司馬，公子成爲左司馬，屈到爲莫敖，公子追舒爲箴尹，屈蕩爲連尹，養由基爲宮廄尹，以靖國人。」又《襄公二十二年》：「復使薳子馮爲令尹，公子齮爲司馬，屈建爲莫敖。」又《襄公二十五年》：「楚薳子馮卒，屈建爲令尹，屈蕩爲莫敖。」《史記·曹相國世家》：「參功：凡下二國，縣一百二十二；得王二人，相三人，將軍六人，大莫敖、郡守、司馬、候、御史各一人。」裴駰《集解》引《漢書音義》曰：「大莫敖，楚之卿號。」《漢書·曹參傳》作「大莫囂」，如淳曰：「囂音敖。」張晏曰：「莫敖，楚卿號也。時近六國，故有令尹、莫敖之官。」

李家浩先生曾經指出：「在所謂的楚國官印中，有一類文字比較方正、呆板。此類官印多爲『田』字格。例如《古璽彙編》25.0145『連尹之鉨』，《文物》1988年二期第62頁『大莫囂鉨』。『田』字格印是秦代璽印的特點之一。秦漢之際故楚地起義軍政權中，多襲用楚國官名。我們懷疑這類文字方正、呆板的『田』字格楚印，很可能就是秦漢之際故楚地起義軍政權所製造的。」（李家浩1998d）捷按：李家浩先生的意見宜值得重視。因目前對這種現象暫未有深入的研究及考古資料的證明，本文將此類璽印仍然按照通常方式附於楚璽，不另立。　《古璽彙考》，安徽大學博士學位論文，2006年5月，第151頁。

陳光田：

楚系古璽　「大莫囂（敖）鉨（璽）」（胡仁宜：《「大莫囂」古官璽》，《文物》1988年第2期。）璽文「囂」當讀做敖，爲「莫敖」之省稱。大莫囂，官名，《漢書·曹參傳》、《史記·曹相國世家》作「大莫敖」。據顏師古注引張晏說，因時近六國，故仍沿用楚國官名。包山楚簡中也有此官名，如《包山楚簡》集箸類云：「大莫囂屈陽爲命邦人……。」可以同傳世文獻相印證。或認爲該璽可能爲秦漢之際故楚地起義軍政權所製造。（李家浩：《南越王墓車馹虎節銘文考釋》，《容庚先生百年誕辰紀念文集》，廣東人民出版社，1998年，第663頁。）按該璽文字古樸，與秦代小篆有別，當爲先秦時期的楚璽。《戰國璽印分域研究》，嶽麓書社，2009年5月，第140頁。

周曉陸主編：

二-GY-0034　大莫囂鉨　東周（楚）　銅　鼻紐　25×25-11　《二十世紀出土璽印集成》，中華書局，2010年1月，第49頁。

徐　暢：

戰國楚系官鉨　大莫囂（敖）鉨　《先秦印風》，重慶出版社，2011年5月，第36頁。

官璽第八十二：大莫囂連鉩（璽）

印　面：

著　錄：

《古璽彙考》，安徽大學博士學位論文，2006年5月，第152頁。

集　釋：

施謝捷：

楚系官璽　大莫㗊（嚻—囂）連（辶+專？）鉩（璽）　《古璽彙考》，安徽大學博士學位論文，2006年5月，第152頁。

官璽第八十三：弅囂之鉩（璽）

印　面：

1976年，安徽蚌埠市八里橋土坑墓出土，蚌埠市博物館藏

著錄：

《楚文物圖典》，武漢：湖北教育出版社，2000年1月，第423頁。

《書法新鑒：古璽文新鑒》，西安：世界圖書出版公司，2005年6月，第123頁。

《古璽彙考》，安徽大學博士學位論文，2006年5月，第152頁。

《戰國璽印分域研究》，長沙：嶽麓書社，2009年5月，第140頁。

集釋：

孫華楚：

□囂之鉨　戰國官璽。1976年安徽蚌埠市八里橋土坑墓出土。通高0.9釐米，邊長2釐米。重13.2克。印體正方形，鼻鈕。印面刻「□囂之鉨」四字，白文。「□囂之鉨」，第一字不識。「囂」假借爲「敖」，「□囂」爲楚之官名。包山楚簡中稱中央官爲「大莫敖」，地方官稱「莫敖」。此「□囂之鉨」，可能是楚晚期在安徽蚌埠地區所設的縣一級行政長官。它和六安縣出土的「大莫囂鉨」，應是楚國設立的同一官職的不同級別。現藏安徽省蚌埠市博物館。《楚文物圖典》，湖北教育出版社，2000年1月，第423頁。

何琳儀：

蚌埠市博物館藏一方楚璽，據云建國初年楚墓所出。印面長2cm，寬1.9cm，瓦鈕，白文四字：

弅囂之鉨

其讀序爲：左上↓右上↓右下↓左下。相同的讀序參見上文「成樂之鉨」。

首字从「廾」，「不」聲（長横筆右側之斜筆明顯爲泐痕），即字書之「抔」。「廾」與「手」義近互換，如「𢍉」即「擇」，「弊」通「撆」等。《廣韻》：「抔，手掬物也。」又捊之異文，見《集韻》：「捊，《說文》引取也。或从包，从不。」

「弅（抔）囂」，應讀「莫囂」。「不」與「莫」均屬唇音，作爲否定詞音義均通。《詞詮》：「莫，否定副詞，不也。」（楊樹達《詞詮》26頁，中華書局，1963年）又《老子》三十二章：「通常無名樸，雖小，天下莫能臣也。」景龍本、河上公本、敦煌本、英倫本並作「天下不敢臣」。由此可見，「不」可讀如「莫」應無疑問。衆所周知，楚官「莫囂」（《璽彙》0164），或作「莫鄀」（包山117）、「莫爤」（隨縣1）、「莫敖」（《左傳·桓公十二年》）等。既然「囂」可以借用「鄀」、「爤」、「敖」等字爲字，那幺（編按：「幺」當爲「麼」字訛）借「抔」爲「莫」也就不足爲怪了。

「莫敖」，楚武官名，見《左傳·桓公十二年》「莫敖屈瑕」。亦作「莫囂」，見《淮南子·修務訓》「莫囂大心」。

考古文字資料中的「莫囂」已經不少，然而多出土於兩湖地區。蚌埠「抔囂」璽的發現，是否暗示「抔」是「莫」的淮北古方言？這似乎也是值得注意的問題。《楚官璽雜識》，《南京師範大學文學院學報》，2002年第1期，第167～168頁。

肖曉輝：

蚌埠博物館藏有一方楚官璽，其文字排列順序爲1 2/4 3。第一字不識，第二字爲「囂」，文獻中通作「敖」，是楚國特有的官名，如楚璽中有「莫囂」、「連囂」，據此判定首行二字從左往右讀爲「□囂」。次行自右向左讀，三、四字分別是「之」、「鉨」字，因此整個印文是環式的讀法。《書法新鑒：古璽文新鑒》，世界圖書出版公司，2005年6月，第123頁。

施謝捷：

楚系官璽  ⿱一㗊（⿲口頁口—囂）之鉨（璽）

此璽1976年安徽蚌埠市八里橋土坑墓出土。何琳儀先生將璽文釋爲「⿱不廾囂之鉨」，謂：「首字从『廾』，『不』聲（長横筆右側之斜筆明顯爲泐痕），即字書之『抔』。『廾』與『手』義近互换，如『睪』即『擇』，『弊』通『撆』等。《廣韻》：『抔，手掬物也。』又捊異文，見《集韻》：『捊，《說文》引取也。或从包，从不。』『⿱不廾（抔）囂』，應讀『莫囂』。『不』與『莫』均屬唇音，作爲否定詞音義均通。《詞詮》：『莫，否定副詞，不也。』又《老子》三十二章：『通常無名樸，雖小，天下莫能臣也。』景龍本、河上公本、敦煌本、英倫本並作『天下不敢臣』。由此可見，『不』可讀如『莫』應無疑問。衆所週知，楚官『莫囂』（《古璽彙編》0164），或作『莫鄗』（包山簡117）、『莫⿰女囂』（隨縣簡1）、『莫敖』（《左傳·桓公十二年》）等。既然『囂』可以借用『鄗』、『⿰女囂』、『敖』等字爲之，那麼借『抔』爲『莫』也就不足爲怪了。……考古文字資料中的『莫囂』

已經不少，然而多出土於兩湖地區。蚌埠『抔囂』璽的發現，是否暗示『抔』是『莫』的淮北古方言？這似乎也是值得注意的問題。」（何琳儀 2002）捷按：從印蛻及所獲印面照片看，首字上半所从長横筆右側之斜筆不能視爲泐痕，與「不」字構形有較大差異，下半所从與「（廾）」也並不相同，將它釋爲「从廾不聲」的「𢍏」即「抔」，恐怕並不妥當。然則「囂」未必就是「莫囂」之異寫，俟再考。《古璽彙考》，安徽大學博士學位論文，2006年5月，第152頁。

陳光田：

楚系古璽　「𢍏（莫）囂（敖）之鉨（璽）」（新禮學：《安徽省蚌埠市博物館藏文物選介》，《文物》2002年第1期。）璽文第一字从「廾」不聲，何琳儀先生將其隸作𢍏，即字書中的「抔」，不、莫均爲脣音，古音相通作爲否定詞，音義均通，《詞詮》云：「莫，否定副詞，不也。」「不」可以讀做「莫」，故「抔」亦可以讀做「莫」。《戰國璽印分域研究》，嶽麓書社，2009年5月，第140頁。

官璽第八十四：⿱叒相（相）坴（陵）莫囂

印　面：

故宮博物院藏印

著　錄：

《古璽彙編》，北京：文物出版社，1981年12月，第28頁。
《印典》（一），石家莊：河北美術出版社，1989年8月，第420頁。
《中國璽印篆刻全集》，上海：上海書畫出版社，1999年11月，第50頁。
《中國篆刻全集》，哈爾濱：黑龍江美術出版社，2000年7月，第7頁。
《古印集萃・戰國卷》，北京：榮寶齋出版社，2000年11月，第45頁。
《戰國璽印分域編》，上海：上海書店出版社，2001年10月，第186頁。
《中國書法全集》第92卷，北京：榮寶齋出版社，2003年2月，第38頁。

《戰國璽印》，上海：上海書畫出版社，2003年8月，第266頁。
《中國璽印類編》，天津：天津人民美術出版社，2004年6月，第21、66、448頁。
《書法新鑒：古璽文新鑒》，西安：世界圖書出版公司，2005年6月，第78頁。
《古璽彙考》，安徽大學博士學位論文，2006年5月，第152頁。
《戰國璽印分域研究》，長沙：嶽麓書社，2009年5月，第140頁。
《先秦印風》，重慶：重慶出版社，2011年5月，第36頁。
《先秦古璽集粹》，長春：吉林文史出版社，2011年11月，第14頁。

集釋：

羅福頤：

莫敖：□相垂莫囂。《左傳》桓公十一年，楚屈瑕將盟貳軫，鄖人軍於蒲騷，莫敖患之。杜注：「莫敖楚官名，即屈瑕」。又楚屈重（襄公四年）、屈到（襄公十五年）、屈建（襄公廿二年）、屈蕩（襄公廿五年）均稱莫敖。案桓公十一年，楚莫敖，《漢書·五行志》作莫囂，《淮南子·修務訓》亦作莫囂，《爾雅》釋訓釋文說：「敖本作謷，又作囂同，因是知璽文莫囂即莫敖。　《近百年來古璽文字之認識和發展》，《古文字研究》第五輯，中華書局，1981年1月，第249～250頁。

葉其峰：

□相垂莫囂。《左傳・桓公》十一年有莫敖屈瑕，同書襄公十一年記「屈到爲莫敖」。莫敖是楚國特有的官名，《漢書・五行志》、《淮南子・修務訓》均作莫囂，故知莫囂即莫敖，此爲楚印。　《戰國官璽的國別及有關問題》，《故宮博物院院刊》，1981年第3期，第86頁。

羅福頤：

0164　□相垂莫囂　《古璽彙編》，文物出版社，1981年12月，第28頁。

吳振武：

九相垂（陵）莫囂。　《〈古璽彙編〉釋文訂補及分類修訂》，《古文字學論集》（初編），香港中文大學，1983年9月，第489頁。

李家浩：

尪相夌（陵）莫囂（敖）。《楚國官印考釋（四篇）》，《江漢考古》，1984年第2期，第47頁。

黄盛璋：

䔉陵莫囂。《戰國「江陵」璽與江陵之興起因沿考》，《江漢考古》，1986年第1期，第35頁。

湯餘惠：

楚官璽  垂莫囂（徼）《略論戰國文字形體研究中的幾個問題》，《古文字研究》第十五輯，中華書局，1986年6月，第76頁。

鄭　超：

44.□相垂莫囂

羅福頤先生認爲「莫囂」即古書中的「莫敖」，可信。《左傳·桓公十一年》「楚屈瑕將盟貳軫，鄖人軍於蒲騷，將與隨、絞、州、蓼伐楚師，莫敖患之。」杜注：「莫敖，楚官名，即屈瑕」。明董說《七國考》認爲楚改司空爲莫敖，其說不知何所據。曾侯乙墓竹簡

「大莫敖」作「大莫𤓰」，「𤓰」字从戈（看裘錫圭《談談隨縣曾侯乙墓的文字資料》，《文物》1979年7期）。因此我們認爲莫敖似是軍官。「□相陵」是地名，無可考。《楚國官璽考述》，《文物研究》總第二輯，黄山書社，1986年12月，第93頁。

黄錫全：

33、大莫敖　莫敖

（73）「大莫敖」、「莫敖」　包山簡

（74）「大莫敖（編按：當爲「囂」字誤植）璽」　安徽《文物研究》3期237頁

（75）「大莫敖陽爲適豧之春」　曾簡

（76）「羅莫敖臧其」　銅量，《江漢考古》1987年2期封頁

（77）□相夌莫敖（編按：當爲「囂」字誤植）　璽彙0164

上列材料均假「囂」爲「敖」，曾簡又增从戈作，陳秉新認爲即《廣韻》的「𢧢」字異構。出土於安徽的「大莫敖璽」有十字界格，「璽」字的寫法具楚字特點，斷爲楚璽是沒有問題的。裘錫圭認爲曾簡的這個「大莫敖」大概也是楚國的。「羅」字從何琳儀釋。「羅」

本在湖北宜城西，曾遷居湖北枝江，後遷至湖南。「□相夌」爲地名，第一字似九非九，待考。包山簡中，中央官稱「大莫敖」，地方官稱「莫敖」，根據上述材料，始知楚地方亦設「莫敖」，中央官或稱「大莫敖」。至於「莫敖」的性質，歷來眾説紛紜，不過，多以爲其爲「將兵之官」。曾簡「敖」字从戈，或許反映了這種意思。據劉彬徽文介紹，「莫敖之職掌範圍較廣，既可兼管軍事，也可兼管司法，甚至也可以是縣一級的行政長官」。又説，「楚之莫敖，論者以爲莫敖必爲屈氏，其實也有非屈氏者。這批簡文中的莫敖並非限於屈氏，有莫敖邵（昭）步的其他姓氏者，但似乎可以認爲，莫敖之職多爲楚王室貴族擔任」。據文獻記載，「莫敖」在春秋初期的權力是很大的，自武王「威莫敖以刑」之後，地位下降，多排列在令尹、司馬之後，諸尹之前。春秋戰國時期，這個官名一直存在。

《古文字中所見楚官府官名輯證》，《文物研究》總第七輯，黄山書社，1991年12月，第218頁。

曹錦炎：

1.⿱九相夌（陵）莫囂

莫囂，是楚國特有的官名，見《漢書・五行志》引桓公十三年《左傳》：「楚屈瑕伐羅，鬥伯比送之。還，謂其馭曰：『莫囂必敗，舉止高，心不固矣。』」顔師古注：「莫囂，楚官名也，字或作敖，其音同。」又《左傳》桓公十一年：「楚屈瑕將盟貳軫，鄖人軍於蒲騷，將與隨、絞、州蓼伐楚師，莫敖患之。」杜預注：「莫敖，楚官名，即屈瑕。」可證。又，《淮南子・修務》「莫囂大心」，《戰國策・楚策》作「莫敖大心」，可見印文的「莫囂」，在典籍中或寫作「莫敖」，是楚官名。「莫敖」之敖，早期是作爲楚君名號的一種稱號，如早期楚君有若敖、宵敖、堵敖、郟敖、訾敖等人，可知「敖」本是楚族軍事首領的尊號（參見張正明《楚國社會性質管窺》尾注，載《楚史論叢》初集，湖北人民出版社1984年版），後來楚君稱「王」，「敖」遂成爲軍事長官之職名。

楚置「莫敖」之職，始於武王時，起初是全軍的統帥，後來只是一軍之主將，地位在令尹、司馬之下。據《左傳》楚國中央一級的「莫敖」多爲屈氏之世職。

⿱九相陵，地名，確切地待考。此璽爲地方莫敖之印，則此「莫囂」應是指地方軍事長官。

1987年發掘的荊門包山崗地二號楚墓，出土的竹簡中，記有楚的地方莫囂名甚多，如鄝莫囂、安陵莫囂、正陽莫囂、株陽莫囂、州莫囂等（《包山楚簡》，文物出版社，1981年版），可知戰國時期楚國於地方一級行政單位普遍設有「莫囂」一職。《古璽通論》，上海書畫出版社，1996年3月，第91～92頁。

何琳儀：

楚系　湘夌莫囂

楚器「莫囂」、「連囂」，楚官名。《戰國古文字典》，中華書局，1998年9月，第283頁。

何琳儀：

湘夌莫囂

《說文》：「湘，水也。出零陵海陽山北入江。从水，相聲。」

楚璽「湘夌」，讀「湘陵」，地名。劉宋時所設，在今湖南長沙附近。據楚璽知戰國已有湘陵。《戰國古文字典》，中華書局，1998年9月，第708頁。

莊新興：

□相垂莫囂　戰國　《中國璽印篆刻全集》，上海書畫出版社，1999年11月，第50頁。

來一石：

□相垂莫囂　《古印集萃・戰國卷》，榮寶齋出版社，2000年11月，第45頁。

肖　毅：

□相陵莫囂　《古璽所見楚系官府官名考略》，《江漢考古》，2001年第2期，第40頁。

莊新興：

1047　⿰九目陵莫囂　楚系・楚　《戰國璽印分域編》，上海書店出版社，2001年10月，第186頁。

曹錦炎：

⿰九目夌「陵」莫囂

莫囂，是楚國特有的官名。　《古代璽印》，文物出版社，2002年7月，第37～38頁。

徐在國：

二、湘陵

《古璽彙編》0164是如下一方陰文楚官璽（編按：圖略）：

原書釋爲「□相垂莫嚚」。很顯然是把「」（下用A代替）當作二字來處理的。《古璽文編》從之，把「」釋爲「相」。何琳儀先生釋A爲「湘」（《戰國古文字典》，第708頁，中華書局，1998年）。按：何琳儀先生將A視爲一字是正確的。關於形體分析，我們與何先生略有不同。我們認爲A所从的「」與前引包山簡喪字所从的「」（桑）形體相近，似應釋爲「桑」（此字右上角原拓不很清晰，假如是「口」旁的話，應是「喪」）。A右下所从的「」是「目」沒什麼疑問。A字从「桑」从「目」，是否應釋爲「𣉉」字呢？我們認爲此字隸作「𣎵」似乎更好一些。原因很簡單，「桑」、「相」二旁共用了「木」旁。類似的借筆，古文字中常見，如（所引例證見吳振武：《古文字中的借筆字》，《古文字研究》第二十輯，第322～323頁，中華書局，2000年）：

臧（臧）：《古璽彙編》0177

踦：《古璽彙編》1684

醜（醜）：侯馬盟書

郙（祁）： 祁布

A字可隸作「𧶠」，「桑」、「相」二字均是聲符，二字古音同屬心紐陽部。「𧶠」似應釋爲「相」，「桑」可視爲疊加的聲符。

如上所述，此璽當釋爲「相陵莫囂」。「相陵」爲楚國地名，讀爲「湘陵」。劉宋時所設，在今湖南長沙附近，據楚璽知戰國時已有湘陵（何琳儀：《戰國古文字典》，第709頁，中華書局，1998年）。　《楚國官璽中的兩個地名》，《古文字研究》第二十四輯，中華書局，2002年7月，第318頁。

徐暢主編：

戰國公鉨與印跡・楚系鉨印　76　□夌（陵）莫囂（敖）　《中國書法全集》第92卷，榮寶齋出版社，2003年2月，第38頁。

徐暢主編：

76　□夌（陵）莫囂（敖）

作於東周時期。楚國官鉩。《故宫博物院藏古璽印選》、《古璽彙編》〇一四六號著録。《古璽彙編》釋作「□相垂莫囂」。吳振武釋爲「九相垂（陵）莫囂）」。或釋第一、二字爲「䱷、陵」者，待考。

楚鉩中有些在製範時用印模壓印，形成印面有壓印的印跡。而且此種鉩印大多時代較早，可能與秦公簋同時。

參考　徐暢《寓石齋璽印考》《中國書法全集》第92卷，榮寶齋出版社，2003年2月，第204頁。

莊新興：

䱷陵莫囂　《戰國璽印》，上海書畫出版社，2003年8月，第266頁。

小林斗盦：

□相垂莫囂　《中國璽印類編》，天津人民美術出版社，2004年6月，第21、66頁。

小林斗盦：

九相垂莫囂　《中國璽印類編》，天津人民美術出版社，2004年6月，第448頁。

肖曉輝：

𦮃陵莫囂　《書法新鑒：古璽文新鑒》，世界圖書出版公司，2005年6月，第78頁。

施謝捷：

楚系官璽　𦮃𡐦（夌—陵）莫嚚（嚻—囂）　《古璽彙考》，安徽大學博士學位論文，2006年5月，第152頁。

汪冰冰、鵬　宇：

……

璽印除第一字模糊不清外，其他四字易辨。首先，第四第五兩字當爲「莫囂」無礙。「莫囂」就是莫敖，爲楚國所設高級職官。在春秋早期即有莫敖這一官稱，《淮南子・修務訓》有「莫囂大心」。這時期的莫敖，大概相當於大司馬的職稱。楚武王四十二年，莫敖屈瑕帶兵伐羅，因驕縱輕敵，打了敗仗，畏罪自殺，自此以後，莫敖的地位開始下降。楚國又另設大司馬、右司馬、左司馬、莫敖的地位降至左司馬以下。《左傳・莊公四年》載，楚武王領兵攻打隨國，病死路上，「令尹鬥祁、莫敖屈重除道梁溠，營軍臨隨，隨人懼，行成」。這時的莫敖地位已在令尹之下了，《左傳·襄公十五年》記載，楚康王任命職官時，以「公子午爲令尹，公子罷戎爲右君，子馮爲大司馬，公子橐師爲右司馬，公子成爲左司馬，屈到爲莫敖」。莫敖已降到第六位了。《戰國策·楚策一》載楚威王問莫敖子華：「有不爲爵勸，不爲祿勉，以愛社稷者乎？」這是戰國中期的事。這時的莫敖似乎已不掌實權，衹備王顧問的閑職而已，代替莫敖執政的是令尹。由此可以斷定，此印歸屬爲官印一類。

其次，從字形上看第三個字確爲「垂」字戰國寫法，應隸定爲「垂」，疑讀爲「差」字，用爲「佐」，表示輔佐的意思，「相差」即爲相佐。

「垂」字的寫法爲 。而「差」的寫法爲 ，「差」字僅比「垂」字多了個手的形符 ，兩字寫法很接近。從字音上來看，垂字古音在禪紐歌部，差字在初紐歌部，韻部相同，從差、从垂的字多有相通之例。如《爾雅·釋山》：「崒者厜□。」《釋文》：「厜又或作嵳。」差字从左得聲，古代从左的字亦多與从垂的字相通。如「墮」與「垂」通假，《戰國策·韓策一》：「無以異於墮千鈞之重於鳥卵之上。」《史記·張儀列傳》：「墮或作垂。」「隋」與「棰」通假，《史記·貨殖列傳》：「果隋蠃蛤，不待賈而是。」《正

義》：「隋今爲棰，音同上古少字也。」我們可以假設，在刻字的時候，刻字者由於失誤或者爲使整個印章整體構造整潔，所以將省略了。而省略之後，字形就與「垂」字相差無幾了。

「差」字从左得聲，「佐」字亦左得聲，故「差」、「佐」二字可以通假。早在金文中就已經有「差」字假借爲「佐」的用法，如《楚王酓忎鼎》「治師吏秦差笴燕爲之」。而在與古璽相近時期的簡帛中，差字假借爲佐字的例子也不鮮見，如《老子》「化莫大漩不智足。智足之爲足，此恒足矣。以漩差人宔者，不谷以兵強」。整句話的意思是：最大的災禍莫過於不知足。知足爲足，才是永恆的滿足。憑藉「道」來輔佐帝王的人，不以兵強來壯大自己。從中不難看出，「差」字假借爲「佐」字。又如：《郭店楚墓竹簡》：「澻板灤而差天子，堣武丁也。」《包山楚簡》：「九月戊申之日，邚喬差宋加受期，乙丑之日不硤邚喬尹熑熔以廷，阩門又敗。」《上海博物館藏戰國楚竹書》：「山又堋，川又蜓，皞星煐猷差民，亡不又濤，蚊者。」「溳，漊爲五音，㚩定男女之聖。浇是時也，滈役不至，祆羕不行，灩才淣亡，肣礎肥大，卉木晉長。昔者天地之差滇而。」以上諸例中，差均假借爲佐。

而傳世文獻中「左」用爲「佐」的例子亦不少見。如《漢書・律曆志上》：「以左右民。」顏師古注：「左讀曰佐。」《漢書・師丹傳》：「職在左右。」顏師古注：「左讀曰佐。」所以，此字應隸定爲「垂」，用爲「佐「字，此印應是作爲莫囂的輔臣所有的官印。《戰國官璽考釋三則》，《東南大學學報》（哲學社會科學版）第10卷增刊，2008年12月，第171~172頁。

陳光田：

楚系古璽　「喪（湘）夌（陵）莫囂（敖）」（0164）。璽文第一字舊不識，當釋爲桑，讀做湘。（何琳儀：《戰國文字通論（訂補）》，江蘇教育出版社，2003年，第157頁。）湘陵，或認爲其地在今湖南長沙附近。（何琳儀：《戰國古文字典》，北京：中華書局，1998年，第709頁。）或認爲湘水邊上。（徐在國：《楚國璽印中的兩個地名》，《古文字研究》第24輯，中華書局，2002年，第317頁。）莫囂，官名，《左傳・桓公十三年》云：「楚屈瑕伐羅，鬥伯送之。還，謂其馭曰：『莫囂必敗，舉止高，心不固矣。』」顏師古注曰：「莫囂，楚官名也，字或作敖，其音同。」《左傳·桓公十一年》云：「楚屈瑕將盟貳軫，隕人軍於蒲騷，將與隨、絞、州蓼伐楚師，莫敖患之。」杜預注曰：「莫敖，楚官名，即屈瑕。」「莫敖」爲楚特有的官名，莫敖即楚國的宗伯，亦即三閭大夫。（劉先枚：《楚官源流考索》，《江漢論壇》1982年第8期。）據《戰國策·楚策》載，楚在武王時開始置「莫敖」一職，最初爲全軍的統帥，後來成爲一軍的主將名稱，其地位在令尹、司馬之下。地方也設有「莫敖」之職，這種情況楚簡中習見。《戰國璽印分域研究》，嶽麓書社，2009年5月，第140頁。

徐　暢：

戰國楚系官鉨　□相垂（陵）莫囂（敖）　《先秦印風》，重慶出版社，2011年5月，第36頁。

王義驊：

九相垂莫囂　《先秦古璽集粹》，吉林文史出版社，2011年8月，第14頁。

李守奎按：

「若囂」是楚國的姓氏，「莫囂」、「連囂」是楚國的職官，典籍中分别作「若敖」、「莫敖」、「連敖」。張正明在《楚史》中對其來源有比較明確的闡述，轉録於下：

熊儀稱「若敖」，熊坎稱「霄敖」。「敖」的本義是軍事首領，相當於統帥，職位僅亞於楚君……楚國的公子如果擔任了統帥，便可稱「敖」。如果繼承了君位，就要在本名前面加上氏號「熊」字。前人以「敖」爲夏言，多方求解，或釋之爲「陵」，或釋之爲「豪」，皆不得要領。「敖」乃楚言，不可以夏言求其正解。春秋時，楚有莫敖掌軍，爲全軍之帥；戰國時，又有連敖掌軍，爲一軍之將；由此可知，敖必爲軍帥（《楚史》55頁）。

現在據出土材料我們知道，戰國時期，楚國有「大莫敖」，地方上莫敖、連敖並行，當各有所掌。楚官又有「大司馬」、「司馬」、「左司馬」、「右司馬」等掌軍之官。楚國軍官何以設置兩套，尚待進一步研究。

李守奎按：

徐在國隸作「𦤎」，可信。

官璽第八十五：若嚻昍（軍）鉨（璽）

印　面：

寒香書屋金石拓本

著　錄：

《出土文獻研究》第三輯，北京：中華書局，1998年10月，第87頁。

《古璽彙考》，安徽大學博士學位論文，2006年5月，第327頁。

集　釋：

吳振武：

十五　若敖

筆者舊藏古璽鈐本有下揭一枚未見於著錄的陰文私璽：

此璽從風格上看，必是楚璽無疑。璽文四字，當釋爲「若囂會璽」。其中「若」字的寫法跟隨縣曾侯乙墓所出漆木衣箱（E.67）上的「若」字極相似，衹是璽文大概爲了對稱，右下方多了一個「口」旁（看湖北省博物館《曾侯乙墓》圖版一二四·4，文物出版社，1989年；又《古文字研究》第十輯197頁，中華書局，1983年）。

璽文「若囂」是姓氏，即古書中的「若敖」氏。楚官璽中所見的「莫敖」（《璽彙》0164、《文物》1988年2期62頁）、「連敖」（《璽彙》0318）之「敖」均作「囂」（參《璽彙》羅福頤序；李家浩《楚國官印考釋（四篇）》，《江漢考古》1984年2期47～49頁），與此同例。

「若敖」是楚國一個很出名的姓氏。《通志·氏族略三》「以字爲氏」類下謂：「若敖氏，芊姓，楚君若敖之後也。……若敖者，楚君熊義字也；或言楚國尊者稱敖，如霄敖、郟敖之類是也。」《古今姓氏書辨證》（入聲十八藥）「若敖」氏條下謂：「出自芊姓。楚子熊鄂生熊儀，謂之若敖，後以爲氏。……春秋楚君之不以壽終者，葬不以成君之禮，皆謂之敖。若敖、霄敖、堵敖、杜敖、訾敖皆是也。」按據《左傳·宣公四年》和《史記·楚世家》記載，若敖氏一族中的絕大部份在公元前605年被楚莊王擊滅，故此璽的年代或有可能早至春秋。

又，此璽1.9公分見方，在楚私璽中算是比較大的。不過像《璽彙》0263「聑（？）𨗿（追）逑（逐）璽」那樣的楚私璽，則更大至2.4公分見方，有時竟不免被後人誤以爲是官璽。

《古璽姓氏考》（複姓十五篇），《出土文獻研究》第三輯，中華書局，1998年10月，第87頁。

施謝捷：

（複姓）楚系私璽　⿱叒品（⿱叒吅—若）⿰⿱口口頁（敖）𦣝鉨（璽）　《古璽彙考》，安徽大學博士學位論文，2006年5月，第327頁。

李守奎按：

郭店竹簡《窮達以時》7號簡有字作，與璽文該字同。楚簡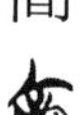字整理者隸定爲「𦣝」，讀爲「朝」，裘錫圭先生讀「𦣝」爲「名」，　馮勝君先生讀爲「龜」。《莊子・逍遙遊》「宋人有善爲不龜手之藥者」，「龜」應該讀爲「皸」，「皸」从「軍」聲，則「𦣝（龜）

卿」似乎可以讀爲「軍卿」（以上各家觀點皆轉引自馮勝君：《論郭店簡〈唐虞之道〉、〈忠信之道〉、〈語叢〉一～三以及上博簡〈緇衣〉爲具有齊系文字特點的抄本》第292～293頁，北京大學博士後出站報告2004年8月）。「囂」、「敖」音近可通，此不贅述。若囂，即若敖，楚國軍職。若囂軍璽，當即楚國若囂氏軍隊所用之璽。

李守奎按：

《說文》：「若，擇菜也。从艸，从右。右，手也。」卷六：「叒，日初出湯谷所登榑桑，叒木也。象形。凡叒之屬皆从叒。，籀文。」董蓮池以爲此二字皆來源於甲骨文中像人跪跽兩手梳順其發的，「叒」是其訛省，「若」是其訛變。其說可信。從字形上看，璽文顯然與「叒」之籀文相近，作爲姓氏，典籍皆作「若敖」。「若囂」之「若」是地名，即史書中的「鄀」。

若敖氏之「若」是地名。「若囂」是熊儀的稱號，其後人以爲氏。若敖氏擁有軍隊，曾和楚莊王決戰。

官璽第八十六：連囂之□三

印面：

伏盧璽印十一卷，故宮博物院藏印

著錄：

《古璽彙編》，北京：文物出版社，1981年12月，第55頁。

《印典》（一），石家莊：河北美術出版社，1989年8月，第420頁。

《古璽通論》，上海：上海書畫出版社，1996年3月，第93頁。

《伏盧璽印》，上海：上海書畫出版社，1996年12月，第5頁。

《中國璽印篆刻全集》，上海：上海書畫出版社，1999年11月，第61頁。

《中國篆刻全集》，哈爾濱：黑龍江美術出版社，2000年7月，第20頁。

《古印集萃・戰國卷》，北京：榮寶齋出版社，2000年11月，第40頁。

《戰國璽印分域編》，上海：上海書店出版社，2001年10月，第187頁。

《中國書法全集》第92卷，北京：榮寶齋出版社，2003年2月，第45頁。
《中國璽印類編》，天津：天津人民美術出版社，2004年6月，第54、66頁。
《古璽彙考》，安徽大學博士學位論文，2006年5月，第152頁。
《歷代名印鑒賞》，鄭州：河南美術出版社，2008年4月，第21頁。
《戰國璽印分域研究》，長沙：嶽麓書社，2009年5月，第141頁。
《先秦印風》，重慶：重慶出版社，2011年5月，第36頁。

集　釋：

羅福頤：

0318　□嚻之□　《古璽彙編》，文物出版社，1981年12月，第55頁。

吳振武：

□嚻之四　《〈古璽彙編〉釋文訂補及分類修訂》，《古文字學論集》（初編），香港中文大學，1983年9月，第491頁。

李家浩：

肆　連囂之□三

《古璽彙編》0318號印文如下：

此印右邊「囂」上一字原書缺釋。據左邊「之」殘泐情況看，這個字應當是「連」字「車」旁上部的橫畫殘去。「之」下一字漫漶不可辨識。最後一字是「三」。因此這枚印文可釋寫如下：

連囂之□三

「連囂」是官名，曾侯乙墓竹簡作「連⿰戈囂」（裘錫圭：《談談隨縣曾侯乙墓的文字資料》，《文物》1979年7期26頁），即古書中的「連敖」（見《史記》的《淮陰侯傳》、《高祖功臣侯者年表》和《漢書》的《韓信傳》、《高惠高后文功臣表》等）。「囂」、「敖」二字古通。《爾雅・釋訓》：「敖敖，傲也。」陸德明《釋文》：「敖敖，本又作謷，又作嚻。」《詩經》的《小雅・十月之交》「讒口嚻嚻」和《大雅・板》「聽我嚻嚻」之「嚻嚻」，《潛夫論》的《賢難》、《明忠》並引作「敖敖」。《戰國策・楚策一》「莫敖大心」，《淮南子・修務》作「莫嚻大心」。「嚻」、「敖」古音同屬疑母宵部，故二字可以通用。《漢書・高惠高后文功臣表》「隆慮克侯周竈」欄顔師古注引如淳曰：

連敖，楚官。《左傳》楚有連尹、莫敖，其後合爲一官號。

《史記・淮陰（編按：原作「明」，今改）侯傳》索隱和《漢書・韓信傳》顔師古注引李奇曰，亦認爲「連敖」是楚官。今有此印，可證「連敖」爲楚官說是可信的。但是，如淳認爲「連敖」是連尹、莫敖「合爲一官號」，則是錯誤的。連尹、莫敖都見於戰國楚印：

連尹之鉩（璽）。　《古璽（編按：原作「譜」）彙編》25.0145

⿺尢占相夌（陵）莫囂（敖）。　《古璽彙編》28.0164

曾侯乙墓竹簡「大莫⿰火囂（敖）」、「連⿰火囂（敖）」同見（裘錫圭：《談談隨縣曾侯乙墓的文字資料》，《文物》1979年7期26頁）。此皆可證明「連敖」非是連尹、莫敖的「合爲一官號」。

關於「連敖」的性質有不同的説法。《史記・淮陰侯傳》集解引徐廣曰：「典客也。」（《史記・高祖功臣侯者年表》「隆慮」欄索隱引徐廣曰作「以連敖爲典客官」）。索隱引張晏曰：「司馬也。」清人梁玉繩認爲「是司庾之官」（《史記志疑》二冊538頁，中華書局，1981年）。梁説是推測之詞，不足爲信。徐説可能是根據《史記・高祖功臣侯者年表》「淮陰」欄韓信「爲連敖典客」而來。原文云：

兵初起，以卒從項梁。梁死屬項羽爲郎。至咸陽，亡從入漢，爲連敖、典客。蕭何言爲大將軍。別定魏、齊，爲王。徙楚，坐擅發兵，廢爲淮陰侯。

司馬貞索隱：

典客，《漢表》作「粟客」，蓋字誤。《傳》作「治粟都尉」，或先爲連敖、典客也。

司馬貞所說的《漢表》是指《漢書·高惠高后文功臣表》，《傳》是指《史記·淮陰侯傳》。現在我們所見到的傳本以及唐顏師古所見本，《漢書·高惠高后文功臣表》「粟客」均作「粟客」。前人曾經指出，「粟客」即「粟客」之訛（王念孫：《讀書雜誌》四之二）《史記志疑》二冊538頁）。按《古璽彙編》五〇三頁著錄一枚楚國官印「郢粟客璽」（闕於「郢粟客璽」的考釋，見拙文《戰國文字札記（一）》（待刊）。我在該文講到楚國官名「客」的時候，漏引壽縣楚鼎銘文「客豊愆」的資料（《三代吉金存》35-36上），記於此）。司馬貞所見本《漢書》「粟客」與此印文相同，可證前人所說甚是。《史記》作「典客」，大概是由於後人不知道「粟客」之義而臆改的。《高祖功臣侯者年表》和《高惠高后文功臣表》記韓信先後爲「連敖、粟客」，而《史記·淮陰侯傳》、《漢書·韓信傳》

並作韓信先後爲「連敖」、「治粟都尉」，是「粟客」與「治粟都尉」相當。「治粟都尉」亦見於《漢書・食貨志》，是管糧食的官，「粟客」的職掌當與之相同。由此可見「連敖」、「粟客」是兩個官名。現在出版的標點本《史記》、《漢書》把誤文「連敖典客」或「連敖粟客」作一句讀。似認爲「連敖、典客」或「連敖、粟客」爲一官。這是錯誤的。大概徐廣據《史記・高祖功臣侯者年表》的誤文也認爲「連敖、典客」爲一官，故釋「連敖」爲「典客」。若此，則徐說顯然是不足信的。張晏釋「連敖」爲「司馬」，不知是否另有所據。

「連囂之□三」最後一字是數字。戰國印文最後一字是數字的還見於下錄二印：

公
之四。　《古璽彙編》504.5560

西□巨四。　《古璽彙編》55.0316

第一印「
」字亦見於下錄楚印：

司馬㚔鉨（璽）　《古璽彙編》7.0042

此字與三體石經古文「狄」相同（商承祚：《石刻篆文編》10.6，科學出版社，1959年）。「公㚔之四」和「司馬㚔鉨」都是官印，把㚔釋爲「狄」在此無法講通。按馬王堆三號漢墓帛書篆書陰陽五行「醉」字所从「卒」旁寫作「㚔」，這是因爲「㚔」包含有「卒」，所以作爲「卒」來用的（類似這種一字兩用的情況在戰國文字中還可以見到，我們另有專文討論）。《古璽彙編》337號「⿰亻㚔⿸广貝（府）」印，「⿰亻㚔」即「倅」字（「⿰亻㚔府」印原文爲反文。《古璽文編》把「⿰亻㚔」作爲兩個字來處理，是錯誤的），「㚔」旁也亦作「卒」。據此，疑上錄二印之「卒」也是作爲「卒」來用的。「公卒」是指縣公所屬的卒（《左傳》威公十六年：「伯州梨以公卒告王。」這裏所說的「公卒」是指晉公之卒，與印文「公卒」的意思不同），「司馬卒」是指司馬所屬的卒。

第二印「西」下一字不識。「西□」當是地名。《漢書·吳王劉濞傳》：「膠西王、膠東王爲渠率（帥），與菑川、濟南共其圍臨菑。」「渠帥」猶言「將帥」。「渠帥」之「渠」

或作「𩡧」。《廣雅・釋言》：「將、𩡧，帥也。」《古璽彙編》0174號印：「武關叡。」以同類關印「武關牆（將）璽」（《古璽彙編》30.0176）、「汝關醬（將）椙」（《古璽彙編》30.0177。舊釋「椙」爲「和」，非是。關於此字的釋讀，另有專文討論）例之，「叡」當讀爲「𩡧」。「渠」、「𩡧」、「叡」三字古音相近，當是一聲之轉。《春秋》定公十五年「齊侯、衛侯次於渠蒢」之「渠」，《左傳》、《公羊傳》並作「蘧」。《荀子・脩身》「有法而無志其義則渠渠然」，楊倞注：「渠，讀遽。古字渠、遽通。」《史記・孔子世家》人名「雍渠」，《戰國策・趙策四》作「雍疽」，《韓非子・難四》作「雍鉏」。即其證。「渠」从「巨」聲，故「渠」、「巨」二字古通。如「𧒽」字或體作「蟝」；《書・禹貢》「渠搜」，《列子・穆天子》作「巨蒐」。據此，疑印文「巨」應該讀爲「渠帥」之「渠」。「西□巨」即「西□」這個地方的將帥。《漢書・文帝紀》：二年「九月，初與郡守爲銅虎符、竹使符」，顔師古注引應劭曰：「銅虎符第一至第五，國家當發兵遣使者，至郡合符，符合乃聽受之。竹使符皆以竹箭五枚，長五寸，鐫刻篆書，第一至第五。」傳世漢代虎符有「某郡左几」、「某郡右几」的銘文（羅振玉：《增訂歷代符牌圖錄》上3下~7上頁，1925年），與應劭說合。「連囂之□三」、「公卒之四」、「西□巨四」三印之「三」、「四」，當與漢虎符、竹使符第一至第五的記數性質相類。《戰國策·韓策二》記楚圍韓雍氏，韓求救於秦，秦使公孫昧入韓，公孫昧對公仲說：「……司馬康三反之郢矣，甘茂與昭獻（《史記·韓世家》昭獻作「昭魚」，索隱引《戰國策》作「昭⿰鬳攵」。「魚」、「⿰鬳攵」古通，傳本《戰國策》「昭獻」乃「昭⿰鬳攵」之訛）遇於境，其言曰收璽，其實猶有約也」，鮑彪注：「璽，軍符。收之者，言欲止楚之攻韓。」可見戰國時韓璽印具有兵符的作用。「公卒之四」和「西□巨四」是軍璽，所以有與漢虎符、竹使符第一至第五性質類的記數。「連囂□三」最後一字也是數字，與「公卒之四」、「西□巨四」二印相同，亦應該是軍璽，「連囂」即職掌軍事的官。上文曾經提到《史記·淮陰侯傳》索引張晏曰，以「司馬」釋「連敖」。「司馬」也是管軍事的官。看來張晏的說法大概是對的。

《楚國官印考釋（四篇）》，《江漢考古》，1984年第2期，第47~49頁。

鄭　超：

45. 連囂之四

「連」字從李家浩釋。關於連敖的性質有不同的說法。《史記・淮陰侯列傳》集解引徐廣曰「典客也」；索隱引張晏曰：「司馬也」；清人梁玉繩《史記質疑》認爲是「司庾之官」。李家浩認爲張晏說大概是對的。關於此璽的性質，李家浩認爲是軍璽，璽中的「四」字（李釋「三」）與漢虎符、竹使符中的「第一至第五」的記數性質相類，其說可信。

《楚國官璽考述》，《文物研究》總第二輯，黄山書社，1986年12月，第93頁。

黄錫全：

34、連敖

（78）「連敖」　包山楚簡

（79）「連敖之四」　璽彙0318

（80）「連敖屈上」　銅量，《江漢考古》1987年2期封頁

（80）「鄰連敖」　曾簡

（82）「南（？）陵連敖」　曾簡

「連敖」並作「連囂」，曾簡从戈作，與上列「莫敖」類同。「連敖」的職能，歷來說法

不一。如徐廣以爲「典客」，張晏以爲「司馬」，清梁玉繩以爲「是司庾之官」，李家浩根據璽文末字「四」，認爲與古璽「公卒之四」、「西□巨四」等「四」字性質類似，是與漢虎符、竹使節第一至第五性質相類的記數，璽爲軍璽，從而認爲張晏的説法大概是對的。銅量銘云：「羅莫敖臧其，連敖屈上，以命工尹穆丙，攻差寶之……。」連敖次於莫敖，何琳儀以爲是同級的正副職關係。「鄰」、「南（？）陵」均爲地名，是地方亦仿照中央設有「連敖」。「連敖」不見於先秦文獻，據《史記》、《漢書》，知漢有「連敖」，或以爲來源於「楚官」。今有當時的文字資料爲據，可證「楚官」之説是正確的。《古文字中所見楚官府官名輯證》，《文物研究》總第七輯，黄山書社，1991年12月，第218頁。

曹錦炎：

3. 連囂之四

連囂，即典籍中的「連敖」，也是楚地特有的官名，見《漢書·韓信傳》顔師古注引李奇説，又《史記·淮陰侯傳》司馬貞索隱也引及。「連囂」之連可能和古代的居民編制有關，據《管子·小匡》載，當時的居民編制是按國、鄙分成兩套制度：國「五家以爲軌，軌爲之長；十軌爲里，里有司；四里爲連，連爲之長；十連爲鄉，鄉有良人，以爲軍令」。鄙「五家爲軌，軌有長；六軌爲邑，邑有司；十邑爲率，率有長；十率有鄉，鄉有良人；三鄉[爲連，連有長，十連]爲屬，屬有帥，五屬[各]一大夫。」（此據《國語》訂正）《國語·齊語》略有不同。作戰時即按此編制組成軍事編制。當然，楚國的「連」之家數不一定和齊國相同。上已指出，「敖」爲軍事首領，若「連」如此推測不誤的話，則「連囂」當是楚國「連」一級組織的軍事首領。《史記·淮陰侯傳》司馬貞索隱引張晏說，以「司馬」釋「連敖」，司馬是主軍事之官，張說大體上是對的。

包山楚簡有「鄗連囂」、「陽陵連囂」等，曾侯乙墓出土竹簡也有「連爦（囂）」名，見12號、73號簡。另外，秦漢之際楚地反秦將領中有許多人都曾當過「連敖」之官，見《漢書·功臣侯表》，可證是楚地特有的官名。」

《漢書·高惠高后文功臣表》隆慮克侯周竈：「以卒從起碭，以連敖入漢。」顏師古注引如淳説：「連敖，楚官。《左傳》有連尹、莫敖，其後合爲一官號。」謂「連敖」係「連尹」、「莫敖」之合爲一官號，誤甚。楚官璽分別有「莫敖」、「連敖」、「連尹」等官名，如淳之説不攻自破。

璽文末一字「四」爲數字，當與漢虎符、竹使符第一至第五的記數性質相類，《漢書·文帝紀》顏師古注引應劭説：「銅虎符第一至第五，國家當發兵遣使者，至郡合符，符合乃聽受之。竹使符皆以竹箭五枚，長五寸，鐫刻篆書，第一至第五。」古璽另有「西□亘四」（0316），與此璽同爲軍璽（參見李家浩《楚國官璽考釋（四篇）》，載《江漢考古》1984年第2期）。　《古璽通論》，上海書畫出版社，1996年3月，第93～94頁。

何琳儀：

楚系　連囂之四　○三一六

楚器「莫囂」、「連囂」，楚官名。　《戰國古文字典》，中華書局，1998年9月，第283頁。

何琳儀：

楚器「連囂」、隨縣簡「連⿰戈囂」，讀「連敖」。《史記·淮陰侯傳》「爲連敖」，集解：「徐廣曰，典客也。索隱曰，李奇曰，楚官名。張晏曰，司馬也。」　《戰國古文字典》，中華書局，1998年9月，第1035頁。

莊新與：

□囂之□　戰國　《中國璽印篆刻全集》，上海書畫出版社，1999年11月，第61頁。

來一石：

連囂之四　《古印集萃・戰國卷》，榮寶齋出版社，2000年11月，第40頁。

肖　毅：

7.連囂之四

連敖之職，歷來衆說紛紜。曹錦炎認爲「連囂」之連可能和古代的居民編制有關。……「連囂」當是楚國「連」一級組織的軍事首領。（《古璽通論》93頁）　《古璽所見楚系官府官名考略》，《江漢考古》，2001年第2期，第40頁。

莊新與：

1049　□囂之四　楚系・楚　《戰國璽印分域編》，上海書店出版社，2001年10月，第187頁。

徐暢主編：

戰國公鉨與印跡・楚系鉨印　144　連囂（敖）之三（四）　《中國書法全集》第92卷，榮寶齋出版社，2003年2月，第45頁。

徐暢主編：

144　連囂（敖）之三（四）

作於東周時期。楚官鉨。《古璽彙編》〇三一八號著錄。

「囂」，《說文》謂：「聲也。氣出頭上。从㗊从頁。頁，首也。買，或省。」此鉨是合於說文的正體，从四口。連囂，官名。古籍稱連敖。囂、敖古通。系楚國軍事職官名。

參考　李家浩《楚國官印考釋（四篇）》　《中國書法全集》第92卷，榮寶齋出版社，2003年2月，第208頁。

小林斗盦：

連囂之□　《中國璽印類編》，天津人民美術出版社，2004年6月，第54、66頁。

林文彥：

二、0318　□囂之□・連囂（敖）之十（？）四

（編按，圖略）此璽原釋「□囂之□」，第一字《璽文》作爲未能辨識的字，收於附錄14（39頁）。

李家浩先生在《戰國官印考釋（四篇）》將此璽釋爲「連囂之□三」，認爲「『之』下一字漫漶不可辨識。最後一字是『三』」。又謂「『連囂』是官名，曾侯乙墓竹簡作『連嚻』，即古書中的『連敖』。」「『連囂之□三』、『公卒之四』、『西□巨四』，三印之『三』、『四』，當與漢虎符、竹使符第一至第五的記數性質相類。」並稱「『連囂之□三』，最後一字也是數字，與『公卒之四』、『西□巨四』二印相同，亦應該是軍璽，『連囂』即職掌軍事的官。」

此璽上部璽文稍殘，第一字作，與楚系長沙銅量「連囂」之構形近似，釋「連」可信；第四字作，釋爲「四」，望山楚簡二・三「四金匕」作，包山楚簡112「黃金四益」作可爲佐證。李家浩先生認爲第三字「之」字右下還有一字，漫漶不可辨識；近幾年文字學者則釋爲「連囂（敖）之四」，對於其中漫漶部份皆有意略過。事實上以這方楚璽而言，四字的排列，第三、第四字之間留下極大的空間，相較於一般楚系官璽，顯得

相當突兀。筆者另比對陳漢第《伏廬璽印》（陳漢第：《伏廬璽印》，1996年12月，上海，上海書畫出版社，頁5），所鈐此璽較佳，其中剔除漫漶處（可能爲鈐印時附著之印泥），隱約可見「十」字，此璽爲「連囂之十（？）四」，惜未能一睹原璽。

「囂」、「敖」古音同屬疑母宵部，故二字可以通用。

《爾雅·釋例》：「仇仇敖敖，傲也。」陸德明《釋文》：「敖敖，本又作謷，又作囂。」

《淮南子·脩務》：「吳與楚戰，莫囂大心撫其御之手。」，《戰國策·楚策一》威王問於莫敖子華章寫作「莫敖大心」。

《漢書·五行志》：「莫囂必敗，舉止高，心不固矣。」顔師古注：「莫囂，楚官名也。字或作敖，其音同。」是其佐證。

《史記·淮陰侯傳》：「漢王之入蜀，（韓）信亡楚歸漢，未得知名，爲連敖。」索隱：「李奇云，楚官名。張晏曰，司馬也。」

《漢書·韓信傳》所載同此，注：「李奇曰，楚官名。」

《漢書·高惠高后文功臣表》「隆慮克侯周竈」欄「侯狀戶數」中載「以卒從起碭，以連敖入漢，以長鉟都尉擊項籍封侯。」注：「如淳曰，連敖，楚官。《左傳》楚有連尹、莫敖，其後合爲一官號。」

據上引《史記》、《漢書》知漢初有「連敖」職官，注引李奇、如淳皆稱「連敖」爲楚官名；又據隨縣曾侯乙墓竹簡有「鄰連爥（敖）」、□陵連爥（敖）（裘錫圭：《談談隨縣曾侯乙墓的文字資料》，《文物》1979年7期，北京，頁26）、楚燕客銅量有「連囂」（李零：《楚燕客銅量銘文補正》，《江漢考古》1988年第4期，總第29期，武漢，頁120），可知此璽應爲楚國地方長官所使用的序列璽印之一。但如淳引說「《左傳》楚有連尹、莫敖，其後合爲一官號」。李家浩先生在《楚國官印考釋（四篇）》中認爲「『連敖』是連尹、莫敖『合爲一官號』則是錯誤的。」並引《璽彙》0145「連尹之鉨」、0164「尬相麦（陵）莫囂（敖）」及曾侯乙墓竹簡「大莫囂（敖）」、「連爥（敖）」同見，證明「連敖」並非由連尹、莫敖「合爲一官號」。

《左傳·宣公十二年》：「射連尹襄老，獲之，遂載其尸。」

《左傳·襄公十五年》：「屈到爲莫敖，公子追舒爲箴尹、屈蕩爲連尹。」

《左傳·昭公二十七年》：「出蔡侯朱，喪大（太）子建，殺連尹奢。」
《左傳·桓公十一年》：「春，齊、衛、鄭、宋盟於惡曹。楚屈瑕將盟貳軫，鄖人軍於蒲騷，將與隨、絞、州、蓼伐楚師，莫敖患之。（杜預注：莫敖，楚官名，即屈瑕）
可知李說可信，尤其「襄公十五年」中「莫敖」、「連尹」同見，據《史記》、《漢書》知漢初仍有「連敖」職官，益證如淳「連敖」之說不確。

又，李家浩先生文中云：「『連囂』即職掌軍事的官。上文曾經提到《史記·淮陰侯傳》索隱張晏曰以『司馬』釋『連敖』。『司馬』也是管軍事的官。看來張晏的說法大概是對的。」《周禮·夏官·序官》：「乃立夏官司馬，使帥其屬，而掌邦政，以佐王平邦國。」設「大司馬」、「小司馬」、「軍司馬」、「輿司馬」、「行司馬」等，掌管軍事。但據《史記·淮陰侯傳》所載：「（韓）信亡楚歸漢，未得知名，爲連敖。」可知「連敖」的職位並不高；又據曾侯乙墓竹簡記載的「鄰連敖」和「□陵連敖」屬曾侯的下臣，並爲御車者身份，張晏及李家浩先生「司馬」之說有待商榷。　《古璽中的「數字印」》，《臺南女院學報》第24期，2005年10月，第308～310頁。

施謝捷：

楚系官璽　連䵹之三（四）　《古璽彙考》，安徽大學博士學位論文，2006年5月，第152頁。

杜志宇：

連囂之四　戰國・楚

「連囂之四」。楚系官璽。「連囂」，典籍做「連敖」，是楚地特有的官名。由於楚璽的製作以詭異多變、流美飄逸的楚金文作爲依託，加上楚文化中濃郁的浪漫氣質和神秘色彩，形成強烈的地域特色。此印篆法大抵體現了後期楚金文的構形特點：整體格局爲三繁一簡、上疏下密，上部大面積留白不僅使虛實對比益爲鮮明，更使印面平添了幾分涵詠與想像的空間。筆畫多寡決定了「連」、「囂」二字向左略呈舒張之勢，使印面趨於平衡和穩定。用刀大膽奇肆而率意多變，形成了線條斷續、輕重、長短、纖腴等極其豐富的變化。左半邊中部的漫漶堪稱關鍵一筆，既強化了「之」和其他三字的有機聯繫，使印面團聚緊湊起來，也讓全印籠罩著一層撲朔迷離的氤氳之氣。　《歷代名印鑒賞》，河南美術出版社，2008年4月，第21頁。

陳光田：

楚系古璽　「連囂（敖）之□三」（0318）。璽文第一字舊不識，當釋爲連。（李家浩：《楚國官印考釋（四篇）》，《江漢考古》1984年第2期。）連囂即文獻中的「連敖」。《漢書·高惠高后文功臣表》云：「隆慮克侯周竈：『以卒其碭，以連敖入漢。』」顏師古注引如淳曰：「連敖，楚官。」或認爲連囂之「連」可能與古代的居民編制有關。（曹錦炎：《古璽通論》，上海書畫出版社，1996年，第93頁。）包山楚簡中習見「連囂」一職。「三」當爲記數性質的數字。　《戰國璽印分域研究》，嶽麓書社，2009年5月，第141頁。

徐　暢：

戰國楚系官鉩　連囂（敖）之四　《先秦印風》，重慶出版社，2011年5月，第36頁。

李守奎按：

《彙編》0318之數字或釋「三」，或釋「四」。楚文字「四」字有許多異體，其中四短橫的「四」從西周時期的楚公逆鐘到戰國竹簡一直使用（《楚文字編》，P830），釋「四」有一定的道理。但0318號璽「之」後的一字漫漶不清，其下一横，從位置上看，似該字的筆劃。疑是衍刻「之」字，刮磨後壞字的殘筆。李家浩先生釋「三」，更爲合理。

官璽第八十七：連囂

印面：

1986年，湖南省常德市漢壽縣株木山金賦村29號墓出土，湖南省常德市博物館收藏

著錄：

《楚文物圖典》，武漢：湖北教育出版社，2000年1月，第423頁。

《湖南古代璽印》，上海：上海辭書出版社，2004年12月，第35頁。

《書法新鑒：古璽文新鑒》，西安：世界圖書出版公司，2005年6月，第78頁。

《古璽彙考》，安徽大學博士學位論文，2006年5月，第152頁。

《二十世紀出土璽印集成》，北京：中華書局，2010年1月，第48頁。

集釋：

陳松長：

連囂　戰國官璽。湖南常德出土。銅質。圓形鼻鈕，印面直徑2釐米。白文，有圓形邊框，印文「連囂」二字，這是湖南出土的楚璽中，唯一一枚較典型的楚國官璽，因此尤其珍貴。連囂即連敖，在楚簡中多見。連敖與莫敖一樣，都是楚國的官名，這已是公論，但連敖的職能，則説法不一。《史記·淮陰侯列傳》集解引徐廣曰：「典客也」；索隱引張晏曰：「司馬也。」因此，或認爲張晏之説稍勝，故稱「連敖」之璽是軍璽，而連敖也就是相當於司馬一類的官名。現藏湖南省常德市博物館。　《楚文物圖典》，湖北教育出版社，2000年1月，第423頁。

陳松長：

連囂　圓形銅質，鼻鈕，直徑1.2釐米，1986年常德漢壽株木金賦村29號墓出土，是較典型的楚國官璽。「連囂」是楚國特有的一種下層官吏。有學者指出，「連囂」之「連」可能和古代的居民編制有關。據《管子·小匡第二十》載，當時的居民編制是按國、鄙分成兩套制度：國「五家以爲軌，軌爲之長，十軌爲里，里有司；四里爲連，連爲之長；十連爲鄉，鄉有良人，以爲軍令」。鄙「五家爲軌，軌有長；六軌爲邑，邑有司；十邑爲率，率有長；十率爲鄉，鄉有良人；三鄉[爲連，連有長；十連]爲屬，屬有帥；五屬[各]一大夫」。當然，楚國的連的家數不一定和齊國相同，但作戰時按此編制組成的軍事編制則應該是一樣的。因此，連囂當是楚國連一級的軍事首領。

現在所知，在包山楚簡中有「鬲連囂」、「陽陵連囂」等名，在曾侯乙墓所出竹簡中也有「連囂」之名，但楚璽中還僅見一枚方形的「連囂之四」璽。因此，這枚出土於楚地的圓形「連囂」璽就尤其顯得珍貴。《湖南古代璽印》，上海辭書出版社，2004年12月，第35頁。

肖曉輝：

連囂鈢　《書法新鑒：古璽文新鑒》，世界圖書出版公司，2005年6月，第78頁。

施謝捷：

楚系官璽　連囂

此璽1986年湖南常德漢壽縣株木山金賦村29號墓出土。《史記·淮陰侯列傳》：「及項梁渡淮，信杖劍從之，居戲下，無所知名。項梁敗，又屬項羽，羽以爲郎中。數以策干項羽，羽不用。漢王之入蜀，信亡楚歸漢，未得知名，爲連敖。坐法當斬，其輩十三人皆已斬，次至信，信乃仰視，適見滕公，曰：『上不欲就天下乎？何爲斬壯士！』滕公奇其言，壯其貌，釋而不斬。與語，大説之。言於上，上拜以爲治粟都尉，上未之奇也。」裴駰《集解》引徐廣曰：「連敖，典客也。」司馬貞《索隱》引李奇云：「連敖，楚官名。」張晏云：「連敖，司馬也。」　《古璽彙考》，安徽大學博士學位論文，2006年5月，第152頁。

周曉陸主編：

二-GY-0027　連囂　東周（楚）　銅　鼻鈕　∅12-　《二十世紀出土璽印集成》，中華書局，2010年1月，第48頁。

官璽第八十八：連尹之鉨（璽）

印面：

衡齋藏印十六冊、碧葭精舍印存八冊，故宮博物院藏印

著錄：

《近百年來對古璽印研究之發展》，《古文字研究》第五輯，北京：中華書局，1981年1月，第249頁。

《古璽彙編》，北京：文物出版社，1981年12月，第25頁。

《古璽印概論》，北京：文物出版社，1981年12月，第44頁。

《故宮博物院藏古璽印選》，北京：文物出版社，1982年12月，第5頁。

《印典》（一），石家莊：河北美術出版社，1989年8月，第335頁。

《璽印鑒賞》，桂林：灕江出版社，1993年11月，第24頁。

《古璽通論》，上海：上海書畫出版社，1996年3月，第94頁。
《古璽印精品集成》，上海：上海古籍出版社，1998年9月，第9頁。
《篆字印彙》，上海：上海書店出版社，1999年1月，第1461頁。
《中國篆刻學》，杭州：西泠印社，1999年5月，第5頁。
《中國璽印篆刻全集》，上海：上海書畫出版社，1999年11月，第53頁。
《楚文物圖典》，武漢：湖北教育出版社，2000年1月，第423頁。
《中國篆刻全集》，哈爾濱：黑龍江美術出版社，2000年7月，第7頁。
《古印集萃·戰國卷》，北京：榮寶齋出版社，2000年11月，第38頁。
《中國璽印真僞鑒别》，合肥：安徽科學技術出版社，2001年1月，第39頁。
《古璽漢印集萃》上冊，南寧：廣西美術出版社，2001年10月，第20頁。
《戰國璽印分域編》，上海：上海書店出版社，2001年10月，第185頁。
《中國書法全集》第92卷，北京：榮寶齋出版社，2003年2月，第37頁。
《戰國璽印》，上海：上海書畫出版社，2003年8月，第270頁。

《中國璽印類編》，天津：天津人民美術出版社，2004年6月，第54、439頁。
《古璽彙考》，安徽大學博士學位論文，2006年5月，第153頁。
《戰國璽印分域研究》，長沙：嶽麓書社，2009年5月，第138頁。
《中國印學》，杭州：中國美術學院出版社，2010年6月，第217頁。
《先秦印風》，重慶：重慶出版社，2011年5月，第36頁。
《先秦古璽集粹》，長春：吉林文史出版社，2011年11月，第12頁。

集釋：

羅福頤：

連尹：連尹之鉨。《左傳》宣公十二年，楚有連尹襄老，襄公十五年，楚屈蕩爲連尹；昭公廿七年，楚有連尹奢。《近百年來古璽文字之認識和發展》，《古文字研究》第五輯，中華書局，1981年1月，第249頁。

葉其峰：

連尹之鉨。連尹官名亦僅見於楚，《左傳・襄公》十五年有「屈蕩爲連尹」，宣公十二年晉楚交兵，晉軍「射連尹襄老，獲之，遂載其屍」。據連尹官名，知此必爲楚璽。《戰國官璽的國別及有關問題》，《故宫博物院院刊》，1981年第3期，第86頁。

羅福頤：

0145 連尹之鈢 《古璽彙編》，文物出版社，1981年12月，第25頁。

《故宫博物院藏古璽印選》編輯組：

連尹之鈢 《故宫博物院藏古璽印選》，文物出版社，1982年12月，第5頁。

鄭　超：

46. 連尹之璽

《左傳·襄公十五年》「屈蕩爲連尹」正義曰：「服虔云：連尹、射官，言射相屬也」。連尹一直到楚漢戰爭還出現，《漢書·灌嬰傳》：「擊破柘公王武（編按：原缺「武」字，今依《漢書》增補）軍燕西，所將卒斬樓煩將一人、連尹一。」《楚國官璽考述》，《文物研究》總第二輯，黄山書社，1986年12月，第93頁。

湯餘惠：

楚璽　連尹之鉨　《略論戰國文字形體研究中的幾個問題》，《古文字研究》第十五輯，中華書局，1986年6月，第76頁。

陳松長：

連尹之鉨　《璽印鑒賞》，灕江出版社，1993年11月，第24頁。

張錫瑛：

「連尹之鉨」戰國官璽。銅質鼻鈕，印面2.2釐米×2.1釐米，有邊欄，十字界格。連尹是楚國官名，此印應是楚國晚期官璽，現藏北京故宮博物院。　《中國古代璽印》，地質出版社，1995年11月，第18頁。

曹錦炎：

4.連尹之鉨

《漢書·灌嬰傳》：「擊破柘公王武君燕西（編按：此句當爲「擊破柘公王武，軍於燕西」，今依《漢書》校訂）所將卒斬樓煩將五人，連尹一。」顔師古注引蘇林說：「（連尹）楚官也。」可證連尹是楚地特有的官名。

《左傳》襄公十五年：「屈蕩爲連尹。」《正義》引服虔說：「連尹，射官，言射相連屬也。」服虔之說純屬望文生義。「連尹」之連應同於上舉「連囂」之連，是楚國的一種居民編制，「連尹」，主管「連」事務之長官。　《古璽通論》，上海書畫出版社，1996年3月，第94頁。

何琳儀：

楚系　連尹之鉨

楚璽「連尹」，楚官。《左·襄十五》：「屈蕩爲連尹」，疏：「服虔云，連尹，射官，言射相連屬。」《史記·樊酈滕灌傳》：「連尹一人」，集解：「大夫，楚官。」　《戰國古文字典》，中華書局，1998年9月，第1035頁。

莊新興：

連尹之鉨　《古璽印精品集成》，上海古籍出版社，1998年9月，第9頁。

傅嘉儀：

連父之璽　《篆字印彙》，上海書店出版社，1999年1月，第146頁。

吳清輝：

連尹之鉨　《中國篆刻學》，西泠印社，1999年5月，第5頁。

莊新興：

連尹之鉨　戰國　《中國璽印篆刻全集》，上海書畫出版社，1999年11月，第53頁。

陳松長：

連尹之鉨　戰國官璽。銅質。二層臺鼻鈕，印面長2.2釐米，寬2.1釐米。印面有十字格白文邊欄，款識爲「連尹之鉨」，其中「鉨」字最具楚式文字特徵，是楚國官璽中的代表之一。「連尹」是習見的楚官名，《左傳・襄公十五年》「屈蕩爲連尹」。至於「連尹」的職能，近據學者考證，認爲連、聯相通，「連尹」即聯尹。《周禮・小宰》：「以官府之六聯，後邦治，一曰祭祀之聯事，二曰賓客之聯事，三曰喪荒之聯事，四曰軍旅之聯事，五曰田役之聯事，六曰斂弛之聯事。凡小事皆有聯。」據此，「連尹」當是掌管「六官」聯事的長官，其職能大致相當於後世的聯絡官。現藏北京故宮博物院。《楚文物圖典》，湖北教育出版社，2000年1月，第423頁。

來一石：

連父之鉨　《古印集萃·戰國卷》，榮寶齋出版社，2000年11月，第38頁。

肖　毅：

8.連尹之璽　《古璽所見楚系官府官名考略》，《江漢考古》，2001年第2期，第40頁。

戴山青：

連尹之鉢　《古璽漢印集萃》上册，廣西美術出版社，2001年10月，第20頁。

莊新興：

1037　連尹之鉨　楚系·楚　《戰國璽印分域編》，上海書店出版社，2001年10月，第185頁。

徐暢主編：

戰國公鉨與印跡·楚系鉨印　70　連尹之鉨　《中國書法全集》第92卷，榮寶齋出版社，2003年2月，第37頁。

徐暢主編：

70　連尹之鈢

作於東周時期。楚國官鈢。《古璽彙編》〇一四五號、《故宮博物院歷代藝術館陳列品圖目》二八九號著錄。故宮博物院收藏。銅質。斜坡臺座鼻鈕。邊長二·一釐米，通高一·七釐米。

《左傳》魯宣公二十一年、魯襄公十五年、魯昭公二十七年分別記楚國有連尹襄老、屈蕩、奢等。連尹可能是楚國的專用官名。　《中國書法全集》第92卷，榮寶齋出版社，2003年2月，第203頁。

莊新興：

連尹之璽　《戰國璽印》，上海書畫出版社，2003年8月，第270頁。

小林斗盦：

連尹之鈢　《中國璽印類編》，天津人民美術出版社，2004年6月，第54、439頁。

施謝捷：

楚系官璽　連尹之鈢（璽）　《古璽彙考》，安徽大學博士學位論文，2006年5月，第153頁。

陳光田：

楚系古璽　「連尹之鉨（璽）」（0145）。「連尹」是楚所特有的官名，《左傳·襄公十五年》云：「屈蕩爲連尹。」正義曰：「服虔云『連尹、射官，言射相屬也』。」《漢書·灌嬰傳》云：「擊破柘公王武君燕西，所將卒斬樓煩將五人，連尹一。」顏師古注引蘇林說：「（連尹）楚官也。」或認爲「連」即「聯」，「連尹」即「聯尹」，爲掌管「六官」聯事之長官。（黃錫全：《古文字中所見楚官府官名輯證》，《文物研究》1991年總第7輯。）或認爲「連」是楚國的一種居民編制，「連尹」是主管「連」事務的長官。（曹錦炎：《古璽通論》，上海書畫出版社，1996年，第94頁。）　《戰國璽印分域研究》，嶽麓書社，2009年5月，第138頁。

吳清輝：

連尹之鉨　戰國（楚）　對角留空呼應　《中國印學》，中國美術學院出版社，2010年6月，第217頁。

徐　暢：

戰國楚系官鉨　連尹之鉨　《先秦印風》，重慶出版社，2011年5月，第36頁。

王義驊：

連尹之鉨　《先秦古璽集粹》，吉林文史出版社，2011年8月，第12頁。

李守奎按：

「連尹」一職，見於《左傳》、《國語》、《呂氏春秋》、《史記》、《漢書》、《列女傳》等古書。《漢書・表第四》：「以卒從起碭，以連敖入漢，以長鈹都尉擊項籍，侯。」如淳曰：「連敖，楚官。《左傳》楚有連尹、莫敖，其後合爲一官號。」以此推斷，「連尹」或當與「莫敖」、「連敖」相當的官職。据繆文遠先生考訂，莫敖與司馬是兩官職，莫敖的地位在司馬之下（繆文遠：《七國考訂補》，第74～75頁，上海古籍出版社，1987年）。疑「連尹」是司馬屬下的連一級軍隊編制單位的長官。

李守奎按：

連

楚官　「連囂（敖）」「連尹」皆見於文獻典籍，「連囂」楚簡屢見。曹錦炎推測「連囂」、「連尹」之「連」是楚國的一種居民編制，可備一說。包山簡比較全面地反映了楚國行政系統，並無「連」這種居民編制的線索。

官璽第八十九：上桓（？）邦鉩（璽）

印面：

1994年，江蘇省蘇州市真山171號戰國墓出土、蘇州市博物館收藏

著錄：

《中國文物報》，北京：1995年11月19日。

《真山東周墓地——吳楚貴族墓地的發掘與研究》，北京：文藝出版社，1996年6月，第39、41頁。

《故宮博物院院刊》，北京：1998年第2期，第17頁。

《故宮博物院院刊》，北京：1999年第2期，第79頁。

《中國篆刻全集》，哈爾濱：黑龍江美術出版社，2000年7月，第13頁。

《國學研究》第八卷，北京：北京大學出版社，2001年10月，第173頁。

《中國書法全集》第92卷，北京：榮寶齋出版社，2003年2月，第37頁。

《書法新鑒：古璽文新鑒》，西安：世界圖書出版公司，2005年6月，第78頁。

《古璽彙考》，安徽大學博士學位論文，2006年5月，第149頁。

《點擊中國篆刻》，上海：上海人民美術出版社，2006年8月，第16頁。

《戰國璽印分域研究》，長沙：嶽麓書社，2009年5月，第158頁。

《二十世紀出土璽印集成》，北京：中華書局，2010年1月，第50頁。

《先秦印風》，重慶：重慶出版社，2011年5月，第34頁。

集　釋：

張照根：

（《中國文物報》1995年11月19日）一件橋鈕銅印，長2.9釐米，寬2.8釐米，高2.1釐米，印文爲「上相邦璽」，結合出土的陶冥幣「郢爰」，此印應爲楚相之印。根據史書記載，楚考烈王時，以黃歇爲相，封爲春申君，後請封於江東，因城故吳墟，以自爲都邑。黃歇爲楚相20多年，考烈王卒，被害於壽州，可能歸葬真山。從出土「上相邦璽」及區域、時代分析，是爲春申君印璽，D1應爲春申君墓。《蘇州真山墓地出土大量珍貴文物》，1995年11月19日《中國文物報》第一版。

曹錦炎：

蘇州真山D1號戰國墓出土的一方銅印。印文爲「上相邦鉨」4字，白文鑄款。「上」字構形於下部多一短劃，古文字中有先例，這種利用贅增筆劃作爲裝飾，乃是戰國文字的一個特點。「相」字「目」旁雖缺損利害，但並不難認。「邦」字比較模糊，鈐本很難看出，仔細觀察原印，「邑」旁筆劃還是可以看清。「丰」旁豎筆出了底線，由於與下字「鉨」的金旁尖頭距離太近，改作斜出，顯得有點突兀，這是出於佈局的需要。其實，「邦」字「丰」旁豎筆出底線，金文中有之，在古璽中也並不是孤例，如「新邦官璽」（《彙》0143）（《古璽彙編》，羅福頤主編，文物出版社出版，1981年）、「弋陽邦粟璽」（《彙》0267），均其例。「鉨（璽）」字从金旁，很容易識出。從識字的角度講，這方古璽並不難認。蘇州博物館的楊文濤同志已對印文作了很好的復原，可以對參看。此印是一方楚國官印，凡是涉獵過古璽分國研究或戰國文字研究的同行，都會很容易作出判斷。尤其是此印文字的構形特點，更俱典型的楚文字風格。例如，「鉨」字的「金」旁構形，完全是楚文字的特有寫法；「上」字的構形，目前也僅見於楚國文字，近年新出的包山楚簡，「上」字的寫法也有作相同構形，如簡10、簡137反、簡246、牘1、牘1反等，（湖北省荆沙鐵路考古隊：《包山楚簡》，文物出版社出版，1991年），可以爲證。「相邦」，是流行於戰國晚期的一種職官名，但是，於史籍卻無記載。根據出土文物研究可以知道，「相邦」即典籍中的「相國」，乃是執國柄之大臣。《史記・呂不韋列傳》：「太子政立爲王，尊呂不韋爲相國。」已見出土的十餘件呂不韋監造的秦兵器銘文（本文所引金文資料，詳見中國社會科學院考古研究所編《殷周金文集成》，中華書局出版，以下不再注明），均作「相邦呂不韋」，可以爲證。見於秦兵器銘文的，還有「相邦儀」、「相邦冉」等官名均作「相邦」而不作「相國」。又，《戰國策・趙策一》：「或謂皮相國曰：『魏殺呂遼而衛兵。』」《趙策三》：「公孫龍謂平原君曰：『趙國豪傑之士多在君右，而君爲相國者，以親故。』」出土的趙國兵器，有「相邦建信君」、「相邦春平侯」監造之器，銘文中其職官名均作「相邦」而不作「相國」。建信君爲相曾見於典籍（《趙策三》）。可與出土文物相互印證。古璽尚有「匈奴相邦」印；河北平山戰國墓出土的中山王銅器，銘文中也有「相邦」之官名。可見，「相邦」一職不特秦官，他國亦有之。究竟是東方各國仿秦官名，抑或反之，尚有待於進一步研究。不過，從出土文物看，「相邦」一職名開始所流行的時間，衹能是戰國晚期。「相邦」之名典籍何以改作「相國」？這和漢代避劉邦諱改字有關。《漢書·高帝紀》注引荀悅說：「諱邦之字曰國。」顔師古注：「邦之字曰國者，臣下所避以相代也。」

楚國的官名雖有别於其他各國，但戰國晚期似乎也有仿效他國的傾向。其實「相邦」一職，楚也有之，《戰國策·東周策》：「周共王太子死，有五庶子，皆愛之而無適立也。司馬翦謂楚王曰：『何不封公子咎，而爲之請太子？』左成謂司馬翦曰：『……公若欲爲太子，因令人謂相國御展子、嗇夫空曰：王類欲令若爲之，此健士也，居中不便於相國。』相國令之爲太子。」是其證。

真山D1號墓的墓主，根據墓葬規格以及出土遺物分析，應該是戰國晚期的一位封君。楚滅越後，吳越舊地已入楚境。據《史記·春申君列傳》：「考烈王元年，以黄歇爲相，封爲春申君，賜淮北地十二縣。後十五歲，黄歇言之楚王曰：『淮北地邊齊，其事急，請以爲郡便。』因並獻淮北十二縣，請封於江東。考烈王許之。春申君因城故吳墟，以自爲都邑。」張守節《正義》：「墟音虚。今蘇州也。」可知戰國晚期蘇州一帶屬於春申君的封邑，此時此地的楚國封君墓，屬於春申君的可能性最大。更爲重要的是，墓中出土了這方「上相邦鉨」，證明墓主曾擔任過楚相一職。春申君爲楚相，已見上引《史記》本傳，文中稱「相」，乃是泛稱，其實官名也是「相邦」，見《戰國策·楚策四》：「朱英謂春申君曰：『君相楚二十餘年矣，雖名爲相國，實楚王也。』」「相國」即「相邦」，見前述。春申君的官職爲「相邦」，印文稱「上相邦」，與典籍稍異。疑楚將此職改稱「上相邦」，或者楚之相分設「上相邦」、「相邦」二級，亦有可能。這猶如楚官「柱國」一職，《史記》稱「柱國」，《戰國策》稱「上柱國」。究竟爲一職，還是二職，有待於今後出土實物的驗證。

總之，由「上相邦璽」和典籍互證，結合考古發掘的實際情況，真山D1號墓的墓主，應該就是春申君黃歇。

附帶指出，前人曾據《戰國策・楚策四》與《史記楚世家》文互參，認爲「據春申君封令尹事，可知終戰國之世楚未改令尹之號。」（齊思和：《戰國制度考》，《燕京學報》第24期，1938年）楚印「上相邦璽」的出土，改變了這個結論。《上相邦璽考》，1995年12月17日《中國文物報》第1版。

王人聰：

1995年11月19日《中國文物報》頭版刊載了張照根寫的一篇報導《蘇州真山墓地出土大量珍貴文物》（以下簡稱《張文》），報導了1994年11月至1995年4月蘇州博物館和吳縣文物管理委員會對真山墓地進行發掘，清理了一批春秋、戰國及漢代的墓葬，其中D1號的戰國墓中出土了一方銅印。這方銅印據《張文》報導說：印的鈕式爲橋鈕，「長2.9釐米，寬2.8釐米，高2.1釐米，印文爲『上相邦璽』」（圖一、二）。《張文》推斷說：「結合出土的陶冥幣『郢爰』，此印應爲楚相之印。根據史書記載，楚考烈王時，以黃歇爲相，封爲春申君，後請封於江東，因城吳故墟，以自爲都邑。黃歇爲楚相20多年，考烈王卒，被害於壽州，可能歸葬真山，從出土『上相邦璽』及區域、時代分析，是爲春申君印璽，D1應爲春申君墓。」

在《張文》）刊出後不久，《中國文物報》於1995年12月17日發表了曹錦炎先生寫的《上相邦璽考》一文（以下簡稱《曹文》），和《張文》一樣，也認爲這方印是春申君的印璽，D1號墓的墓主應是春申君。不過，《曹文》中有一點需要特別指出的，就是對此印印文的損傷情況作了比較詳細的記述。《曹文》說：印文「『相』字『目』旁雖缺損利害，但並不難認。『邦』字比較模糊，鈴本很難看出，仔細觀察原印，『邑』旁筆劃還是可以看清。『丰』旁豎筆出了底線，由於與下字『鉨』的金旁尖頭距離太近，改作斜出，顯得有點突兀，這是出於佈局的需要……從識字的角度講，這方古璽並不難認，蘇州博物館的楊文濤

同志巳對印文作了很好的復原，可以對參看」（筆者按：引文下的黑點爲筆者所加）。《曹文》所記的印文損傷情況，對於考釋這方印具有十分重要的意義，它實際上是關係到印文應當怎樣釐定的關鍵問題。可是在《張文》中，對印文的損傷情況卻隻字未提，這種疏略作爲一篇忠實的學術報導來説是很不應該的。

《曹文》推斷這方印爲春申君的印璽，其論據主要有以下幾點：1・根據蘇州博物館對此印印文的復原，將印文釋爲「上相邦璽」四字。2・認爲戰國晚期，「相邦」一職，楚也有之，《戰國策・東周策》：「周共王太子死，有五庶子，皆愛之而無適立也。司馬翦謂楚王曰：何不封公子咎，而爲之請太子？左成謂司馬翦曰……公若欲爲太子，因令人謂相國御展子、嗇夫空曰：王類欲令若爲之，此健士也，居中不便於相國。相國令之爲太子』。是其證。」3・「據《史記・春申君列傳》：『考烈王元年，以黃歇爲相，封爲春申君，賜淮北地十二縣。後十五歲，黃歇言之楚王曰：淮北地邊齊，其事急，請以爲郡便。因並獻淮北十二縣，請封於江東。考烈王許之。春申君因城故吳墟，以自爲都邑。』張守節《正義》：『墟音虛。今蘇州也。』可知戰國晚期蘇州一帶屬於春申君的封邑，此時此地的楚國封君墓，屬於春申君的可能性最大。」4·認爲「墓中出土了這方『上相邦璽』，證明墓主曾擔任楚相一職。春申君爲楚相，已見上引《史記》本傳，文中稱『相』，乃是泛稱，其實官名也是『相邦』，見《戰國策·楚策四》：『朱英謂春申君曰：君相楚二十餘年矣，雖名爲相國，實楚王也。』『相國』即『相邦』。」根據以上四點，《曹文》在斷定此印爲春申君的印璽之後，又進一步推論說：「前人（筆者按：指齊思和先生）曾據《戰國策·楚策四》與《史記·楚世家》文互參，認爲：『據春申君封令尹事，可知終戰國之世楚未改令尹之號。』楚印『上相邦璽』的出土，改變了這個結論。」

我們認爲《曹文》所持的論據是很難成立的。首先此印的印文能否釋爲「上相邦璽」就是個問題。從上引《曹文》對此印印文傷況的記述中，可知印文的損傷情況是很嚴重的，四字印文中，第二字「相」字的「目」旁缺損厲害；第三字「邦」字比較模糊，鈐本很難看出。既然印文存在這麼嚴重的損傷情況，那麼，有什麼可靠的依據可以斷定第二、第三字一定就是「相邦」二字呢？這是不能不使人產生懷疑的。再從蘇州博物館所復原的印文來看，第二、第三兩字，書法極不自然。第三字「邦」所从「丰」旁的豎筆下半部向右下方作大幅度的彎曲，這種寫法的邦字，在楚文字中是從未見過的。現在我們將出土楚文字的「邦」字列表和它對照（表中所列字例，除古璽文外，均引自藤壬生：《楚系簡帛文字編》，湖北教育出版社出版，1995年7月）。

	包二・二四五
	包二・二四二
	包二・二三九
	包二・二三六
	包二・二三四
	包二・二三二
	包二・二三〇
	包二・二二八
	包二・二二六
	包二・七
	〇一四三（古璽彙編）
	帛內七・三
	帛內七・三
	帛內八・四
	帛乙五・二〇
	帛乙四・五
	信一・〇一七
	包二・二四七
	「上相邦璽」

從以上的對照中，我們可以清楚地看出，楚文字中「邦」字所从「丰」旁的豎筆，都是作

接近垂直地向下貫穿而出，而不是像所復原的印文「邦」字那樣作向右下方大幅度地彎曲，這說明所復原的印文「邦」字是不合楚文字「邦」字的寫法的。印文第二字「相」字的「目」旁缺損厲害，從所復原的這個「相」字來看，「目」旁的位置偏高，下邊又沒有飾筆襯托，字形結構不勻稱，試將它與下列楚文字的「相」字比較（表中所列字例，除古璽文外，均引自滕壬生：《楚系簡帛文字編》，湖北教育出版社出版，1995年7月）：

○一六四（古璽彙編）

帛乙一二・七

帛甲七・三五

帛甲四・一

信一・○四

包二・二五九

包二・一九六

包二・一二

包二・八五

「上相邦璽」

同樣可以看出所復原的印文「相」字也是與楚文字不合的。那麼，這個缺損厲害的印文第二字是否爲「相」字，自然也就成問題了。由以上的分析，我們認爲蘇州博物館對印文所作的復原是不可信據的。因此，沒有任何根據可將此印文釋爲「上相邦璽」四字。《曹文》認爲戰國晚期楚國也設有相邦的官職，並引《東周策》左成的話爲證，這個説法是與史實不符的。齊思和先生早在三十年代就已指出：「終戰國之世，楚未嘗置相，仍行其令尹之舊制」（齊思和：《中國史探研》第165頁，中華書局出版，1981年4月）。其他研究先秦史的學者也持有同樣的看法（楊寬：《戰國史》第205頁，上海人民出版社1980年7月第2版；韓連琪：《先秦兩漢史論叢》第191頁，齊魯書社，1986年8月）。在先秦的文獻以及出土的楚文字資料中，從未見有關於楚置相邦或相的記載。《曹文》所引《東周策》左成關於「相國御展子」的一段話，並不能作爲説明楚置相國的證據。因左成此處所説的相國衹是比擬的説法，是一種泛稱，而非楚國實際所置的官名。例如孫叔敖爲楚令尹，但《荀子·堯問》説：「繒丘之封人，見楚相孫叔敖曰：『吾聞之也，處官久者，士妒之，祿厚者，民怨之，位高者，君恨之。今相國有此三者，而不得罪楚之士民，何也？』」將孫叔敖稱爲相國。又如《戰國策·秦策一》説商鞅仕秦，「秦孝公以爲相」。但其時商鞅實際上是爲大良造。秦國到惠文王十年纔以張儀爲相，是秦置相之始（見《史記・秦本紀》及《六國年表》）。可知《秦策》說商鞅爲相也是一種比擬的説法。史籍中這種比擬的說法屢見不鮮，顧炎武就曾指出：「《管子》曰：黄帝得六相。《宋書・百官志》曰：殷湯以伊嚴爲右相，仲虺爲左相。然其名不見於經，惟《書・說命》有爰立作相之文，而《左傳》定公元年，薛宰言，仲虺居薛，以湯爲左相。《禮記・月令》：命相布德和令。注：相謂三公，相王之事也。《正義》曰：案《公羊》隱五年傳曰：三公者何？天子之相也……至六國時，一人知事者，特謂之相……杜氏《通典》曰：黄帝六相，堯十六相，爲之輔相，不必名官。是則三代之時，言相者皆非官名」。（顧炎武：《日知錄》卷二十四，國學基本叢書，商務印書館出版，1933年5月）齊思和先生同樣指出：「《韓非子》、《戰國策》、《史記》所謂楚相云者，蓋比擬之言，而不可拘泥矣」（齊思和：《中國史探研》第165頁，中華書局出版，1981年4月）。這是十分正確的。

《呂氏春秋・舉難》說：「相也者，百官之長也。」在楚國相當於百官之長的官職始終都是令尹。《戰國策・楚策三》：「蘇秦謂楚王曰：……自令尹以下，事王者以千數。」《齊策二》：「昭陽爲楚伐魏，覆軍殺將，得八城，移兵而攻齊。陳珍爲齊王使，見昭陽，再拜賀戰勝，起而問：『楚之法，覆軍殺將，其官爵何也？』昭陽曰：『官爲上柱國，爵爲上執珪。』陳軫曰：『異貴於此者何也？』曰：『唯令尹耳。』」這兩條資料説明令尹爲楚國的百官之首，其地位相當於「百官之長」的相。《韓非子·存韓篇》載，李斯上韓王書説：「杜倉相秦，起兵發將以報天下之怨而先攻荆，荆令尹患之。」荆即是楚，這條資料則説明直到戰國末期，楚國的最高執政長官仍是令尹而非相。

《曹文》據《史記·春申君列傳》關於春申君獻淮北十二縣，請封於江東，因城吳故墟以自爲都邑的記載，推斷説：「可知戰國晚期蘇州一帶屬於春申君的封邑，此時此地的楚國封君墓，屬於春申君的可能性最大。」我們認爲這個推論也是缺乏根據的。因據《史記·春申君列傳》的記載，楚考烈王卒，李園使死士刺殺春申君，「斬其頭投之棘門外，於是遂使吏盡滅春申君之家」。試想，春申君被殺害後身首異處，全家慘遭滅絶，落到這樣悲慘的下場，怎麼可能還會有人爲他立墓並將他生前所謂的「上相邦璽」殉葬呢！可知這種推論是完全不合情理的。

《曹文》說「墓中出土了這方『上相邦璽』，證明墓主曾擔任楚相一職」，又引《戰國策・楚策四》朱英稱春申君爲相國的話，證明春申君所任的官名確實是相邦。我們在上文已經指出，蘇州博物館所復原的此印印文是不可信據的，沒有任何根據可將這方印的印文釋爲「上相邦璽」。其次，如上所述，春申君及其一家慘遭滅絕，不可能有人爲他立墓並殉葬印璽。第三，史籍所謂的楚相或相國衹是比擬的說法而非楚國實際所置的官名。因此，《曹文》的這一論據同樣也是不能成立的。

根據以上的辨析，我們認爲蘇州真山DI號墓所出的這方印不能將其印文釋爲「上相邦璽」，DI號墓的墓主人也絕非春申君。終戰國之世，楚未嘗置相，這是研究先秦史的學者所得出的共同結論，如果沒有確鑿的證據，這個結論是不宜輕易改變的。最後，我們希望蘇州博物館最好能將此印鑄有印文的一面照相放大發表，以供大家觀察分析，這樣或許可以作出符合實際的印文釋文。《真山墓地出土的「上相邦璽」辨析》，《故宮博物院院刊》，1998年第2期，第17～20頁。

劉和惠：

……從該墓的形制、規模和出土的隨葬品看來，不難判斷，這是一座戰國晚期楚國貴族墓葬。但是，說它是春申君墓卻無依據。

報道者推斷D1爲春申君墓，主要的論據是一枚被釋爲「上相邦璽」的銅印，然而，這枚銅印並不能證明該墓墓主就是春申君。爲什麼？下面試作探討。

楚國的官制，異於春秋戰國時期諸國，其官多以尹稱。在王宫和政府中主領各職事者均以尹名，如工尹、箴尹、連尹、樂尹、中廄尹、監馬尹，……等等，地方縣官邑宰亦稱尹，執掌國柄的首輔則稱令尹。這一官制，終楚之世没有變更。根據文獻記載，從楚武王鬥祁任令尹起至楚亡，楚令尹一職序列基本上可考，主線清楚（見宋公文《春秋時期楚令尹辨誤》、《戰國時期楚令尹序列考述》，載《楚史新探》，河南大學出版社，1988年）。春申君在令尹位二十有五年，與考烈王相始終。楚亡後，以尹爲名的官制尚未絕跡，秦末農民起義軍仍繼承著楚國的官制。《史記·陳涉世家·項羽本紀》記載：「陳王使使賜田臧令尹印」；楚懷王孫心以「吕青爲令尹」；項伯職爲「楚左尹」，等等。這就進一步說明了楚國的令尹官制始終是一致的，戰國晚期並未改稱爲相。

報道者說，楚國令尹稱相或相國也見於文獻記載。不錯，在《戰國策》、《史記》以及其他有關的史書上有稱楚令尹爲「相」，在《左傳》、《國語》中還有其他許多稱謂，如宰、卿、卿士、大夫等，可以舉出許多例證。但是，這些都是比稱、通稱、和爵位之謂，並非官職本稱。這裡，著重談一談與銅印有關「相」的稱謂。

在我國歷史上，首輔之職正式定名爲相，大約始於春秋後期的齊國。到戰國時期，韓、趙、魏先後相繼設相。秦在戰國中期也設相職，秦武王二年（公元前309年）定名爲「丞相」，又稱「相國」。由於相名在列國官制中流行，爲大多數國所接受，所以戰國中期以後，相逐漸成爲各國首輔的通稱，在交往言談中，往往稱令尹爲相。如《左傳》成書於戰國中期，只有一處用「國相」比稱楚令尹，而成書較晚的《戰國策》用「相」、「相國」稱楚令尹的就多起來了（關於楚令尹稱號，宋公文在《楚史新探》一書中有較詳考證，可以參考）。秦統一後，丞相爲三公之一，漢承秦制，丞相位居文官之首。首輔的名稱統一於相，因此，在歷史上有的朝代無相名，首輔往往亦習稱爲相（這在後代更多見，如明、清俱未設相，而首輔常以「相」稱）。所以文獻上的記載要具體分析。如《史記》就稱楚莊王時令尹孫叔敖爲相（見《史記·循吏列傳》）。我們能否以此爲據，認爲春秋時期楚國的官制已經改變，令尹易稱爲「相」了？顯然不能。《史記·楚世家》言：「考烈王以左徒（黄歇）爲令尹」，而《春申君列傳》則云：「考烈王元年以黄歇爲相」。《楚世家》所言是楚國首輔的官名，《春申君列傳》所云則是司馬遷寫史追記的通稱。

蘇州吳縣真山D1墓出土的銅印係官銜印，當然爲楚國官制的名稱，而不可能用比稱，或像後來史家那樣通稱。所以，這枚銅印不僅不能證明該墓爲春申君，而且是該墓墓主不可能是春申君的有力證據。

從印文上説，所釋「上相邦璽」，也不能無疑。報道所附的銅印印文拓片，系復制，不是原印拓本。據曹錦炎先生介紹，「相」字和「目」旁「缺損厲害」，「邦」字也「比較模糊，鈐本很難看出」（《上相邦璽考》，《中國文物報》1995年12月17日。該文亦主春申君墓説）。可知，原印文字衹有「上」字和「鉨」（璽）字比較容易識。而「相」字和「邦」字在一定程度上是推斷出來的。在古代璽文和金文中，往往有殘泐很厲害和筆劃不清的文字，不少是靠比勘推斷認識的，例如金文中常見的語辭，就是整個字殘缺，也可以準確地推斷出來。但前提必須有充分的依據。「上相邦璽」係一枚官銜印，如果推斷它是春申君之印，那末，印文必須符合楚國官制的名稱，否則就要另拓思路。再說，「上相邦（國）」這一官名，不僅楚國無此稱，就是實行相制的三晉、齊、秦等國也無此稱，既然找不到依據，對「相邦」二字的推斷，更要慎重。戰國時期以「上」字爲首的官名不是沒有，如楚國就有「上柱國」（按：先秦的「邦」字，漢代因避劉邦諱改爲「國」字，所以「相邦」即「相國」。那末，文獻上楚「上柱國」的「國」字，原來也應是「邦」字）。過去，我曾見到一件出土的銅砝碼，上面有兩個字，上一字爲「較」，下一字右半「佳」清楚，左面筆劃模糊，下面疑似有一臥捺，看上去就是一個「進」字，因此初釋爲「進」。後來覺得「較進」這個辭別扭，也無依據，因此進一步琢磨，方悟應是一個「準」字。考釋古文字，由於筆劃不清，往往會出現誤釋，這是不足爲怪的。

可以斷言，蘇州吳縣真山DI墓非春申君之墓也。　《春申君墓之謎》，《文物研究》總第十一輯，黄山書社，1998年10月，第251～253頁。

曹錦炎：

1995年初，在蘇州真山墓地的考古發掘中，於D1號戰國墓出土了一方「上相邦璽」銅印。同年底的《中國文物報》相繼刊出了蘇州博物館的報道文章及考釋該璽的拙文。頃讀《故官博物院院刊》1998年2期刊出的王人聰先生的《真山出土「上相邦璽」辨析》一文（以下簡稱《王文》），王先生對這方古璽從文字到國別作了全盤否定。由於原報道刊出的是復原的印文，王先生由此對該印產生懷疑是可以理解的。但王先生並沒有觀察過原印，卻輕易下此結論，就欠妥當了。作爲當事者之一，筆者有必要對此印及有關情況再作些説明。

此印出土後，由於印面銹蝕厲害，從鈐印本上無法辨清印文全貌，所以蘇州博物館邀請我赴該館考察原物，協助辨認印文。通過對原印實物反復觀察，仔細推敲印面文字的構形，纔識出了印文。在此基礎上，蘇州博物館再對照原印對印文作了忠實的復原。印文並非空穴來風、臆造之作。至於拙文，是在考察原印文字的基礎上所撰的，並不是僅憑報道所刊的復原印文而立論。拙文原是附於簡報一併刊出的，可能是出於版面原因，《中國文物報》將其分刊於兩期。由於當時未能攝得有清晰效果的印面照片，簡報衹能刊出器形及復原的印文。《王文》在不瞭解情況之下，指責報導「不忠實」，有失公允。

印文作「上相邦璽」四字，應該說並不難認，衹要觀察過原印，就可明白。爲了解疑，蘇州博物館照相室的同志克服技術上的種種困難，經過多次努力，終於在最近獲得了較爲滿意的照片，今與拙文一併刊出（見附圖），讀者可以根據照片分析印面文字的構形，作出正確判斷。

上相邦璽

拙文考證該璽爲楚官璽是根據印文的文字風格、特點而作出的結論。80年代以來，由於對戰國文字研究的水平突飛猛進，我們已經可以利用新知對古璽作分國鑒別。由於楚文字的地域特色非常明顯，個性強烈，因此相對來說，鑒別楚璽要比其他國家璽印容易些。此璽印文四個字，具有很明顯的楚文字特點。「上」字下部贅增一短橫，衹見於楚文字，無論是楚璽還是包山楚簡以及新出的郭店楚簡，這種「上」字構形的例子甚多。「鉨」字的「金」旁構形更是楚璽所獨有。僅憑這二字，就可斷定爲楚璽。凡是涉獵過楚文字的學者，都會作此結論。而對這兩個最具楚文字特點的字，《王文》卻避而不談，不知何故？另外兩個字，「邦」字「丰」旁豎筆出底線；「相」字「目」旁下不加兩短横作飾筆，也是具有楚文字的特色。《王文》所附這兩個字與楚系文字對照表恰恰證明這兩個字的構形同於楚文字而異於他國文字。表中所列《古璽彙編》收錄的「邦」、「相」構形更比簡帛文字接近「上相邦璽」的文字構形，便是最好的直接證據。《王文》認爲「相」字「目旁偏高，下面沒有兩短横飾筆，這是原印的客觀存在，並不是復原的緣故。若「目」旁下果真加兩短横作飾筆，反倒會引起我們的懷疑了，因爲這不是楚文字「相」所具有的特點。可以說，印文四個字個個具有楚文字特色。至於「邦」字「丰」旁豎筆斜出的原因，拙文早就指出，這是因爲「邦」字處於「璽」字上方，爲了避開「尔」旁上部衹好改作斜出，這是出於佈局的需要，我們不能僅憑這一點而否定其是「邦」字。

真山出土的這方古璽，根據其文字特色可認定是楚璽，其出土範圍又是戰國晚期的楚境。盡管其印文所示「上相邦」一職不見於有關楚史的文獻記載，但絕對不存在後世作僞的問題。既然不是贋品，「上相邦」又是客觀存在的事實，那麼我們就不能以傳世文獻未載爲理由來否定它。以出土文物與傳世文獻互相印證的研究方法，是王國維先生首創的兩重證據法，深爲學術界所信奉。傳世及出土的楚璽中，不見於《左傳》、《國語》、《戰國策》、《史記》等典籍所載的楚職官名甚多，如「連囂」、「連尹」、「新邦官」、「粟客」，「鑄巽客」等，有些也衹是見於秦漢之際的記載。新出的包山楚簡中，有些官名更是前所未聞。我們不能以未見文獻載明是楚官而說其不是楚官。當出土文物與典籍記載出現矛盾時，我們衹能以前者來修正後者，決不可以用後者來否定前者。這裏實際上存在著一個方法論的問題。我說楚國於戰國晚期曾設「相邦」一職，這是根據出土文物所作的結論，並非想像之辭。「上相邦璽」的出土，說明楚國於戰國晚期曾受中原國家影響，在官制上可能作了某種程度的改革，衹是典籍失載罷了。

最後，對墓主問題再說幾句。由於「上相邦璽」出土於戰國晚期的楚墓中，說明墓主曾擔任楚國「上相邦」之職，結合該墓的墓葬規格、隨葬品特點，蘇州又是春申君的封地等多種因素考慮，我纔提出此墓「屬於春申君的可能性最大」。

王人聰先生在印學方面造詣極深，他亦是我的良師摯友，素爲我所敬佩。但學術研究貴在求真，因此不爲尊者諱，作此小文，以答先生。《關於真山出土的「上相邦璽」》，《故宮博物院院刊》，1999年第2期，第79～80頁。

錢公麟：

第一節　「上相邦璽」考釋

蘇州真山D1M1戰國墓出土了一方銅印，印文爲「上相邦璽」四個字，白文鑄款。「上」字在下部多一短劃，古文字中有先例，這種利用贅增筆劃作爲裝飾，乃是戰國文字的一個特點。「相」字的「目」旁雖然缺損厲害，但不難認。「邦」字比較模糊，鈐本很難看出。仔細觀察原印，「邑」旁筆劃還是可以看清的。「丰」旁的豎筆出了底線，由於與下字「鉨」的金旁尖頭太近，所以改作斜出，顯得有些突兀，這是出於佈局的需要。其實，「邦」字的「丰」旁豎筆出底線，金文中已有之，在古璽中也不是孤例，如「新邦官璽」（《彙》0143）、「弋陽邦粟璽」（《彙》0267）均其例（羅福頤《古璽彙編》，文物出版社，1981年）。「鉨」字从金旁，很容易識出。從識字的角度講，這方古璽并不難認。蘇州博物館的楊文濤同志對印文作了很好的復原，可以對照參看。

此印是一方楚國官印，其文字的構形特點是典型的楚文字風格。例如，「鈢」字的「金」旁構形，完全是楚文字的特有寫法。「上」字的構形，目前也僅見於楚國文字。近年新出土的包山楚簡，「上」字的寫法與此近同，如簡10、簡137反、簡246、牘246、牘1、牘1反等（湖北省荊沙鐵路考古隊《包山楚簡》，文物出版社，1991年），可以爲證。

「相邦」是流行於戰國晚期的一種職官名稱，但史籍卻無記載。根據出土文物我們可以知道，「相邦」即典籍上的「相國」，乃是執國柄之大臣。《史記・呂不韋列傳》記載：「太子政立爲王，尊呂不韋爲相國。」在已出土的十餘件呂不韋監造的秦兵器上，銘文均作「相邦」而不作「相國」。

《戰國策・趙策一》記載：「或謂皮相曰：『魏殺呂遼而衛兵。』」《戰國策・趙策三》記載：「公孫龍謂平原君曰：『趙國豪傑之士多在君右，而君爲相國者，以親故。』」已出土的趙國兵器中，有「相邦建信君」、「相邦春平侯」監造之器，在銘文中，其職官名稱均作「相邦」而不寫作「相國」。建信君爲相的事曾見於典籍（《戰國策・趙策三》），可與出土文物相互印證。

古璽尙有「匈奴相邦」印。此外，河北平山戰國墓出土的中山王銅器，銘文中也有「相邦」之官名。可見，相邦一職不只秦官，他國亦有之。究竟是東方各國仿秦官名，抑或反之，尙有待于進一步研究。不過，從出土文物看，「相邦」這一職名所流行的時間，只能是戰國晚期。

「相邦」之名，典籍何以改作「相國」？這與漢代劉邦諱而改字有關。《漢書・高帝紀》注引荀悅說：「諱邦之字曰國」。顏師古注：「邦之字曰國者，臣下避以相代也。」楚國的官名雖然有別於其他各國，但戰國晚期似乎也有仿效他國的傾向。《戰國策・東周策》記載：「周共王太子死，有五庶子，皆愛之而無適立者也。司馬翦謂楚王曰：『何不封公子咎，而爲之請太子？』左成謂司馬翦曰：『……公若欲爲太子，因令人謂相國御展子、嗇夫空曰：王類欲令若爲之，此健士也，居中不便於相國。』相國令之爲太子。」可見「相邦」一職，楚也有之。

第二節　D1M1年代及墓主的推斷

D1M1墓室內大量隨葬品被炸毀，可幸的是墓道部份基本沒有遭到破壞。在墓道兩側擺列了兩對銅戈，戈鋒斜向墓道入口處，象徵著墓主生前及死後的衛隊和儀仗。除了1件銅戈被炸毁外，其餘3件銅戈均在，而且4件木柲和戈鐏均在原處，雖受到腐蝕，但形狀仍在。

……

《史記・六國年表》記載：公元前241年，「（楚）王徙壽春，命曰郢。」《史記・楚世家》載：「（考烈王）二十二年，與諸侯共伐秦。不利而去。楚東徙都壽春，命曰郢。」上述記載反映，在長豐發現的戰國晚期墓應該是楚徙都壽春後的貴族楚墓。考烈王二十二年是公元前241年，則D1M1的年代也應是戰國晚期墓。

真山D1M1的墓主，根據墓葬規格以及出土遺物分析，應該是戰國晚期楚國的一位封君。春申君，即黄歇，戰國時楚國貴族。據《史記・春申君列傳》：載「考烈王元年，以黄歇爲相，封爲春申君，賜淮北地十二縣，請封於江東。考烈王許之。春申君因城故吳墟，以自爲都邑。」張守節《正義》曰：「墟音虚。今蘇州也。」由此可知，蘇州一帶在戰國晚期屬於春申君的封地，此時此地的楚國封君，屬於春申君的可能性最大。

更爲重要的是，墓中出土了「上相邦鉨」，證明墓主曾擔任楚相一職。春申君爲楚相，已見上引《史記》本傳，文中稱「相」，乃是泛稱，其實官名也是「相邦」。《戰國策·趙策四》載：「朱英謂春申君曰：『君相楚二十餘年矣，雖名相國，實楚王也。』」春申君的官職爲「相邦」，印文稱「上相邦」。與典籍稍異。疑楚將此職改稱「上相邦」，或者楚之相分設「上相邦」、「相邦」二級，亦有可能。春申君曾派兵救趙攻秦，後又滅魯，最興盛時門下有食客三千，是戰國晚期著名的四公子之一。

關於春申君被殺的原因有不同記載。《史記·春申君列傳》載：趙人李園持其女弟，初幸春申君，有身孕而入之於楚王，後生子，即楚幽王。「楚考烈王卒，李園果先入，伏死士於棘門之內。春申君入棘門，園死士俠刺春申君，斬其頭，投之棘門外。於是遂使吏盡滅春申君之家。」《史記·楚世家》載：「二十五年，考烈王卒，子幽王悍立，李園殺春申君。」而《越絕書·吳地傳》記載的卻是：「春申君，楚考烈王相也。烈王死，幽王立，封春申君於吳。三年，幽王征春申爲楚令尹，春申君自使其子爲假君治吳。十一年，幽王征假君，與春申君并殺之。二君治吳凡十四年。」

史書中記載的春申君被殺的情形雖有出入，但有一點是相同的，那就是春申君由於個人勢力太大，受到楚王室的嫉妒，因而招致殺身之禍，并殃及全家。

特別要指出的是，出土的「上相邦璽」銅印是官印，印面受到損毀。從痕跡分析，是在入墓之前被破壞的。還有一把青銅劍，凡是有可能鑄銘文的地方（如劍首、劍格、劍身等）都已被毀壞。

D1M1的墓主是春申君，該推斷如不錯，那麼按照《史記》、《越絕書》所載，此墓的年代應該是考烈王二十五年，即公元前238年。《真山東周墓地——吳楚貴族墓地的發掘與研究》，文物出版社，1999年6月，第69～71頁。

李學勤：

《說文》豆部有「梪」字，云：「木豆謂之梪。」其音與「豆」字全同。案許慎對此字的解釋係本於《爾雅》，《爾雅·釋器》：「木豆謂之豆，竹豆謂之籩，瓦豆謂之登。」《釋文》稱「木豆」句後一「豆又作梪」，因而王筠《說文釋例》、徐灝《說文解字注箋》等都說「梪」字是「豆」字衍生的「重文」。我們看考古發掘中出現有許多漆木豆，可知在「豆」字上加以「木」旁，形成「梪」字，是有原由的。

從古文字材料看，「梪」字在戰國時已經存在，屢見於楚國簡帛等。《包山楚簡》第244號簡有「䖒梪」，報告作者讀爲「俎豆」，無疑是正確的。漢代禮器碑「俎豆」的「豆」仍寫作「梪」。包山第266號簡有「四畣梪，四皇梪」，報告作者讀爲「四合豆，四皇豆」，也是對的。查長臺關第255號簡、望山二號墓第45號簡都有「皇豆」，指有特定花紋的漆木豆，有同出實物可證（湖北省文物考古研究所、北京大學中文系《望山楚簡》，第123頁注[85]，中華書局1995年版）。由此足見，「梪」字確係自「豆」字衍生，專用於木豆。但是在更多的地方，「梪」是被用爲通假字。例如包山第250號簡云：

命攻解於漸（斬）木立（位），䖒（且）遷（徙）其凥（居）而梪之，尚吉。

句中「梪」字是動詞，顯然不能讀爲「豆」。我以爲該字當讀作「樹」，「梪」古音定母侯部，「樹」禪母侯部，音近可通。「斬木位」似爲一種以斷木作爲祭祀對象的神位，因而簡文講要遷移其處所，重新樹立起來。

又如郭店簡《性自命出》有：

剛之梪也，剛取之也；柔之約（也），柔取之也。（荆門市博物館《郭店楚墓竹簡》，釋文注釋第179頁。原脱「也」字，依文例補）

同出《語叢三》第46號簡引之則作：

強之鼓也，強取之也。

裘錫圭先生指出「鼓」即「尌」字（荆門市博物館《郭店楚墓竹簡》，第182頁注六），至於「剛」和「強」則係同義。「梪」與「尌」通假，同於上例。「剛之梪也」的「梪」，已有學者指出讀爲「柱」（馮勝君《讀〈郭店楚墓竹簡〉札記

（四則）》，《古文字研究》第二十二輯，中華書局，2000年）。「剛之柱也，剛取之也；柔之約也，柔取之也」，「約」訓爲束，故《荀子·勸學》引作「強自取柱，柔自取束」。「柱」當依《讀書雜誌》通「祝」，義爲折斷。

「柱」是端母侯部字。从「豆」、「尌」、「主」等爲聲的字，互相通假，在傳世文獻中例子很多，詳見《古字通假會典》（高亨《古字通假會典》第349～351頁，中華書局　1989年版），茲不多述。

1942年長沙子彈庫出土的楚帛書有這樣一段：

天地作殃，天棓將作⿰氵⿱虍昜（傷，害也），降於其方，山陵其發（廢），有淵厥湿（潰）。

「鼓」字以往多釋作「棓」，李零先生說明其誤，做了正確的隸定（李零《長沙子彈庫戰國楚帛書研究》，第53頁，中華書局1985年版）。按戰國文字常見增加「口」旁的（何琳儀《戰國文字通論》，第197頁，中華書局1989年版），所以這個字其實是「梪」字的繁寫，我認爲也應讀爲「柱」。

「天柱」係星名。查古天文文獻有兩「天柱」，帛書所說，不是在紫微宮近東垣的天柱五星（在今仙王座、天龍座之間）（瞿曇悉達《開元占經》卷六十九《天柱星占》），而是靠近北斗的三臺星的別名。《開元占經》云，三臺六星，兩兩而居（在今大熊座），並引《黃帝占》稱：

> 三能（臺）者，三公之位也……一名天柱，太一之舍道也。

又引《尚書中候》：

> 天（三）能（臺）有變，厥爲災，土崘山崩，谷溜滿，川枯。（瞿曇悉達《開元占經》卷六十七《三臺占》）

所說三臺即天柱爲災的現象，同楚帛書相似，應該有着星占學的傳承關係。

瞭解了「桓」字在楚文字中的寫法及通假情況，我們就有可能嘗試解決蘇州真山出土楚官璽的釋讀問題。

1992年冬，在真山DIMI戰國楚墓中發現一鈕銅璽，1995年在報端公佈（曹錦炎《上相邦璽考》，《中國文物報》1995年12月17日），引起了有關學者的很大興趣。

這鈕璽的詳細材料，已收入發掘報告《真山東周墓地》（蘇州博物館《真山東周墓地》，圖七三、圖七八，3，文物出版社 1999 年版）。璽爲覆斗形，橋形鈕，面呈正方形，邊長2.9釐米，鑄款四字。璽面不幸破損，毀壞部份侵及四字中的前三個字。經發掘的學者與曹錦炎先生論釋，其第一個字爲「上」，第三四兩個字爲「邦鉨（璽）」，是沒有疑義的。其「邦」字「丰」旁在右（參看滕壬生《楚系簡帛文字編》，第529～530頁，湖北教育出版社1995年版），「鉨」字「金」旁下作輪形（參看曹錦炎《古璽通論》，第91～114頁，上海書畫出版社1995年版），都是楚文字特色。「上」字，發掘報告說字下增一短橫，這也是楚文字作風（參看滕壬生《楚系簡帛文字編》，第17頁，湖北教育出版社1995年版），但照片上不夠清楚。

問題在第三個字，其左部是「木」，非常明確，右部衹存下半，作「」形。學者多以爲字當釋「相」，但這有兩點困難：

第一，就字形而言，楚文字的「相」，其「目」旁都是較斜的，中間橫筆也不平寫（參看滕壬生《楚系簡帛文字編》，第285頁，湖北教育出版社1995年版。又張守中《包山楚簡文字編》，第51頁，文物出版社1996年版；張守中等《郭店楚簡文字編》，第63頁，文物出版社2000年版），不同於璽上殘筆。

第二，由職官來說，楚國沒有「相邦（國）」之稱。董說《七國考》引《戰國策·東周策》注云「楚有相國」，不確，繆文遠先生業已辨明（繆文遠《七國考訂補》上，第67～68頁，上海古籍出版社1987年版）。至於「上相邦」，更是文獻所未曾見。

那麼，真山璽上的這個字究竟是什麼呢？我揣想乃是「梧」即「梪」字，祇是右部上方的「豆」損去，僅餘下面的「口」而已。前文已經談到，「梪」可通讀爲「柱」，所以整個璽文是「上柱邦（國）璽」。安徽劉和惠先生在討論這鈕璽時曾說：「先秦的『邦』字，漢代因避劉邦的諱改爲『國』字，所以『相邦』即相國。那麼，文獻上楚『上柱國』的『國』字，原來也應是『邦』字。」（劉和惠《春申君墓之謎》，《文物研究》十一，第254頁注〔6〕，黄山書社1998年版）已意識到這一點，其説極是。

上柱國爲楚國高官。據《戰國策・齊策二》，楚昭陽勝魏軍於襄陵，回答齊使陳軫説，楚之法，覆軍殺將者，「官爲上柱國，爵爲上執珪」，其官僅次於令尹（繆文遠《戰國策新校注》，第299～300頁，巴蜀書社1998年版）。這樣的顯貴身份，與出「上柱國璽」的真山DIMI墓的規模，是完全相稱的。《「桓」字與真山楚官璽》，《國學研究》第八卷，北京大學出版社，2001年10月，第173～176頁。

徐暢主編：

戰國公鉨與印跡・楚系鉨印　74　上相邦鉨　《中國書法全集》第92卷，榮寶齋出版社，2003年2月，第37頁。

徐暢主編：

74　上相邦鉨

作於戰國晚期。楚官鉨。一九九四年冬蘇州真山D1M1戰國墓出土。蘇州市博物館收藏。銅質。橋鈕。方形。邊長二・九釐米×二・八釐米，通高二・一釐米。

報告稱此爲春相春申君黃歇之墓。《史記・春申君列傳》載：「考烈王元年（前二六二），以黃歇爲相，封爲春申君。賜淮北地十二。請封於江東。考烈王許之。春申君因城故吳墟，以自爲都邑。」張守節《正義》曰：「墟音虛。今蘇州也。」墓的年代即黃歇的逝年——楚考烈王二十五年（前二三八年）。

鉨字的「金」旁、「上」字的構形均爲楚文字的特有寫法，又出於楚地，此印爲楚鉨無疑。相邦即與典籍中的相國，乃是執國柄之大臣。秦、趙、中山等國銅器中都有相邦的職官名。西漢避劉邦諱而改「邦」爲「國」。文獻稱相國，但璽印稱上相邦，與典籍稍異，疑是將此職改爲上相邦，或者楚之相邦分設上相邦、相邦二級。

參考　《真山東周墓地——吳楚貴族墓地的發掘與研究》　《中國書法全集》第92卷，榮寶齋出版社，2003年2月，第204頁。

肖曉輝：

1992年，在蘇州真山東周墓地出土一枚戰國官璽，該璽爲銅質，橋鈕，印面文字爲白文。印面損蝕厲害，經專家辨識並加以復原，印文爲「上相邦鉨」。從復原的印文來看，這是一方典型的楚國官璽。根據印文中的職官、墓葬的時代及地理位置，報告者判斷器主爲戰國四君子之一的楚國春申君黄歇（《真山東周墓地》，文物出版社，1999年39頁）。過去認爲「相邦」一職爲中原各國所設，楚國有「令尹」而無「相邦」官。《史記》中的楚相邦被認爲是司馬遷借用中原官名來稱呼楚國相應官職而已。報告者根據此復原品推斷戰國晚期時的楚國也設有「相邦」一職。《書法新鑒：古璽文新鑒》，世界圖書出版公司，2005年6月，第78～79頁。

駱科強：

1992年11月蘇州真山D1號戰國墓出土了一方銅印，印文爲「上相邦鉨」4字，白文鑄款。它不僅對「楚終戰國之世未嘗置相」的結論提出了挑戰，而且還冒出一個「上相邦」來！此印出現後，曹錦炎先生在1995年12月17日的《中國文物報》上發表了《上相邦璽考》一文（本文引用曹錦炎先生的觀點，不管是直接引據還是間接引用，皆出自此文，不另

注）。他認爲此印的出土，改變了齊思和的「據春申君封令尹事，可知終戰國之世楚未改令尹之號」的結論（齊思和：《戰國制度考》，載《燕京學報》第24期，1938年；今收入《中國史探研》第144~196頁）的結論。並且懷疑楚國將「相國」（即相邦）改稱「上相邦」，或者楚之相分設「上相邦」、「相邦」二級亦有可能。這猶如楚官「柱國」一職《史記》稱「柱國」，《戰國策》稱「上柱國」。儘管曹先生很謹慎地説明：「相邦」和「上相邦」「究竟爲一職，還是二職，有待於今後出土實物的驗證。」但是他的結論同樣不應該成爲定論，仍然有可商榷的地方。

《戰國策·齊策二·昭陽爲楚伐魏》：「楚之法，覆軍殺將，……官爲上柱國……。」《史記·楚世家》：「（懷王）六年，楚使柱國昭陽將兵而攻魏。」所記爲昭陽一人，説明「上柱國」和「柱國」實際上就是同一官職的不同稱呼。《史記·陳涉世家》也記有「陳王征國之豪傑與計，以上蔡人房君蔡賜爲上柱國」，「章邯已破伍徐，擊陳，柱國房君死。」這同一篇文章中所記爲同一人，其官名一爲「上柱國」，一爲「柱國」，而且任「上柱國」還在任「柱國」之前，表明「上柱國」並不是比「柱國」要高一級的官稱，這兩個名稱顯爲一職的不同稱呼。

明白了「柱國」就是「上柱國」，我們再來看「相邦」和「上相邦」。誠如曹錦炎先生所分析的，「相邦」之名典籍可以改做「相國」，這和漢代避劉邦諱改字有關。《漢書·高帝紀》注引荀悅説：「諱邦之字曰國。」顔師古注：「邦之字曰國者，臣下所避以相代也。」那麽「相國」爲「相邦」之所改，這一點已經没有什麽疑問了。問題是「上相邦」與「相邦」是一職還是二職？我認爲不管這兩者是一職還是二職，在目前所知的文獻中都没有記載。「相邦」在文獻中是有記載的，可「上相邦」在文獻中絶無僅有。那麽蘇州真山D1號戰國墓出土的銅印印文「上相邦鉨」又作何解釋呢？

基於以上認識，李學勤先生又提出了一種非常精妙的解釋，認爲「相」字應該釋讀爲「桓」字，而「桓」字與「柱」字是可以通假的，於是這方印文就變成了「上柱邦璽」，文獻上剛好又有楚國官名「上柱國」（李學勤《「桓」字與真山楚官璽》，原載《國學研究》第8卷，今收入《中國古代文明研究》，華東師範大學出版社2005年4月，第187～189頁），這似乎得到了圓滿的解決。問題是，由於該印璽殘缺，李先生的解釋也衹是一種推測，同樣不能成爲定論。我們把原殘缺的銅印印文與修復過的鈐印進行對比，覺得曹錦炎先生對此印文的釋讀反而是可靠的（原物參看蘇州博物館編著的《真山東周墓地——吳楚貴族墓地的發掘與研究》，文物出版社1999年6月，第39頁；復原圖參看該書第41頁和《先秦印風》第34頁，重慶出版社1999年12月），因爲「相」字的右邊「目」旁所在的位置，由其殘筆來看，解釋爲「目」比解釋爲「豆」下加一個「口」字更加可靠。第一，李學勤先生認爲「就字形而言，楚文字的『相』，其『目』旁都是較斜的，中間橫筆也不平寫，不同於璽上殘筆」（李學勤《「桓」字與真山楚官璽》，原載《國學研究》第8卷，今收入《中國古代文明研究》，華東師範大學出版社2005年4月，第187~189頁）。這點駁難看起來無懈可擊，實際上，既然「目」旁處已經殘缺，僅憑下部的殘筆是無法確定其上部的寫法的。何況楚系文字中「相」字的寫法也不完全像李先生說的那樣，「其『目』旁都是較斜的，中間橫筆也不平寫」。李守奎編著的《楚文字編》第215頁所收「相」字的各種寫法中，郭・老甲・16的兩個「相」字和璽0239（編按：原作0329）的「相」字，其「目」旁的下部寫法與該璽此字右邊殘留的部份相同，「目」旁不是斜的，其中間的兩個橫筆也是平寫的（李守奎主編《楚文字編》，華東師範大學出版社，2003年12月）。該璽下部所殘留的部份類似「口」的篆書，由於復原者復原成「相」後整個「相」字特別規整，把「目」的上部復原得非常平正，這就給人以錯誤的印象，覺得它的寫法與通常所見的楚系文字的「目」旁的寫法不一樣。我卻認爲「目」旁的上部完全可以按照楚文字中相近的「目」旁的風格復原出來。相反，如果按照李學勤先生的釋讀，「目」旁處復原爲「豆」字下邊加上一個「口」字，雖然未嘗不可，但這裏的位置大小好像不容刻寫「豆」字這麼複雜而繁多的筆劃。第二，「上柱國」雖有文獻記載，但無實際文物佐證，還不能斷定它一定是楚國的實際官名。筆者曾經寫過一篇小文，提出一種推測，認爲「上柱國」應該是楚國「令尹」和「大司馬」兩種官職的泛稱，不是實際楚官名（筆者已撰成《楚官璽「柱國」考》一文進行詳細考證，《武漢文博》2004年第4期）。如果這一點成立，那麼楚國的官印上就不可能刻寫「上柱國」的官名，而祇能刻寫「令尹」和「大司馬」的實際官名，例如簡文中就出現了這樣的官名（譚維四《曾侯乙墓》，文物出版社，1989年7月，第493頁有「令尹」官名；河南省考古文物研究所編著《新蔡葛陵楚墓》，大象出版社，2003年10月，第202頁有「令尹」官名；湖北省荊沙鐵路考古隊《包山楚簡》，文物出版社1991年10月，第24頁有「令尹」和「大司馬」官名）。這就是李學勤先生的釋讀不可能成爲定論而曹錦炎先生的釋讀依然可靠的原因。

依照曹錦炎先生的釋讀，該印璽爲「上相邦璽」，而蘇州真山D1號戰國墓的墓主是春申君的可能性最大，因爲誠如曹錦炎先生文中所分析：

真山D1號墓的墓主，根據墓葬稱規格以及出土遺物分析，應該是戰國晚期的一位封君。楚滅越後，吳越舊地已入楚境。據《史記·春申君列傳》「考烈王元年，以黄歇爲相，封爲春申君，賜淮北地十二縣。後十五歲，黄歇言之楚王曰：『淮北地邊齊，其事急，請以爲郡便。』因並獻淮北十二縣，請封於江東。考烈王許之。春申君因城故吳墟，以自爲都邑。」張守節《正義》：「墟音虚。今蘇州也。」可知戰國晚期蘇州一帶屬於春申君的封邑，此時此地的楚國封君墓，屬於春申君的可能性最大。更爲重要的是，墓中出土了這方「上相邦鉩！」，證明墓主曾擔任過楚相一職。春申君爲楚相，已見上引《史記》本傳，文中稱「相」，乃是泛稱，其實官名也是「相邦」，見《戰國策·楚策四》：「朱英謂春申君曰：『君相楚二十餘年矣，雖名爲相國，實楚王也。』」「相國」即「相邦」，見前述。春申君的官職爲「相邦」，印文稱「上相邦」，與典籍稍異。

但是「春申君的官職爲『相邦』，印文稱『上相邦』，與典籍稍異。曹先生衹得懷疑楚將此職改稱『上相邦』，或者楚之相分設『上相邦』、『相邦』二級，亦有可能。」並且以楚官「柱國」一職有可能分爲「上柱國」和「柱國」兩級來加以比附。如上所考，楚國的「上柱國」與「柱國」本爲一職而非二職，以之來猜測楚國「相邦」有可能也分爲「上相邦」和「相邦」二級，便失去了唯一的依據。其次，我們仔細分析了楚國官職的劃分情況，發現楚國的官職根本不用「上」、「下」來劃分，而是按「左」、「右」來劃分的，如「令尹」的下屬官有「左尹」和「右尹」；「司馬」的下屬官有「左司馬」和「右司馬」；還有「左領」和「右領」、「左馭」和「右馭」、「左徒」、「左史」。比「左」、「右」官更高一級的官職可以加上「大」字，如「司馬」可以叫做「大司馬」等。也有按「大」和「少」來劃分的，如「大司敗」和「少司敗」、「大司命」和「少司命」、「大師」和「少師」、「大宰」和「少宰」、「大司城」和「少司城」、「大傅」和「少傅」等等。只有兩例用「上」字，即「上柱國」和「上將軍」（根據顧久幸《楚制典章》中楚官名的統計。湖北教育出版社，2003年1月，第52～67頁）。「上柱國」即「柱國」，不是實際官名，而是「令尹」和「大司馬」的代稱（筆者已撰成《楚官稱「柱國」考》一文進行詳細考證，《武漢文博》2004年第4期），因此不屬楚官的實際劃分之列。《說苑・尊賢》中田忌對楚王說：「齊使申繻將，則楚發五萬人，使上將軍將之。」田忌乃齊人，用齊國的官名稱楚官是情理中事，楚國的「將軍」實際上也應該是對「令尹」和「司馬」等帶兵打仗將領的代稱，不是實際的楚官名！（宋公文：《楚史新探》，河南大學出版社1988年9月，第29～34頁）。何況「上相邦」不特楚國沒有，其他各國也沒有。因此，曹先生把「上相邦鈢」解釋成楚國的宰相有可能稱爲「上相邦」，從而試圖否定「楚終戰國之世未嘗置相」的結論，皆不能夠讓我們信服。那麼，在這座有可能是春申君的墓中出土的「上相邦鈢」究竟應該作何解釋呢？筆者在這裏提出另一種推測，以供專家參考。

《史記・春申君列傳》載：「春申君相二十二年，諸侯患秦攻伐無已時，乃相與合縱，西伐秦，而楚王爲從長，春申君用事。」《秦始皇本紀》：「六年，韓、魏、趙、衛、楚共擊秦，取壽陵。秦兵出，五國兵罷。」《戰國策·楚策三·唐且見春申君》：「唐且見春申君曰：『齊人飾身修行得爲益，然臣羞而不學也。不避絕江河，行千餘里來，竊慕大君之義，而善君之業。……今君相萬乘之楚，御中國之難，所欲者不成，所求者不得，臣等少也。夫梟棋之所以能爲者，以散棋佐之也。夫一梟之（不如）不勝五散，亦明矣。今君何不爲天下梟，而令臣等爲散乎？』」（此章有不同的系年，于鬯《戰國策年表》係於秦始皇六年，即春申君合縱伐秦之年。繆文遠：《戰國策考辨》謂「此章雖爲春申君受封以後事，然在何年則不可確考」。我們細審文義，覺得于鬯《戰國策年表》的係年是對的）《楚策四·天下合縱》：「天下合縱，趙使魏加見楚春申君曰：『君有將乎？』曰：『有矣，僕欲將臨武君。』……加曰：『……今臨武君，嘗爲秦孽，不可爲拒秦之將也。』」（此章的係年，繆文遠先生《戰國策考辨》引黃少荃的考辨認爲即春申君合縱伐秦之年）《韓策一·觀鞅謂春申》：「觀鞅謂春申曰：『人皆以楚爲強，而君用之弱，其於鞅也不然。先君者，二十餘年未嘗見攻。今秦欲逾兵於澠隘之塞，不使；假道兩周倍韓以攻楚，不可。今則不然，魏且旦暮亡矣，不能愛其許、鄢陵與梧，割以與秦，去百六十里。臣之所見者，秦、楚鬥之日也已。』」（此章繆文遠《戰國策考辨》第268頁係年於秦始皇六年。並引鍾鳳年《國策勘研》云：「細繹說者之辭，雖若陽爲楚謀；而陰則意在令春申顧及魏危則楚將有唇亡齒寒之虞，故實不啻爲魏計。」科強按：此章繆先生從多數係於韓策，是。且文中云：「今秦欲踰兵於澠隘之塞，不使；假道兩周倍韓以攻楚，不可。」則觀鞅爲韓國而說春申君，可知也）我們認爲這幾處所記當爲春申君合縱之一事，這些材料給我們的印象是：秦始皇六年（公元前241年），五國合縱攻秦，是其他四國分別派代表——韓派觀鞅、趙派魏加、魏派唐且及目前不明的衛使臣——到楚國勸春申君起來擔此大任，失敗的原因不特當時秦國實力強大，東方諸國實力弱小，也有可能與春申君任用嘗敗於秦的臨武君爲將有關。

諸侯合縱，較有名的當數蘇秦，其遊說各國，掛六國相印。直到春申君之前，所有爲了對付連橫策略的合縱，都是由合縱家們仿效蘇秦到各國遊說，分別約盟而成。而春申君此次合縱與以往不同，應該是諸侯派代表齊聚於楚國約盟而成，縱長是楚考烈王，實際權力全操在春申君手裏，因此要有一個行使權力的信物，我們認爲「上相邦鉩」就是在這樣的情況下鑿出的。因爲有楚王爲縱長，所以不得用大王印璽，又因爲不是一般的相國，是各個諸侯國的總相國，而當時五國之中韓、魏、趙的宰輔皆稱「相邦」（繆文遠：《戰國制度通考》，第22、26、30頁），衛國處於齊、韓、魏、趙之間，其宰輔也應該稱「相邦」無疑，唯獨楚國稱「令尹」。根據這一情況，當時五國代表討論給「總相邦」定名時，不可能用什麼「上令尹」的稱號，而用「上相邦」最爲合適，這符合大多數國家的習慣；楚國由於從中原出現「相邦」以來，其他國家經常也用「相邦」來稱呼其「令尹」，因而也不反對甚至樂於接受用「上相邦」來稱呼「總相邦」的決議。因此用「上相邦鉨」作爲五國總相邦春申君的權力象徵物最爲合適。這樣，我們認爲春申君以楚國的「令尹」兼合縱國的「上相邦」，是極有可能的事情。待「至函谷關，秦出兵攻，諸侯兵皆敗走」之後，「考烈王以咎春申君，春申君以此益疏。」但春申君仍然還是楚國的令尹，「上相邦鉨」作爲一種榮譽的象徵物肯定要被他小心地收藏！等到春申君被李園所殺，死後「令尹」之職爲李園所奪，其「令尹」之印被李園所查抄搜繳，但其「上相邦鉨」對李園已毫無意義，因爲當時合縱國在攻秦失敗後早已煙消雲散。李園自去忙著鞏固其令尹地位，哪有閒暇顧及這方無用之璽，因此，這方「上相邦鉨」纔得以保留在他的封地之內，並隨春申君而入葬也是很有可能的事情。

「上相邦鉨」的出土，似乎改變了「楚終戰國之世未嘗置相」的結論，但通過我們上面對「上相邦鉨」的來源進行了重新解釋，覺得「楚終戰國之世未嘗置相」而仍舊沿襲令尹制的結論仍然可靠，要否定這一結論還爲時尚早！當然，這一結論是建立在蘇州真山D1號戰國墓的墓主爲春申君的基礎上的，而蘇州真山D1號戰國墓的墓主爲春申君只是根據目前所據材料的一種推測，要完全證實這一點，還有待將來考古材料的獲取。　《「上相邦鉨」新考》，《東南文化》，2005年第6期，第39～42頁。

邵　磊：

1995年在江蘇蘇州真山戰國晚期大墓中出土「上相邦璽」銅印一枚，印文風格類楚璽。戰國晚期蘇州一帶爲楚國春申君的封地，而春申君爲相亦見於典籍，故印主人爲春申君黃歇的可能性很大。　《我愛收藏：古璽印收藏知識三十講》，榮寶齋出版社，2008年4月，第42頁。

施謝捷：

楚系官璽　上相邦鉨（璽）　《古璽彙考》，安徽大學博士學位論文，2006年5月，第149頁。

韓天衡、陳道義：

3.「上相邦璽」

此爲戰國晚期楚官璽，1994年出土於蘇州真山戰國墓，現藏於蘇州市博物館。銅質，橋鈕，長2.9釐米，寬2.8釐米，通高2.1釐米。

此印有楚璽的典型特徵，白文外框，「璽」字的金旁構形楚文字的特有寫法，「相邦」即典籍中的相國，乃執國柄之大臣。四字排列參差和諧。

此爲楚官印，文字結體散逸，縱横恣肆，章法謹嚴，圓渾秀美。（編按，此行字乃該璽圖片下文字）《點擊中國篆刻》，上海人民美術出版社，2006年8月，第16～17頁。

陳光田：

楚系古璽　「上相邦璽」（《故宮》98.2）。該璽出土於蘇州真山墓地。璽文有殘痕，經復原後成爲現在的樣子。有學者將其釋爲「上相邦璽」。（張照根：《蘇州真山墓地出土大量珍貴文物》，《中國文物報》，1995年11月19日。曹錦炎：《上相邦璽考》，《中國文物報》1995年12月17日。）璽文從字體上看，將其釋爲「上相邦璽」不會有問題，而且其風格屬楚系。但傳世文獻中沒有楚曾設「相邦」一職的記載。齊思和先生曾指出：「終戰國之世，楚未嘗置相，仍行其令尹舊制。」（齊思和：《中國史新探》，中華書局，1981年，第165頁。）也有學者認爲該璽釋讀有誤。（王人聰：《真山墓出土「上相邦璽」辨析》，《故宮博物院院刊》1998年12期。）按該璽當有兩種情況：一是璽文復原和釋讀不誤，那麼，這就證明楚國曾經有過「相邦」一職。二是璽文復原有誤，在復原時出現了錯誤。

《戰國璽印分域研究》，嶽麓書社，2009年5月，第158頁。

周曉陸主編：

二-GY-0039　上相邦鉢　東周（楚）　銅　橋紐　28×29-21　《二十世紀出土璽印集成》，中華書局，2010年1月，第50頁。

徐　暢：

戰國楚系官鉨　上相邦鉨　《先秦印風》，重慶出版社，2011年5月，34頁。

肖　毅：

一、上相邦璽

1995年蘇州真山墓地D1號戰國墓出土一方楚璽，由於當時沒有清晰的印面照片，原簡報祇刊出了器形及復原的印文，其中印文如圖1（張照根：《蘇州真山墓地出土大量珍貴文物》，載《中國文物報》1995年11月19日）。此印出土後，由於印面有殘損，蘇州博物館請曹錦炎先生協助辨認印文，並對印文作了復原，詳見曹錦炎《關於真山出土的「上相邦璽」》，載《故宮博物院院刊》1999年第2期，第79～80頁。

圖1

不久，曹錦炎先生有專文考釋此印，對印文有較爲細緻的說明（曹錦炎：《上相邦璽考》，載《中國文物報》1995年12月17日）：

「上」字在下部多一短畫，古文字中有先例，這種利用贅增筆畫作爲裝飾，乃是戰國文字的一個特點。「相」字「目」旁雖殘損厲害，但並不難認。「邦」字比較模糊，鈐本很難看出。仔細觀察原印，「邑」旁筆劃還是可以看清的。「丰」旁豎筆出了底線，由於與下字「璽」的「金」旁尖頭距離太近，改作斜筆，顯得有點突兀，這是出於佈局的需要。王人聽先生曾對此璽的釋文表示懷疑，認爲：

第二、第三兩字，書法極不自然。第三字「邦」所从「丰」旁的豎筆下半部作大幅度的彎曲，這種寫法的邦字，在楚文字中是從未見過的。現在我們將出土楚文字的「邦」字列表和它對照……從以上的對照中，我們可以清楚地看出，楚文字中「邦」所从「丰」旁的豎筆，都是作接近垂筆地向下貫穿而出，而不是像所復原的印文「邦」字那樣作向右下方大幅度地彎曲，這說明所復原的印文「邦」字是不合楚文字「邦」的寫法的。印文第二字「相」字的「目」旁缺損厲害，從所復原的這個「相」字來看，「目」旁的位置偏高，下面又沒有飾筆襯托，字形結構不匀稱，試將它與下列楚文字的「相」字比較……同樣可以看出所復原的「相」字也是與楚文字不合的。那麼這個缺損厲害的印文第二字是否爲「相」字，自然也就成問題了。文中沒有提出新的釋文（王人聰：《真山墓地出土「上相邦璽」

辨析》，載《故宮博物院院刊》1998年第2期，第17～20頁）。

針對王人聰先生的疑問，曹錦炎先生對此璽作了進一步的說明，認爲：

> 此璽印文四個字，具有很明顯的楚文字特點。「上」字下部贅增一短横，只見於楚文字，無論是楚璽還是包山楚簡以及新出的郭店楚簡，這種「上」字構形的例子甚多。「璽」字的「金」旁構形更是楚璽所獨有。僅憑這二字，就可斷定爲楚璽……另外兩個字，「邦」字「丰」旁竪筆出底線；「相」字「目」旁下不加兩短横作飾筆，也是具有楚文字的特色。

圖2文章中還刊出了印面圖片（圖2）：

圖2

璽文第二字，李學勤先生提出另一種看法，認爲這個字是从「木」、从「豆」、从「口」的，只是右上部的「豆」損去，僅餘下面的「口」，並釋璽文爲「上桓（柱）邦璽」（李學勤：《桓字與真山楚官璽》，載《國學研究》第八卷，北京大學出版社2001年，第173～176

頁）。

以上是三位學者對這方璽印的主要看法。其他一些學者引用這方古璽時多依從原整理者，如施謝捷先生的博士論文《古璽彙考》在楚系官璽類用的就是復原後的印拓（施謝捷：《古璽彙考》，安徽大學博士學位論文，2006年，第146頁）。

我們認爲原整理者的復原總體來説是比較接近原印的。爲便於比較，我們先看看《真山東周墓地》中的印面照片和示意圖（圖3）（蘇州博物館：《真山東周墓地》，文物出版社，1999年，第39頁～41頁）。

《真山東周墓地》39頁

《真山東周墓地》41頁　圖3

第一字，釋「上」應該沒有問題。從印面照片看，原復原後的形體可信。

第二字，我們認爲釋「梪」之説不可信。楚文字中从「豆」的字繁增「口」的例子並不多，如（圖4）：

 包山278反　 楚帛書　圖4

如果認爲該璽右邊上从「豆」，下从「口」，從殘存的底畫看，這個字的右上角將相當擁擠，有悖常理。再細看印面照片，該字殘損部份成三角狀，與「豆」上部成倒三角狀、下部一長横的外形明顯不同。如果認爲三角形上部爲泐痕的話，那麼「豆」最上面的横畫應該在三角形中部，難以想像在這個三角形中線以下的部份能有四條横向筆劃（三横加一弧筆）。所以我們認爲該字右邊不可能从「豆」从「口」，釋「梪」之説不可信。

從印面照片看，這個字應該如曹錦炎先生所言是「相」字。王人聰先生認爲復原後「相」字「目」旁偏高，下面沒有飾筆，結構不匀稱，雖然有一定道理，但我們認爲缺乏説服力。因爲就單個字看，古璽文字中不匀稱的字是很常見的，但古璽大多有邊框，所以有時單字的不匀稱不僅不會影響印章整體的均衡，反而會讓印章整體靈動，不呆板。

不過，王人聰先生據一些楚文字中「相」字的寫法認爲復原後的「相」字與楚文字不合，這點值得我們注意，我們認爲復原後「相」字的形體確實不太準確。

「目」上部殘損，「目」的頂部與「木」中豎頂端是平齊的，「目」上與「上」字下面的短橫相接的是泐痕，原整理者的觀察較爲細緻。百密一疏，細看印面照片，殘損的部份應該是三角形，而不是復原後的半圓形。

楚文字中「目」旁多似正三角形，上部爲尖頭，如（圖5）：

包山196

包山171

《古璽彙編》0239

圖5

我們認爲「相」所从的「目」很可能不是復原後的圓頭，而是像0239那樣的尖頭。

第三字，「邦」字豎筆大幅度彎曲，我們認爲古璽文字的筆劃因爲佈局的需要作適當改變在古璽中很常見，曹錦炎先生的分析比較可信。

至於第四字以及這方古璽屬楚應無疑義，此不贅述。

結合印面照片以及原整理者的復原圖，我們試作復原原圖如（圖6）。

圖6

《楚官璽劄記二則》，《武漢大學學報》（人文科學版），2014年第2期，第93～95頁。

李守奎按：

印面殘損太甚，釋「相」、釋「梪」皆係推測，有待新材料進一步證明。

官璽第九十：司馬之窅（府）

印面：

待時軒印存初集十八冊續集十五冊，上海博物館藏印

著錄：

《古璽彙編》，北京：文物出版社，1981年12月，第501頁。

《印典》（三），北京：國際文化出版公司，1994年1月，第2047頁。
《古璽通論》，上海：上海書畫出版社，1996年3月，第102頁。
《篆字印彙》，上海：上海書店出版社，1999年1月，第1649頁。
《中國篆刻全集》，哈爾濱：黑龍江美術出版社，2000年7月，第10頁。
《古璽漢印集萃》上冊，南寧：廣西美術出版社，2001年10月，第11頁。
《戰國璽印分域編》，上海：上海書店出版社，2001年10月，第181頁。
《中國書法全集》第92卷，北京：榮寶齋出版社，2003年2月，第39頁。
《戰國璽印》，上海：上海書畫出版社，2003年8月，第42頁。
《古璽印賞析》，濟南：山東美術出版社，2005年6月，第13頁。
《古璽彙考》，安徽大學博士學位論文，2006年5月，第155頁。
《寸心籀篆——中國古代璽印鑒賞》，長沙：湖南美術出版社，2009年5月，第24頁。
《戰國璽印分域研究》，長沙：嶽麓書社，2009年5月，第152頁。
《先秦印風》，重慶：重慶出版社，2011年5月，第26頁。

集釋：

羅福頤：

5538 司馬之府 《古璽彙編》，文物出版社，1981年12月，第501頁。

鄭 超：

24.司馬之府

司馬是軍職，楚國設有司馬，鄂君啓節有「大司馬邵陽敗晉師於襄陵之歲」，可證。「司馬之府」當是以儲藏軍備爲主。《楚國官璽考述》，《文物研究》總第二輯，黄山書社，1986年12月，第90頁。

湯餘惠：

楚璽 司馬之𡩜（府） 《略論戰國文字形體研究中的幾個問題》，《古文字研究》第十五輯，中華書局，1986年6月，第76頁。

黄錫全：

（22）司馬之府

楚有司馬、大司馬、小司馬、左司馬、右司馬等官名（見後）。鄭超認爲，「司馬之府」當是儲藏軍備爲主。按，「司馬之府」當如「鄂君啓之府」，是司馬儲藏財富物資的府庫。

《古文字中所見楚官府官名輯證》，《文物研究》總第七輯，黄山書社，1991年12月，第211頁。

牛濟普：

據「府、璽」文字特徵可定「高府之璽」、「司馬之府」、「造府之璽」爲楚國官璽。

《楚系官璽例舉》，《中原文物》，1992年第3期，第90頁。

曹錦炎：

17.司馬之賡（府）

司馬是職掌軍政和軍賦之官，楚設有「司馬」一職，或又分爲左司馬、右司馬。見於《左傳》的如司馬子西、司馬子良、右司馬公子申，《戰國策》有左司馬申鳴等，不備舉。又設有「大司馬」之職，如大司馬蔿掩（見《左傳》）；大司馬昭常（見《戰國策》）；大司馬邵（昭）陽（見鄂君啓節、包山楚簡）；大司馬怊（昭）骷（見包山楚簡）。曾侯乙墓竹簡和包山楚簡也有左司馬、右司馬之名。

府，府庫。璽文「司馬之府」當指司馬屬下之軍需府庫。 《古璽通論》，上海書畫出版社，1996年3月，第102頁。

傅嘉儀：

司馬之府 《篆字印彙》，上海書店出版社，1999年1月，第1649頁。

肖　毅：

7.司馬之府

《左傳·襄公三十年》：「且司馬，令尹之偏，而王之四體也。」楚國除中央設有司馬外，另置右司馬、左司馬，後改司馬爲大司馬。《左傳》有右司馬公子申，《戰國策》有左司馬申鳴，《左傳》有大司馬蒍掩，《戰國策》有大司馬昭常。大司馬又見於鄂君啓節、包山楚簡。曾侯乙墓竹簡和包山楚簡中有司馬、左司馬、右司馬之職。司馬爲軍職，「司馬之府」當爲司馬屬下貯藏軍備的府庫。 《古璽所見楚系官府官名考略》，《江漢考古》，2001年第2期，第39頁。

戴山青：

司馬之府（賔）　《古璽漢印集萃》上册，廣西美術出版社，2001年10月，第11頁。

莊新興：

1018　司馬之賔　楚系·楚　《戰國璽印分域編》，上海書店出版社，2001年10月，第181頁。

徐暢主編：

戰國公鈢與印跡·楚系鈢印　79　司馬之賓（府）　《中國書法全集》第92卷，榮寶齋出版社，2003年2月，第39頁。

徐暢主編：

79　司馬之賓（府）

作於東周時期。楚官鈢。《古璽彙編》五五三八號著録。

司馬是軍職。鄂君啓節有「大司馬卲陽敗晉師於襄陵之歲」，可知楚國設有司馬。「司馬之府」當是以儲藏軍需物品的府庫。

參考　鄭超《楚國官璽考述》《中國書法全集》第92卷，榮寶齋出版社，2003年2月，第204頁。

莊新興：

司馬之𢊾　楚系《戰國璽印》，上海書畫出版社，2003年8月，第42頁。

魏永年：

司馬之𢊾（府）　此印給人的第一印象是有著較強的視覺衝擊力和陽剛之氣。「之」字在印面中較爲醒目，四條斜線構成放縱之勢，且侵入「司馬」之間，「司」字因而上縮右移，緊貼右邊線，「馬」字上縮，其下留空，使印面空間有了呼應與變化。下端兩條横線與「之」字斜線構成對角呼應。「𢊾」字相應右傾，「付」部件殘損模糊不清，態勢上也有了左右顧盼之姿。此印由於「之」字的動作較大，使印面字位變化錯綜複雜，從而相互發生關係。幾處留紅也呼應有致，增加了印面的變化。《古璽印賞析》，山東美術出版社，2005年6月，第13頁。

施謝捷：

楚系官璽　司馬之寳（府）　《古璽彙考》，安徽大學博士學位論文，2006年5月，第155頁。

陳光田：

楚系古璽「司馬之府（府）」（5538）。《左傳・襄公三十年》云：「且司馬，令尹之偏，而王之四體也。」楚除了中央設有司馬外，還有有司馬、左司馬，後來司馬改爲大司馬。司馬是負責軍事之官，「司馬之府」當爲司馬屬下儲藏軍備物質的府庫。《戰國璽印分域研究》，嶽麓書社，2009年5月，第152頁。

官璽第九十一：司馬卒（卒）鉨（璽）

印面：

齊魯古印攈四卷續一卷

著錄：

《古璽彙編》，北京：文物出版社，1981年12月，第7頁。

《印典》（三），北京：國際文化出版公司，1994年1月，第2047頁。

《古璽通論》，上海：上海書畫出版社，1996年3月，第102頁。

《中國篆刻全集》，哈爾濱：黑龍江美術出版社，2000年7月，第19頁。

《古璽漢印集萃》上冊，南寧：廣西美術出版社，2001年10月，第11頁。

《戰國璽印分域編》，上海：上海書店出版社，2001年10月，第180頁。

《中國書法全集》第92卷，北京：榮寶齋出版社，2003年2月，第45頁。

《中國璽印類編》，天津：天津人民美術出版社，2004年6月，第302、323、439頁。

《古璽彙考》，安徽大學博士學位論文，2006年5月，第155頁。

《戰國璽印分域研究》，長沙：嶽麓書社，2009年5月，第132頁。

《先秦印風》，重慶：重慶出版社，2011年5月，第28頁。

集釋：

羅福頤：

0042　司馬□鉨　《古璽彙編》，文物出版社，1981年12月，第7頁。

吴振武：

司馬狄鉨　《〈古璽彙編〉釋文訂補及分類修訂》，《古文字學論集》（初編），香港中文大學，1983年9月，第488頁。

李家浩：

司馬卒鉨（璽）　詳見「公卒（卒）之四」條。　《楚國官印考釋（四篇）》，《江漢考古》，1984年第2期，第48頁。

鄭　超：

51.司馬狄璽

「狄」字从「卒」，與三體石經古文「狄」字相同，李家浩認爲字在此用爲「卒」，其説可信。李還認爲司馬卒是司馬所屬之卒。　《楚國官璽考述》，《文物研究》總第二輯，黄山書社，1986年12月，第94頁。

李家浩：

此字（編按：即「䍘」字）即魏三體石經中的「狄」（商承祚：《石刻篆文編》10.6，科學出版社，1957年）。但是「狄」或跟「狄」音近的字，在這兩條印文裏都無法講通。馬王堆漢墓帛書篆書陰陽五行裏保存了不少楚國文字的寫法（參看李學勤《新出簡帛與楚文化》，《楚文化新探》，36、37頁，湖北人民出版社，1981年），其中「醉」字的寫法爲我們釋讀這個字提供了線索。篆書陰陽五行「醉」字所从的「卒」旁寫作p（編按：即䍘字，下同），可知印文的p應當讀爲「卒」。「司馬卒」是指司馬所屬的卒，「公卒」是指縣公所屬的卒（參看李家浩《楚官璽考釋（四篇）》，《江漢考古》1984年2期48頁）。因爲p包含有「卒」字形，所以亦可讀爲「卒」，這跟上面討論1（編按：即𦊆字）的情況相似。

《從戰國「忠信」印談古文字中的異讀現象》，《北京大學學報》（哲學社會科學版），1987年第2期，第14頁。

陳漢平：

魏《三體石經》狄字古文作，故䍘爲狄字……先秦狄氏主要有兩支，一爲周成王封其舅孝伯於狄城，地在今山東博興縣西南苑鎮，以地名爲氏；一爲周代狄族活動於齊、魯、

晉、魏之間，以族名爲姓。《屠龍絕緒》，黑龍江教育出版社，1989年10月，第289頁。

黄錫全：

41、司馬卒

（94）「司馬狄璽」 璽彙

「狄」字2从爪从卒，與三體石經狄字古文類同。李家浩根據馬王堆三號漢墓書篆書陰陽五行「醉」字所从卒旁从爪，認爲此璽的「狄」用爲卒，「司馬卒」是指司馬所屬的卒，其說似可信。《古文字中所見楚官府官名輯證》，《文物研究》總第七輯，黄山書社，1991年12月，第220頁。

黄盛璋：

楚官印司馬《彙編》所收僅有「司馬將（？）鉨」，據「鉨」字金旁从田形，可以確定爲楚印。《關於安徽阜陽博物館藏印的若干問題》，《文物》，1993年第6期，第78～79頁。

曹錦炎：

18.司馬卒（卒）鉢 《古璽通論》，上海書畫出版社，1996年3月，第102頁。

何琳儀：

楚系　司馬𧘝鉩

楚器「司馬」，官名，見a（編按：「a」即齊系文字）。　《戰國古文字典》，中華書局，1998年9月，第109~110頁。

何琳儀：

楚系　司馬卒鉩

楚器「司馬」，或官名，或複姓。　《戰國古文字典》，中華書局，1998年9月，第607~608頁。

何琳儀：

楚系　司馬𧘝鉩

𧘝，从爪，从衣，會以手脱衣之意。裼之初文。《說文》：「裼，袒也。从衣，易聲。」《玉篇》「裼，脱衣見體也。」或在衣旁之下弧筆加短橫爲飾，遂似从卒（衣、卒一字分化）。參三體石經《僖公》狄作。𧘝、裼、狄一音之轉（均定紐支部）。楚璽𧘝，讀狄。《廣雅·釋詁》四：「狄，驛也。」　《戰國古文字典》，中華書局，1998

年9月，第756頁。

徐　暢：

東周・楚系公鉨　司馬䘚（卒）鉨　《中國篆刻全集》，黑龍江美術出版社，2000年7月，第19頁。

肖　毅：

司馬倅府

……第三字當隸定作倅，或當即「倅府」之省（《摘錄》）。　《古璽所見楚系官府官名考略》，《江漢考古》，2001年第2期，第39頁。

戴山青：

司馬□鉢　《古璽漢印集萃》上冊，廣西美術出版社，2001年10月，第11頁。

莊新興：

1010　司馬□鉨　楚系・楚　《戰國璽印分域編》，上海書店出版社，2001年10月，第180頁。

徐暢主編：

戰國公鉩與印跡・楚系鉩印　146　司馬⿱爫卒（卒）鉩　《中國書法全集》第92卷，榮寶齋出版社，2003年2月，第45頁。

徐暢主編：

146　司馬⿱爫卒（卒）鉩

作於戰國時期。楚官鉩。《古璽彙編》〇〇四二號著錄。

李家浩說⿱爫卒即卒，司馬⿱爫卒即司馬所屬的卒。鉩字金旁下從田可定爲楚鉩。

參考　李家浩《楚國官印考釋（四篇）》《中國書法全集》第92卷，榮寶齋出版社，2003年2月，第208頁。

小林斗盦：

司馬□鉩　《中國璽印類編》，天津人民美術出版社，2004年6月，第302、323、439頁。

施謝捷：

楚系官璽　司馬⿱爫卒（卒）鉩（璽）　《古璽彙考》，安徽大學博士學位論文，2006年5月，第155頁。

陳光田：

楚系古璽　「司馬𡚁（卒）鉨（璽）」（0042）璽文第三字舊不識，當隸作𡚁，釋爲「卒」，馬王堆帛書《陰陽五行》中的「䘹」字所从的「卒」作「𡚁」。卒指兵卒，「司馬卒」即司馬所屬的卒。（李家浩：《楚國官印考釋（四篇）》，《江漢考古》1984年第2期。）

《戰國璽印分域研究》，嶽麓書社，2009年5月，第132頁。

徐　暢：

戰國楚系官鉨　司馬狄鉨　《先秦印風》，重慶出版社，2011年5月，第28頁。

官璽第九十二：亞牺（將）軍鉨（璽）

印　面：

著錄：

《古璽印概論》，北京：文物出版社，1981年12月，第44頁。

《近百年來對古璽印研究之發展》，杭州：西泠印社，1982年5月，第8頁。

《印典》（四），北京：國際文化出版公司，1994年1月，第2825頁。

《古璽通論》，上海：上海書畫出版社，1996年3月，第95頁。

《古璽印精品集成》，上海：上海古籍出版社，1998年9月，第10頁。

《中國篆刻全集》，哈爾濱：黑龍江美術出版社，2000年7月，第19頁。

《古璽印精品選·官璽印一》，北京：北京工藝美術出版社，2001年1月，第1頁。

《古璽漢印集萃》上冊，南寧：廣西美術出版社，2001年10月，第20頁。

《中國書法全集》第92卷，北京：榮寶齋出版社，2003年2月，第44頁。

《中國璽印類編》，天津：天津人民美術出版社，2004年6月，第439、465頁。

《古璽彙考》，安徽大學博士學位論文，2006年5月，第154頁。

《戰國璽印分域研究》，長沙：嶽麓書社，2009年5月，第156頁。

集釋：

羅福頤：

因前人啓發，近頤又發現璽文中「將」字。許氏《說文解字》：

寸部將字注：帥也，从寸醬省聲。

酉部醬字注：醢也，从肉酉，酒以和醬也，爿聲，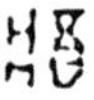 古文醬如此。

清段氏《說文解字段字注（編按：當衍「字」字）》說：

將，即亮切，古音在十部。

牆，即亮切，十部，今俗作醬。

案今由醬字推之，與將字同音同部故可通用。將字迨後起之字，正如牆今俗作醬也。何以明之，近見前人譜錄古璽中有「□將軍鈢」，將字作□，與《說文》醬字古文同。又見故宮博物院藏朱文古璽「郯□□後將」，將字作□。過去傳易縣出土「右將司馬」朱文璽，天津藝術博物館藏，「□宮將行」朱文璽，將字均作□。又見舊印譜中有「左將田陭」，將作□。

繼見明人《松談閣印史》中有白文古璽曰「將軍之鈢」將字作□，初不識之，以爲从疒酉，後乃悟□爲□之變體。近河北平山戰國墓出中山王壺，銘文中有「將與吾君」句，將字亦作□，於此益證將軍之將，將與之將戰國時皆作牆，此牆、將通用之證。且不止戰國爲然，漢印中有「王騎將印」，載在《伏盧鈢印》中（亦見余《漢印文字徵》第十

四），其將字正作牆，可見將字漢魏仍有作牆者，可爲古璽之佐證矣。

至於將軍官名見：

《漢官儀》：「將軍，周官也，楚王以李牧爲將軍攻秦。」

《史記・司馬穰苴傳》：「齊景公召穰苴，與語大悅，以爲將軍，將軍扞燕晉之師。」

《淮南子・人間訓》：「魯君召子貢，授之將軍之印。」

是將軍官名，固載在史策及《漢官儀》諸書，可與古璽互證，昔《學古篇》以《淮南子》之說爲寓言或失辭者，今可證其誣矣。　《近百年來古璽文字之認識和發展》，《古文字研究》第五輯，中華書局，1981年1月，第245～247頁。

湯餘惠：

五、「亞將軍鉩」考

戰國璽印中有「亞將軍鉩」，璽文四字，首字舊不識，我們認爲應即亞字古文。商代甲骨文、西周金文亞字作、等形，春秋秦石鼓文作，戰國陶文作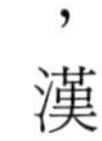，漢簡作，字中加·或一，都是繁飾性筆畫。《古文四聲韻》第三十一鐸部收有惡字，假借亞字爲之，篆作，字出《古老子》，顯然是前形的省變；惡字下還收有字，謂字出《說文》，應是从日、亞聲的字，（字不見於今本《說文》，大徐本有晉字，形、音、義說解並闕，大徐注「衣駕切」當有所據。疑即晉字古文，今本《說文》誤增八），亞旁寫法與《古老子》一例例（編按次「例」字疑「類」字訛）同，衹是省去了字中的圓點。璽文首字與、的寫法大體相同，字中的點略微偏下，無疑都是一個字，應即亞字草率苟簡的寫法。

關於此璽的時代和國別，在如下的比較中可以找到答案。璽文「䣶」字即醬字古文，借爲將軍字，字體風格與信陽221簡相近；軍字所从勻聲作，是勻字省形，戰國楚「軍計之鉩」軍字作，从勻聲不省可證；與璽文「鉩」字構形相同的例子還見於戰國楚「計官

之鉩」、「正官之鉩」和解放前長沙楚墓出土的「文□信鉩」，因此可以斷爲戰國楚璽。戰國楚職官有將軍之職，而且分均若干等級。楚成王16年，齊桓公率兵入侵楚國的陘山，楚成王使將軍屈完以兵御之（《史記・楚世家》），可見遠在春秋，楚國已設此職。入戰國之後，楚將項燕曾任將軍，屈匄任大將軍，逢侯丑任裨將軍，此外楚國還有上將軍，見於《説苑・尊賢》。楚國將軍一職等次較爲複雜，亞將軍應即其一。楚有亞將軍正如楚職官令尹、尹之外還有亞尹。《爾雅・釋詁》：「亞，次也。」亞將軍意爲次將軍，不過其品位究竟當次於何職之下，尚有待進一步研究。古書未見戰國楚設亞將軍一職的記載，此璽可以彌補古書楚職官的闕失。　　《楚器銘文八考》，《古文字論集》（二），《考古與文物》叢刊第二號，1983年11月，第64頁。

何琳儀：

首字釋「亞」字。　　《戰國文字與傳鈔古文》，《古文字研究》第十五輯，中華書局，1986年6月，第125頁。

鄭　超：

47.亞將軍璽

首一字湯餘惠釋「亞」，又認爲此璽爲楚璽，並可信。據《漢書·陳平傳》陳平曾爲劉邦亞將，又《漢書·灌嬰傳》記灌嬰攻楚將龍且時「身生得亞將周蘭」，「攻苦、譙，復得亞將」。劉邦、項羽俱楚人，多用楚制，可知楚原有亞將軍一職，「亞將」和「亞將軍」應當是一回事。

《楚國官璽考述》，《文物研究》總第二輯，黄山書社，1986年12月，第93～94頁。

黄錫全：

38、亞將軍

（91）「亞將軍璽」　見《古文字研究》第五輯246頁

根據「璽」字的特點及此璽風格，斷爲楚璽無疑。第一字舊不識，湯餘惠據石鼓文、《汗簡》、《古文四聲韻》等資料釋爲「亞」，可從。據記載，楚有將軍、上將軍、大將軍、裨將軍等，亞將軍應與裨將軍類似，就是副將軍。鄭超認爲「亞將軍」與楚漢時的「亞將」是一回事。過去多以爲楚終戰國之世，不僅沒有置相，也沒有置將，或者認爲典籍雖記楚有「將軍」等稱謂，然而衹是一種「比附」。今有此璽，這種看法應當改變。《古文字中所見楚官府官名輯證》，《文物研究》總第七輯，黄山書社，1991年12月，第219頁。

牛濟普：

16.亞將軍鉨

「亞」字，《石鼓文》作，《陶文》作、《汗簡》作，字中加「・」、「一」、「—」。「亞」字爲象形字，本是原始先民進行祭祀活動所築的祭臺，「亞」爲「祚階」，字中的「・」爲祭品或祭器（編按：下引湯說詳見上文，此略）。《楚系官璽例舉》，《中原文物》，1992年第3期，第94頁。

湯餘惠：

亞腘（將）軍鉨　《戰國銘文選》，吉林大學出版社，1993年9月，第79頁。

曹錦炎：

6.亞腘（將）軍鉢

……據《漢書・陳平傳》，劉邦曾「以（陳）平爲亞將，屬韓信，軍廣武」；又《灌嬰傳》

記灌嬰攻楚將龍且時「身生得亞將周蘭」、「攻苦、譙，復得亞將」，劉邦、項羽均爲楚人，故職官多沿用楚制，「亞將」當即「亞將軍」之省稱。可證「亞將軍」必爲楚官（參見湯餘惠《楚器銘文八考》，《古文字論集》（一），《考古與文物》叢刊第二號，1983年）。

莊新興：

《古璽通論》，上海書畫出版社，1996年3月，第95～96頁。

□將軍鉨　《古璽印精品集成》，上海古籍出版社，1998年9月，第10頁。

徐　暢：

東周·楚系公鉨　亞牆（將）軍鉨　《中國篆刻全集》，黑龍江美術出版社，2000年7月，第19頁。

戴山青：

亞將（㾓）軍鉩　《古璽漢印集萃》上册，廣西美術出版社，2001年10月，第20頁。

徐暢主編：

戰國公鉩與印跡·楚系鉩印　134　亞牆（將）軍鉩　《中國書法全集》第92卷，榮寶齋出版社，2003年2月，第44頁。

徐暢主編：

134　亞⿰爿酉（將）軍鈢

作於戰國時期。楚國官鈢。《近百年對古璽印研究之發展》第八頁著錄。銅質。

「亞」，印文有變，與《古文四聲韻》引《古老子》略同。「亞，次也。」亞將軍，即低於將軍一級的武職，如同亞卿、亞尹之例。

參考　湯餘惠《戰國銘文選》七十九頁。　《中國書法全集》第92卷，榮寶齋出版社，2003年2月，第207頁。

小林斗盦：

□⿰爿酉軍鈢　《中國璽印類編》，天津人民美術出版社，2004年6月，第439、465頁。

施謝捷：

楚系官璽　亞⿰爿酉（將）鈢（璽）　《古璽彙考》，安徽大學博士學位論文，2006年5月，第154頁。

陳光田：

楚系古璽「亞瘄（將）軍鉨（璽）」（《古璽漢印集萃》，戴山青編，廣西美術出版社，2001年第20頁）。亞將軍意爲次將軍，楚有亞將軍正如楚職官令尹、尹之外還有亞尹。（湯餘惠：《楚器銘文八考》，《古文字論集（一）》，《考古與文物》叢刊1983年第2號。）《爾雅·釋詁》云：「亞，次也。」亞將軍未見文獻記載，當爲低於將軍一級的武官。楚有亞將軍一職，可以補文獻缺失。《戰國璽印分域研究》，嶽麓書社，2009年5月，第156頁。

官璽第九十三：篙（築）邦率鉨（璽）

印面：

鑒印山房藏印

著録：

《古璽彙考》，安徽大學博士學位論文，2006年5月，第184頁。

《鑒印山房藏古璽印菁華》，鄭州：河南美術出版社，2006年7月，第1頁。

集釋：

施謝捷：

楚系官璽　筥（筑）邦衙（率）鉨（璽）　《古璽彙考》，安徽大學博士學位論文，2006年5月，第184頁。

許雄志：

1.筥邦攣鉨

銅質　鼻鈕　24mm×24mm×15mm　《鑒印山房藏古璽印菁華》，河南美術出版社，2006年7月，第1頁。

邵　磊：

戰國　筥邦率璽

邊長　2.4 釐米　通高 1.5 釐米

銅質鼻鈕。印文「璽」字爲楚國文字寫法。　《我愛收藏：古璽印收藏知識三十講》，榮寶齋出版社，2008 年 4 月，第 43 頁。

田　煒：

二、楚「筥邦銜」跋

《鑒印山房藏古璽印菁華》1 號著録了下揭古璽。（編按：圖略。）釋文作「筥邦率鉨」。（許雄志編：《鑒印山房藏古璽印菁華》，第 1 頁。）施謝捷先生將其定爲楚璽，並釋爲「筥（築）邦銜（率）鉨（璽）」。（施謝捷：《古璽彙考》，安徽大學博士學位論文，2006 年，第 183～184 頁。）《說文》：「筥，厚也……讀若篤。」「筥字在楚簡中屢見，或與《說文》同訓。如《郭店·五行》簡 33：「新（親）而筥（篤）之，悉（愛）也。」《郭店·性自命出》簡 39：「筥（篤），悬（仁）之方也。」或用爲「孰」。如《郭店·老子甲》簡 3536：「名與身，筥（孰）薪（親）？身與貨，筥（孰）多？貣（得）與亯（亡），筥（孰）肪（疠—病）？」或用爲「熟」。如《上博（四）·柬大王泊旱》簡 16：

「四疆皆篙（熟）。」或用爲「築」。如《郭店・窮達以時》簡3-4：「㕣（皋）繇（陶）衣胎（枲）蓋，冒（帽）[衤巠]（経）髼（蒙）蕙（巾），斁（釋）板篙（築）而差（佐）天子，堣（遇）武丁也。」結合辭例與楚文字的用字習慣，「篙」字確可從施說讀爲「築」。

楚帛書《月忌篇》云：

可㠯（以）出帀（師）篙（築）邑。

可㠯（以）篙（筑）室。

其中「築邑」、「築室」與璽文中的「築邦」可以並觀。「築邦」當爲百工之屬，負責營造邦國城邑。《周禮・冬官・匠人》「匠人建國」，孫詒讓正義：「凡建立國邑，必用土木之工，匠人蓋木工而兼識版築營造之法，故建國營國溝洫諸事，皆掌之也。」根據《周禮》的記載，匠人之職包括築城牆、建堤圍、修道路、挖溝洫、營造宮室房屋等等。以此觀之，楚國築邦當即匠人之屬，但其職掌範圍很可能比匠人要小。璽文「衜」爲「率」之異體，可訓爲「長」，今通作「帥」。「築邦率」即築邦之長。築邦率與築邦的關係相當於匠師與匠人的關係。《周禮·地官·鄉師》：

大喪用役，則帥其民而至，遂治之。及葬，執以與匠師禦匶而治役。及窆，執斧以涖匠師。

鄭玄注：「匠師，事官之屬，其於司空若鄉師之於司徒也。鄉師主役，匠師主衆匠，共主葬引。」孫詒讓正義：「《左襄四年傳》，定姒薨，匠慶請木作櫬。則王柩當即匠師監作之，故葬時亦與鄉師同禦柩治役也。」可見匠師除負責管理匠人以外，還負責監製靈柩，故而兼治喪事，大喪時與喪祝、鄉師爲官聯，其職掌範圍應該大於楚國的築邦率。

根据《史記·殷本紀》的記載，傅說在爲相之前就是匠人、筑邦一類的工匠：

武丁夜夢得聖人，名曰說。以夢所得，視群臣百吏皆非也，於是乃使百工營求之野，得說於傅險中。是時說爲胥靡，築於傅險，見於武丁，武丁曰：「是也。」得而與之語，果聖人，舉以爲相。

《孟子・告子》謂「傅説舉於版築之間」，説的就是這件事。上引《郭店・窮達以時》簡3-4則謂「㕣（皋）繇（陶）」斁「（釋）板筥（築）而差（佐）天子」。簡文與《史記》、《孟子》所載當爲一事，只是把傅説換成了皋陶而已。《戰國古璽所見官名研究三則》，《中山大學學報》（社會科學版），2010年第5期，第66～67頁。

李守奎按：

疑讀爲「築封率」。「邦」可讀「封」，《書・蔡仲之命》：「叔卒，乃命諸王，邦之蔡。」「築封」蓋指築邊界長城之事。衛，將率。又疑，「筥邦」爲地名。金文有鄗衛鐸，有鄗率。

官璽第九十四：游車御鉨（璽）

印面：

鑒印山房藏印

著　錄：

《鑒印山房藏古璽印菁華》，鄭州：河南美術出版社，2006年7月，第1頁。

集　釋：

許雄志：

2.游車御鉨

銅質　鼻鈕　21mm×21mm×16mm　《鑒印山房藏古璽印菁華》，河南美術出版社，2006年7月，第1頁。

官璽第九十五：安內帀（師）鉨（璽）

印　面：

安徽通志金石古物考稿

著錄：

《古璽彙考》，安徽大學博士學位論文，2006年5月，第171頁。

集釋：

施謝捷：

楚系官璽　安內帀（師）鉩（璽）　《古璽彙考》，安徽大學博士學位論文，2006年5月，第171頁。

李守奎按：

疑「安」讀爲「鄢」。

官璽第九十六：陲戍勻（軍）

印面：

珍秦齋藏印

著錄：

《珍秦齋藏印·戰國篇》，澳門：澳門基金會出版，2001年6月，第1頁。

《古璽彙考》，安徽大學博士學位論文，2006年5月，第178頁。

《戰國璽印分域研究》，長沙：嶽麓書社，2009年5月，第157頁。

集釋：

吳振武：

陲戍匀（軍）：楚戍邊軍隊所用璽。「軍」本从「匀」得聲，故戰國銘刻中屢見借「匀」爲「軍」之例，如「土匀（軍）」布、「匀（軍）鐲」璽等。「陲」字楚文字首見，其與「陵」字之差別，可一目了然。又「戍」字所从之「戈」反書，亦奇特。然合體字中某一偏旁反書，在璽印文字中亦屢見。此當與璽印製作時璽面文字要求反書有關。

質料：銅

尺寸（公分）：2.85×3×1.10　《珍秦齋藏印・戰國篇》，澳門基金會出版，2001年6月，第1頁。

吳振武：

在楚系文字中，常見下揭一字：

（有時或用其右旁代替）

既見於簡牘、帛書，亦見於銅器、璽印。

學者考釋此字，向來有「陵」、「陲」兩種説法。簡單概括，釋「陵」説主要著眼於辭例，而釋「陲」説主要著眼於字形。今雖以釋「陵」説佔上風，然於釋「陲」説，在字形上亦未見有強力之反證。

1995年筆者遊學香港，澳門收藏家蕭春源先生遠道來訪並出示所藏古璽印若干囑爲鑒考。其中一方筆者釋爲「陲戍匀（軍）」的楚官璽，令人驚歎：

不僅此戍邊軍隊用印在古璽中屬首見，這真正的「陲」字在古文字中也是第一次出現，而且恰巧是楚文字。相信得此一證，「陵」、「陲」之別，當可不惑。《楚文字中的「陵」和「陲」》，《長沙三國吳簡暨近年來簡帛發現與研究國際學術研討會論文概要》，2001年8月，第4頁。（編按：該文未收入正式論文集）

施謝捷：

楚系官璽　陲（陲）戍匀（軍）　《古璽彙考》，安徽大學博士學位論文，2006年5月，第178頁。

陳光田：

楚系古璽　「陲□戍匀（軍）」（《珍秦齋藏印（戰國篇）》15.1）。璽文第四字可讀做軍，「軍」本从「匀」得聲。該璽爲楚戍守邊疆的軍隊機構所用之璽。　《戰國璽印分域研究》，嶽麓書社，2009年5月，第157頁。

官璽第九十七：司寇（寇）之鈢（璽）

印　面：

上海市文管會藏印三冊，上海博物館藏印

著錄：

《上海博物館藏印選》，上海：上海書畫出版社，1979年8月，第4頁。
《古璽彙編》，北京：文物出版社，1981年12月，第11頁。
《近百年來對古璽印研究之發展》，杭州：西泠印社，1982年5月，第14頁。
《璽印鑒賞》，桂林：灕江出版社，1993年11月，第15頁。
《印典》（三），北京：國際文化出版公司，1994年1月，第1861頁。
《中國歷代印章目錄》，北京：中國民族攝影藝術出版社，1998年9月，第38頁。
《篆字印彙》，上海：上海書店出版社，1999年1月，第404頁。
《中國璽印篆刻全集》，上海：上海書畫出版社，1999年11月，第49頁。
《中國篆刻全集》，哈爾濱：黑龍江美術出版社，2000年7月，第58頁。

《古印集萃・戰國卷》，北京：榮寶齋出版社，2000年11月，第25頁。
《中國璽印真僞鑒別》，合肥：安徽科學技術出版社，2001年1月，第32頁。
《古璽漢印集萃》上冊，南寧：廣西美術出版社，2001年10月，第12頁。
《戰國璽印分域編》，上海：上海書店出版社，2001年10月，第180頁。
《中國書法全集》第92卷，北京：榮寶齋出版社，2003年2月，第35頁。
《戰國璽印》，上海：上海書畫出版社，2003年8月，第41、201、243頁。
《中國璽印類編》，天津：天津人民美術出版社，2004年6月，第179、434頁。
《古璽印賞析》，濟南：山東美術出版社，2005年6月，第27頁。
《古璽彙考》，安徽大學博士學位論文，2006年5月，第155頁。
《戰國璽印分域研究》，長沙：嶽麓書社，2009年5月，第133頁。
《中國印學》，杭州：中國美術學院出版社，2010年6月，第218頁。
《先秦印風》，重慶：重慶出版社，2011年5月，第72頁。
《先秦古璽集粹》，長春：吉林文史出版社，2011年11月，第6頁。

集釋：

上海博物館：

司寇之鉨　《上海博物館藏印選》，上海書畫出版社，1979年8月，第4頁。

羅福頤：

0065　司寇之鉨　《古璽彙編》，文物出版社，1981年12月，第11頁。

陳松長：

司寇之鉨　《璽印鑒賞》，灕江出版社，1993年11月，第15頁。

何琳儀：

楚璽　司寇之璽

戰國文字「司寇」，或爲官名，或爲複姓。　《戰國古文字典》，中華書局，1998年9月，第347頁。

傅嘉儀：

司寇之璽　《篆字印彙》，上海書店出版社，1999年1月，第404頁。

莊新興：

司寇之鉨　戰國　《中國璽印篆刻全集》，上海書畫出版社，1999年11月，第49頁。

徐　暢：

東周・三晉系公鉨　司寇之鉨　《中國篆刻全集》，黑龍江美術出版社，2000年7月，第58頁。

來一石：

司寇之鉨　《古印集萃・戰國卷》，榮寶齋出版社，2000年11月，第25頁。

肖　毅：

11.司寇之璽

《周禮・秋官》有大司寇一職，掌刑獄糾案等事。《左傳・文公十年》：「臣免於死，又有讒言，謂臣將逃，臣歸死於司敗也。」杜預注：「陳、楚名司寇爲司敗。」司寇見於包山楚簡102簡「右司寇正」。司敗見於包山楚簡25號簡。　《古璽所見楚系官府官名考略》，《江漢考古》，2001年第2期，第41頁。

后曉榮、丁鵬勃、渭　父：

司寇之璽　詳參「南門出鉨」條。《中國璽印真僞鑒別》，安徽科學技術出版社，2001年1月，第32頁。

戴山青：

司寇之鉢　《古璽漢印集萃》上册，廣西美術出版社，2001年10月，第12頁。

莊新興：

1011　司寇之鉨　楚系・楚　《戰國璽印分域編》，上海書店出版社，2001年10月，第180頁。

徐暢主編：

春秋鉨鉨　53　司寇之鉨　《中國書法全集》第92卷，榮寶齋出版社，2003年2月，第35頁。

莊新興：

司寇之璽　楚系　《戰國璽印》，上海書畫出版社，2003年8月，第41、201、243頁。

小林斗盦：

司寇之鉢　《中國璽印類編》，天津人民美術出版社，2004年6月，第179、434頁。

魏永年：

司寇之璽　楚系官璽的印面，以方形爲主，長方形的很少見。此印文字排列先右後左，先上後下，印中有三字與邊框碰接，字畫結構幾乎完全由斜筆組成，且刀鋒顯露，自然活潑。「司」字向右傾斜，造成印面險峻突兀的藝術效果，下面的「口」部穩坐在腳下，使「司」字傾而不倒。「寇」字「宀」部上邊框相連，「鉨」字的「金」部，亦一出三連，形成脈絡，與右下「之」字的兩處連邊共同平衡著佈局。厚重的邊框亦起著穩定節奏、調節視覺的作用，使全印線條紛披有致而不淩亂。　《古璽印賞析》，山東美術出版社，2005年6月，第27頁。

施謝捷：

楚系官璽　司宼（宼—寇）之鉨（璽）

或將此璽歸在「三晉系公璽」類（《中國篆刻全集》1.58）；或謂：「『宼』字寶蓋頭作屋

頂形，與侯馬盟書構形相同。印文用筆豐中鋭末，爲春秋末戰國初三晉蝌蚪文的寫法。故時代要比一般三晉帶地名的司寇官璽要早。」因而訂此璽「作於春秋至戰國初期。晉官璽」。（《中國書法全集 92・篆刻・先秦璽印》53）失之。《古璽彙考》，安徽大學博士學位論文，2006年5月，第155頁。

肖曉輝：

此外，古璽中還可見先由右向左讀，再自上而下排列的讀序，其佈局爲$\begin{smallmatrix}2&1\\4&3\end{smallmatrix}$。如「司寇之鉨」（《古璽彙編》0065）、「□成之鉨」（《古璽彙編》0219）、「區相夫鉨」（《古璽彙編》0239）、「慶⿱几土⿱冈又鉨」（《古璽彙編》0273）、「正行亡厶」（《古璽彙編》4794）等。《書法新鑒：古璽文新鑒》，世界圖書出版公司，2005年6月，第122頁。

陳光田：

楚系古璽　「司寇之鉨（璽）」（0065）。司寇，官名，《周禮・秋官》載，大司寇，主掌刑獄，爲六卿之一。春秋時期，各國均有該職官。戰國時期，不少國家仍沿用此官。《戰國璽印分域研究》，嶽麓書社，2009年5月，第133頁。

吴清輝：

司寇之鉩　戰國（三晉）　《中國印學》，中國美術學院出版社，2010年6月，第218頁。

徐　暢：

戰國晉系官鉩　司冠之鉩　《先秦印風》，重慶出版社，2011年5月，第72頁。

王義驊：

司寇之鉢　《先秦古璽集粹》，吉林文史出版社，2011年11月，第6頁。

鄧　京：

「司寇之鉩」造型尺寸：縱3.1釐米、横2.6釐米。銅質，鼻鈕。

《禮記·王制》這樣記載：

司寇正刑明辟，以聽獄訟。

東漢末年的經學大師鄭玄對這句話的解釋是：

司寇，秋官。卿，掌刑者。辟，罪也。

司寇一職在戰國時期是掌管國家司法的製定者和執行者，相當於今天的高級法院院長，屬位高權重的官職。

魯定公九年至魯定公十四年，孔子到魯國做官，初爲中都宰（「中都」爲今山東汶上縣），又做司空，主管魯國工程建設，不久又升任大司寇，負責魯國刑法治安，這是孔子政治生涯的巔峰。此印是否與孔子在位時所佩帶的官印相同，目前不得而知。

上面講的「樂陰司寇」印，鑄有官職屬地，應該是在樂陰擔任地方「司寇」職務者的印章。從材質上看，「司寇之鉨」在材質上與「樂陰司寇」一樣，都是銅質，因此説明兩印章無材質差別。從外形上看，鈕制也一樣，只是在外形尺寸上，「樂陰司寇」明顯小於「司寇之鉨」。這表明同爲司寇，二者的等級不同，外形尺寸大者級别高。

歸納上述要素：由於材質並無區别，鈕制相同，所以在未看到印章内容時，外形尺寸的大小，就成了比較這二方印章官職高低的唯一鑒别差異。

司寇之鉨稱印爲「鉨」，與戰國時期印制相符。迄今爲止，考古並未發現戰國時期將印章稱之爲「印」的實物例證，只有在秦統一中國後，秦朝爲了體現皇權的至高無上，規定只有皇帝所用的印章才能稱之爲「璽」，臣民們使用的印章只能稱之爲「印」、「章」。此後的「璽」便成了皇帝印章的專用詞，「璽」字的應用範圍被縮小到僅限於皇帝使用。這樣一來，「璽」字就是區分古璽和印章的重要標誌之一，也是區分戰國印與秦朝印的重要標誌之一。《古璽印收藏與鑒賞》，中國書店，2013年2月，第2~3頁。

楊　勇：

司寇之鉨

戰國楚系銅質官鉨。司寇是掌管刑獄的官職。此印現藏上海博物館。

此印印文識讀順序有別於順時針方向，而是從右向左橫向兩次排列。篆刻家在刻製一方印章時印文要有一個主題基調，或取橫勢，或取縱勢，或取斜勢，其餘各種矛盾對比都不能影響此基調，此印即是以斜勢的典型。首先，「司」字兩橫筆的下斜角度出人意料，開局奇險，整個字向右傾，「口」部下沈緊貼在字的右下，留出中間的大片空白，整個字的重心降低；「之」字兩平行斜筆向左傾，剛好抵消「司」字的欹側之勢，並與「司」字頭部兩斜筆呼應，二者達到動態平衡；「寇」字寶蓋頭呈三角斜坡形，與下面「鉩」字在四字中形體最寬，金字旁緊接左邊欄，「爾」旁略上提，自然擴展，「之」字爲了避讓，向右挪位，亦與邊欄相接。另外，此印的邊框很有特點，不與印面的外邊緣平行，而是整體偏斜，既調節了印面結構，也增加了作品的寫意性。《先秦古璽賞析100例》，江西美術出版社，2015年7月，第52頁。

李守奎按：

包山102號簡有楚官「右司寇（寇）」之職。此璽爲楚官璽無疑。

官璽第九十八：夫疋司工

印面：

1983年，河南商水出土

著　錄：

《書法新鑒：古璽文新鑒》，西安：世界圖書出版公司，2005年6月，第40頁。

《戰國璽印分域研究》，長沙：嶽麓書社，2009年5月，第132頁。

集　釋：

肖曉輝：

楚系印陶較爲少見。1983年河南商水出土陶文「夫疋司工」，「夫疋」爲合文，讀爲「扶蘇」，地名。此爲戰國晚期楚器。《書法新鑒：古璽文新鑒》，世界圖書出版公司，2005年6月，第40頁。

陳光田：

楚系古璽「邞疋（胥）司工」（《考古》83.9.48）邞胥或讀做扶蘇，其地在今河南商水。（何琳儀：《戰國文字通論（訂補）》，江蘇教育出版社，2003年，第157頁。）《戰國璽印分域研究》，嶽麓書社，2009年5月，第132頁。

官璽第九十九：竽鉨（璽）

印面：

尊古齋古璽集林初二集，據施謝捷《古璽彙考》，現藏日本大谷大學禿盦文庫

著錄：

《古璽彙編》，北京：文物出版社，1981年12月，第60頁。

《印典》（二），北京：國際文化出版公司，1993年5月，第867頁。

《古璽通論》，上海：上海書畫出版社，1996年3月，第111頁。

《中國篆刻全集》，哈爾濱：黑龍江美術出版社，2000年7月，第11頁。

《古印集萃·戰國卷》，北京：榮寶齋出版社，2000年11月，第45頁。

《古璽漢印集萃》上冊，南寧：廣西美術出版社，2001年10月，第19頁。

《戰國璽印分域編》，上海：上海書店出版社，2001年10月，第190頁。

《中國書法全集》第92卷，北京：榮寶齋出版社，2003年2月，第42頁。

《戰國璽印》，上海：上海書畫出版社，2003年8月，第228、247頁。

《中國璽印類編》，天津：天津人民美術出版社，2004年6月，第437頁。

《古璽彙考》，安徽大學博士學位論文，2006年5月，第169頁。

《戰國璽印分域研究》，長沙：嶽麓書社，2009年5月，第149頁。

《先秦印風》，重慶：重慶出版社，2011年5月，第30頁。

集釋：

羅福頤：

0346　竽鉩　《古璽彙編》，文物出版社，1981年12月，第60頁。

鄭超：

16.竽璽

從此印的形制和「竽」字竹頭的寫法來看，此印當是楚物。《左傳·襄公三十年》：「申無宇曰：王子必不免。」杜注：「無宇，芋尹。」《釋文》：「芋，於付反。」「竽璽」

的「竽」當即「芋尹」的「芋」，漢代竹頭與草頭往往混用。芋尹所掌不詳，也許字當从「竽」，竽是一種樂器，竽尹大概是管理樂隊的。陳國也有芋尹，《左傳・哀公十五年》有芋尹蓋，杜注：「蓋，陳大夫。」 《楚國官璽考述》，《文物研究》總第二輯，黄山書社，1986年12月，第89頁。

湯餘惠：

楚璽 竽鉩 《略論戰國文字形體研究中的幾個問題》，《古文字研究》第十五輯，中華書局，1986年6月，第76頁。

黄錫全：

（157）「竽璽」

鄭超認爲，「竽璽」的「竽」當即「芋尹」的「芋」，漢代竹頭與草頭往往混用；芋尹所掌不詳，也許字當从「竽」，竽是一種樂器，竽尹大概是管理樂隊的。 《古文字中所見楚官府官名輯證》，《文物研究》總第七輯，黄山書社，1991年12月，第228頁。

李立芳：

三、竽官考

「竽」是楚國職官名。《古璽彙編》收有「蒿陵竽璽」（璽彙0283）和「竽璽」（璽彙0346）。「竽」在楚國當爲何官職？其官職又因何名「竽」？這些尚未論定。

鄭超先生說：「『竽璽』的『竽』當即『竽尹』的『芋』。漢代竹頭與草頭往往混用。」「芋是一種樂器，竽尹大概是管理樂隊的。」又謂「蒿陵芋璽」，曰「此印也許是蒿陵的封君所屬芋尹所用」（鄭超：《楚國官璽考述》，《文物研究》1986年二期）。黄錫全先生認爲：「竽」爲曉母，魚韻，「虞」爲穎（編按：當爲影母誤），魚韻。「竽」、「虞」二字古可通用是沒有多大問題的，當依《新序》定『芋尹』爲醫獸之官。上舉『芋』當即『芋尹』之省。蒿陵，可讀高陵，泛指高丘。蒿也可假借爲郊、茭、鄗等。璽文蒿陵可能是地名。」（黄錫全：《古文字中所見楚官府官名輯證》，《文物研究》1991年7期）上兩說以黄說爲是。惜未能進一步考證毆獸之官名「竽」之故。我認爲「竽」當是「虞」字之借字。竽爲曉母，魚韻，虞爲疑母，魚韻。虞、「竽」虞（編按，「虞」字當爲衍文）二字爲旁紐疊韻，可以通轉。

「虞官」是古代掌山澤、苑囿、田獵之官。如：

《書・舜典》：「帝曰：『俞，咨！益，汝作朕虞』。益拜稽首。」蔡沈注：「虞，掌山澤之官。」

《詩・秦譜》曰：「堯時有伯翳者，實皋陶之子，佐禹治水，水土既平，舜命作虞官，掌上下草木鳥獸，賜姓曰嬴。」

虞官在古代又有各種稱呼：有稱虞侯的，如：

《左傳・昭公二十年》：「藪之薪蒸，虞侯守之。」杜預注：「衡鹿、舟鮫、虞侯、祈望。皆官名也。」孔穎達疏曰「《周禮》山澤之官皆名爲虞。虞，度也。藪是少水之澤，立官使之守望，故以虞侯爲名。」

有稱虞師者。如：

《荀子·王制》：「修火憲，養山林藪澤草木魚鱉百索，以時禁發，使國家足用，而財物不屈，虞師之事也。」

有單稱虞的。如：

《國語·齊語》：「澤立三虞，山立三衡。」韋昭注曰：「《周禮》有澤虞之官。虞，度也，掌度知川澤之大小及所生育者。」

也有稱虞人者。如：

《禮記·月令》曰：「樹木方盛，乃命虞人入山行木，毋有斬伐。」

《左傳·昭公二十年》載：「齊侯田於沛，招虞人以弓，不進。公使執之，辭曰：『昔我先君之田也，旃以招大夫，弓以招士，皮冠以招虞人。臣不見皮冠，故不敢進。』乃舍之。」杜預注：「虞人，掌山澤之官。」孔穎達疏曰：「虞人掌田獵，以皮冠以招虞人也。」《國語·周語》中也有：「虞人人材」。韋昭注曰：「虞人，掌山澤之官，祭祀、賓客、供其材也。」

對虞官，《周禮·地官》又稱山虞、澤虞，與春秋戰國所稱虞侯、虞師、虞人雖名稱有異，而所掌略同，都說明：虞官是管理山澤苑囿、田獵之官。虞官離不開山澤、苑囿。

陵，《說文》謂「大𨸏也」，又謂「𨸏，大陸也。山無石者」。璽彙0283中「蒿陵」二字，無論是釋爲高陵或是釋爲地名，其必宜於鳥獸聚居之地。據璽文文義，當以釋地名爲佳。兩璽文中的「竽」和《左傳》中的「芋尹」（《新序》誤爲「芊尹」）之「芋」，都當讀爲「虞」，是掌管山澤、苑囿、田獵之官。「竽璽」是虞官的璽印，高陵竽璽則應該是掌管高陵地區山澤、苑囿、田獵之官的璽印。《楚文字中所見楚史資料輯考》，《楚文化研究論集》（第四集），河南人民出版社，1994年6月，第526～528頁。

曹錦炎：

竽璽　詳見「䢼（昭）竽」條。《釋楚國的幾方烙印》，《江漢考古》，1994年第12期，第70頁。

曹錦炎：

楚官璽另有「竽鉢」（0346），爲中央機構之職司。「竽」之具體職掌不詳。編按：「藍（陵）竽鈢（璽）」條。《古璽通論》，上海書畫出版社，1996年3月，第111～112頁。

何琳儀：

楚系　竽鈢

《説文》：「竽，管三十六簧也。从竹，亏聲。」

楚璽、包山簡、望山木烙印竽，疑與楚官「竽尹」有關。參仔字。《戰國古文字典》，中華書局，1998年9月，第460頁。

來一石：

竽鈢　《古印集萃·戰國卷》，榮寶齋出版社，2000年11月，第45頁。

肖　毅：

34.竽璽　0346

璽竽《璽通》52頁

蒿陵（何琳儀：《戰國文字通論》第277頁，中華書局，1989年版）竽璽　0283

《左傳・昭公七年》：「楚子之爲令尹也，爲王旌以田，芋尹無宇斷之。」楊伯峻《春秋左傳注》：「芋尹爲官名，哀公十五年《傳》陳國亦有芋尹。《新序・義勇篇》誤作芊尹，云：『竽（編按：「竽」爲「芋」字訛）尹文者，荆之毆鹿彘者也。』《新序》所述人名雖不同，事實卻類似，則芋尹衛毆獸之官。」黃錫全認爲「竽」（編按：「竽」爲「竽」字訛）、「芋」可通，爲「芋尹」之省（《輯證》）。或以爲「芋尹」，「大概是管理樂隊的」（《楚國官璽考述》）。　《古璽所見楚系官府官名考略》，《江漢考古》，2001年第2期，第43頁。

戴山青：

竽鉢　《古璽漢印集萃》上冊，廣西美術出版社，2001年10月，第19頁。

莊新興：

1068　竽鉨　楚系·楚　《戰國璽印分域編》，上海書店出版社，2001年10月，第190頁。

徐暢主編：

戰國公鉨與印跡·楚系鉨印　116　竽鉨　《中國書法全集》第92卷，榮寶齋出版社，2003年2月，第42頁。

徐暢主編：

116　竽鉨

作於東周時期。楚官鉨。《古璽彙編》〇三四六號著録。

此爲宮廷中管理樂隊的官員用印。　《中國書法全集》第92卷，榮寶齋出版社，2003年2月，第206頁。

莊新興：

竽璽（楚）　《戰國璽印》，上海書畫出版社，2003年8月，第228、247頁。

小林斗盦：

竽鉨　《中國璽印類編》，天津人民美術出版社，2004年6月，第437頁。

施謝捷：

楚系官璽　竽鉨（璽）　《古璽彙考》，安徽大學博士學位論文，2006年5月，第169頁。

陳光田：

楚系古璽　「竽鉨（璽）」（0346）。……「竽」爲楚、陳等國特有的官名，文獻作「芋」。《左傳・哀公十五年》云：「上介芋尹蓋對曰……。」《史記・楚世家》云：「（靈）王覺而弗見，遂饑弗能起。芋尹申無宇之子申亥曰：『吾父再犯王命，王弗誅，恩孰大焉！』乃求王，遇王饑於釐澤，奉之以歸。」文獻中的「芋尹」相當於原璽中的「竽」，芋尹是負責管理樂隊的官吏。所以，圖2（編按：即「竽璽」）和圖3（編按：即「墧（蒿）夌（陵）竽鉨（璽）」）當爲楚中央和蒿陵之地的「竽」所用之物。《戰國璽印分域研究》，嶽麓書社，2009年5月，第149～150頁。

李守奎按：

「芋」字楚文字多讀爲「華」。如上海博物館藏楚竹書《孔子詩論》九號簡「棠=者芋」讀爲「裳裳者華」；同書之《競建入之》中的「芋人明子」即史書中的「華孟子」。在楚官中，《左傳·昭公七年》有「芋尹無宇」、《國語·楚語下》有「芋尹沈亥」，《包山》44號簡有「右仟尹李鈜」、157號簡有「竽倌」，楚璽有「蒿陵竽璽」（《彙編》0283）、「竽璽」（《彙編》0346）。「芋」、「仟」、「竽」大概衹是用字的不同，都是指同一類職官。「芋氏」很可能是楚人以官爲氏，而與姬姓的於氏（《通志·二十略》，P50）無關。

官璽第一〇〇：薹（蒿）埅（陵）竽鉨（璽）

印面：

續齊魯古印攈十六冊、陳簠齋手拓古印集四冊、璽印集林四冊

著錄：

《古璽彙編》，北京：文物出版社，1981年12月，第48頁。
《印典》（二），北京：國際文化出版公司，1993年5月，第867頁。
《江漢考古》，武漢：1994年第12期，第70頁。
《古璽通論》，上海：上海書畫出版社，1996年3月，第111頁。
《中國篆刻全集》，哈爾濱：黑龍江美術出版社，2000年7月，第11頁。
《古印集萃·戰國卷》，北京：榮寶齋出版社，2000年11月，第46頁。
《戰國璽印分域編》，上海：上海書店出版社，2001年10月，第190頁。
《中國書法全集》第92卷，北京：榮寶齋出版社，2003年2月，第42頁。
《中國璽印類編》，天津：天津人民美術出版社，2004年6月，第440、451頁。
《書法新鑒：古璽文新鑒》，西安：世界圖書出版公司，2005年6月，第44頁。
《古璽彙考》，安徽大學博士學位論文，2006年5月，第169頁。
《戰國璽印分域研究》，長沙：嶽麓書社，2009年5月，第149頁。
《先秦印風》，重慶：重慶出版社，2011年5月，第130頁。

《先秦古璽集粹》，長春：吉林文史出版社，2011年11月，第22頁。

集釋：

羅福頤：

0283 □□竽璽 《古璽彙編》，文物出版社，1981年12月，第48頁。

吴振武：

薹垂竽鉨 《〈古璽彙編〉釋文訂補及分類修訂》，《古文字學論集》（初編），香港中文大學，1983年9月，第491頁。

吴振武：

〔四〇五〕此字形體不全，下部被割去。原璽全文作「麦竽鉨」，應復原成後隸定爲「薹」，舒盗壺薹字作（《中》七五頁）。與此字同。薹字不見於後世字書，疑即蒿字異體。《〈古璽文編〉校訂》，吉林大學博士學位論文，1984年12月，第332～333頁。

鄭　超：

17.「蒿陵竽璽」

「蒿陵」《古璽彙編》原缺釋，吳振武釋出，當是地名。此印也許是蒿陵的封君所屬芋尹所用。　《楚國官璽考述》，《文物研究》總第二輯，黃山書社，1986年12月，第89頁。

湯餘惠：

楚璽　藹垂竽鉨　《略論戰國文字形體研究中的幾個問題》，《古文字研究》第十五輯，中華書局，1986年6月，第76頁。

何琳儀：

蒿（高）夌（陵），即「高陸」，湖北鍾祥。　《戰國文字通論》，中華書局，1989年4月，第143頁。

黃錫全：

81、竽

（156）蒿陵竽璽

（157）「竽璽」

鄭超認爲，「竽璽」的「竽」當即「芋尹」的「芋」，漢代竹頭與草頭往往混用；芋尹所掌不詳，也許字當从「竽」，竽是一種樂器，竽尹大概是管理樂隊的。「蒿陵竽」也許是蒿陵的封君所屬芋尹所用。《左傳》昭公七年，「楚子之爲令尹也，爲王旌以田，芋尹無宇斷之。」楊伯峻《春秋左傳注》云：「芋尹爲官名，哀公十五年《傳》陳國亦有芋尹。《新序·義勇篇》誤作芊尹，云：『芊尹文者，荆之歐鹿彘者也。』《新序》所述人名雖不同，事實卻類似，則芊尹衛毆獸之官。」按竽、芋二字古可通用是沒有多大問題的，當依《新序》定「芋尹」爲毆獸之官。上舉之「芋」當即「芋尹」之省。蒿陵，可讀爲高陵，泛指高丘。蒿也可假借爲郊、茭、鄗等，璽文蒿陵可能是地名，何琳儀讀爲「高陸（鐘祥）」。其確切地點待考。《古文字中所見楚官府官名輯證》，《文物研究》總第七輯，黄山書社，1991年12月，第228頁。

李立芳：

高陵竽璽則應該是掌管高陵地區山澤、苑囿、田獵之官的璽印。詳參「竽璽」條。《楚文字中所見楚史資料輯考》，《楚文化研究論集》（第四集），河南人民出版社，1994年6

月，第528頁。

曹錦炎：

「墧陵」　編按：見「郘（昭）竽」條。　《釋楚國的幾方烙印》，《江漢考古》，1994年第12期，第70頁。

曹錦炎：

35.墧（蒿）夌（陵）竽鉢

蒿陵，楚地名，確切地待考。或以爲「蒿陵」即「高陛」，地在今湖北鐘祥縣，可備一説（何琳儀《戰國文字通論》第三章，中華書局1989年版）。

「竽」是楚、陳特有的官名，典籍作「芋」，《史記・楚世家》：「（靈）王覺而弗見，遂饑弗能起。芋尹申無宇之子申亥曰：『吾父再犯王命，王弗誅，恩孰大焉！』乃求王，遇王饑於釐澤，奉之以歸。」陳有芋尹，見《左傳》哀公十五年：「上介芋尹蓋對曰」云云。據璽文，典籍之「芋尹」當作「竽尹」爲是。　《古璽通論》，上海書畫出版社，1996年3月，第111頁。

劉信芳：

四、蒿夌（陵）竽鉨

曹錦炎《通論》釋爲「墒夌竽鉨」，以「蒿陵」爲楚地名。何琳儀釋「墒夌」爲「高陸」，其地在湖北鐘祥（何琳儀《戰國文字通論》第三章頁143，中華書局1989年，北京）。按「蒿陵」很難釋爲地名，楚地名無「蒿陵」。釋「陵」爲「陸」，乃釋字之誤。「蒿陵」應與「蒿閒」、「蒿里」（詳下）相類，乃陵墓之地。「竽」乃門禁官名，字乃又作「仔」，我曾經討論過這一問題（劉信芳《包山楚簡職官與官府通考》，《故宮學術季刊》第十五卷第一期，臺北）。「蒿陵竽」乃墓地守衛官員（李家浩《楚國官印考釋（四篇）》，《江漢考古》1984第二期）。 《蒿宮、蒿閒與蒿里》，《中國文字》新廿四期，藝文印書館，1998年12月，第117頁。

何琳儀：

楚系　蒿夌竽鉨

楚璽「蒿夌」疑讀爲「高陸」。王莽改制，地名後綴陵多改陸。高陸在今湖北鍾祥。 《戰國古文字典》，中華書局，1998年9月，第292頁。

何琳儀：

楚系　蒿夌竽鉨

《説文》：「竽，管三十六簧也。从竹，亏聲。」

楚璽、包山簡、望山木烙印竽，疑與楚官「竽尹」有關。《戰國古文字典》，中華書局，1998年9月，第460頁。

徐　暢：

東周·楚系公鉨　高陵竽鉨　《中國篆刻全集》，黑龍江美術出版社，2000年7月，第11頁。

來一石：

□□竽鉨　《古印集萃·戰國卷》，榮寶齋出版社，2000年11月，第46頁。

肖　毅：

蒿陵（何琳儀：《戰國文字通論》第277頁，中華書局，1989年版）竽璽　詳見「竽鉨（璽）」條。　《古璽所見楚系官府官名考略》，《江漢考古》，2001年第2期，第43頁。

莊新興：

1067 □□竽鉨 楚系・楚 《戰國璽印分域編》，上海書店出版社，2001年10月，第190頁。

徐暢主編：

戰國公鉨與印跡・楚系鉨印 116 塙（高）夌（陵）竽鉨 《中國書法全集》第92卷，榮寶齋出版社，2003年2月，第42頁。

徐暢主編：

116 塙（高）夌（陵）竽鉨

作於東周時期。楚官鉨。《古璽彙編》〇二八三號著錄。

《古璽彙編》首二字缺釋。吳振武釋爲薹垂，鄭超釋爲蒿陵。何琳儀說塙（高）夌（陵）即高陵，湖北鐘祥。

此鉨爲高陵邑職掌製造竽或管理樂隊的機構用印。 《中國書法全集》第92卷，榮寶齋出版社，2003年2月，第206頁。

肖曉輝：

䔲夌竽鉨　《書法新鑒：古璽文新鑒》，世界圖書出版公司，2005年6月，第44、122頁。

小林斗盦：

竽鈢蒚□　《中國璽印類編》，天津人民美術出版社，2004年6月，第440、451頁。

施謝捷：

楚系官璽　䔲坴（夌—陵）竽鉨（璽）　《古璽彙考》，安徽大學博士學位論文，2006年5月，第169頁。

陳光田：

楚系古璽　「蒚（蒿）菱（陵）竽鉨（璽）」（0283）。蒿陵爲楚地名，即「高陸」，其地在今湖北鐘祥縣。（何琳儀：《戰國文字通論》，中華書局，1989年，第143頁。）　詳見「竽鉨（璽）」條。　《戰國璽印分域研究》，嶽麓書社，2009年5月，第149～150頁。

王義驊：

蒚垂竽鈢　《先秦古璽集粹》，吉林文史出版社，2011年8月，第22頁。

官璽第一〇一：郜（高）閉（閈）□篙（笙）

印面：

河南省扶溝縣

著錄：

《中原文物》，鄭州：1992年第3期，第93頁。

《戰國璽印分域研究》，長沙：嶽麓書社，2009年5月，第155頁。

集釋：

牛濟普：

28.高閈□笙

這是一方新發現的楚國官璽，出自河南省扶溝縣，印拓爲蔡運章先生所贈。「高」字作「□」，隸爲「郜」，用與「高」同，其字義即「高邑」，地名。「閈」作「□」，與安徽壽縣所出的春秋銅器《曾姬無卹壺》中的「閒」字寫法一樣。「」，隸爲「」形聲字。「」爲「十」，「攴」據《説文》「小擊也，从又卜聲」。「笙」作「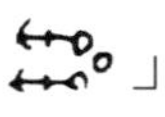」，上从竹，下爲「」，即「」（星），同「生」，隸爲「笙」。　《楚系官璽例舉》，《中原文物》，1992年第3期，第95頁。

陳光田：

楚系古璽　「鄗（高）閒□笙」（牛濟普：《楚系官璽例舉》，《中原文物》1992年3期。）該璽出土於河南扶溝縣。「高」从「邑」而成，當爲地名專用字。「閒」與《曾姬無卹壺》中的「閒」字形體相同。第三字不識。第四字上部从「竹」，下部从三個圓圈，當爲「星」字，星與生同，該字當釋爲笙。笙本爲樂器，該璽當爲楚高閒之地的樂官所用之物。　《戰國璽印分域研究》，嶽麓書社，2009年5月，第155頁。

邱傳亮 編著

第三册

楚官璽集釋 上編

學苑出版社

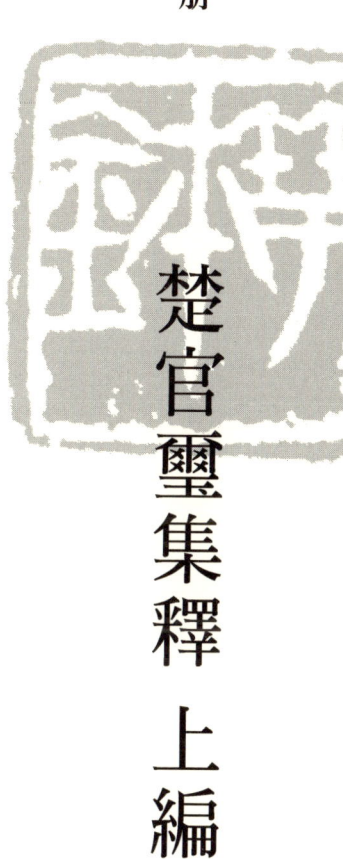

官璽第一〇二：卲（昭）呂竽

印面：

1965年，湖北江陵望山二號戰國楚墓出土，湖北省博物館藏

著錄：

《文物》，北京：文物出版社，1966年第5期，第36頁。

《古璽印概論》，北京：文物出版社，1981年12月，第105頁。

《江漢考古》，武漢：1994年第12期，第70頁。

《楚文物圖典》，武漢：湖北教育出版社，2000年1月，第425頁。

《古代璽印》，北京：文物出版社，2002年7月，第28頁。

《戰國璽印》，上海：上海書畫出版社，2003年8月，第11頁。
《書法新鑒：古璽文新鑒》，西安：世界圖書出版公司，2005年6月，第43頁。
《戰國璽印分域研究》，長沙：嶽麓書社，2009年5月，第149頁。
《二十世紀出土璽印集成》，北京：中華書局，2010年1月，第155頁。

集　釋：

曹錦炎：

1965年秋季，湖北省文物工作隊在東南距城約七公里的地方，發掘了幾座戰國時期的楚墓，其中望山二號墓，在置於內槨、外棺之間的木板上，發現烙有相同的六方印，文爲「於王既正」；在三塊內槨底板與兩塊內槨東擋板和一塊內槨南牆板的外面，也發現烙有另外內容的九方相同的印，文爲「卲（昭）竽」。原報道璽文闕釋（《湖北江陵三座楚墓出土大批重要文物》，載《文物》1965年5期）。

……

「昭」字从「邑」，是昭姓（氏）之昭的專用字。春秋戰國時期，往往在國名、地名及姓氏用字上贅增「邑」旁，成爲專用字，秦始皇帝統一文字後，這類專用字絕大多數被淘汰。此璽的「邑」寫成似「呂」形，這裏「邑」形之訛變，包山楚簡多見（包山楚簡的整理者將䣜、[illegible]兩種構形的「徐」字當作兩字處理，不妥（詳見《包山楚簡》，文物出版社，1991年）。昭氏，是楚國王族「昭、屈、景」三大姓（氏）之一。

竽，典籍作「芋」，是楚、陳特有的官名。《史記·楚世家》：「（靈）王覺而弗見，遂饑而弗能起。芋尹申無宇之子申亥曰：『吾父再犯王命，王弗誅，恩孰大焉！』乃求王，遇王饑於釐澤，奉之以歸。」此事也見《左傳》昭公十三年記載。陳國也有「芋尹」一職，如《左傳》哀公十五年：「上介芋尹蓋對曰」云云。楚官璽有「竽璽」、「壖陵」等，見《古璽彙編》。璽文之「昭竽」當是楚國昭氏王族內的職官，也可能是楚國管理昭氏王族的職官。

望山二號楚墓發現的這兩方烙印，很可能和墓主人的身份有關。《釋楚國的幾方烙印》，《江漢考古》，1994年第12期，第70頁。

羅運環：

邵呂竽　《論楚璽及其他》，《容庚先生百年誕辰紀念文集》，廣東人民出版社，1998年4月，第642頁。

高至喜：

𨟻（昭）竽烙印　戰國官璽烙印。1965年湖北江陵望山2號墓出土。長、寬約5.8釐米。印烙在三塊內槨底板東端、兩塊內槨東擋板、一塊內槨南壁板外面，共有相同的烙印9方。璽文原報告未釋。曹錦炎釋爲「𨟻（昭）竽」。「昭」字从邑，是昭姓的專用字。昭氏，是楚國王族「昭、屈、景」三大姓之一。「竽」是楚國官名，楚有「竽尹」之職，楚官璽有「竽璽」、「塙陵竽」等。這裏的「昭竽」是楚國昭氏王族內的職官，也可能是管理昭氏王族的職官。這些烙印的出土，有助於研究墓主人身份。現藏湖北省博物館。　《楚文物圖典》，湖北教育出版社，2000年1月，第424～425頁。

肖　毅：

𨟻竽　詳見「䔲坙（陵）竽鈢（璽）」條。　《古璽所見楚系官府官名考略》，《江漢考古》，2001年第2期，第43頁。

曹錦炎：

1965年秋，在湖北江陵望山一號戰國楚墓的內槨底板上發現了9方相同的烙印痕，文爲「⿱卲邑（昭）竽」。……「竽」是楚國特有的官名，「昭」是楚王室三大氏之一，「昭竽」，當是掌管昭氏王族事務之官。　《古代璽印》，文物出版社，2002年7月，第28頁。

莊新興：

2.烙木

烙木的方法是先把璽印燒熱，再將璽文烙印在木上。1965年湖北望山戰國楚墓中出土的槨棺木板上就留有這種烙印，據其拓本可知璽文爲「邵邑竽」和「於王毀正」。

原印寬爲33毫米。　《戰國璽印》，上海書畫出版社，2003年8月，第11頁。

肖曉輝：

1965年發掘的湖北江陵望山2號墓中發現更多的烙印印記。在該墓的棺槨木板上共有十六處印記，分爲兩種，由兩枚璽印烙印而成。這兩種印記都呈方形，其中一種形制較大，邊長5釐米，印文爲「卲竽」，「卲」字下增添「邑」旁。古文字往往在表示地名和姓氏的字上加「邑」旁，這裡的「卲」即爲楚國三大族之一，文獻中寫作「昭」，楚簡和楚璽中常見「卲」氏，如《古璽彙編》2551、3486.「竽」是職官名稱，爲楚國所特有，文獻中作「芋」，《左傳》、《國語》等書中載楚國有「芋尹」之官，楚璽中又有「竽鉨」（《古璽彙編》0346）、「𦵯陵竽鉨」（《古璽彙編》0283）。當然，此印也有可能是私璽，「卲」爲姓氏，「竽」爲名字。《書法新鑒：古璽文新鑒》，世界圖書出版公司，2005年6月，第42～43頁。

陳光田：

楚系古璽　「𨛭（昭）竽」（《古璽通論》52）……爲烙印，第一字當讀做昭，昭是楚王室三大氏之一，昭竽當是管理昭氏王族有關「竽」事務的官員。　詳見「竽鉨（璽）」條。

《戰國璽印分域研究》，嶽麓書社，2009年5月，第149～150頁。

周曉陸主編：

二-GP-0146　𨛭竽　東周（楚）　木烙印　《二十世紀出土璽印集成》，中華書局，2010年1月，第155頁。

李守奎按：

中棺與外棺之間的空隙也較小，在南北兩長邊的間隙處各放置圓木棍，起固定中棺的作用（圖版六一·3）。在棺的南北兩個弧形側板頂部與外棺側板間又各平放一塊木板，南北木板長度、厚度相同，長2.52釐米、厚3釐米，寬度不同，南邊一塊寬22~24.5釐米，北邊一塊寬1.5釐米。在這兩塊木板的反面均有烙印文字（圖八，1、2），形似一印章，近正方形，三邊各長4.8、另一邊長5釐米，南邊木板上15個烙印（其中3個衹烙印出一部份），北邊木板上6個烙印，共21個。文有兩種，除8個與外棺上的相同外，有13個爲「邵呂竹于」（或釋爲「盬竽」）（圖八一，乙），此或爲人名，可能即「佐王柩正」的私名。

李守奎按：

施謝捷釋「盬竽」不可信。

一、楚之昭氏，楚文字中皆作「卲」，無作「盬」者。二、楚之「邑」旁與「呂」有別。「呂」可能就是「予」，但不可能是「邑」。三、「竹」下之形有可能是（主）或（下），不可能是「于」。四、從間架結構上來說應當是四個字。

官璽第一〇三：命

印　面：

珍秦齋藏印

著　録：《珍秦齋藏印·戰國篇》，澳門：澳門基金會出版，2001年6月，第228頁。

集　釋：

吳振武：

命

質料：銅

尺寸（公分）：1.15×2.50　《珍秦齋藏印·戰國篇》，澳門基金會出版，2001 年 6 月，第 228 頁。

官璽第一〇四：⿰走阝圖命鉩（璽）

印　面：

尊古齋古璽集林初二集、尊古齋印存四集四十冊

著　録：

《古璽彙編》，北京：文物出版社，1981年12月，第44頁。

《印典》（一），北京：河北美術出版社，1989年8月，第230頁。

《篆字印彙》，上海：上海書店出版社，1999年1月，第253頁。

《中國篆刻全集》，哈爾濱：黑龍江美術出版社，2000年7月，第38頁。

《古印集萃・戰國卷》，北京：榮寶齋出版社，2000年11月，第37頁。

《戰國璽印分域編》，上海：上海書店出版社，2001年10月，第118頁。

《中國書法全集》第92卷，北京：榮寶齋出版社，2003年2月，第67頁。

《中國璽印類編》，天津：天津人民美術出版社，2004年6月，第34頁。
《古璽彙考》，安徽大學博士學位論文，2006年5月，第186頁。
《戰國璽印分域研究》，長沙：嶽麓書社，2009年5月，第147頁。
《先秦印風》，重慶：重慶出版社，2011年5月，第48頁。
《先秦古璽集粹》，長春：吉林文史出版社，2011年11月，第20頁。

集　釋：

羅福頤：

0261　趄□命鉩　《古璽彙編》，文物出版社，1981年12月，第44頁。

吳振武：

〔一七九〕趄字在原璽中爲地名用字，應即走字異體，參本文一六〇條（編按：即對「郪」字的考釋）。走字《說文》立爲部首。　《〈古璽文編〉校訂》，吉林大學博士學位論文，1984年12月，第165頁。

何琳儀：

楚系　⿰走阝尙命鉨

⿰走阝，从邑走聲。

楚璽「⿰走阝尙」，地名，疑與鄗有關。　《戰國古文字典》，中華書局，1998年9月，第384頁。

何琳儀：

齊系　⿰走阝圖命鉨

命，西周金文作（命簋）。从口，从令，會發號施令之意。令亦聲。令、命一字分化。春秋金文作（秦公簋），戰國文字承襲兩周金文。齊系文字或作，加○繁化（或釋命）。楚系文字或作、，加=爲飾。《說文》：「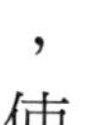，使也。从口，从令。（眉病切）（二上九）」

齊璽命，讀令，官署之長。見令字。　《戰國古文字典》，中華書局，1998年9月，第1145～1146頁。

傅嘉儀：

□□命璽　《篆字印彙》，上海書店出版社，1999年1月，第252頁。

徐　暢：

東周・齊系公鉨　郜□命（令）鉨　《中國篆刻全集》，黑龍江美術出版社，2000年7月，第38頁。

來一石：

□□命鉨　《古印集萃・戰國卷》，榮寶齋出版社，2000年11月，第37頁。

莊新興：

655　郜□命鉨　齊系　《戰國璽印分域編》，上海書店出版社，2001年10月，第118頁。

徐暢主編：

戰國公鉨與印跡・齊系鉨印　350　郜□命（令）鉨　《中國書法全集》第92卷，榮寶齋出版社，2003年2月，第67頁。

小林斗盦：

趣□命鉢　《中國璽印類編》，天津人民美術出版社，2004年6月，第34頁。

施謝捷：

三晉系官璽　郙□命（令）鉨（璽）　《古璽彙考》，安徽大學博士學位論文，2006 年 5 月，第 186 頁。

陳光田：

楚系古璽　「郙圁命（令）鉨（璽）」（0261）。……「郙圁」爲地名，又疑「圁命」可能讀做「掌命」，即《周禮·春官·序官》中的「典命」。（何琳儀：《戰國古文字典》，北京：中華書局，1998 年，第 1148 頁。）　《戰國璽印分域研究》，嶽麓書社，2009 年 5 月，第 147 頁。

徐　暢：

戰國楚系官鉨　郙□命（令）鉨　《先秦印風》，重慶出版社，2011 年 5 月，第 48 頁。

王義驊：

郙□命鉨　《先秦古璽集粹》，吉林文史出版社，2011 年 8 月，第 20 頁。

李守奎按：

從整體風格看，當屬楚璽。楚有「郙公祏璽」可參看。

官璽第一〇五：昜（陽）淖（朝）命鉩（璽）

印面：

陳簠齋手拓古印集四冊

著錄：

《印典》（三），北京：國際文化出版公司，1994年1月，第2302頁。

《中國璽印類編》，天津：天津人民美術出版社，2004年6月，第34、364頁。

《古璽彙考》，安徽大學博士學位論文，2006年5月，第186頁。

《戰國璽印分域研究》，長沙：嶽麓書社，2009年5月，第159頁。

集釋：

小林斗盦：

号淖命鉩　《中國璽印類編》，天津人民美術出版社，2004年6月，第35、364頁。

施謝捷：

楚系官璽　昜（陽）淖（朝）命（令）鉨（璽）　《古璽彙考》，安徽大學博士學位論文，2006年5月，第186頁。

陳光田：

楚系古璽　「昜（陽）淖（朝）命（令）鉨（璽）」（《印典》）。璽文「昜淖」當讀做陽朝，爲地名。命讀做令，爲一地之長官。　《戰國璽印分域研究》，嶽麓書社，2009年5月，第159頁。

官璽第一〇六：埅（城）父獸□

印　面：

著録：

《古璽彙考》，安徽大學博士學位論文，2006年5月，第349頁。

《二十世紀出土璽印集成》，北京：中華書局，2010年1月，第18頁。

集釋：

施謝捷：

楚系複姓私璽　𡏡（城）父獸□　《古璽彙考》，安徽大學博士學位論文，2006年5月，第349頁。

周曉陸主編：

二-SY-0088　城父斮宋　東周（楚）　銅　鼻紐　24×25-14　《二十世紀出土璽印集成》，中華書局，2010年1月，第18頁。

官璽第一〇七：伍官之鉨（璽）

印面：

著錄：

《古璽彙編》，北京：文物出版社，1981年12月，第23頁。

《近百年來對古璽印研究之發展》，杭州：西泠印社，1982年5月，第17頁。

《印典》（三），北京：國際文化出版公司，1994年1月，第1676頁。

《古璽通論》，上海：上海書畫出版社，1996年3月，第96頁。

《古璽印精品集成》，上海：上海古籍出版社，1998年9月，第4頁。

《篆字印彙》，上海：上海書店出版社，1999年1月，第385頁。

《中國篆刻學》，杭州：西泠印社，1999年5月，第5頁。

《中國璽印篆刻全集》，上海：上海書畫出版社，1999年11月，第48頁。

《中國篆刻全集》，哈爾濱：黑龍江美術出版社，2000年7月，第16頁。

《古印集萃·戰國卷》，北京：榮寶齋出版社，2000年11月，第44頁。
《古璽漢印集萃》上册，南寧：廣西美術出版社，2001年10月，第13頁。
《戰國璽印分域編》，上海：上海書店出版社，2001年10月，第183頁。
《中國書法全集》第92卷，北京：榮寶齋出版社，2003年2月，第42頁。
《戰國璽印》，上海：上海書畫出版社，2003年8月，第188、235頁。
《中國璽印類編》，天津：天津人民美術出版社，2004年6月，第179、275、439、468頁。
《古璽印賞析》，濟南：山東美術出版社，2005年6月，第56頁。
《古璽彙考》，安徽大學博士學位論文，2006年5月，第160頁。
《寸心籀篆——中國古代璽印鑒賞》，長沙：湖南美術出版社，2009年5月，第34頁。
《戰國璽印分域研究》，長沙：嶽麓書社，2009年5月，第135頁。
《中國印學》，杭州：中國美術學院出版社，2010年6月，第14頁。
《先秦印風》，重慶：重慶出版社，2011年5月，第31頁。
《先秦古璽集粹》，長春：吉林文史出版社，2011年11月，第10頁。

集釋：

羅福頤：

0135　伍官之鉩　《古璽彙編》，文物出版社，1981年12月，第23頁。

湯餘惠：

楚璽　伍官之鉩　《略論戰國文字形體研究中的幾個問題》，《古文字研究》第十五輯，中華書局，1986年6月，第75頁。

鄭　超：

11.伍官之璽

《戰國策·楚策》威王問於莫敖子華章：「昭王反郢，五官失法，百姓昏亂；蒙穀獻典，五官得法，而百姓大治。」《七國考》卷一：「劉歆云：楚之五官者，五卿也。或云：如秦之五大夫，一人之官也。」按：據上引《戰國策》文義，五官當是眾官之意。這樣纔有「五官失法，百姓昏亂」的局面出現。《戰國策·齊策》靖郭君謂齊王曰：「五官之計，不可不日聽也，而數覽。」鮑注：「《典禮》司徒、司馬、司空、司士、司寇，典司五眾，計其事之凡也。」《禮記・曾子問》：「諸侯適天子……乃命國家五官而後行。」注：「五官，五大夫典事者。」此並以五官泛指衆官。楚國官璽有不少以官爲名。……「伍」試讀爲「五」。我們上面曾說《戰國策・楚策》中的「五官」是泛指衆官，而《七國考》引或説「如秦五大夫，一人之官也」。現在又出現了「五官」的璽印，看來「五官」除了泛指衆官外，的確又是一個專有官名。五官的職掌不好推定，它可能是一個沒有固定職掌，又可以在不同的官府裏供職的散官。《漢書・百官表序》有五官中郎將，《漢書・外戚傳》內爵有五官視三百石，大概均無定掌。《後漢書・職官志》郡官「有五官掾，署功曹及諸曹事」，更可以明白地看出其散官的性質。《楚國官璽考述》，《文物研究》總第二輯，黄山書社，1986年12月，第89頁。

黄錫全：

（167）伍官之璽

《戰國策・楚策一》：「昭王反郢，五官失法，……蒙穀獻典，五官得法。」劉歆云：「楚之五官者，五卿也。」《七國考》：「或云：如秦五大夫，一人官之者也。」此璽之「伍」，鄭超試讀爲「五」，認爲「五官」除了泛指衆官外，的確又是一個專有的官名。「五官的職掌不好推定，它可能是一個沒有固定職掌，又可以在不同的官府裏供職的散官」。按，「伍官」與「五官」應有區別，「五官」泛指百官或指五種官職，而「伍官」應是一人之官。如讀：「伍」爲行伍之伍，則「伍官」爲軍職。《古文字中所見楚官府官名輯證》，《文物研究》總第七輯，黃山書社，1991年12月，第230頁。

牛濟普：

15.伍官之璽、正官之璽、計官之璽、軍計之璽

四璽文字具有典型楚系文字的特點，以「官」、「璽」兩字最爲突出，並且「正官」與「軍計」兩璽印面有「田」形界格，也是楚璽常見的形式。

「正官之璽」，《古璽彙編》誤爲「正官之璽」。《楚系官璽例舉》，《中原文物》，1992年第3期，第94頁。

曹錦炎：

7.伍官之鉨

伍官，也是楚國特有的官名，見《戰國策・楚策》「威王問於莫敖子華」章：「昭王反（返）郢，五官失法，百姓昏亂；蒙穀獻典，五官得法，而百姓大治。」五官，即伍官，五、伍古通。吳國名將伍子胥，《越絕書》既作「伍子胥」又作「五子胥」；其先人伍參，《左傳》作「伍參」，《漢書・古今人表》作「五參」，均其證。董說《七國考》卷一：「劉歆云：『楚之五官者，五卿也。』或云：『如秦五大夫，一人官之者也。』」當以或說爲是。據上引《楚策》文，伍官之職係掌國之律法。包山楚簡有「五師」官名，可能相當於「五官」。《古璽通論》，上海書畫出版社，1996年3月，第96頁。

何琳儀：

楚系　伍官之璽

《說文》：「伍，相參伍也。从人从五。」（八上七）

楚璽「伍官」，疑即「伍長」。《管子・立制》「十家爲什，五家爲伍，什伍皆有長馬（編按：「馬」字當爲「焉」字訛）。」《戰國古文字典》，中華書局，1998年9月，第506頁。

莊新興：伍官之鉨《古璽印精品集成》，上海古籍出版社，1998年9月，第4頁。

傅嘉儀：伍官之璽《篆字印彙》，上海書店出版社，1999年1月，第395頁。

徐　暢：東周·楚系公鉨　伍官之鉨《中國篆刻全集》，黑龍江美術出版社，2000年7月，第16頁。

肖　毅：伍官之璽《古璽所見楚系官府官名考略》，《江漢考古》，2001年第2期，第41頁。

吳清輝：伍官之鉨《中國篆刻學》，西泠印社，1999年5月，第5頁。

莊新興：伍官之鉨　戰國《中國璽印篆刻全集》，上海書畫出版社，1999年11月，第48頁。

來一石：

伍官之鉨　《古印集萃·戰國卷》，榮寶齋出版社，2000年11月，第44頁。

戴山青：

伍官之鉢　《古璽漢印集萃》上册，廣西美術出版社，2001年10月，第13頁。

莊新興：

1027　伍官之鉨　楚系·楚　《戰國璽印分域編》，上海書店出版社，2001年10月，第183頁。

徐暢主編：

戰國公鉨與印跡·楚系鉨印　110　伍官之鉨　《中國書法全集》第92卷，榮寶齋出版社，2003年2月，第42頁。

徐暢主編：

110　伍官之鉨

作於戰國時期。楚官鉨。《古璽彙編》〇一三五號著錄。

伍通五，五官即五行之官。《左傳·昭二十九年》：「故有五行之官，是謂五官。」《國語・楚下》以天地神民類物之官爲五官。五行又即五常：仁、義、禮、智、信。又指五種行爲。《禮・鄉飲酒》：「貴賤明，隆殺辨，和樂不流，弟長而無遺，安燕而不亂，此五行者，足以正身安國矣。」綜上所述，五官應是主管社會風化的民政官員。佈白散逸，不求平滿，爲楚鉨的佈白特色之一。邊長在二・五釐米左右，爲楚官鉨標準器。

參考　徐暢《寓石齋璽印考》《中國書法全集》第92卷，榮寶齋出版社，2003年2月，第206頁。

莊新興：

伍官之璽　《戰國璽印》，上海書畫出版社，2003年8月，第188、235頁。

小林斗盦：

伍官之鉢　《中國璽印類編》，天津人民美術出版社，2004年6月，第179、275、439、468頁。

魏永年：

伍官之璽　伍官是楚國特有的官名，見《戰國策・楚策》「威王問於莫敖子華」章：「昭王反（返）郢，五官失法，百姓混亂。蒙穀獻典，五官得法，而百姓大治。」五官，即伍官，五、伍古通。

此印四字大小基本均等，採用穿插式，「鈢」字順勢欹側，使整印佈局連成一片，合而不散，疏密分明。「伍」字與另三字略有扯肋之感，「亻」部一豎顯得生硬，不太入調，好在「官」、「之」、「鈢」三字均有長筆相扶，多少能化解其不足。美中不足是遺憾，又在情理之中。《古璽印賞析》，山東美術出版社，2005年6月，第56頁。

施謝捷：

楚系官璽　伍官之鈢（璽）　《古璽彙考》，安徽大學博士學位論文，2006年5月，第160頁。

郭　兵：

伍官之璽　《寸心籀篆——中國古代璽印鑒賞》，湖南美術出版社，2009年5月，第34頁。

陳光田：

楚系古璽　「伍（五）官之鈢（璽）」（0135）。伍官即五官，楚特有職官，《左傳・昭公二十九年》云：「故有五行之官，是謂五官。」《國語・楚語下》云：「以天地神民類物之官爲五官。」「伍官之璽」可能是楚掌管天地五行之官所用之璽。或認爲「五官」與「伍官」有所區別。「五官」泛指百官或五種官職，「伍官」應該是一人之官。（黄錫全：《古文字中所見楚官府官名輯證》，《文物研究》1991年總第7輯。）「伍」可能讀做「行伍」之「伍」，則該璽當爲軍隊中的伍官所用之物。　《戰國璽印分域研究》，嶽麓書社，2009年5月，第136頁。

吳清輝：

戰國白文官鉨　伍官之鉨（楚）　《中國印學》，中國美術學院出版社，2010年6月，第14頁。

王義驊：

伍官之鉨　《先秦古璽集粹》，吉林文史出版社，2011年8月，第10頁。

李守奎按：

「伍官」如黄錫全所言，「伍」爲行伍之「伍」，可備一說。「五大夫」一名，古書習見，有的實指五個官員，有的虚指一種官職名。我們推測，「五大夫」一職，本爲「五個大夫」後合五爲一，但「五大夫」的名稱並沒有改變，其職掌也當與以前「五個大夫」相當。這與後來所謂的「八王千歲」、「九王千歲」類似。其中的「八王」、「九王」也並非實指。同樣，「伍官」之「伍」同「五」，起初也可能是五個官員的合稱，後來合五官之職於一人，但「五官」的名稱並沒有改變。「五官」必不是當時祖制律法所規定的職官，因而其具體職掌當依具體時地情況而定。

官璽第一〇八：計官之鉩（璽）

印面：

衡齋藏印十六冊、尊古齋古璽集林初二集，據施謝捷《古璽彙考》現藏日本寧樂美術館

著錄：

《古璽彙編》，北京：文物出版社，1981年12月，第23頁。

《印典》（一），石家莊：河北美術出版社，1989年8月，第483頁。

《古璽通論》，上海：上海書畫出版社，1996年3月，第96頁。

《篆字印彙》，上海：上海書店出版社，1999年1月，第1354頁。

《中國篆刻全集》，哈爾濱：黑龍江美術出版社，2000年7月，第16頁。

《古印集萃·戰國卷》，北京：榮寶齋出版社，2000年11月，第41頁。

《古璽漢印集萃》上冊，南寧：廣西美術出版社，2001年10月，第19頁。

《戰國璽印分域編》，上海：上海書店出版社，2001年10月，第184頁

《中國書法全集》第92卷，北京：榮寶齋出版社，2003年2月，第143頁。

《戰國璽印》，上海：上海書畫出版社，2003年8月，第42、115頁。

《中國璽印類編》，天津：天津人民美術出版社，2004年6月，第73、439、468頁。

《古璽彙考》，安徽大學博士學位論文，2006年5月，第159頁。

《中國印學》，杭州：中國美術學院出版社，2010年6月，第13頁。

《先秦印風》，重慶：重慶出版社，2011年5月，第33頁。

集釋：

吳大澂：

古璽字从金从木，經典木、尔通用。《周禮》：「貨賄用璽節。」鄭注：「璽節者，今之印章（編按：原「印章」二字脫）也。」今世所傳古銅鉢多計鉢之文，皆通貨所用。秦漢以後。天子之璽始用玉。《說文古籀補》，商務印書館，1936年3月，第218頁。

丁佛言：

古鉢　計官之鉢　此自是計與有別。許氏說會也，筭也。《周禮・天官・小宰》：「以六計弊群吏之治。」此計官或爲古計吏之官。又或計是姓。《姓氏・急就篇》：「粤有計然，濮上人。」《說文古籀補補》，中華書局，1988年2月，第11頁。

羅福頤：

0137　計官之鉨　《古璽彙編》，文物出版社，1981年12月，第23頁。

鄭　超：

6.計官之璽

計即計書、計薄，是各級官吏政績的記錄。戰國時代隨著集權國家的逐漸形成，產生了上計制度，即各級官吏每年年底向上級報告自己的工作情況。《韓非子·外儲説右下》：「田嬰相齊，人有説王者曰：『終歲之計，王不以數日之間聽之，則無以知吏之奸邪得失也。』王曰：『善。』……田嬰令官俱押卷斗石之計，王自聽計，計不勝聽。」可見計務是很繁忙的。因而楚國的計官之璽數量較多。《楚國官璽考述》，《文物研究》總第二輯，黄山書社，1986年12月，第88頁。

湯餘惠：

楚璽　計官之鉩　《略論戰國文字形體研究中的幾個問題》，《古文字研究》第十五輯，中華書局，1986年6月，第75頁。

黄錫全：

91、計官

（168）計官之璽

鄭超云：「計即計書、計簿，是各級官吏政績的記録。」按，「計」的概念運用十分普遍，凡官府對各方面的經濟核算都稱爲「計」。據雲夢秦簡《效律》，知負責「計」事的專職官吏就有掾計、尉計、掾苑計、官計等。其中「官計」可能是通稱。（參見葛劍雄《秦漢的上計和上計吏》，載《江漢考古》1988年1期）「計官」即司會計之官。《周禮・天官・序官・司會注》：「會，大計也。司會，主天下之大計，計官之長。」《古文字中所見楚官府官名輯證》，《文物研究》總第七輯，黄山書社，1991年12月，第230頁。

曹錦炎：

8.計官之鉢

「計」本指計書、計簿（《漢書・魏相傳》：「案今年計……」，楊樹達注「計謂郡國所上計簿」），《漢書・武帝紀》注：「計者，上計簿使也，郡國每歲遣詣京師上之。」這種上計制度，即各級官吏每年年底均應向上報告自己的政績和稅收及費用，而且必須和每年的賬簿同地繳送（參見高恒《秦簡中與職官有關的幾個問題》，載《雲夢秦簡研究》，中華書局，1981年版）。「計官」就是具體職掌此項工作的官吏。

楚璽另有「計官正鉢」（0139），即計官之長。楚國有以「正」命官長者，如「受正」、「大正」。某邑之長也稱「正」，副手稱「正差（佐）」，均見包山楚簡。《古璽通論》，上海書畫出版社，1996年3月，第96～97頁。

何琳儀：

楚系　計官之璽

《説文》：「計，會也，筭也。从言，从十。（古詣切）」

楚璽「計官」，官名，猶「計相」。《史記·張丞相傳》：「張蒼遷爲計相。」集解：「文穎曰，能計，故號曰計相。」　《戰國古文字典》，中華書局，1998年9月，第1194～1195頁。

傅嘉儀：

計官之璽　《篆字印彙》，上海書店出版社，1999年1月，第1354頁。

來一石：

計官之鈢　《古印集萃·戰國卷》，榮寶齋出版社，2000年11月，第41頁。

肖　毅：

計官之璽　《古璽所見楚系官府官名考略》，《江漢考古》，2001年第2期，第41頁。

莊新興：

1033　計官之鉨　楚系・楚　《戰國璽印分域編》，上海書店出版社，2001年10月，第184頁。

戴山青：

計官之鉢　《古璽漢印集萃》上冊，廣西美術出版社，2001年10月，第19頁。

徐暢主編：

戰國公鉨與印跡・楚系鉨印　119　計官之鉨　《中國書法全集》第92卷，榮寶齋出版社，2003年2月，第43頁。

徐暢主編：

119　計官之鉨

作於戰國時期。楚國官鉨。《古璽彙編》〇一三七號著錄。

計即計書、計薄，是各級官吏政績的記錄。戰國時代隨著集權國家的逐漸形成，產生了上計制度，即各級官吏每年年底向上級報告自己的工作情況。《韓非子・外儲說右下》記有「終歲之計」。因計務繁忙，因而楚國的計官之鉨數量較多。

參考　鄭超《楚國官璽考述》《中國書法全集》第92卷，榮寶齋出版社，2003年2月，第207頁。

莊新興：

計官之璽　楚系　《戰國璽印》，上海書畫出版社，2003年8月，第42、115頁。

小林斗盦：

計官之鉢　《中國璽印類編》，天津人民美術出版社，2004年6月，第73、439、468頁。

施謝捷：

楚系官璽　計官之鉨（璽）《古璽彙考》，安徽大學博士學位論文，2006年5月，第159頁。

吴清輝：

計官之鉨　楚　《中國印學》，中國美術學院出版社，2010年6月，第13頁。

李守奎按：

0137～0140諸璽，皆應釋爲「計官之璽」。其中0139有人釋爲「計官正璽」，璽文第三字從吴振武釋爲「之」字。戰國時期，有「計會」之職。《戰國策·齊策》：「後孟嘗君出記，問門下諸客：『誰習計會，能爲文收責於薛者乎？』」《漢書・高惠高后文功臣表》：「以客從起武陽，至霸上，爲常山守，得陳余，爲代相，徙趙相，以代相侯。爲計相四歲，淮南相十四歲。千二百戶。」註曰：「如淳曰：『計相，官名，但知計會。』」《淮南子・人間訓》：「西門豹治鄴，廩無積粟，府無儲錢，庫無甲兵，官無計會，人數言其過於文侯。」我們以爲計會、計相、計官，當是不同時地對同種職官的不同稱呼。其職責就是曹錦炎所考證的掌管「各級官吏每年年底均應向上報告自己的政績和稅收及費用，而且必須和每年的賬簿同地繳送」等。

官璽第一〇九：計官之鉨（璽）

印　面：

萬印樓藏印六十四卷、古印偶存八冊、尊古齋古璽集林初二集，

故宮博物院藏印

著錄：

《古璽彙編》，北京：文物出版社，1981年12月，第24頁。

《近百年來對古璽印研究之發展》，杭州：西泠印社，1982年5月，第17頁。

《故宮博物院藏古璽印選》，北京：文物出版社，1982年12月，第5頁。

《十鐘山房印舉選》，上海：上海書畫出版社，1985年11月。

《印典》（一），石家莊：河北美術出版社，1989年8月，第483頁。

《璽印鑒賞》，桂林：灕江出版社，1993年11月，第24頁。

《中國歷代印章目錄》，北京：中國民族攝影藝術出版社，1998年9月，第29頁。

《中國璽印篆刻全集》，上海：上海書畫出版社，1999年11月，第52頁。

《楚文物圖典》，武漢：湖北教育出版社，2000年1月，第422頁。

《中國篆刻全集》，哈爾濱：黑龍江美術出版社，2000年7月，第16頁。

《古印集萃·戰國卷》，北京：榮寶齋出版社，2000年11月，第41頁。

《中國璽印真僞鑒別》，合肥：安徽科學技術出版社，2001年1月，第39頁。

《古璽漢印集萃》上冊，南寧：廣西美術出版社，2001年10月，第19頁。
《戰國璽印分域編》，上海：上海書店出版社，2001年10月，第84頁。
《中國書法全集》第92卷，北京：榮寶齋出版社，2003年2月，第43頁。
《戰國璽印》，上海：上海書畫出版社，2003年8月，第42頁。
《中國璽印類編》，天津：天津人民美術出版社，2004年6月，第74、440、469頁。
《書法新鑒：古璽文新鑒》，西安：世界圖書出版公司，2005年6月，第55頁。
《古璽彙考》，安徽大學博士學位論文，2006年5月，第159頁。
《戰國璽印分域研究》，長沙：嶽麓書社，2009年5月，第136頁。
《先秦印風》，重慶：重慶出版社，2011年5月，第33頁。
《先秦古璽集粹》，長春：吉林文史出版社，2011年11月，第10頁。

集　釋：

丁佛言：

古鉥　計官之鉥　詳見「計官之鉨（璽）」條。　《說文古籀補補》，中華書局，1988年

2月，第2頁。

羅福頤：

0138　計官之鉨　《古璽彙編》，文物出版社，1981年12月，第24頁。

《故宫博物院藏古璽印選》編輯組：

27　計官之鉨　《故宫博物院藏古璽印選》，文物出版社，1982年12月，第5頁。

陳介祺：

計官之鉨　《十鐘山房印舉選》，上海書畫出版社，1985年11月。

鄭　超：

計官之璽　詳見「計官之鉨（璽）」條。　《楚國官璽考述》，《文物研究》總第二輯，黄山書社，1986年12月，第88頁。

湯餘惠：

楚璽　計官之鉨　《略論戰國文字形體研究中的幾個問題》，《古文字研究》第十五輯，中華書局，1986年6月，第75頁。

黄錫全：

計官之璽　詳見「計官之鉨（璽）」條。　《古文字中所見楚官府官名輯證》，《文物研究》總第七輯，黄山書社，1991年12月，第230頁。

陳松長：

計官之鉨　《璽印鑒賞》，灕江出版社，1993年11月，第24頁。

張錫瑛：

「計官之鉨」戰國官鉨。《故宮博物院藏古璽印選》著録「計官之鉨」兩方。一爲鼻鈕銅印，另一方爲鼻鈕玉印。較小的玉印1.8釐米見方，陰文，另一方銅印較大，印面2.2釐米見方，有邊欄，十字界格。二印的印文寫法一致，鉨字的金旁都寫作「」，這種寫法多見於楚印，可見這也是兩方楚印。其中較小者應比較大者爲早，較大的一方當在戰國晚期。藏北京故宮博物院。　《中國古代璽印》，地質出版社，1995年11月，第18~19頁。

何琳儀：

楚系　計官之鉨詳見「計官之鉨（璽）」條。　《戰國古文字典》，中華書局，1998年9

月，第1194～1195頁。

計官之鉩　戰國　《中國璽印篆刻全集》，上海書畫出版社，1999年11月，第52頁。

莊新興：

陳松長：

計官之鉩　戰國官璽。二層臺鼻鈕，印面長寬各2.15釐米。印文白文，套有十字格界欄，款識鑿成，刀痕比較清晰，文字構形中，「官」、「鉩」二字是典型的楚系文字。此璽的十字界格似是刻鑿完款識後加上去的，故其劃格不太勻稱，但亦正是這種不對稱，構成了楚鉩款識藝術風格中散逸清爽的特色。「計官」是楚國官司名之一。「計官」即司會計之官。《周禮·地官·序官·司會計》：「會，大計也。司會，主天下之大計，計官之長。」由此可知，「計官」大約相當于現今主管財務的官員。現藏北京故宮博物院。　《楚文物圖典》，湖北教育出版社，2000年1月，第422頁。

來一石：

計官之鉩　《古印集萃·戰國卷》，榮寶齋出版社，2000年11月，第41頁。

肖　毅：

計官之璽　詳見「計官之鉨（璽）」條。《古璽所見楚系官府官名考略》，《江漢考古》，2001年第2期，第41頁。

莊新興：

1035　計官之鉨　楚系·楚　《戰國璽印分域編》，上海書店出版社，2001年10月，第184頁。

戴山青：

計官之鉢　《古璽漢印集萃》上冊，廣西美術出版社，2001年10月，第19頁。

徐暢主編：

戰國公鉨與印跡·楚系鉨印　121　計官之鉨　《中國書法全集》第92卷，榮寶齋出版社，2003年2月，第43頁。

徐暢主編：

121　計官之鉨

作於戰國時期。楚國官鉨。《古璽彙編》〇一三八號著錄。故宫博物院收藏。《中國書法全集》第92卷，榮寶齋出版社，2003年2月，第207頁。

莊新興：

計官之璽　楚系　《戰國璽印》，上海書畫出版社，2003年8月，第42、233頁。

小林斗盦：

計官之鉢　《中國璽印類編》，天津人民美術出版社，2004年6月，第74、440、469頁。

肖曉輝：

《古璽彙編》收入兩方楚國「計官之鉨」，皆收藏於故宫博物館，其一爲銅質，另一爲玉質。印文内容相同，是由同一類官員所佩帶，然而其銅質者爲鼻鈕，玉質者爲覆斗鈕，可見材質對鈕式的影響，從中可知戰國時官璽對材質和形制並無十分嚴格的規定。《書法新鑒：古璽文新鑒》，世界圖書出版公司，2005年6月，第58頁。

施謝捷：

楚系官璽　計官之鉨（璽）　《古璽彙考》，安徽大學博士學位論文，2006年5月，第159頁。

陳光田：

楚系古璽　「計官之鉨（璽）」（0137、0138、0139）。此三方璽形制、文字等風格相近。……「計」爲古代的一種制度，《周禮・地官・序官・司會》鄭注：「會，大計也。司會，主天下之大計，計官之長。」《漢書・武帝紀》顏師古注曰：「計者，上計簿也，郡國每歲遣詣京師上之。」「計」就是指計書、計簿的意思。這種上計制度即指各級官吏每年年底均應向上報告自己的政績和稅收及費用，而且必須和每年的賬簿同時繳送。（高恆：《秦簡中與職官有關的幾個問題》，《雲夢秦簡研究》，中華書局，1981年。）戰國時期隨著極權國家的逐漸形成，產生了上計制度，即各級官吏每年年底向上級報告自己的工作情況。「計官」可能就是具體負責這方面工作的官員。　《戰國璽印分域研究》，嶽麓書社，2009年5月，第136頁。

王義驊：

計官之鉨　《先秦古璽集粹》，吉林文史出版社，2011年8月，第10頁。

楊　勇：

計官之鉨

「計官之鉨」是一方楚系官鉨。縱22毫米，橫22毫米。現藏故宫博物館。「計官」爲官名，掌管記書簿冊事務。在中國古代印章史上，私人姓氏的印章生佩死殉乃是慣例。漢世以後因印章制度的嚴格規定，隨殉官印多是實用印的復製品。對於戰國時期各國的官印制度文獻尚無記載。就各國官印實物的綜合情況而言，均較嚴肅規整。此印方正平整，渾厚古拙。印面雖有陰線邊欄界格，但並不是等分處理字形，右部「計」、「官」二字所占不足二分之一，左部「之」「鉨」占二分之一強。「計」「官」「鉨」三個字刻的得比較慢，而「之」字留白較多，且字左上角的邊框留有氣孔，并不完全封死。故整方印雖然筆畫粗重，但絲毫不讓人感到壓抑和憋氣，足見作者考慮得比較周全。《先秦古璽賞析100例》，江西美術出版社，2015年7月，第58頁。

官璽第一一〇：計官之鉨（璽）

印　面：

故宮博物院藏印

著　錄：

《古璽彙編》，北京：文物出版社，1981年12月，第24頁。

《近百年來對古璽印研究之發展》，杭州：西泠印社，1982年5月，第17頁。

《故宮博物院藏古璽印選》，北京：文物出版社，1982年12月，第5頁。

《印典》（一），石家莊：河北美術出版社，1989年8月，第483頁。

《古玉印精萃》，上海：上海書店，1989年9月，第9頁。

《古璽印精品集成》，上海：上海古籍出版社，1998年9月，第4頁。

《篆字印彙》，上海：上海書店出版社，1999年1月，第385頁。

《中國璽印篆刻全集》，上海：上海書畫出版社，1999年11月，第48頁

《中國篆刻全集》，哈爾濱：黑龍江美術出版社，2000年7月，第16頁。

《古印集萃・戰國卷》，北京：榮寶齋出版社，2000年11月，第40頁。

《古璽漢印集萃》上冊，南寧：廣西美術出版社，2001年10月，第19頁。

《戰國璽印分域編》，上海：上海書店出版社，2001年10月，第84頁。

《古玉印集存》，上海：上海書店出版社，2002年10月，第3頁。

《中國書法全集》第92卷，北京：榮寶齋出版社，2003年2月，第43頁。

《戰國璽印》，上海：上海書畫出版社，2003年8月，第115頁。

《古璽印通論》，北京：紫禁城出版社，2003年9月，第6頁。

《書法新鑒：古璽文新鑒》，西安：世界圖書出版公司，2005年6月，第58頁。

《古璽彙考》，安徽大學博士學位論文，2006年5月，第159頁。

《點擊中國篆刻》，上海：上海人民美術出版社，2006年8月，第15頁。

《寸心籀篆——中國古代璽印鑒賞》，長沙：湖南美術出版社，2009年5月，第34頁。

《戰國璽印分域研究》，長沙：嶽麓書社，2009年5月，第136頁。

《先秦印風》，重慶：重慶出版社，2011年5月，第33頁。

集釋：

丁佛言：

古鉩　計官之鉩　詳見「計官之鉩（璽）」條。　《說文古籀補補》，中華書局，1988年2月，第11頁。

羅福頤：

0139　計官之鉩　《古璽彙編》，文物出版社，1981年12月，第24頁。

韓天衡、孫慰祖：

計官之鉩　《古玉印精萃》，上海書店，1989年9月，第9頁。

《故宮博物院藏古璽印選》編輯組：

28　計官之鉩　《故宮博物院藏古璽印選》，文物出版社，1982年12月，第5頁。

鄭　超：

6.計官之璽

……

0139號璽「之」字上有一橫劃，也許是羨劃；也許字當釋「正」，「計官正」可能是計官之長。又《古璽彙編》0140也是「計官之璽」，但從筆劃來看，該印有僞造的嫌疑。詳見「計官之鉩（璽）」條。《楚國官璽考述》，《文物研究》總第二輯，黄山書社，1986年12月，第88頁。

湯餘惠：

楚璽　計官之鉩　《略論戰國文字形體研究中的幾個問題》，《古文字研究》第十五輯，中華書局，1986年6月，第75頁。

黄錫全：

計官之璽　詳見「計官之鉩（璽）」條。《古文字中所見楚官府官名輯證》，《文物研究》總第七輯，黄山書社，1991年12月，第230頁。

張錫瑛：

「計官之鉩」戰國官鉩。《故宫博物院藏古璽印選》著録「計官之鉩」兩方。一爲鼻鈕銅印，另一方爲鼻鈕玉印。較小的玉印1.8釐米見方，陰文，另一方銅印較大，印面2.2釐米見方，有邊欄，十字界格。二印的印文寫法一致，鉩字的金旁都寫作「」，這種寫法

多見於楚印，可見這也是兩方楚印。其中較小者應比較大者爲早，較大的一方當在戰國晚期。藏北京故宮博物院。　《中國古代璽印》，地質出版社，1995年11月，第18～19頁。

曹錦炎：

計官正鉩

楚璽另有「計官正鉩」（0139），即計官之長。楚國有以「正」命官長者，如「受正」、「大正」。某邑之長也稱「正」，副手稱「正差（佐）」，均見包山楚簡。　詳見「計官之鉨（璽）」條。　《古璽通論》，上海書畫出版社，1996年3月，第96～97頁。

何琳儀：

楚系　計官之鉨　詳見「計官之鉨（璽）」條。　《戰國古文字典》，中華書局，1998年9月，第1194～1195頁。

莊新興：

計官之鉨（玉）　《古璽印精品集成》，上海古籍出版社，1998年9月，第4頁。

傅嘉儀：

計官之璽　《篆字印彙》，上海書店出版社，1999年1月，第385頁。

莊新興：

計官之鉨　戰國　《中國璽印篆刻全集》，上海書畫出版社，1999年11月，第48頁。

徐　暢：

東周·楚系公鉨　計官之鉨　《中國篆刻全集》，黑龍江美術出版社，2000年7月，第16頁。

來一石：

計官之鉨　《古印集萃·戰國卷》，榮寶齋出版社，2000年11月，第40頁。

肖　毅：

計官之璽　詳見「計官之鉨（璽）」條。《古璽所見楚系官府官名考略》，《江漢考古》，2001年第2期，第41頁。

莊新興：

1034　計官之鉨　楚系楚系　《戰國璽印分域編》，上海書店出版社，2001年10月，第184頁。

戴山青：

計官之鉨 《古璽漢印集萃》上冊，廣西美術出版社，2001年10月，第19頁。

徐暢主編：

戰國公鉨與印跡・楚系鉨印 122 計官正鉨 《中國書法全集》第92卷，榮寶齋出版社，2003年2月，第43頁。

徐暢主編：

122 計官正鉨

作於戰國時期。楚官鉨。《古璽彙編》〇一三九號著錄。故宮博物院收藏。玉質。 《中國書法全集》第92卷，榮寶齋出版社，2003年2月，第207頁。

莊新興：

計官之璽 《戰國璽印》，上海書畫出版社，2003年8月，第115頁。

吳振武：

計官之璽 詳見「坪（平）夜（與）大夫之鉨（璽）」條。 《朱家集楚器銘文辨析三則》，《黃盛璋先生八秩華誕紀念文集》，中國教育文化出版社，2005年6月，第291頁。

肖曉輝：

《古璽彙編》收入兩方楚國「計官之鉨」，皆收藏於故宮博物館，其一爲銅質，另一爲玉質。印文內容相同，是由同一類官員所佩帶，然而其銅質者爲鼻鈕，玉質者爲覆斗鈕，可見材質對鈕式的影響，從中可知戰國時官璽對材質和形制並無十分嚴格的規定。《書法新鑒：古璽文新鑒》，世界圖書出版公司，2005年6月，第58頁。

施謝捷：

楚系官璽　計官之鉨（璽）　《古璽彙考》，安徽大學博士學位論文，2006年5月，第159頁。

韓天衡、陳道義：

1.「計官之璽」

鼻鈕，玉質，琢刻，白文邊欄極細，印文筆畫挺拔。此爲掌管記書薄才冊事務之官的璽印，現藏故宮博物院。據記述，20世紀30年代，喬友聲從山東濰縣得此印，攜至北平，賣給倪玉書，倪得此印後……　《點擊中國篆刻》，上海人民美術出版社，2006年8月，第5~16頁。

郭　兵：

計官之璽　《寸心籀篆——中國古代璽印鑒賞》，湖南美術出版社，2009年5月，第34頁。

陳光田：

楚系古璽　「計官正鉨（璽）」（0140）……「正」爲「計官」的長官。　詳見「計官之鉨（璽）」條。　《戰國璽印分域研究》，嶽麓書社，2009年5月，第136頁。

邱傳亮按：

該璽「璽」、「官」、「計」等三字皆是典型的楚文字，是楚璽無疑。第三字楚文字「正」字上部橫劃上無一例外皆有一短橫（見《楚文字編》91～92頁），該字上部明顯沒有短橫做飾筆，當從吳振武釋爲「之」字。

官璽第一一二：計官之鉨（璽）

印　面：

衡齋藏印十六冊、碧葭精舍印存八冊，故宮博物院藏印

著錄：

《古璽彙編》，北京：文物出版社，1981年12月，第24頁。

《古璽印概論》，北京：文物出版社，1981年12月，第44頁。

《印典》（一），石家莊：河北美術出版社，1989年8月，第483頁。

《篆字印彙》，上海：上海書店出版社，1999年1月，第1354頁。

《中國璽印篆刻全集》，上海：上海書畫出版社，1999年11月，第48頁。

《中國篆刻全集》，哈爾濱：黑龍江美術出版社，2000年7月，第16頁。

《古印集萃·戰國卷》，北京：榮寶齋出版社，2000年11月，第41頁。

《戰國璽印分域編》，上海：上海書店出版社，2001年10月，第84頁。

《中國書法全集》第92卷，北京：榮寶齋出版社，2003年2月，第43頁。

《中國璽印類編》，天津：天津人民美術出版社，2004年6月，第74、440、468頁。

《古璽印賞析》，濟南：山東美術出版社，2005年6月，第57頁。

《古璽彙考》，安徽大學博士學位論文，2006年5月，第159頁。

《先秦印風》，重慶：重慶出版社，2011年5月，第33頁。

集釋：

丁佛言：

古鉨　計官之鉨　詳見「計官之鉨（璽）」條。　《說文古籀補補》，中華書局，1988年2月，第11頁。

羅福頤：

0140　計官之鉨　《古璽彙編》，文物出版社，1981年12月，第24頁。

陳介祺：

計官之鉨　《十鐘山房印舉選》，上海書畫出版社，1985年11月。

鄭　超：

計官之璽

《古璽彙編》0140 也是「計官之璽」，但從筆劃來看，該印有僞造的嫌疑　詳見「計官之鉨（璽）」條。　《楚國官璽考述》，《文物研究》總第二輯，黄山書社，1986年12月，第88頁。

湯餘惠：

楚璽　計官之鉨　《略論戰國文字形體研究中的幾個問題》，《古文字研究》第十五輯，中華書局，1986年6月，第75頁。

黄錫全：

計官之璽　詳見「計官之鉨（璽）」條。　《古文字中所見楚官府官名輯證》，《文物研究》總第七輯，黄山書社，1991年12月，第230頁。

何琳儀：

楚系　計官之鉨　詳見「計官之鉨（璽）」條。　《戰國古文字典》，中華書局，1998年9月，第1194～1195頁。

傅嘉儀：
計官之璽　《篆字印彙》，上海書店出版社，1999年1月，第1354頁。
莊新興：
計官之鈢　戰國　《中國璽印篆刻全集》，上海書畫出版社，1999年11月，第48頁。
徐　暢：
東周・楚系公鈢　計官之鈢　《中國篆刻全集》，黑龍江美術出版社，2000年7月，第16頁。
來一石：
計官之鈢　《古印集萃・戰國卷》，榮寶齋出版社，2000年11月，第41頁。
肖　毅：
計官之璽　詳見「計官之鈢（璽）」條。　《古璽所見楚系官府官名考略》，《江漢考古》，2001年第2期，第41頁。
莊新興：
1032　計官之鈢　楚系・楚　《戰國璽印分域編》，上海書店出版社，2001年10月，第184

頁。

徐暢主編：

戰國公鉨與印跡・楚系鉨印　120　計官之鉨　《中國書法全集》第92卷，榮寶齋出版社，2003年2月，第43頁。

徐暢主編：

120　計官之鉨

《碧葭精舍印存八冊》、《故宮博物院藏古璽印選》、《古璽彙編》〇一四〇號著錄。故宮博物院收藏。　《中國書法全集》第92卷，榮寶齋出版社，2003年2月，第207頁。

小林斗盦：

計官之鉢　《中國璽印類編》，天津人民美術出版社，2004年6月，第74、440、468頁。

魏永年：

計官之璽　《漢書・武帝紀》注：「計者，上計簿使也，郡國每歲遣詣京師上之。」這種上計制度，即各級官吏每年年底均應向上報告自己的政績和稅收及費用，而且必須和每年的帳簿同繳送。「計官」就是具體職掌此項工作的官吏。

楚系文字尤其是璽印用字，在結構方面有很多獨特之處。「計官之鉨」無論在筆勢、體態，還是在佈局上，都稱得上是一枚精彩的佳作。印內四字，蕭散隨意，頗有雲卷雲舒之妙。「計」、「官」、「鉨」三字筆劃較多，且緊逼邊線。「之」字獨居在左上角，明顯地增強了印面的疏密對比與節奏變化。「計」字「言」部上下兩個三角形錯位，這樣處理既不死板又感到生動，右邊長豎末端略向右彎曲，使整字在變化中得到穩定。「官」字寶蓋頭變爲「𠆢」形，爲楚文字寫法。「之」、「鉨」兩字均有類似形狀，還有「計」字「言」部兩個三角形，均造成多處的對比呼應。印面的右半泐損斑駁，如嫩絮迎面，則是天作之合，使本來筆劃較粗的兩字和諧了許多，虛活空靈中透著一絲蒼茫之氣。《古璽印賞析》，山東美術出版社，2005年6月，第57頁。

施謝捷：

楚系官璽　計官之鉨（璽）　《古璽彙考》，安徽大學博士學位論文，2006年5月，第159頁。

官璽第一一二：計官之鈢（璽）

印面：

古印綴存、鶴廬印存

著錄：

《中國璽印類編》，天津：天津人民美術出版社，2004年6月，第468頁。

《古璽彙考》，安徽大學博士學位論文，2006年5月，第159頁。

集釋：

小林斗盦：

計官之鈢　《中國璽印類編》，天津人民美術出版社，2004年6月，第468頁。

施謝捷：

楚系官璽　計官之鈢（璽）　《古璽彙考》，安徽大學博士學位論文，2006年5月，第159頁。

邱傳亮按：

「之」字上部有一横，與《古璽彙編》0139號「之」字同。

官璽第一一三：家官之鉨（璽）

印面：

萬印樓藏印六十四卷，故宮博物院藏印

著錄：

《古璽彙編》，北京：文物出版社，1981年12月，第24頁。

《十鐘山房印舉選》，上海：上海書畫出版社，1985年11月。

《印典》（四），北京：國際文化出版公司，1994年1月，第2847頁。

《篆字印彙》，上海：上海書店出版社，1999年1月，第385頁。

《中國璽印篆刻全集》，上海：上海書畫出版社，1999年11月，第52頁。
《中國篆刻全集》，哈爾濱：黑龍江美術出版社，2000年7月，第20頁。
《古印集萃·戰國卷》，北京：榮寶齋出版社，2000年11月，第41頁。
《戰國璽印分域編》，上海：上海書店出版社，2001年10月，第183頁。
《中國書法全集》第92卷，北京：榮寶齋出版社，2003年2月，第43頁。
《戰國璽印》，上海：上海書畫出版社，2003年8月，第115頁。
《中國璽印類編》，天津：天津人民美術出版社，2004年6月，第179、440、469頁。
《古璽彙考》，安徽大學博士學位論文，2006年5月，第160頁。
《戰國璽印分域研究》，長沙：嶽麓書社，2009年5月，第150頁。
《先秦印風》，重慶：重慶出版社，2011年5月，第35頁。

集釋：

丁佛言：

古鉢  官之鉢　陳簠齋謂：「似金間父字是釜古文作 。」案曰，古文釜不知何

據。《說文古籀補補》附錄，中華書局，1988年2月，第72頁。

羅福頤：

0141 □官之鉨 《古璽彙編》，文物出版社，1981年12月，第24頁。

曹錦炎：

一 釋裎

戰國印文裏有一個从「衣」从「呈」的字：

（1）平右丞　彙0125

（2）鄺君　彙0004

（3）孟　彙1358

（4）孫　彙1527

（5）空侗　彙3976

（6）臤　彙2930

（7）王 　　彙 0449

（8）弓 　　彙 3139

（9） 陰　　彙 3134

（10） 陰司寇　　彙 0077

《古璽彙編》均隸定爲「褱」，作爲《說文》所無之字附於卷八衣部。上引各例，（1）—（8）从衣从𦍌；（9）𦍌省爲羊；（10）𦍌變爲𦎫。按羌本从羊得聲。《說文》：「羌，西戎牧羊人也，从人羊，羊亦聲。」《說文》乃是據已訛的小篆而言，誤分羌字爲人、羊兩個偏旁。其實，從古文字來看，羌字是「具有部份表音的獨體象形字」，表示著以羊省聲爲音讀（參看于省吾先生：《甲骨文字釋林·釋具有部份表音的獨體象形字》）。所以，上引（10）的「褱」與前幾例的「褱」爲同一字的異體，是可以肯定的，其讀音應該相同。《古璽文編》把「褱」收入「褱」字條下，是正確的。

根據偏旁分析，褱是一個从衣、𦍌聲的形聲字，由於（9）（《彙》3134——編者注）將𦍌省爲羊，可知褱字乃是从羊得聲。我們認爲，「褱」應該就是「襄」字的異體。

襄字在古印中作下列形體：

 彙5294

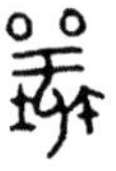 彙0309

 彙1251

 彙1459

在金文中作下形：

 穌甫人匜

 鄂君啓節

在楚簡中作：

 信仰楚簡

綜觀襄字的各種構形，雖然中間部份變化較大，但萬變不離其宗，仍不難發現都是由所从的孳乳而來，甲骨文襄字初文作（從于省吾先生釋，見《甲骨文字釋林·釋》）正好說明這個問題。關於襄字得聲的緣由，因《說文》已將襄分成、兩字，且形體訛變已甚，許慎已經分不清了。我們推測，襄字初文作，應該和「羌」字的造字本意相同，甚至有可能即是羌字的或體。因用各有別，遂將形體稍加變化，襄字很可能就是从羌得聲，羌从羊得聲。羊、羌、襄三字疊韻，從古音上講是沒問題的。此其一。

其二，戰國貨幣銘文中，襄字作：

 襄陰　辭典（丁福保《古錢大辭典》）335

　襄垣　辭典336-338

其所从的，即晃，也是从羌。這對上面討論襄字从羌得聲，乃是一個有力的佐證。戰國文字中，形聲字濫爲音假的例子甚多，僅就中山王器而言，如哉作𢦏；鑄作鈢等等（見張守中編《中山王𰯌器文字編》），不勝枚舉。所以，襄字異體寫作「㐮」或「㐮」是毫不奇怪的。至於襄字所从的𦍒寫作羊，除了聲符上可以相通外，從上列各例襄字的變化中，也可窺其大概。（編按：此文雖然與楚璽無涉，然說襄字流變甚詳，故附此以供參考）

《戰國璽印文字考釋》（三篇），《考古與文物》，1985年第4期，第81頁。

陳漢平：

古璽文有字作（0214行～之璽），（0141～官之璽），舊不識，《古璽文編》收入附錄。

按江陵楚簡綠字作、二體，所从與上列古璽文二字相同。又古璽文祿字或作，據此知上二體古璽文當釋爲錄，讀爲祿。璽文「行祿之璽」、「祿官之璽」俱爲當時祿官

之印信。《古文字釋叢》，《出土文獻研究》，文物出版社，1985年6月，第237頁。

湯餘惠：

楚璽　襄（纕）官之鈢　《略論戰國文字形體研究中的幾個問題》，《古文字研究》第十五輯，中華書局，1986年6月，第75頁。

湯餘惠：

官之鈢

首字宜當釋「襄」。字上从「」爲衣之上半，楚文字衣旁每省寫，信陽簡作（襄襄等字所从）省略上半，與此省略下半者性質相同。字中所从爲「」之古文，魏襄城方肩尖足布此旁作（《吉大》440）、（《吉大》441）等形（參看拙作《戰國貨幣新探（五篇）》第十九——二九頁，吉林省錢幣學會首屆會議論文，一九八三年十二月）。又「襄陰司寇」璽作（參看吳振武《〈古璽彙編〉釋文訂補及分類校訂》），此旁的這種寫法應即金文（衛鼎乙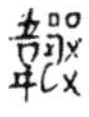字所从）、（穌甫人匜襄字所从）的變體，字下加「」爲戰國文字所習見的點飾。

璽文「襄官」疑當讀爲「纕官」。《玉篇》：「纕，帶也。」屈原《離騷》：「既替余以蕙纕兮，又申之以攬茝。」王逸《楚辭章句》：「纕，佩帶。」纕官可能與衣帶的製作和管理有關。各式各樣的帶是古人日常生活中的必需品，由於用處、質料的差異，又可細別爲許多名目。古書記載的姑且不論，單是見諸楚簡的就有「紡紳」、「緙帶」和「組纕」等不同的名稱。楚王室、貴族崇尚奢華，設專職主持其事不是沒有可能的。楚官璽又有「下郗戠□」當讀爲「下蔡織纕」（璽文「蔡」從葉其峰釋參《戰國官璽的國別及有關問題》，《故宮博物院院刊》一九八一年第三期八十六頁）。纕官和職纕大約是同類性質的工官。　《略論戰國文字形體研究中的幾個問題》，《古文字研究》第十五輯，中華書局，1986年6月，第57頁。

黄錫全：

93、襄官

（170）「襄官之璽」　璽彙0141

此印有十字界格，「璽」具楚文字特點，定爲楚璽是正確的。「襄官」似可讀爲「纕官」，湯餘惠認爲「可能與衣帶的製作和管理有關」……《集韻》纕，一曰馬腹帶。楚簡遣策中記載有各種各樣帶名，如湯文所舉革帶、組纕之類。「纕官」，可能是專門管理製作各種帶子的官吏。《古文字中所見楚官府官名輯證》，《文物研究》總第七輯，黄山書社，1991年12月，第230頁。

牛濟普：

「襄官之璽」，印面有田形界格，爲楚璽常採取的藝術形式，「璽」字爲典型楚系文字。第一字，前人多未釋，我釋爲「襄」字。「襄」《三體石經·僖公》作「」，《鄂君啓節》作「」，三晉璽文作「」、「」，此璽文作「」，上从「」，下从「羊」，「襄」字从「羊」得聲，下部兩邊「八」形如《三體石經》字形，故釋爲「襄」字。《楚系官璽例舉》，《中原文物》，1992年第2期，第90～94頁。

林清源：

四、《璽彙》0141「家官之鉨」

《彙編》0141「△官之鉨」，印面約2.2公分見方，周圍有邊框，中間有十字形界格，璽文爲陰刻。依據璽印的形制特徵，以及「之」字與「金」旁的字形特徵，可以確定爲楚國官璽。璽文△字，原篆作「」形，《璽彙》未釋。湯餘惠釋爲「襄」，讀爲「纕」，認爲「纕官」的職責大概與纕帶的製造管理有關。〔湯餘惠《戰國貨幣新探（五篇）》，吉林省貨幣學會首屆會議論文（1983），頁27～29〕。牛濟普也釋爲「襄」，但未進一步解說「襄官」的職掌。（牛濟普〈楚系官璽例舉〉，《中原文物》1992年3期，頁90～94）他們二位將璽文△字釋爲「襄」，所持最重要的證據，是「襄」字古璽常作「」、「」等形，貨幣文字也常作「」、「」等形。〔羅福頤《古璽文編》（北京：文物出版社，1981年），頁218。張頷《古幣文編》（北京：中華書局，1986），頁271〕。此外，在湯餘惠的論文中，還曾列舉仰天湖簡「」字、楚帛書「」字所从的右旁爲證。

仔細核對他們所引用的「襄」字資料，璽印與貨幣文字部份，多屬於三晉或燕國，沒有一件屬於楚國。至於所引楚國簡帛那幾個字，其實並不是从「襄」旁的字〔仰天湖簡「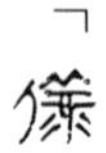」字，商承祚、郭若愚、滕壬生都釋爲「⿰糸帶」。楚帛書「」字，朱德熙釋爲「備」，學者多信從此說。參閱商承祚《戰國楚竹簡彙編》（濟南：齊魯書社，1995），頁66。郭若愚

《戰國楚竹簡文字編》（上海：上海書畫出版社，1994），頁119。滕壬生《楚系簡帛文字編》（武漢：湖北教育出版社，1995），頁638。朱德熙《長沙帛書考釋（五篇）》，見《朱德熙古文字論集》（北京：中華書局，1995），頁203~205）。三晉、燕國的「襄」字，皆从「衣」旁作「」形。《璽彙》0141△字作「」形，中豎劃兩側有「」形筆劃，中豎劃與橫劃交接處還有一道歧出的斜劃，所从「」形部件也不是「衣」旁簡省寫法（楚國文字的「衣」旁，經常將上半段省略，寫作「」形。例如：「被」字有時作「」形（包山簡203），「裹」字有時作「」形（信陽簡2.9）。至於省略「衣」旁下半段寫作「」形的情形，因爲很容易跟「宀」旁混淆，所以這種簡省寫法通常不會出現）。璽文上述三項字形特徵，都跟三晉、燕國的「襄」字明顯不同。所以，無論從資料屬性或字形特徵來說，都不足以證明《璽彙》0141△字應該釋爲「襄」。

在現有的楚國文字資料中，可以確定爲「襄（壤）」的例字，大概有下列幾件：

鄂君啓節的「陵」；

襄城楚境尹戈的「城」；

郯陵君王子申豆的「資」；

《璽彙》0309的「職」；

楚帛書的「以司堵（壤）」；

仰天湖簡的「芏（壤）」（簡25）；

包山簡的「陵」（簡103）；

包山簡的「陵」（簡155）；

包山簡的「陵」（簡155）（楚國「襄」字，除了正文所列的資料之外，還見於《璽彙》1251、1459，以及包山簡170、176等，但這些都是私名，無法由上下文推勘加以驗證，因此比較不宜當作論證的依據）。

上述這些例子，在中豎劃左側多半从「土」旁或「米」旁，右側从「又」旁或「支」旁，但從未見到在中豎劃兩側有「八」形筆劃的例子。《璽彙》0141△字的構形，跟上述楚國

「襄」字並不相合，可見將之釋爲「襄」，在楚國文字中也找不到可靠的證據。在楚國文字中，字形特徵跟《璽彙》0141△字最接近的，應該是「彔」字。楚簡「綠」字所从的「彔」旁，多作「」形（包山簡269），也有少數訛作「」（望山簡2.47）、「」（仰天湖簡5）等形，其最重要的字形特徵有兩點，一在頂端有兩短橫（或其變體），一在中豎劃兩側有「」形筆劃（由於楚國人喜好以絲織品隨葬，因此在楚簡遺策中經常出現用以修飾絲織品顏色的「綠」子，藉著上下文的推勘，這些「綠」字的釋讀都是決無疑義的）。《璽彙》0141△字，上半从「宀」旁，下半與楚簡「彔」字極爲相似，唯一的差別在於頂端短兩橫的形體略有訛變，因此璽文△字可以肯定應該釋爲「㝫」。「㝫」字也見於包山簡，作「」（簡145）、「」（簡190）等形。

《璽彙》0141「㝫官」的職掌，可以由《璽彙》0214「行㝫之鉨」得到啓示。《璽彙》0214「行㝫之鉨」，印面2.9公分見方，陰文，有邊框，依其形制風格判斷，很有可能是楚國官璽。璽文第二個字作「」形，吳振武釋爲「㝫」，並將璽文「行㝫」讀作「衡鹿」，認爲就是典籍記載的「衡鹿」又稱爲「林衡」（吳振武《戰國璽印中的「虞」和「衡鹿」》，

《江漢考古》1991年3期，頁86～87）。《左傳・昭公二十年》云：「山林之木，衡鹿守之。」杜注：「衡鹿，官名也。」《周禮・地官》記載林衡的職責云：「掌巡林麓之禁令，而平其守，以時計林麓而賞罰之。」由此可見，衡鹿是古代負責掌管林麓事務的官吏。比對《璽彙》0141「」字跟0214「」字，二者構形大致相似，應該是同一個字的異體，衹是後者省變的幅度比較大一些而已。《說文》云：「麓，守山林吏也。」《國語・晉語》云「主將適螻而麓不聞」，可見「衡鹿」又可以省稱爲「麓」。所以，《璽彙》0141「寀（麓）官之鉨」，可能就是衡麓之類官吏所用的官璽。　《楚國官璽考釋》（五篇），《中國文字》新廿二期，藝文印書館，1997年7月，第215～218頁。

何琳儀：

楚系　襄官之鉨

楚璽襄，疑讀喪或葬。「參䍜字d」　《左傳・定十五》：「葬定公，雨不克襄事，禮也。」　《戰國古文字典》，中華書局，1998年9月，第690～691頁。

傅嘉儀：

□官之璽　《篆字印彙》，上海書店出版社，1999年1月，第385頁。

莊新興：

□官之鉨　戰國　《中國璽印篆刻全集》，上海書畫出版社，1999年11月，第52頁。

徐　暢：

東周・楚系公鉨　襄（纕）官之鉨　《中國篆刻全集》，黑龍江美術出版社，2000年7月，第20頁。

來一石：

□官之鉨　《古印集萃・戰國卷》，榮寶齋出版社，2000年11月，第41頁。

肖　毅：

29.襄官之璽

第一字湯餘惠釋「襄」（湯餘惠：《略論戰國文字形體研究中的幾個問題》，《古文字研究》第十五輯，中華書局，1986年），可從，義待考。　《古璽所見楚系官府官名考略》，《江漢考古》，2001年第2期，第42頁。

莊新與：

1028　□官之鉨　楚系・楚　《戰國璽印分域編》，上海書店出版社，2001年10月，第183頁。

徐暢主編：

戰國公鉨與印跡・楚系鉨印　127　襄（纕）官之鉨　《中國書法全集》第92卷，榮寶齋出版社，2003年2月，第43頁。

徐暢主編：

127　襄（纕）官之鉨

《古璽彙編》〇一四一號著錄。　《中國書法全集》第92卷，榮寶齋出版社，2003年2月，第207頁。

莊新與：

□官之璽　《戰國璽印》，上海書畫出版社，2003年8月，第115頁。

小林斗盦：

□官之鉢　《中國璽印類編》，天津人民美術出版社，2004年6月，第179、440、469頁。

施謝捷：

楚系官璽　襄官之鉨（璽）　《古璽彙考》，安徽大學博士學位論文，2006年5月，第160頁。

陳光田：

楚系古璽「襄（纕）官之鉨（璽）」（0141）。璽文第一字舊不識，當釋爲襄，讀做纕，《玉篇・糸部》：「纕，帶也。」《集韻・陽韻》：「纕，佩帶。」《楚辭・離騷》云：「解佩纕以結言兮，吾令蹇脩以爲理。」王逸注曰：「纕，佩帶也。」「纕官」當與衣帶的製作和管理有關。（湯餘惠：《略論戰國文字形體研究中的幾個問題》，《古文字研究》第15輯，中華書局，1986年第57頁。）　《戰國璽印分域研究》，嶽麓書社，2009年5月，第150頁。

李守奎按：

「嗀」與「襄」楚文字屢見，鉨文非「襄」。林素清釋「㝑」字形有據，可信。

官璽第一一四：宨官之鉨（璽）

印面：

魏石經室古璽印景八册、陳簠齋手拓古印集四册、伏盧藏印十一卷，故宮博物院藏印

著録：

《古璽彙編》，北京：文物出版社，1981年12月，第24頁。
《印典》（四），北京：國際文化出版公司，1994年1月，第2849頁。
《篆字印彙》，上海：上海書店出版社，1999年1月，第385頁。
《中國璽印篆刻全集》，上海：上海書畫出版社，1999年11月，第47頁。
《中國篆刻全集》，哈爾濱：黑龍江美術出版社，2000年7月，第16頁。
《古印集萃·戰國卷》，北京：榮寶齋出版社，2000年11月，第41頁。
《古璽漢印集萃》上册，南寧：廣西美術出版社，2001年10月，第34頁。

《戰國璽印分域編》，上海：上海書店出版社，2001年10月，第183頁。
《中國書法全集》第92卷，北京：榮寶齋出版社，2003年2月，第43頁。
《中國璽印類編》，天津：天津人民美術出版社，2004年6月，第440、468頁。
《古璽彙考》，安徽大學博士學位論文，2006年5月，第160頁。
《戰國璽印分域研究》，長沙：嶽麓書社，2009年5月，第137頁。
《先秦印風》，重慶：重慶出版社，2011年5月，第31頁。
《先秦古璽集粹》，長春：吉林文史出版社，2011年11月，第10頁。

集　釋：

石志廉：

剸官之鉨　《戰國古璽考釋十種》，《中國歷史博物館館刊》，1980年第2期，第113頁。

羅福頤：

0142　□官之鉨　《古璽彙編》，文物出版社，1981年12月，第24頁。

湯餘惠：

楚璽　[宰刂]官之鉩　《略論戰國文字形體研究中的幾個問題》，《古文字研究》第十五輯，中華書局，1986年6月，第75頁。

黄錫全：

49、宰官

（104）宰官之璽

此璽「宰」字从刃即刀，石志廉隸定爲从宰、从刀是正確的。「宰官」大致相當於「宰人」，周代爲冢宰之屬官。《國語・晉語九》「以隨宰人」韋昭注：「宰人，宰官也。」後來泛指官員。古治膳之人也稱「宰人」，如《史記・趙世家》「靈王立十四年，食熊蹯，不熟，殺宰人」。《列女傳・節義傳》「陰令宰人各以一斗，擊殺代王及從者」。此璽「宰」字从刀，可能與其職掌有關，當是治膳食之官掌管的璽印。　《古文字中所見楚官府官名輯證》，《文物研究》總第七輯，黄山書社，1991年12月，第221～222頁。

何琳儀：

楚系　[宰刂]官之鉩

剠，从刀宰聲。

楚璽「剠官」，讀「宰官」，食官。《戰國古文字典》，中華書局，1998年9月，第87頁。

傅嘉儀：

□官之璽　《篆字印彙》，上海書店出版社，1999年1月，第385頁。

莊新興：

□官之鉨　戰國　《中國璽印篆刻全集》，上海書畫出版社，1999年11月，第47頁。

徐　暢：

東周·楚系公鉨　宰官之鉨　《中國篆刻全集》，黑龍江美術出版社，2000年7月，第16頁。

來一石：

□官之鉨　《古印集萃·戰國卷》，榮寶齋出版社，2000年11月，第41頁。

肖　毅：

剠官之璽　《古璽所見楚系官府官名考略》，《江漢考古》，2001年第2期，第42頁。

戴山青：

□官之鉨　《古璽漢印集萃》上冊，廣西美術出版社，2001年10月，第34頁。

莊新興：

1029　宰官之鉨　楚系・楚　《戰國璽印分域編》，上海書店出版社，2001年10月，第183頁。

徐暢主編：

戰國公鉨與印跡・楚系鉨印　126　宰官之鉨　《中國書法全集》第92卷，榮寶齋出版社，2003年2月，第43頁。

徐暢主編：

126　宰官之鉨

作用東周時期。楚官鉨。《古璽彙編》〇一四二號著錄。

第一字何琳儀釋爲宰。宰官，周代冢宰的蜀官。《國語・晉九》：「以隨宰人」注：「宰人，宰官也。」

參考　何琳儀《楚書瑣言》，《書法研究》一九九八年第四期　《中國書法全集》第92卷，榮寶齋出版社，2003年2月，第207頁。

小林斗盦：

□官之鉨　《中國璽印類編》，天津人民美術出版社，2004年6月，第440、468頁。

施謝捷：

楚系官璽　⿰宰刂（⿰宰刂—宰）官之鉨（璽）　《古璽彙考》，安徽大學博士學位論文，2006年5月，第160頁。

陳光田：

楚系古璽　「⿰宰刂（宰）官之鉨（璽）」（0142）。第一字从「宰」从「刀」，當隸爲⿰宰刂（石志廉：《戰國古璽考釋十種》，《中國歷史博物館館刊》1980年2期。），讀作宰。「宰官」，相當於周代「冢宰」的屬官「宰人」。（古文字中所見楚官府官名輯證》，《文物研究》1991年總第7輯。）該璽之「宰」从「刀」，可能與其職掌的事務有關。　《戰國璽印分域研究》，嶽麓書社，2009年5月，第137頁。

王義驊：

□官之鉨　《先秦古璽集粹》，吉林文史出版社，2011年8月，第10頁。

李守奎按：

「㓹」字與包山266號簡形近。楚文字中从宀與从亼每互作，如「宜」作，又作等。

官璽第一一五：新（新）邦官鉨（璽）

印面：

陳簠齋手拓古印集四冊、璽印集林四冊，傳安徽壽縣出土

著録：

《古璽彙編》，北京：文物出版社，1981年12月，第24頁。

《印典》（四），北京：國際文化出版公司，1994年1月，第2849頁。

《古璽通論》，上海：上海書畫出版社，1996年3月，第98頁。
《篆字印彙》，上海：上海書店出版社，1999年1月，第1487頁。
《中國璽印篆刻全集》，上海：上海書畫出版社，1999年11月，第48頁。
《中國篆刻全集》，哈爾濱：黑龍江美術出版社，2000年7月，第16頁。
《古印集萃·戰國卷》，北京：榮寶齋出版社，2000年11月，第41頁。
《古璽漢印集萃》上冊，南寧：廣西美術出版社，2001年10月，第27頁。
《戰國璽印分域編》，上海：上海書店出版社，2001年10月，第183頁。
《中國書法全集》第92卷，北京：榮寶齋出版社，2003年2月，第43頁。
《中國璽印類編》，天津：天津人民美術出版社，2004年6月，第194、439、463、468頁。
《古璽彙考》，安徽大學博士學位論文，2006年5月，第160頁。
《戰國璽印分域研究》，長沙：嶽麓書社，2009年5月，第137頁。
《黃賓虹集古璽印存》，杭州：西泠印社出版社，2009年7月，第6、43頁。
《先秦印風》，重慶：重慶出版社，2011年5月，第31頁。

《先秦古璽集粹》，長春：吉林文史出版社，2011年11月，第12頁。

集　釋：

黄賓虹：

新邦官鉢四字，新即古莘字，从艸疑爲後人所改，如郇之爲荀，鄞之爲董，鄒之爲葛皆是，反文，周器。《黄賓虹集古璽印存》，西泠印社出版社，2009年7月，第44頁。

李學勤：

楚國璽印迄今已出土不少，官印如「安徽金石古物考稿」卷十六所錄壽縣出土的「新邦官璽」、「雷候雍璽」、「㚇成里璽」等，但其形制並不一律，不能指出有什麼特徵。《戰國題銘概述》（下），《文物》，1959年第9期，第60~61頁。

羅福頤：

0143　新邦官鉨　《古璽彙編》，文物出版社，1981年12月，第24頁。

湯餘惠：

楚璽　新邦官鉨　《略論戰國文字形體研究中的幾個問題》，《古文字研究》第十五輯，中華書局，1986年6月，第76頁。

鄭　超：

10.新邦官璽（《古璽彙編》0143）

新邦官不見史笈。秦國有屬邦，是管理少數民族的機構，見秦兵器銘文和秦簡。漢代因避諱漢高祖劉邦諱，改稱典屬國、屬國，見《漢書·百官表序》。屬邦大概是指從屬於秦國的少數民族邦國。頗疑「新邦」當讀爲「亲邦」，「新」、「亲」古音相近，可以通假。《尚書·金縢》「惟朕小子其新近」，馬本「新」作「亲」，可證。「亲邦」即親近楚國的少數民族邦國，與「屬邦」意思相近。新（親）邦官大概也是掌管少數民族的機構。

《楚國官璽考述》，《文物研究》總第二輯，黄山書社，1986年12月，第88～89頁。

黄錫全：

97、新邦官

（174）新邦官璽

鄭超疑「新邦」當讀爲「亲邦」，指親近楚國的少數民族邦國，「新（亲）邦官」大概是掌管少數民族的機構，與秦的「屬邦」義近。按，以「新」名官者多見，如楚官新造盩，曾簡中有新造尹、新官令、新官人、外新官等。新有「更新」之義，「新邦官」可能是負責維新邦國之官。　《古文字中所見楚官府官名輯證》，《文物研究》總第七輯，黃山書社，1991年12月，第231頁。

牛濟普：

新邦官璽

……前三璽的「官」字作「」「」「」，上部「宀」作「」形，下部「㠯」常作「」形，字形爲楚文字。

「⿱宀新」同「新」，「新官」爲楚國職官名，曾見《楚銅量》及隨縣（曾國）竹簡中。　詳見「高矦（?）官鉨（璽）」條。　《楚系官璽例舉》，《中原文物》，1992年第3期，第90頁。

曹錦炎：

10.新邦官鉢

「新邦官」，不見於史籍。「新」字當讀如「親」，《書・金滕》「惟朕小子其新逆」，

《釋文》「新，馬本作親」；《左傳》僖公三十一年「晉新得諸侯」，唐石經「新」作「親」；《史記·孝文本紀》「親與朕俱棄細過」，《漢書·文帝紀》「親」作「新」；戰國中山王鼎、壺銘文「鄰邦難親」、「賢人親」，兩「親」字皆作「新」，此均爲「新」、「親」互相通假之例。「親邦」，即親近楚國的國家，璽文之「親邦官」當爲職掌親邦事務之官。

雲夢秦簡有「屬邦」，整理小組認爲是管理少數民族的機構，也見秦兵器銘文，漢代因避高祖劉邦諱改稱「屬國」、「典屬國」（見《漢書·百官表序》）。或以爲此璽之「新（親）邦官」大概也是掌管少數民族的機構（鄭超《楚國官璽考述》，《文物研究》第二期，1986年），可備一說。《古璽通論》，上海書畫出版社，1996年3月，第98頁。

何琳儀：

楚系　新邦官鉩

《說文》：「新，取木也。从斤，亲聲。」

楚器「新造」、「新弢」、「新佶」、「新賠」均讀「新造」，見頌簋。《戰國策·楚策》一

「楚使新造盞」，注「楚官」。《戰國古文字典》，中華書局，1998年9月，第1161～1162頁。

傅嘉儀：

新邦官璽　《篆字印彙》，上海書店出版社，1999年1月，第1487頁。

莊新興：

新邦官鉩　戰國　《中國璽印篆刻全集》，上海書畫出版社，1999年11月，第48頁。

徐　暢：

東周・楚系公鉩　新邦官鉩　《中國篆刻全集》，黑龍江美術出版社，2000年7月，第16頁。

來一石：

新邦官鉩　《古印集萃・戰國卷》，榮寶齋出版社，2000年11月，第41頁。

肖　毅：

12. 新邦官璽

鄭超疑「新邦」當讀爲「親邦」，「新（親）邦官」大概是掌管少數民族的機構，與秦的「屬邦」義近《楚國官璽考述》。或認爲「親邦」即親近楚國的國家（《璽通》98頁），或認爲「新邦官」爲負責維新邦國之官《輯證》。《古璽所見楚系官府官名考略》，《江漢考古》，2001年第2期，第41頁。

戴山青：

新邦官鉨 《古璽漢印集萃》上册，廣西美術出版社，2001年10月，第27頁。

莊新興：

1030 新邦官鉨 楚系·楚 《戰國璽印分域編》，上海書店出版社，2001年10月，第183頁。

徐暢主編：

戰國公鉨與印跡·楚系鉨印 125 新邦官鉨 《中國書法全集》第92卷，榮寶齋出版社，2003年2月，第43頁。

徐暢主編：

125 新邦官鉨

作於東周時期。楚官鉨。《安徽通志·金石古物考》卷十六、《古璽彙編》〇一四三號著錄。安徽壽縣出土。

新邦官不見史籍。秦兵器銘文和秦簡有屬邦一官，是管理少數民族的機構。新、親古音相近。可以通假，親邦官可能是職掌親邦（親近楚國的國家）事務之官，抑或是掌管少數民族事務的機構。

參考　鄭超《楚國官鉩考述》《中國書法全集》第92卷，榮寶齋出版社，2003年2月，第207頁。

葉其峰：

蔡字邑旁作，按古璽邑旁作此形者多見於楚官璽，如「新邦官鉨」之邦字邑旁，「邟行廩之鉨」邟字邑旁，「下蔡戠襄」蔡字邑旁等是。此形又多見於《包山楚簡》邦字邑旁，郯字邑旁等。　《古璽印通論》，紫禁城出版社，2003年9月，第46頁。

小林斗盦：

新邦官鉢　《中國璽印類編》，天津人民美術出版社，2004年6月，第194、439、463、468頁。

施謝捷：

楚系官璽　新（新）邦官鉨（璽）　《古璽彙考》，安徽大學博士學位論文，2006年5月，第160頁。

陳光田：

楚系古璽「新（親）邦官鉨（璽）」（0143）。「新邦官」不見於典籍，「新」當讀做親。「新」、「親」可以通假。《左傳·僖公三十一年》云：「晉新得諸侯。」唐石經「新」作「親」。《史記·孝文本紀》云：「親與朕俱棄細過。」《漢書·文帝紀》「親」作「新」。或認爲「新（親）邦官」爲掌管少數民族的機構。（鄭超：《楚國官璽考述》，《文物研究》1986年總第2輯。）或認爲「親邦」即親近楚國的國家。該璽當爲掌親邦事務之官。（曹錦炎：《古璽通論》，上海書畫出版社，1996年第98頁。）　《戰國璽印分域研究》，嶽麓書社，2009年5月，第137頁。

王義驊：

新邦官鉨　《先秦古璽集粹》，吉林文史出版社，2011年8月，第12頁。

李守奎按：

「邦」，古代指諸侯的封國。「新邦」，或指新成立的諸侯封國。《漢書・志第・刑法》：「昔周之法，建三典以刑邦國，詰四方：一曰，刑新邦用輕典；二曰，刑平邦用中典；三曰，刑亂邦用重典。」師古注曰：「新辟地立君之國，其人未習於教，故用輕法。」「新邦」、「平邦」、「亂邦」當是相對而言。「新邦官璽」當是處理新邦事務的機構使用的官璽。

官璽第一一六：高（？）吳（？）官鉩（璽）

印　面：

陳簠齋手拓古印集四冊、續齊魯古印攈十六冊

著　錄：

《上海博物館藏印選》，上海：上海書畫出版社，1979年8月，第5頁。

《古璽彙編》，北京：文物出版社，1981年12月，第25頁。

《印典》（四），北京：國際文化出版公司，1994年1月，第2849頁。

《篆字印彙》，上海：上海書店出版社，1999年1月，第975頁。

《中國篆刻全集》，哈爾濱：黑龍江美術出版社，2000年7月，第15頁。

《古印集萃・戰國卷》，北京：榮寶齋出版社，2000年11月，第39頁。

《古璽漢印集萃》上冊，南寧：廣西美術出版社，2001年10月，第36頁。

《中國書法全集》第92卷，北京：榮寶齋出版社，2003年2月，第47頁

《中國璽印類編》，天津：天津人民美術出版社，2004年6月，第468頁。

《古璽彙考》，安徽大學博士學位論文，2006年5月，第160頁。

《戰國璽印分域研究》，長沙：嶽麓書社，2009年5月，第138頁。

《先秦印風》，重慶：重慶出版社，2011年5月，第31頁。

集釋：

上海博物館：

吝馬官鉨　《上海博物館藏印選》，上海書畫出版社，1979年8月，第5頁。

羅福頤：

0144　□□官鉨　《古璽彙編》，文物出版社，1981年12月，第25頁。

湯餘惠：

楚璽　□□官鉨《略論戰國文字形體研究中的幾個問題》，《古文字研究》第十五輯，中華書局，1986年6月，第76頁。

牛濟普：

14.高馬官璽

「高馬官璽」，「馬」作「」形，近齊國文字。但是其餘二字「高」、「官」、「璽」皆爲典型的楚國文字，故判此璽爲楚系官璽。前三璽（編按：此指「高矦（？）官鉨（璽）」、「新邦官鉨（璽）」、「㝅官之鉨（璽）」）的「官」字作「」「」「」，上部「宀」作「」形，下部「𠂤」常作「」形，字形爲楚文字。《楚系官璽例舉》，《中原文物》，1992年第3期，第90頁。

何琳儀：

楚系　高矦官鉨

高，甲骨文作（前一．三四．七）、（乙一九〇六反）、（甲一六一一），象樓觀高聳之形。下从口爲裝飾部件。金文作（牆盤）、（師高簋）。戰國文字承襲

商周文字。其上或作、、、，略有變化。或作形，與客形易混。《說文》：「，崇也。象台觀高之形。从冂、口，與倉舍同意。（古牢切）」（五下十）倉、舍均从，不从。許慎援以爲例，非是。楚璽「高𠯑官」，讀「高疑官」。高，尊顯。《禮記・月令》「以大牢祠於高禖」，疏「高者，尊也」。疑，天子左右之高官，故其前冠以高。」　《戰國古文字典》，中華書局，1998年9月，第289～290頁。

何琳儀：

楚系　高𠤕官鉨

𠤕，甲骨文作（前五・二四・二），象人回首顧盼有所疑惑之形。疑之初文。或作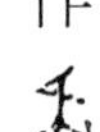（戩三三・五），右手加豎筆，或以爲象手杖之形。小篆从匕即由手杖演變（參老字作、）。或作（前七・三六・二），从彳見歧路有疑之意。金文作（康侯簋），从辵與从彳同意。戰國文字承襲商周文字。或作，手杖上移。《說文》：「，未定也。从匕，𠯑聲。𠯑，古文矢字。（語期切）」（八上十五）許慎以𠤕之初文，𠯑爲

矢之繁文戻旲，殊誤。參見戻字。

楚璽鈚，讀疑，古官名。《禮記·文王世子》：「虞夏商周有師保，有疑丞。」《戰國古文字典》，中華書局，1998年9月，第41頁。

傅嘉儀：

去馬官璽　《篆字印彙》，上海書店出版社，1999年1月，第975頁。

徐　暢：

東周·楚系公鈢　高馬官鈢　《中國篆刻全集》，黑龍江美術出版社，2000年7月，第15頁。

來一石：

吝馬官鈢　《古印集萃·戰國卷》，榮寶齋出版社，2000年11月，第39頁。

肖　毅：

16.高（牛濟普：「楚系官璽例舉，中原文物」1992年第3期）希官璽

希，讀爲本肆（肆）。《周禮·地官·司徒》「肆長」：「肆長各掌其肆之政令，陳其貨賄，名相近者相遠也，實相近者相爾也，而平正之。」「肆官」爲一肆之長，或即「肆

長」。《古璽所見楚系官府官名考略》，《江漢考古》，2001年第2期，第41頁。

戴山青：

□□官鉢　《古璽漢印集萃》上冊，廣西美術出版社，2001年10月，第36頁。

徐暢主編：

戰國公鉩與印跡・楚系鉩印　162　高馬官鉩　《中國書法全集》第92卷，榮寶齋出版社，2003年2月，第47頁。

徐暢主編：

162　高馬官鉩

作於戰國時期。楚官鉩。《上海博物館藏印》、《古璽彙編》〇一四四號著錄。馬字與齊國文字形近，但其餘三字均爲典型的楚文字。高可能是地名，馬官爲飼養馬匹的官員。或有它說，待考。　《中國書法全集》第92卷，榮寶齋出版社，2003年2月，第209頁。

小林斗盦：

□□官鉢　《中國璽印類編》，天津人民美術出版社，2004年6月，第468頁。

施謝捷：

楚系官璽　高旅官鉩（璽）　《古璽彙考》，安徽大學博士學位論文，2006年5月，第160頁。

陳光田：

楚系古璽「高希（肆）官鉩（璽）」（0144）。璽文第一字舊不識，當釋爲高。（牛濟普：《楚系官璽例舉》，《中原文物》1992年第3期。）高，地名；希即肆，讀做肆，肆可能相當於《周禮》中的「肆長」。《周禮·地官·司徒》云：「肆長掌其肆之政令，陳其貨賄，名相近者相遠也，實相近者相爾也，而平正之。」肆官當爲肆之長官。《戰國璽印分域研究》，嶽麓書社，2009年5月，第138頁。

李守奎按：

從字形分析，字釋「矣」較爲合理，今暫從何說。

邱傳亮按：

該璽首字學者一般釋「高」，但細審字形，與古文字「高」字形體還有一定差距，釋「高」似顯證據不足，有待進一步考證。

官璽第一一七：□官之鉨（璽）

印面：

周秦古璽菁華，現藏中國國家圖書館

著錄：

《中國歷史博物館館刊》，北京：1980年第2期，第112頁。
《印典》（四），北京：國際文化出版公司，1994年1月，第2847頁。
《古璽通論》，上海：上海書畫出版社，1996年3月，第99頁。
《篆字印彙》，上海：上海書店出版社，1999年1月，第385頁。
《中國篆刻全集》，哈爾濱：黑龍江美術出版社，2000年7月，第20頁。
《中國書法全集》第92卷，北京：榮寶齋出版社，2003年2月，第46頁。
《古璽彙考》，安徽大學博士學位論文，2006年5月，第160頁。

《戰國璽印分域研究》，長沙：嶽麓書社，2009年5月，第138頁。

《先秦印風》，重慶：重慶出版社，2011年5月，第39頁。

集釋：

石志廉：

（9）險官之鉨

此璽寬2釐米、長2釐米。陰文四字曰「險官之鉨」，見方清霖《周秦古鉨精華》著錄。戰國時稱某官之鉨的印散見各家印譜。著錄的有計官之鉨、正官之鉨、伍官之鉨、割官之鉨、皮官之鉨及裘官之鉨等。此璽稱險官之鉨，爲過去所未見，很值得研究。

《周禮·司險》：「司險，掌九州之圖，以周知其山林川澤之阻而達其道路。」注：「週猶遍也，達道路者，山林之阻，則開鑿之。川澤之阻，則橋梁之。」孫詒讓《周禮正義》云：「掌九州之圖者，即大司徒職，所謂天下土地之圖。此官掌案圖，以考其險要形勢及道路遠近。云九州者，明司險道路之事，及要服而止，九州以外，不必遍及也。」《說文·𨸏部》：「阻，險也。國野險阻有守禁者，及道路所通，皆考圖以知之。」《管子·地圖篇》云：「凡兵，主者必先審知地圖轘轅之險，濫車之水，名山、通谷、經川、陵、陸、丘、阜之所在，苴草、林木、蒲葦之所茂，道里之遠近，城郭之大小，名邑、廢邑、困殖之地，必盡知之。地形之出入相錯者，盡藏之，然后可以行軍襲邑，舉錯知先后，不失地利，此地圖之常也」。

根據以上文獻記載的情況，可知此璽之險官即《周禮》所謂的司險，他是專門掌管古代天下土地之圖，以考其險要形勢及道路遠近者，其官職對古代軍事交通佔有重要地位。《戰國古璽考釋十種》，《中國歷史博物館館刊》，1980年第2期，第112～113頁。

黄錫全：

96、陸官

（173）陸官之鉨　方清霖《周秦古璽精華》

此璽《古璽彙編》未收錄。從文字風格看，不一定是贗品，故錄此以備參考。石志廉釋第一字爲「險」，認爲此璽之「險官」即《周禮》所謂的司險，他是專門掌管古代天下土地之圖，以考其險要形勢及道路遠近者，其官職對古代軍事交通佔有重要地位。按，第一字釋爲「險」可能有問題，我們以爲當是「陸」字訛變，其形與《説文》籀文陸、《汗簡》錄《尚書》陸、《古文四聲韻》錄《古老子》陸等形類似。《説文》：「陸，高平地。」《楚辭・憂苦》：「巡陸夷之曲衍兮，幽空虛以寂寞。」王逸注：「大阜曰陸。言已巡行陵陸，經歷曲澤之中，空虛杳冥，寂寞無人聲也。」「陸官」可能是管理、徵收這類阜陸之地稅賦的官吏。《古文字中所見楚官府官名輯證》，《文物研究》總第七輯，黄山書社，1991年12月，第231頁。

曹錦炎：

險（？）官之鉨　《古璽通論》，上海書畫出版社，1996年3月，第98頁。

傅嘉儀：

□官之璽　《篆字印彙》，上海書店出版社，1999年1月，第385頁。

徐　暢：

東周・楚系公鉨　險官之鉨　《中國篆刻全集》，黑龍江美術出版社，2000年7月，第20頁。

肖　毅：

險官之鉨　《古璽所見楚系官府官名考略》，《江漢考古》，2001年第2期，第43頁。

徐暢主編：

戰國公與印跡·楚系鉨印　159　險官之鉨　《中國書法全集》第92卷，榮寶齋出版社，2003年2月，第46頁。

徐暢主編：

159　險官之鉨

作於東周時期。楚國官鉨。方清霖《周秦古璽精華》著錄。銅質。

《周禮·司險》：「司險，掌九州志之國，以周知其山林川澤之阻而達其道路。」注：「周猶徧也，造道路者，山林之阻，則開鑿之。川澤之阻，則橋樑之。」《說文·阜部》云：「阻，險也。」國野險阻有守禁者，及道路所通，皆考圖川知之。」此鉨之險官即《周禮》所謂的司險，他是專門掌管古代天下土地之圖，以考其險要形勢及道路遠近者，其官職對古代軍事交通佔有重要地位。

參考　石志廉《戰國古璽考釋十種》　《中國書法全集》第92卷，榮寶齋出版社，2003年

2月，第209頁。

施謝捷：

楚系官璽　𨻸（陸）官之鉨（璽）　《古璽彙考》，安徽大學博士學位論文，2006年5月，第160頁。

陳光田：

楚系古璽　「陸官之鉨（璽）」（《古璽通論》98）。璽文第一字或釋爲險（曹錦炎：《古璽通論》，上海書畫出版社，1996年，第98頁。），恐非。該字可能爲「陸」字的變體。「陸官」可能爲地名。　《戰國璽印分域研究》，嶽麓書社，2009年5月，第139頁。

李守奎按：

楚文字「僉」旁很常見，釋「險」非是。右旁的上部可能是「𡗜」之變形，下部是並列的兩個「六」。金文「陸」字作[illegible]，籀文作[illegible]。釋「陸」較可信。包山簡的「官」多用爲官署，可讀爲「館」，如，「宵官」、「鑄劍之官」等。鉨文亦不排除讀「館」之可能。

官璽第一一八：昜（陽）都㚔鉨（璽）

印面：

出土於江蘇省盱眙縣

著録：

《二十世紀出土璽印集成》，北京：中華書局，2010年1月，第50頁。

集釋：

周曉陸主編：

二-GY-0041　昜都㚔鉨　東周（楚）　銅　瓦紐　26×26-　《二十世紀出土璽印集成》，中華書局，2010年1月，第50頁。

官璽第一一九：女倌

印面：

陳簠齋手拓古印集四冊

著錄：

《古璽彙編》，北京：文物出版社，1981年12月，第332頁。

《十鐘山房印舉選》，上海：上海書畫出版社，1985年11月。

《印典》（三），北京：國際文化出版公司，1994年1月，第1700頁。

《中國篆刻全集》，哈爾濱：黑龍江美術出版社，2000年7月，第7頁。

《古璽漢印集萃》上冊，南寧：廣西美術出版社，2001年10月，第39頁。

《中國書法全集》第92卷，北京：榮寶齋出版社，2003年2月，第44頁。

《中國璽印類編》，天津：天津人民美術出版社，2004年6月，第276、392頁。

《古璽彙考》，安徽大學博士學位論文，2006年5月，第163頁。

《戰國璽印分域研究》，長沙：嶽麓書社，2009年5月，第152頁。
《先秦印風》，重慶：重慶出版社，2011年5月，第39頁。

集　釋：

丁佛言：

古鉩  倌　《說文古籀補補》，中華書局，1988年2月，第38頁。

陳介祺：

女倌　《十鐘山房印舉選》，上海書畫出版社，1985年11月。

羅福頤：

3580　女倌　《古璽彙編》，文物出版社，1981年12月，第332頁。

劉　釗：

六、女倌（宮）（編按：當爲「官」字誤植）

舊著錄於陳介祺《陳簠齋手拓古印集》，後收錄於《古璽彙編》，編號爲3580。此璽爲方形白文璽，帶有邊框。璽文倌字應借爲官，這與望山楚簡佗借爲它相似。「女官」，指在宮中擔當僕役或官吏的女人。以女人爲官的制度由來已久，甲骨文中常見的「婦某」，有許多就相當於後世的「世婦」（趙誠《諸婦探索》，《古文字論集》（初編）177頁，1983年）。《周禮》一書所載女官有「女御」、「女祝」、「女史」、「世婦」。璽文的「女官」，很可能就是指這些女官中的一種，此璽應爲女官所用的官璽。《楚璽考釋》（六篇），《江漢考古》，1991年第1期，第75～76頁。

何琳儀：

楚系　女倌

楚璽女，姓氏。見「齊系文字」。《戰國古文字典》，中華書局，1998年9月，第558頁。

何琳儀：

楚系　女倌

《說文》：「倌，小臣也。从人，从官。《詩》曰，命彼倌人。」（八上九）官亦聲。楚器倌，讀官。《集韻》：「官，或作倌。」《戰國古文字典》，中華書局，1998年9月，第1073頁。

徐　暢：

東周・楚系公鉨　女倌（官）　《中國篆刻全集》，黑龍江美術出版社，2000年7月，第7頁。

肖　毅：

44.女倌　3580

劉釗認爲璽文「倌」字當讀爲「官」，「女官」指在宮中擔當僕役或官吏的女人。以女人爲官的制度由來已久，甲骨文中常見的「婦某」，有許多就相當於後世的「世婦」（劉釗《楚璽考釋（六篇）》，《江漢考古》1991年第1期）。　《古璽所見楚系官府官名考略》，《江漢考古》，2001年第2期，第44頁。

戴山青：

女倌　《古璽漢印集萃》上册，廣西美術出版社，2001年10月，第39頁。

徐暢主編：

戰國公鉨與印跡・楚系鉨印　137　女倌（官）　《中國書法全集》第92卷，榮寶齋出版社，2003年2月，第44頁。
徐暢主編：

137　女倌（官）

作於戰國時期。楚國官鉨。《古璽彙編》三五八〇號著錄。
倌借爲官。「女官」指在宮中擔當僕役或官吏的女人。以女人爲官的制度由來已久，甲骨文中常見的「婦某」，有許多就相當於後世的「世婦」。《周禮》一書所載女官有「女御」、「女祝」、「女史」、「世婦」。秦鉨印中有一「廷女」，頁應是女官的性質。

參考　劉釗《楚璽考釋（六篇）》　《中國書法全集》第92卷，榮寶齋出版社，2003年2月，第208頁。
小林斗盦：
女倌　《中國璽印類編》，天津人民美術出版社，2004年6月，第276、392頁。
施謝捷：
楚系官璽　女倌

此璽舊歸在「姓名私璽」類（《古璽彙編》3580），後多承襲其說（《中國歷代璽印集萃》2.116；《古璽漢印集萃》39頁）。劉釗先生改訂爲楚官璽（劉釗1991），今從其說。《古璽彙考》，安徽大學博士學位論文，2006年5月，第163頁。

陳光田：

楚系古璽「女倌（官）」（3580）。「女官」可能是指宮中負責軍務的官員。以女人爲官的制度歷史非常悠久，甲骨文中常見「婦某」等名稱。《周禮》中有「女史」、「女祝」、「女禦」等，其性質當與璽文相類。《戰國璽印分域研究》，嶽麓書社，2009年5月，第152頁。

李守奎按：

疑「倌」爲官署。「女倌」可能是掌女事之官署。

官璽第一二〇：緣叕郢官

印　面：

浙江省博物館藏印

著錄：

《古璽彙編》，北京：文物出版社，1981年12月，第510頁。

《印典》（二），北京：國際文化出版公司，1993年5月，第1309頁。

《中國篆刻全集》，哈爾濱：黑龍江美術出版社，2000年7月，第20頁。

《戰國璽印分域編》，上海：上海書店出版社，2001年10月，第230頁。

《書法新鑒：古璽文新鑒》，西安：世界圖書出版公司，2005年6月，第123頁。

《古璽彙考》，安徽大學博士學位論文，2006年5月，第165頁。

《戰國璽印分域研究》，長沙：嶽麓書社，2009年5月，第153頁。

《先秦印風》，重慶：重慶出版社，2011年5月，第31頁。

集釋：

羅福頤：

5605　䜌□郢官　《古璽彙編》，文物出版社，1981年12月，第510頁。

湯餘惠：

楚璽　䜌□郢官　《略論戰國文字形體研究中的幾個問題》，《古文字研究》第十五輯，中華書局，1986年6月，第77頁。

黄錫全：

95、䜌叕郢官

（172）䜌叕郢官

第二字原缺釋，根據筆劃，可能是「叕」字，與楚簡偏旁叕類同。䜌可讀如聯，詳見裘錫圭文。郢即楚都名，楚累遷都，所遷之地皆曰郢。「聯叕」可讀「聯綴」，有聯繫、聯結之義。《周禮·天官·大宰》「以九兩系邦國之民」鄭玄注：「系，聯綴也。」「聯綴郢官」可能是聯繫諸郢事務的官吏。　《古文字中所見楚官府官名輯證》，《文物研究》總第七輯，黄山書社，1991年12月，第231頁。

李　零：

（二）叕

《說文解字》卷十四下叕部解釋此字曰：「叕，綴聯也。象形，凡叕之屬皆从叕。」釋義是據訛變的字形。古文字中的叕字，現在我們已知是作 ，從西周到秦漢一直如此（湯餘惠《略論戰國文字形體研究中的幾個問題》，《古文字研究》第15輯，中華書局1986年，9~100頁）。字形皆象人形而鉗其雙手雙足。叕，古音爲端母月部字，與蔡、大等字亦相近。另外，叕也有省形作  者，如中山王嚳鼎銘：「卲（昭）~皇工（功）」，中山王嚳壺銘：「明~之於壺」，從文義看皆讀爲綴。後者字形與蔡字也相近。《古文字雜識（五則）》，《國學研究》第三卷，北京大學出版社，1995年12月，第270頁。

何琳儀：

楚系　緐叕郢官

楚器郢，除人名外均爲地名，或爲楚都，或爲楚之陪都。《戰國古文字典》，中華書局，1998年9月，第804頁。

徐　暢：

東周・楚系公鉩　郢官䜌（欒）叒　《中國篆刻全集》，黑龍江美術出版社，2000年7月，第20頁。

肖　毅：

48.䜌□郢官　5605

或認爲「聯綴郢官」可能是聯繫諸郢事務的官吏《輯證》。按第二字或爲「亞」字。《古璽所見楚系官府官名考略》，《江漢考古》，2001年第2期，第44頁。

莊新興：

1309　□郢官　楚系・楚　《戰國璽印分域編》，上海書店出版社，2001年10月，第230頁。

何琳儀：

肆

《璽彙》5605著録一方楚官璽，陰文五（編按「五」當爲「四」字誤植）字：

郢䜌叒官

其讀序與上揭「成樂之鉩」相同（編按：即左上↓右上↓右下↓左下）。第三字右旁雖略殘泐，但復原之後仍可與《璽彙》3144「腏」相互比較：

（丁佛言《說文古籀補補》19頁，中華書局，1988年）

「䜌叕」，應讀「臠腏」。《說文》臠，「一曰，切肉也」。「腏，挑去骨間肉也。」又據壽縣朱家集所出鑄客鼎銘文「鑄客爲集腏（黃錫全《肴腏考辨》，《江漢考古》1991年1期）、伸腏、罳腋腏爲之。」可知「某腏」應與飲食有關，然則「臠腏」可能是楚之食官。《楚官璽雜識》，《南京師範大學文學院學報》，2002年第1期，第167頁。

肖曉暉：

二、「郢䜌叕官」

《璽彙》著錄有一枚楚國官璽，印面極小，很容易被誤會爲私璽。若依慣常讀法，該璽印文爲「䜌叕郢官」。疑此璽爲旋環式讀法，自左上「郢」字開始，向右作順時針排列，讀爲「郢䜌叕官」。「某地某官」印文格式在先秦官璽中常見，即以楚璽爲例，有「高疑官鉨」（0144）、「新邦官鉨」（0143）、「群粟客鉨」（0160）、「郢粟客鉨」（5549）等，「郢䜌叕官」是郢城「䜌叕」之官。「䜌」讀爲「餟」，「餟」或作「腏」，連續而祭謂之「腏（餟）」，正取「聯綴」之意。《史記・孝武紀》：「其下四方地，爲餟，食群神從者及北斗云。」司馬貞《索隱》：「謂聯續而祭之。」張守節《正義》：「劉伯莊云謂繞壇設諸神祭座相連綴也。」《漢書・郊祀志》作「腏」，顔師古注：「腏字與餟同，謂聯續而祭也，音竹芮反。」「繇」讀爲「酹」，《説文解字》：「餟，祭酹也。」「酹，餟祭也。」「繇」與「酹」音近，《史記・司馬相如傳》：「不若大王終日馳騁而不下輿，脟割輪淬，自以爲娱。」裴駰《集解》：「脟音臠也。」《漢書・司馬相如傳》顔師古注亦云：「脟字與臠同。」則「繇」可讀爲「酹」明矣。「酹」亦取「聯綴」之意，從語源上來説，「繇叕（酹腏）」與「聯綴」同源，音近義通。楚有「集腏鼎」、「鑄客爲集腏鼎」，二鼎爲集腏所用；「郢繇叕官」璽爲楚都郢城主持酹餟祭祀之官所用。《楚官璽釋讀二則》，《勵耘學刊》（語言卷），2005年第2期，第88～89頁。

肖曉輝：

《古璽彙編》5605著錄一枚楚國官璽，印面極小，很容易被誤會爲私璽。若依慣常讀法，該璽印文爲「繇叕郢官」。疑此璽也是環式排列，自左上「郢」字開始，向右作順時針排列，讀爲「郢䜌叕官」。「某地某官」印文格式在先秦官璽中常見，即以楚璽爲例，有「高疑官鉨」（《古璽彙編》0144）、「新邦官鉨」（《古璽彙編》0143）、「群粟客鉨」（《古璽彙編》0160）、「郢粟客鉨」（《古璽彙編》5549）等，「郢䜌叕官」是郢城「䜌叕」之官。「叕」讀爲「餟」，「餟」或作「腏」，連續而祭謂之「腏（餟）」，正取「聯綴」之意。《史記·孝武紀》：「其下四方地，爲餟，食群神從者及北斗云。」司馬貞《索隱》：「爲聯續而祭之。」張守節《正義》：「劉伯莊云：謂繞壇設諸神祭座相連綴也。」《漢書·郊祀志》作「腏」，顏師古注：「腏字與餟同，謂聯續而祭也，音竹芮反。」「䜌」讀爲「酹」，《説文解字》：「餟，祭酹也。」「䜌」與「酹」音近，《史記·司馬相如傳》：「不若大王終日馳騁而不下輿，脟割輪淬，自以爲娱。」裴駰《集解》：「脟音臠也。」《漢書·司馬相如傳》顏師古注亦云：「脟字與臠同。」則「䜌」可讀爲「脟」明矣。「酹」亦取「聯綴」之意，從語源上來說，「䜌叕（酹腏）」與「聯綴」同源，音近義通。楚有「集腏鼎」、「鑄客爲集腏鼎」，二鼎爲集腏所用；「郢䜌叕官」璽爲楚都郢城主持酹餟祭祀之官所用。

《書法新鑒：古璽文新鑒》，世界圖書出版公司，2005年6月，第123～124頁。

施謝捷：

楚系官璽　郢（郢）官緣叕　《古璽彙考》，安徽大學博士學位論文，2006年5月，第165頁。

陳光田：

楚系古璽「郢緣綴官」（5605）。「緣綴」或讀「聯綴」，有聯繫、聯結之義，爲聯繫諸郢事務的官用印。（黄錫全：《古文字中所見楚官府官名輯證》，《文物研究》1991年總第7輯。）或讀做臠腏，爲楚之食官。（何琳儀：《古璽雜識》，《遼海文物學刊》，1986年2期。）　《戰國璽印分域研究》，嶽麓書社，2009年5月，第153頁。

徐暢：

戰國楚系官鉨　緣□郢官　《先秦印風》，重慶出版社，2011年5月，第31頁。

李守奎按：

施謝捷釋讀順序更符合楚璽的常態。「郢官」官名，「緣叕」可讀爲「欒叕」。氏欒名「叕」。

官璽第一二一：官

印面：

二十世紀 90 年代後期出土於河南省駐馬店市新蔡縣城東部新蔡故城遺址，古陶文明博物館收藏

著錄：

《古陶文明博物館藏戰國封泥》，北京：文雅堂，2003 年 8 月。

《文物》，北京：文物出版社，2005 年第 1 期，第 59 頁。

《古璽彙考》，安徽大學博士學位論文，2006 年 5 月，第 161 頁。

《二十世紀出土璽印集成》，北京：中華書局，2010 年 1 月，第 151 頁。

集釋：

路東之：

第七五品　官

楚系。「官」字爲典型楚文字寫法，楚官職多綴「官」字，此當爲市場管理基層官吏用印之遺。僅見一品。《古陶文明博物館藏戰國封泥》，文雅堂，2003年8月。

周曉陸、路東之：

62.「官」。印面近圓形，陽文。「官」爲典型楚文字寫法，楚官職多綴官字，此當爲市場管理基層官吏用印。《新蔡故城戰國封泥的初步考察》，《文物》，2005年第1期，第57頁。

施謝捷：

楚系官璽　官【封泥】　《古璽彙考》，安徽大學博士學位論文，2006年5月，第161頁。

周曉陸主編：

二-GP-0114　官　東周（楚）　泥封　《二十世紀出土璽印集成》，中華書局，2010年1月，第151頁。

李守奎按：

楚璽帶有「官」字的官印，一般爲「×官」，「×官之璽」、「××官璽」等，單獨一個「官」

字，楚璽僅此一例。或表明身份，與「士」、「君」等單字身份璽類似。

官璽第一二二：戠（職）旅

印　面：

續衡齋藏印、尊古齋金石集、平盦攷藏古璽印選。據施謝捷《古璽彙考》現藏日本園田湖城氏

著　錄：

《古璽通論》，上海：上海書畫出版社，1996年3月，第100頁。

《古璽彙考》，安徽大學博士學位論文，2006年5月，第179頁。

集　釋：

裘錫圭：

《續衡齋藏印》1.14頁著錄一鈕白文的「戠（職）旅」印，「旅」字的寫法跟上述二印基本相同，現摹寫其文於下：

C

這鈕古璽《彙編》也沒有收入（《古璽彙編》引用印譜目錄中有《衡齋藏印》而無《續衡齋藏印》）。

B（編按：即美鈦旅璽）的「金」旁寫法是楚國所特有的（參看葉其峰《戰國官璽的國別及有關問題》，載《故宮博物院院刊》1981年3期87頁）。C（編按：即該璽）的是的變體，「戠」作也是「楚文字的特有寫法」。（吳振武《〈古璽彙編〉釋文訂補》，博士學位論文325條。關於「戠」字，參看朱德熙、裘錫圭《戰國文字研究》（六種），《考古學報》1972年1期87頁、石志廉《戰國古璽考釋十種》，《中國歷史博物館館刊》1980年2期110頁。石文所說的「戠從」印，就是上引的「戠旅」印）。A（編按：者（諸）侯之旅」的印文雖然沒有上舉那種典型的楚文字特徵，但是字體風格顯然跟B、C很接近。

所以這三鈕古璽可以肯定是屬於楚國的。

職旅即主管關於「旅」的事務的官。《周禮》所記天官冢宰的屬官有職內、職歲和職幣。「職歲」也見於楚官印（參見葉其峰《戰國官璽的國別及有關問題》，載《故宮博物院院刊》1981年3期87頁）。「職內」也見於齊官璽（吴振武《〈古璽彙編〉》釋文訂補，博士學位論文527條，考訂《彙編》0154一印爲齊官印「職內師璽」）。此外在楚、齊官印中還屢見這類用「職」字的官名。「職」義近「主」。《周禮·天官·序官》「職內」鄭玄注：「職內，主入也。」詳見「者（諸）侯之旅」條。《「諸侯之旅」等印考釋》，《文物研究》總第六輯，黄山書社，1990年10月，第202～203頁。

曹錦炎：

傳世楚官璽有「戠（職）旅」璽（《續衡齋藏印》1.14），「職旅」當即主管關於「旅」也就是客旅事務之官。戰國時代，各國爲了吸引他國的人才和商賈，往往採取一些優待措施，如上引《管子》文，楚國設置的「職旅」之官，可能也兼有招徠的任務。楚官璽另有「樣狳旅鉢」，應是「樣狳」地方設置的職旅官印（參見裘錫圭《「諸侯之旅」等印考釋》，

《文物研究》第6期，1990年）。 詳見「者（諸）侯之遊（旅）」條。 《古璽通論》，上海書畫出版社，1996年3月，第100頁。

何琳儀：

楚系 戠遊

楚璽「戠飤」、「戠叚」、「戠盟（鑄）」、「戠遊（旅）」，均官名，戠讀職。」 《戰國古文字典》，中華書局，1998年9月，第52～53頁。

肖 毅：

30.職旅

「職旅」當即主管「旅」也就是客旅事務之官（《璽通》100頁）。 《古璽所見楚系官府官名考略》，《江漢考古》，2001年第2期，第42頁。

施謝捷：

楚系官璽 戠（職）遊（旅） 《古璽彙考》，安徽大學博士學位論文，2006年5月，第179頁。

邱傳亮按：

楚國以「戠（職）」爲名的官印很多，如「戠（職）散（歲）之鉩（璽）」（《古璽彙編》0205）、「戠（職）飤之鉩（璽）」（《彙編》0217）、「戠（職）室之鉩（璽）」（《彙編》0213）、「下鄗（蔡）戠　」毆（《彙編》0309）、「方正戠（職）盥（鑄）」（《彙編》3750）、「后戠（職）散（歲）鉩（璽）」（《彙編》3759）等。《說文》：「職，記微也。从耳戠聲。」「職」从「戠」得聲，「戠」用爲「職」可以無疑。「職」有主管、任職之意，如《左傳·僖公二十六年》：「載在盟府，大師職之。」杜預注：「職，主也。」《史記·秦始皇本紀》：「非博士官所職，天下敢有藏《詩》、《書》、百家語者，悉詣守、尉雜燒之。」頗疑這類官璽中的「職」字皆是主管之意。「戠（職）散（歲）之鉩（璽）」即主管歲祭的官員所用之璽；「戠（職）飤之鉩（璽）」即主管膳食之官員所用之璽；「戠（職）室之鉩（璽）」即主管宮室或宮廷建築的官員所用之璽。「戠（職）旅」當然也即管理關於「旅」之事務之官員。

官璽第一二三：者（諸）侯之遊（旅）

印面：

安昌里館璽存、續衡齋藏印

著錄：

《文物研究》總第六輯，合肥：黃山書社，1990年10月，第202頁。

《古璽通論》，上海：上海書畫出版社，1996年3月，第99頁。

《中國篆刻全集》，哈爾濱：黑龍江美術出版社，2000年7月，第7頁。

《古印集萃・戰國卷》，北京：榮寶齋出版社，2000年11月，第33頁。

《古璽漢印集萃》上冊，南寧：廣西美術出版社，2001年10月，第28頁。

《中國書法全集》第92卷，北京：榮寶齋出版社，2003年2月，第47頁。

《古璽彙考》，安徽大學博士學位論文，2006年5月，第179頁。

《戰國璽印分域研究》，長沙：嶽麓書社，2009年5月，第147頁。

集　釋：

裘錫圭：

本文要考釋的，是見於《安昌里館璽存》和《續衡齋藏印》的三鈕跟「旅」有關的楚國官印。《璽存》是鈐印本，共八冊，但未標冊次和頁碼（作者所見的是中山大學古文字研究室藏本。蒙研究室曾憲通等同志熱情提供資料，十分感謝）。此書所收的主要是古璽，外加少量秦印。書首有民國二十三年「淮海憲喆且翁」的自敍。憲喆跟《古璽彙編》引用的《安昌里璽印彙》的編者宣哲無疑是一個人（「喆」是「哲」的異體，「憲」「宣」音近）。我沒有見到過《璽印彙》。從《璽存》所收古璽有一些不見於《彙編》的情況來看，這兩部著錄同一家藏品的印譜的內容大概頗有出入。本文要考釋的《璽存》所收兩鈕古璽，在《彙編》中就都看不到。

下面是這兩鈕古璽鈐本的復印本（爲便於稱引，以漢語拼音字母編號）：

A 　B 

A　應釋爲「者（諸）侯之旅」。B應釋爲「美鈦旅鉩（璽）」（作者起初只注意到A印，蒙李家浩同志告知，B印「鉩」上一字亦爲「旅」，十分感謝）。「美」疑即「样」字異體。《方言・五》：「槌……齊謂之样。」此字跟簡化字「样」不是一個字。「鈦」字不識。　A、B二印的「旅」字都加「辵旁」，跟伯父匠、陳公子甗、曾伯霥匠等器的「旅」字相同（見《金文編》467頁。加「辵」的「旅」也見於古陶文。齊陶文有人名遮，高明同志《古陶文彙編》釋此字爲「遮」，是很正確的。高書將由中華書局出版）。《續衡齋藏印》1.14頁著錄一鈕白文的「戠（職）旅」印，「旅」字的寫法跟上述二印基本相同，現摹寫其文於：

C 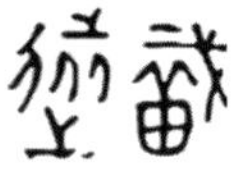

這鈕古璽《彙編》也沒有收入（《古璽彙編》引用印譜目錄中有《衡齋藏印》而無《續衡

齋藏印》）。

B的「金」旁寫法是楚國所特有的（參看葉其峰《戰國官璽的國別及有關問題》，載《故宮博物院院刊》1981年3期87頁）。C的是的變體，「戠」作也是「楚文字的特有寫法」。（吳振武《〈古璽彙編〉釋文訂補》，博士學位論文325條。關於「戠」字，參看朱德熙、裘錫圭《戰國文字研究》（六種），《考古學報》1972年1期87頁，石志廉《戰國古璽考釋十種》，《中國歷史博物館館刊》1980年2期110頁。石文所說的「戠從」印，就是上引的「戠旅」印）。A的印文雖然沒有上舉那種典型的楚文字特徵，但是字體風格顯然跟B、C很接近。所以這三鈕古璽可以肯定是屬於楚國的。

職旅即主管關於「旅」的事務的官。《周禮》所記天官冢宰的屬官有職內，職歲和職幣。「職歲」也見於楚官印（參見葉其峰《戰國官璽的國別及有關問題》，載《故宮博物院院刊》1981年3期87頁）。「職內」也見於齊官璽（吳振武《〈古璽彙編〉釋文訂補》，博士學位論文527條，考訂《彙編》0154一印爲齊官印「職內師璽」）。此外在楚，齊官印中還屢見這類「職」字的官名。「職」義近「主」。《周禮·天官·序官》「職內」鄭玄

注：「職內，主入也。」B的「样鈦」似是邑名。「样鈦旅」應指此邑的職旅之官。「旅」究竟指什麼呢？「諸侯之旅」印可以回答這個問題。

戰國時代，各國總稱其他國家爲「諸侯」，下面是引自諸子和雲夢睡虎地秦墓所出「法律答問」的一些例子：

魯國之法，魯人爲臣妾於諸侯，有能贖之者，取其金於府。《呂氏春秋・察微》

故凶饑存乎國人……諸侯之客、四鄰之使，雍食而不盛。《墨子・七患》

請以令爲諸侯之商賈立客舍，一乘者有食，三乘者有芻菽，五乘者有五養。《管子・輕重乙》

可（何）謂賫玉？賫玉，者（諸）候（侯）客節（即）來使入秦，當以玉問王之謂殹（也）《睡虎地秦墓竹簡》239~240頁，文物出版社，1978年。

者（諸）候（侯）客來者，以火炎其衡厄（軛）。同上227頁。

上引A印的「諸侯之旅」，語例跟《墨子》的「諸侯之客」、《管子》的「諸侯之商賈」相同，應該當來自他國的旅人講。《左傳·宣公十二年》「老有加惠，旅有施舍」，《周書·大聚》「遠旅來至，關人易資」，都以「旅」指旅人。秦簡「法律答問」中有一條，對「旅人」一詞專門作了解釋：

可（何）謂「旅人」？寄及客，是謂「旅人」。《睡虎地秦墓竹簡》238頁

由此可知秦律中的「旅人」指「客」和「寄」兩種人。

「法律答問」所說的「客」無疑指來自他國的旅客。李解民同志在《睡虎地秦簡所載魏律研究》一文中指出：「秦簡律文部份出現的『客』（引者按：下引諸條有的出現在解釋律文的話裏，並非全都見於秦律本文），如『邦客與主人鬥』（《睡虎地秦墓竹簡》189頁），『盜出朱（珠）玉邦關及買（賣）於客者』（同前211頁），『客未布吏而與賈，貲一甲』（同前，230頁），『者（諸）候（侯）客節（即）來使入秦』『命客吏曰匧』（同前，240

頁），無一不是指秦國以外的來客。」（《中華文史論叢》1987年1期50頁）其説可信。

「秦律答問」所説的「寄」，解民同志認爲「指國內流民」（《中華文史論叢》1987年1期50頁）。這一意見我本來也是同意的，最近卻有了不同看法。我認爲這個「寄」字可以讀爲「羈旅」之「羈」（這種「羈」字古書中多寫作「羇」，爲了印刷的方便，本文一律作「羈」）。「寄」「羈」二字古通。《禮記・王制》：「五方之民，言語不通，嗜欲不同。達其志，通其欲：東方曰寄，南方曰象，西方曰狄鞮，北方曰譯。」《呂氏春秋・慎勢》「不用象、譯、狄鞮」句高誘注，「東方曰寄」作「東方曰羈」。《周禮・地官・遺人》：「郊里之委積以待賓客，野鄙之委積以待羈旅。」鄭玄注：「羈旅，過行寄止者。……故書……羈作寄。杜子春云……寄當爲羈。」同書《委人》：「以稍聚待賓客，以甸聚待羈旅。」鄭注：「故書羈作奇，杜子春云當爲羈。」由鄭注可知在《周禮》古本中「羈旅」本作「寄旅」或「奇旅」，作「羈」是依杜子春説改的。《遺人》鄭注釋「羈旅」爲「過行寄止者」，《廣雅・釋詁三》「羈，寄也」，《左傳・昭公七年》「單獻公棄親用羈」句杜預注「羈，寄客也」，都以「寄」訓「羈」。看來，「羈旅」之「羈」大概是由寄止之

「寄」分化出來的一個詞，這個詞本來就寫作「寄」，後來纔假借「羇」字來表示它。「寄」本讀去聲，「寄（羇）旅」之「寄」則讀平聲，與「羇縻」之「羇」同音。這可能是後人要借「羇」字代替它的原因之一。所以我們完全有理由把上引「法律答問」的「寄」讀爲「羇旅」之「羇」。

戰國史料中所見的「羇旅」，一般指由他國來的人。如樗里疾在秦王面前稱犀首（即公孫衍）爲「羇旅」（《韓非子·外儲說右上·說二》），范睢在秦王面前自稱「羇旅之臣」（《史記·范睢蔡澤列傳》）。《韓非子·亡徵》說「羇旅僑士，重帑在外，上間謀計，下與民事者，可亡也」，「境內之杰不事而求封外之士……羇旅起貴以陵故常者，可亡也」，「大臣專制，樹羇旅以爲黨，數割地以待（持？）交者，可亡也」。這些「羇旅」也都顯然指外來的人。「法律答問」所說的「寄（羇）」，大概也是指外來的羇留者而言的。廣義的「客」不用說是可以包括「羇」的。不過「法律答問」既以「寄」與「客」並舉，「客」就應該專指不作較長時間羇留的外來旅客了。

上引楚印文「諸侯之旅」的確切含義，大概跟秦簡「法律答問」的「旅人」相同，當指從他國來的旅客和羈留者。職旅就是主管跟這些人有關的事務的官。「諸侯之旅」印應該是職旅用來封緘發給這些人的文書、證件或他們所攜帶的某些物品的。

戰國時代，經濟比較發達，超越國界經營商業已經成爲很普通的事。在各個主要國家裏，經常有很多「諸侯之商賈」在活動。戰國時代史料裏屢見「商旅」之稱：

是月也，易關市，來商旅（鄭玄注：「商旅，賈客也。」）。《禮記・月令》仲秋之月，亦見《呂氏春秋・仲秋紀》：

市買悖，故商旅絕。《晏子・問上・第十一》

年饑……征當商旅，以救窮乏。《周書・糴匡》

乃令縣鄙商旅曰：能來三室者，與之一室之祿。《周書・大聚》

先王以至日閉關，商旅不行，後不省方。《易・復卦》象辭

「商旅」有可能主要指從他國來的商賈。《韓非子・難二》說「客商歸之，外貨留之」，

《周書·大聚》說「外商資貴而來」，「客商」「外商」顯然都是專門指從他國來的商賈的。秦律「盜出珠玉邦關及賣於客者」，「客未布吏而與賈」等條所說的「客」（參看上引李解民文），可能泛指外來旅客。但是這些條文至少可以說明從事商業活動的客是很多的，其中當然會有不少專業的客商。此外，在外來人中，有某種技藝的人（如《晏子·諫下·第十三》所說的爲齊君爲履的「魯工」）以及想當食客或當官的「遊宦之士」（《韓非子·八主》），大概也爲數不少。關於後一種人，在戰國時代史料裏有大量資料。他們之中，地位高的爲國君所接待，如「傳食於諸侯」的孟軻等人；地位低的則依附於私家。《管子·問》：「外人來遊在大夫之家者幾何人？」可見私家有外來的遊宦之士是很常見的事。睡虎地秦墓所出「秦律雜抄」中有所謂「遊士律」，文曰：

遊士在，亡符，居縣貲一甲；卒歲，責之。●有爲故秦人出，削籍，上造以上爲鬼薪，公士以下刑爲城旦。●遊士律。《睡虎地秦墓竹簡》129～130頁。

這裏所說的「遊士」很可能是專指外來的遊宦之士。這種人裏大概有不少是居留時間較長的「羈」。上引李解民同志文指出，在戰國時代的不少民家中有被主人剝削其勞動的寄居者（《中華文史論叢》1987年1期52頁）。在這種人裏也可能有外來的羈旅。由於包括「羈」和「客」在内的「旅」的人數很多，所以需要設職旅這類官來管理有關的事務。楚以外的國家很可能也設有這類官，但名稱未必跟楚國相同。

上面引過的《周禮》的「遺人」和「委人」職文。都把「賓客」和「羈旅」分得很清楚。《周禮》所記秋官司寇的屬官，自大、小行人以下都跟接待國家賓客之事有關。戰國時代的國家賓客，主要是他國使者，如上面引過的秦簡「法律答問」所說的「來使入秦」的「諸侯客」之類。職旅管不管關於這類人的事務，還不清楚。

最後想附帶談一下戰國時代楚國的一種「王命」銅節跟「旅」的關係。這種銅節自清代以來曾多次出土，上有如下銘文：

王命：命傳賃一檐，食之。《金文總集》7895～7898

「檐」當讀爲「擔」，指給人擔負重物的徒役。「賃一檐」當是讓持節者雇用一個檐徒的意思。（關於節銘的考釋，參看拙文《戰國時代社會性質試探》，《社會科學戰線》編輯部編《中國古史論集》24頁，吉林人民出版社，1981）。如果把節銘跟《管子》所說的優待外來的客和商賈的措施對照一下，就可以對它的意義有進一步的理解。上面引過的《管子·輕重乙》提到「爲諸侯之商賈立客舍，一乘者有食……」。《管子·大匡》說：

> 三十里置遽，委焉，有司職之。從諸侯欲通吏（郭沫若《管子集校》謂「吏」當作「事」。下引劉、丁二氏說皆見《集校》），從（原爲繁體，當從劉師培說改作「徒」）行者，令一人爲負；以車若宿者（圭按：舊以「以車」屬上句，非是。「以車若宿者」與上「徒行者」爲對文，但「宿者」可能包括需要宿夜的徒行者），令人養其馬，食其委。客與有司別契，至國八（當從丁士涵說改作「入」）契，費（丁氏讀爲「悖」）義（丁氏讀爲「儀」）數而不當，有罪。

《管子》所說的「客舍」和「遽」，跟節銘所說的「傳」是同類的設施。《大匡》說「令一人爲負」，跟節銘「賃—擔」意近。《大匡》說「食其委」，《輕重乙》說「有食」，跟節銘「食之」意近。看來，使用「王命」節的人，很可能也有不少是外來的旅客。從「賃—擔」的待遇來看，這種節大概是無車乘的徒行者所用的。

上引的《管子・大匡》和《輕重乙》所說的那類措施，是戰國時代的國家爲了招徠他國的人才和商賈而採取的。楚國設置的職旅之官，可能也兼有招徠的任務。《「諸侯之旅」等印考釋》，《文物研究》總第六輯，黄山書社，1990年10月，第202~205頁。

曹錦炎：

13.者（諸）侯之旅

戰國時代，各國總稱其他國家爲「諸侯」，如《墨子・七患》：「故凶饑存乎國人……諸侯之客、四鄰之使，雍食而不盛。」《管子・輕重乙》：「請以令爲諸侯之商賈立客舍，一乘者有食，三乘者有芻菽，五乘者有五養。」璽文的「諸侯之旅」與上引《墨子》的「諸侯之客」、《管子》的「諸侯之商賈」語例相同，均指來自他國的旅人而言。《周書・大聚》：「遠旅來至，關人易資。」「旅」即指旅人。

由此可見，此璽是楚國主管客旅的機構，用來封緘發給他國來客或羈留者的文書、證件或攜帶的物品的（參見裘錫圭《「諸侯之旅」等印的考釋》，《文研》總第六輯，1990年）。

《古璽通論》，上海書畫出版社，1996年3月，第99～100頁。

何琳儀：

楚系　者侯之遊

者，商代金文作（者女觥），構形不明。西周金文作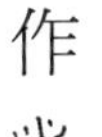（兮甲盤），春秋金文作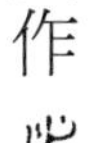（曾子中宣鼎）。戰國文字承襲金文，多有省變。齊系文字或省作、，或省口形作（即者所从古文）。燕系文字或訛作。晉系文字或省作。楚系文字或譌作、，下與皿旁混同。秦系文字或訛作。凡此均呈地域特點。《說文》：「，別事詞也。从白，聲。，古文旅字。（之也切）」（四上九）

楚璽「者侯」，讀「諸侯」。　《戰國古文字典》，中華書局，1998年9月，第516～517頁。

何琳儀：

楚系　者侯之遊

遊，春秋金文作（曾伯霥匿）。从辵，旅聲。行旅之旅的初文。《儀禮・燕禮》：「請旅侍臣」，注：「旅，行也。」楚璽遊，讀旅。《廣雅・釋詁》：「旅、客也。」　《戰國古文字典》，中華書局，1998年9月，第565頁。

來一石：

者侯之旅　《古印集萃・戰國卷》，榮寶齋出版社，2000年11月，第33頁。

戴山青：

諸（者）侯之旅　《古璽漢印集萃》上册，廣西美術出版社，2001年10月，第28頁。

徐暢主編：

戰國公鉨與印跡・楚系鉨印　171　者（諸）矦（侯）之旅　《中國書法全集》第92卷，榮寶齋出版社，2003年2月，第47頁。

施謝捷：

楚系官璽　者（諸）医（矦—侯）之遊（旅）　《古璽彙考》，安徽大學博士學位論文，2006年5月，第179頁。

陳光田：

楚系古璽「者（諸）矦（侯）之旅」（《文物研究》第6輯）。戰國時期，各國稱其他國家爲諸侯。「旅」當爲旅人，《墨子·七患》云：「故凶饑存乎國人……諸侯之客、四鄰之使，雍食而不盛。」《管子·輕重乙》云：「請以諸侯之商賈立客舍。」該璽是楚主管客旅的機構所用，是用來封緘發給他國來客或羈留者的文書、證件或攜帶物品的。（裘錫圭：《「諸侯之旅」等印考釋》，《文物研究》1990年總第6輯。）　《戰國璽印分域研究》，嶽麓書社，2009年5月，第147頁。

官璽第一二四：虆（漢）東遊（旅）鉩（璽）

印　面：

鑒印山房藏印，現藏北京楊廣泰文雅堂

著　録：

《古璽彙考》，安徽大學博士學位論文，2006年5月，第179頁。

《鑒印山房藏古璽印菁華》，鄭州：河南美術出版社，2006年7月，第218頁。

集　釋：

施謝捷：

楚系官璽　⿱難水（灘—漢）東遊（旅）鉨（璽）

據稱此璽近年出土於甘肅某地。　《古璽彙考》，安徽大學博士學位論文，2006年5月，第179頁。

許雄志：

灘東旅鉨　銅質　鼻鈕　《鑒印山房藏古璽印菁華》，河南美術出版社，2006年7月，第218頁。

李守奎按：

《說文》有「漢」、「𤅩」二篆，「灘」是「𤅩」的俗體。楚文字之「⿱𦰩水」皆讀爲漢水之「漢」，當即楚之「漢」字，與《說文》「灘」構形相類。

官璽第一二五：翏□遊（旅）鉩（璽）

印　面：

漢銅印叢

著　錄：

《漢銅印叢》，杭州：西泠印社，1998年4月，第39頁。

《古璽彙考》，安徽大學博士學位論文，2006年5月，第179頁。

集　釋：

汪啟叔集印、徐敦德釋文：

□□□璽　《漢銅印叢》，西泠印社，1998年4月，第39頁。

施謝捷：

楚系官璽　翏□遊（旅）鉨（璽）　《古璽彙考》，安徽大學博士學位論文，2006年5月，第179頁。

邱傳亮按：

該璽第二個字不識，當爲地名無疑。地望待考。

官璽第一二六：美鈦遊（旅）鉨（璽）

印面：

安昌里館璽存

著錄：

《文物研究》總第六輯，合肥：黃山書社，1990年10月，第202頁。

《古璽彙考》，安徽大學博士學位論文，2006年5月，第179頁。

《戰國璽印分域研究》，長沙：嶽麓書社，2009年5月，第159頁。

集　釋：

裘錫圭：

美鈦旅璽　詳見「者（諸）侯之旅」條。《「諸侯之旅」等印考釋》，《文物研究》總第六輯，黃山書社，1990年10月，第202頁。

何琳儀：

楚系　样猃遮鉩

样，从木羊聲。《方言》三：「槌，齊謂之样。」

楚璽「样猃」，疑讀「養陰」，地名。

《左傳·昭公三十年》：「使監馬尹大心逆吳公子，使君養陰。」在今河南沈丘東南。

《戰國古文字典》，中華書局，1998年9月，第676頁。

施謝捷：

楚系官璽　羕鈦遊（旅）鉨（璽）　《古璽彙考》，安徽大學博士學位論文，2006年5月，第179頁。

陳光田：

楚系古璽　「□□□鉨（璽）」（《安昌里館璽存》）。　《戰國璽印分域研究》，嶽麓書社，2009年5月，第159頁。

邱傳亮按：

該璽與上所列「𦳃（漢）東旅鉨（璽）」、「翏□遊（旅）鉨（璽）」二印類似，「𦳃（漢）東」、「翏□」、「羕鈦」皆當爲地名。「羕鈦」何琳儀讀爲「養陰」，在今河南沈丘東南（《字典》676頁）。姑備一說。

官璽第一二七：羣（群）梟（栗）客鉨（璽）

印　面：

著録：

《中國歷史博物館館刊》，北京：1980年第2期，第112頁。

《古璽彙編》，北京：文物出版社，1981年12月，第27頁。

《印典》（一），石家莊：河北美術出版社，1989年8月，第754頁。

《古璽印精品集成》，上海：上海古籍出版社，1998年9月，第2頁。

《篆字印彙》，上海：上海書店出版社，1999年1月，第1166頁。

《中國璽印篆刻全集》，上海：上海書畫出版社，1999年11月，第48頁。

《中國篆刻全集》，哈爾濱：黑龍江美術出版社，2000年7月，第17頁。

《古印集萃・戰國卷》，北京：榮寶齋出版社，2000年11月，第38頁。

《古璽印精品選・官璽印一》，北京：北京工藝美術出版社，2001年1月，第2頁。

《楚官璽集釋》卷八・官璽第一二七：羣（群）㮚（栗）客鉨（璽）

《古璽漢印集萃》上冊，南寧：廣西美術出版社，2001年10月，第27頁。

《戰國璽印分域編》，上海：上海書店出版社，2001年10月，第185頁。

《中國書法全集》第92卷，北京：榮寶齋出版社，2003年2月，第45頁。

《戰國璽印》，上海：上海書畫出版社，2003年8月，第199頁。

《中國璽印類編》，天津：天津人民美術出版社，2004年6月，第233、247頁。

《古璽彙考》，安徽大學博士學位論文，2006年5月，第164頁。

《戰國璽印分域研究》，長沙：嶽麓書社，2009年5月，第138頁。

《先秦印風》，重慶：重慶出版社，2011年5月，第32頁。

集　釋：

石志廉：

群廩客鉢

戰國璽中稱客的爲數極少，所見僅有客戒之鉢、羊府諹（瘍）客、右𠬝客鉢及群客鉢等寥寥數印。戰國楚銅器中有鑄客豆、鑄客盤等。客戒疑械客疑係械客。羊府諹（瘍）

客是治羊病的獸醫。鑄客是有關冶煉的技術指導。群客鉢見《尊古齋古鉢集林第二集》，前人無釋文。按即稟字，應釋爲群稟客鉢。戰國「右稟」璽（中國歷史博物館藏）其稟書作。山東臨淄出土戰國陶稟量，稟書作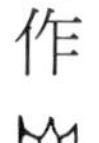，稟字下部均从禾。戰國平阿左稟鉢，稟書作。上海博物館藏戰國「□王左稟」鉢，稟書作。河南登封古陽城遺址出土的戰國陶稟量，稟書作。可證戰國時的稟字下部可書作禾或米，二者相同。故知亦即稟字。群稟乃倉稟集中的地方，或爲王家之倉稟。群稟客鉢，乃司稟有關的技術管理人員所用之官印。其性質和內容與郢粟客鉢甚有近似之處。《戰國古璽考釋十種》，《中國歷史博物館館刊》，1980年第2期，第112頁。

羅福頤：

0160　羣㮚客璽　《古璽彙編》，文物出版社，1981年12月，第27頁。

湯餘惠：

楚璽　群臬客鉨　《略論戰國文字形體研究中的幾個問題》，《古文字研究》第十五輯，中華書局，1986年6月，第76頁。

鄭　超：

27.群粟客璽

此印粟字下从禾，與从米意同，石志廉釋廩，不確。群也許是地名，也許說明此印爲一群粟客所公用。《楚國官璽考述》，《文物研究》總第二輯，黃山書社，1986年12月，第90頁。

黃錫全：

群粟客璽。「群粟客」，鄭超認爲「群」也許是地名，也許說明此印爲一群粟客所公用。詳見「郢粟客鉨（璽）」條。《古文字中所見楚官府官名輯證》，《文物研究》總第七輯，黃山書社，1991年12月，第231頁。

曹錦炎：

16.群粟客鉢

楚國官璽另有「群粟客鉢」（0160），「群」爲地名。「粟」，即「粟」字之異構。古文字从「禾」之字往往可寫作从「米」，如「稻」作「稻」，「廩」字或从「米」或从「禾」，詳見《古文字類編》（高明編，中華書局，1980年版），不備舉。此璽當是楚國「群」邑主管糧食之官印　詳見「郢粟客鉩（璽）」條。《古璽通論》，上海書畫出版社，1996年3月，第101～102頁。

何琳儀：

值得探討的是，粟何以从。據《說文》：「，嘉穀實也。从鹵从米。，籀文」。則似應釋鹵。眾所周知，鹵實爲卣字。參見栗字甲骨文作，石鼓文作，《璽彙》作（〇二三三），（三二〇一），小篆作。而則與卣字有別，這一矛盾現象令人懷疑粟本不从鹵（卣）。如果參照《璽彙》栗字作（五五四九）、（三六一三），疑爲角之變體。粟、角古韻屬侯部，故粟有可能是「从米，角聲。」的形聲字。由而，由而，大概都因訛變所致。角譌作西形，亦可參《璽彙》三六六六，婁（从角）作，《貨系》一〇四九尖足布作形。至於《璽彙》（三二〇〇）、（〇一六〇）下从禾，上从角，疑爲粟之異體。粟之从禾，猶戰國文字稟亦从米作。　《戰國文字形體析疑》，《于省吾教授百年誕辰紀念文集》，

吉林大學出版社，1996年9月，第225頁。

何琳儀：

楚系　群䅄客（編按：此脫「鉨」字）

䅄，从禾，角聲。疑栗之異文。

楚璽「䅄客」，讀「栗客」。見栗字d（編按：此指楚璽「栗客」，在楚的外國農業專家）。

《戰國古文字典》，中華書局，1998年9月，第339頁。

何琳儀：

楚系　群栗客鉨

楚器客，外國賓客。　《戰國古文字典》，中華書局，1998年9月，第487～488頁。

莊新興：

羣栗客鉨　《古璽印精品集成》，上海古籍出版社，1998年9月，第2頁。

傅嘉儀：

群□客璽　《篆字印彙》，上海書店出版社，1999年1月，第1166頁。

莊新興：

群粟客鉨　戰國　《中國璽印篆刻全集》，上海書畫出版社，1999年11月，第48頁。

徐　暢：

東周·楚系公鉨　羣（群）栗（粟）客鉨　《中國篆刻全集》，黑龍江美術出版社，2000年7月，第17頁。

來一石：

群臬客鉨　《古印集萃·戰國卷》，榮寶齋出版社，2000年11月，第38頁。

肖　毅：

群粟客璽　詳見「郢粟客鉨（璽）」條。　《古璽所見楚系官府官名考略》，《江漢考古》，2001年第2期，第42頁。

趙　超：

……《尊古齋古璽集林》收有，同樣屬楚印，印文當釋作「群臬（粟）客鉨」。《周禮·冬官考工記》載「臬氏」。稱：「攻金之工：築、冶、鳧、臬、段、桃。」「臬氏爲

量」，即製作量器的鑄工。「群臬客鉨」，當爲楚國負責鑄量器的外國技師總管之印。

《「鑄師」考》，《古文字研究》第二十一輯，中華書局，2001年10月，第298頁。

戴山青：

群□客鉢　《古璽漢印集萃》上册，廣西美術出版社，2001年10月，第27頁。

莊新興：

1038　群栗客鉨　楚系・楚　《戰國璽印分域編》，上海書店出版社，2001年10月，第185頁。

徐暢主編：

戰國公鉨與印跡・楚系鉨印　141　群臬（栗）客鉨　《中國書法全集》第92卷，榮寶齋出版社，2003年2月，第45頁。

徐暢主編：

141　群臬（栗）客鉨

作於戰國時期。楚國官鉨。《古璽彙編》〇一六〇號著錄。銅質。

《周禮・冬官・考工記》中記載：「栗氏爲量」，栗氏是管理金屬冶鑄制度的工官之一，負責製作量器，供給官方收取租稅和日常商業流通中使用。此鉨可能是楚國聘請來鑄造量器的外國（客）技師的用印。群可能是地名，也許表明此印爲一群栗客所公用。

參考　鄭超《楚國官璽考述》《中國書法全集》第92卷，榮寶齋出版社，2003年2月，第208頁。

莊新興：

群栗客璽（楚）　《戰國璽印》，上海書畫出版社，2003年8月，第199頁。

小林斗盦：

群栗客鉢　《中國璽印類編》，天津人民美術出版社，2004年6月，第233、247頁。

施謝捷：

楚系官璽　羣（羣？）□客鉨（璽）　《古璽彙考》，安徽大學博士學位論文，2006年5月，第164頁。

陳光田：

楚系古璽　「群粟客鉨（璽）」（0160）。「群」，地名……客，楚官璽中習見此職官，爲其他地區所無的一種稱呼。……《周禮・秋官・大行人》云：「大行人掌大賓之禮及大客之儀，以親諸侯。」鄭玄注：「大賓要服以內諸侯，大客謂其孤卿。」「粟客」爲楚官名，與漢代管理糧食的「治粟都尉」相當。（李家浩：《楚國官印考釋（四篇）》，《江漢考古》1984年第2期。）《史記・高祖功臣侯者年表》「淮陰」欄記韓信云：「兵初起，以兵從項梁。梁所屬項羽郎中。至咸陽，亡從入漢，爲連敖、典客。」司馬貞《索隱》云：「典客，《漢表》作『粟客』，蓋字誤。」典籍中「粟客」爲「粟客」之訛。（曹錦炎：《古璽通論》，上海書畫出版社，1996年，第101頁。）粟客當爲職掌糧食之官。上列諸璽爲群、郢等地職掌糧食事務的官吏用璽。　《戰國璽印分域研究》，嶽麓書社，2009年5月，第139頁。

徐　暢：

戰國楚系官鉨　粟（粟）之鉨　《先秦印風》，重慶出版社，2011年5月，第32頁。

李守奎按：

字與《彙編》5549「郢粟客璽」之「粟」同字。

官璽第一二八：臾（鑄）巽（錢）客鉨（璽）

印　面：

故宮博物院藏印

著　錄：

《古璽彙編》，北京：文物出版社，1981年12月，第27頁。

《中國篆刻全集》，哈爾濱：黑龍江美術出版社，2000年7月，第17頁。

《古印集萃·戰國卷》，北京：榮寶齋出版社，2000年11月，第45頁。

《戰國璽印分域編》，上海：上海書店出版社，2001年10月，第185頁。

《中國書法全集》第92卷，北京：榮寶齋出版社，2003年2月，第45頁。

《戰國璽印》，上海：上海書畫出版社，2003年8月，第227頁。
《中國璽印類編》，天津：天津人民美術出版社，2004年6月，第136、248、337頁。
《古璽彙考》，安徽大學博士學位論文，2006年5月，第165頁。
《戰國璽印分域研究》，長沙：嶽麓書社，2009年5月，第139頁。
《先秦印風》，重慶：重慶出版社，2011年5月，第32頁。
《先秦古璽集粹》，長春：吉林文史出版社，2011年11月，第14頁。

集釋：

羅福頤：

0161　□□客璽　《古璽彙編》，文物出版社，1981年12月，第27頁。

吳振武：

〔七二七〕今按：此字（編按：即字）應釋爲鑄。原璽從風格上可以確定爲楚璽，而楚鄂君啓節鑄字作，上部正與此字極近。侯馬盟書鑄字作，下不从皿，可爲其證。原璽全文作「鑄巽客鉨」，鑄巽客當是楚國主掌「巽」幣鑄造之官。戰國楚貨幣中

「巽」字幣極多。舊稱「蟻鼻錢」或「鬼臉錢」，亦見有鑄造這種貨幣時所用的銅範（看《發展史》一七三頁及《文物》一九八一年一期）。楚官名中稱客者亦習見，如楚銅器中有「鑄客」（《三代》三·十九·五、六），楚璽中有「郢粟客鉨」（《彙》五五四九）、「郡粟客鉨」（《彙》○一六○）、「羊坒（府）諹客」（《彙》五五四八）、「右□客鉨」（《彙》○一六二）等。故此字應和四八三頁第四欄  同列一欄並釋爲鑄。鑄字見於《說文·金部》。　《〈古璽文編〉校訂》，吉林大學博士學位論文，1984年10月，第537~539頁。

吴振武：

〔七三六八〕此字（編按：即印文第二字）从丌从 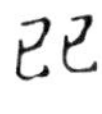，應釋爲巽。《說文》巽字古文作 ，篆文作 ，所从丌旁皆與此字  旁同。 即 ，參本文（七三五）、（五六三）條。原璽全文作「鑄巽客鉨」，鑄巽客是楚國主掌「巽」幣鑄造之官，參本文（七二七）條。故此應和五〇八頁第四欄  同列一欄，並釋爲巽。巽字見於《說文·丌部》。

《〈古璽文編〉校訂》，吉林大學博士學位論文，1984年10月，第543~544頁。

湯餘惠：

楚璽　魚㒷客鉨　《略論戰國文字形體研究中的幾個問題》，《古文字研究》第十五輯，中華書局，1986年6月，第76頁。

鄭　超：

28.鑄巽客璽

「鑄巽」二字《古璽彙編》缺釋，此從吳振武釋。楚銅幣蟻鼻錢上常見一字作，此字駢宇騫釋「巽」，李家浩讀爲「錢」（並見李家浩《戰國文字中的「㡀」和「比」》，《中國語文》1980年5期），並可信。「鑄巽客」也當讀爲「鑄錢客」，是主管鑄造蟻鼻錢的技術官吏，與楚國銅器銘文中的「鑄客」相類。楚國曾提到過「錢」，《史記・趙王勾踐世家》有「楚王……乃使使者封三錢之府」。《楚國官璽考述》，《文物研究》總第二輯，黃山書社，1986年12月，第90~91頁。

李家浩：

鑄巽（錢）客　鑄（在《古璽彙編》出版之前，我曾根據此印不準確的摹本，將「鑄」字誤釋爲「羔」，讀爲「造」，現從吳振武同志釋更正。吳釋見《〈古璽彙編〉釋文訂補及分類修訂》，載《古文字學論集》初編489頁，香港大學中文系1983年）巽（錢）客璽。

印《璽彙》27.0161（「巽」讀爲「錢」，說見李家浩《戰國貨幣文字中的「㡀」和「比」》，《中國語文》1980年3期376頁）。 《楚國官印考釋（兩篇）》，《語言研究》，1987年第1期，第124頁。

黃錫全：

66、鑄巽客

（138）鑄巺客璽

第一字，湯餘惠釋爲魚，何琳儀、吳振武釋爲鑄。第二字多從駢宇騫說釋爲巽（駢宇騫：《試論楚貨幣印文字「巽」》，1979年中國古文字學年會論文），李家浩讀爲錢（李家浩：《戰國貨幣文字的「㡀」和「比」》，載《中國語文》1980年第五期）。鄭超認爲「鑄巽客」也當讀爲「鑄錢客」，是主管鑄造蟻鼻錢的技術官吏，與楚國銅器銘文中的「鑄客」相類。 《古文字中所見楚官府官名輯證》，《文物研究》總第七輯，黃山書社，1991年

12月，第225頁。

牛濟普：

12.羊府諹客、鑄鍰客璽

兩璽的「客」字的寫法也爲楚系文字所特有，寫作「、」，《鑄客鼎》的「客」字作「」、《望山楚簡》作「」，與璽文同。……

「」，隸爲「」，釋爲「鑄」字，《鄂君啓節》作「」，《戰國盟書》作「」。

「」，與楚幣俗稱「鬼臉錢」文字形近。釋讀一般流行爲「晉」、「貝」、或「㒷」字，駢宇騫先生釋爲「鍰」字（見駢宇騫：《試釋楚國貨幣文字巽》，載《語言文字研究專輯》下292頁）。

《楚系官璽例舉》，《中原文物》，1992年第3期，第90頁。

曹錦炎：

15.鑄巽客鉢

楚國青銅器銘文中，常見「鑄客」之名，這是主管冶鑄事務的工師官。「巽」，貨幣名。楚國流通的銅製貨幣銅貝銘文中，有一類即鑄有「巽」字，巽通選，讀爲「錢」（李家浩

《戰國貨幣文字中的「㡀」和「比」》，《中國語文》1980年第5期），楚國設有「三錢之府」。見《史記·越王勾踐世家》。

璽文「鑄巽客」，指職掌冶鑄貨幣之工官。　《古璽通論》，上海書畫出版社，1996年3月，第100~101頁。

何琳儀：

楚系　盥巽客鉨　〇〇一六（編按：當是「〇一六一」）　《戰國古文字典》，中華書局，1998年9月，第204頁。

何琳儀：

楚系　旲巽客鉨

楚器客，外國賓客。　《戰國古文字典》，中華書局，1998年9月，第487~488頁。

徐　暢：

東周·楚系公鉨　旲（鑄）巽（錢）客鉨　《中國篆刻全集》，黑龍江美術出版社，2000年7月，第17頁。

來一石：

□□客鉨　《古印集萃・戰國卷》，榮寶齋出版社，2000年11月，第45頁。

肖　毅：

鑄巽（錢）客璽

……鑄錢客當掌管貨幣鑄造的工官。《古璽所見楚系官府官名考略》，《江漢考古》，2001年第2期，第42頁。

趙　超：

……鑄師、工師、冶師正相類近，當是北方的燕、中原的三晉和南方的楚三個不同的文化圈中對同一職務的不同稱法。

由此出發，還可以在戰國璽印中找到一些與鑄造有關的璽印。

例如：故宮博物院藏（編按：圖略）。其首字應亦从臼从人从火，當爲鑄的另一種異體，與楚銅器中作相近，唯省皿，保留火。右下一字有殘缺，但形體與楚鬼臉錢（貝幣）銘文字十分相近，該字駢宇騫同志釋爲巽，李家浩同志將其讀作錢（李家浩：《戰國

貨幣文字中的「尙」和「比」》，《中國語文》，1980年第5期）。今依其說，則該印當釋作「鑄錢客璽」。石志廉同志曾指出：稱客者多爲楚國官璽。此印文體及形制亦多與楚印相符，當即楚國由外國聘請的鑄幣技師之印。《「鑄師」考》，《古文字研究》第二十一輯，中華書局，2001年10月，第298頁。

莊新興：

1039　鑄巽客鉨　楚系·楚　《戰國璽印分域編》，上海書店出版社，2001年10月，第185頁。

徐暢主編：

戰國公鉨與印跡·楚系鉨印　140　鑄錢客鉨　《中國書法全集》第92卷，榮寶齋出版社，2003年2月，第45頁。

徐暢主編：

140　鑄錢客鉨

作於戰國時期。楚官鉨。《古璽彙編》○一六二號著錄。故宮博物館收藏。銅質。

吳振武首釋「𡨦（鑄）巽」兩字。李家浩釋爲「鑄巽（錢）客鉨」。「巽」字與戰國時期楚地所鑄蟻鼻錢（俗稱鬼臉錢）上的諸字中的一種相同，釋爲鑄錢較爲可信。此爲主管鑄造錢幣的官員用印。

字畫圓渾，勁挺秀峻。用筆結體可與子彈庫楚帛書媲美。

參考　徐暢《寓石齋璽印考》《中國書法全集》第92卷，榮寶齋出版社，2003年2月，第208頁。

莊新興：

鑄巽客璽（楚）　《戰國璽印》，上海書畫出版社，2003年8月，第227頁。

小林斗盦：

𡨦巽客鉨　《中國璽印類編》，天津人民美術出版社，2004年6月，第136、248頁。

小林斗盦：

巽□客鉨　《中國璽印類編》，天津人民美術出版社，2004年6月，第337頁。

施謝捷：

楚系官璽　鑄巽客鉩（璽）　《古璽彙考》，安徽大學博士學位論文，2006年5月，第165頁。

陳光田：

楚系古璽　「鑄巽（鍰）客鉩（璽）」（0161）。璽文前兩字舊不識，第一字當爲鑄字，第二字當釋爲巽，讀做鍰。（駢宇騫：《試論楚貨幣文字「巽」》，1979年中國古文字學年會論文。）或將「巽」讀做「錢」。（李家浩：《戰國貨幣文字中的「㓹」和「匕」》，《中國語文》1980年第5期。）「巽」是楚國貨幣的名稱，楚國流通的銅制貨幣銅貝銘文中，有一類鑄有「巽」字，「鑄巽客璽」當爲楚國掌管「巽」幣鑄造之官所用。　《戰國璽印分域研究》，嶽麓書社，2009年5月，第139頁。

徐　暢：

戰國楚系官鉩　𣪘（鑄）巽（錢）客鉩　《先秦印風》，重慶出版社，2011年5月，第32頁。

王義驊：

𣪘巽客鉩　《先秦古璽集粹》，吉林文史出版社，2011年8月，第14頁。

官璽第一二九：左□客鉨（璽）

印面：

尊古齋古璽集林初二集

著錄：

《古璽彙編》，北京：文物出版社，1981年12月，第28頁。
《中國篆刻全集》，哈爾濱：黑龍江美術出版社，2000年7月，第17頁。
《古印集萃・戰國卷》，北京：榮寶齋出版社，2000年11月，第43頁。
《戰國璽印分域編》，上海：上海書店出版社，2001年10月，第185頁。
《中國書法全集》第92卷，北京：榮寶齋出版社，2003年2月，第45頁。
《中國璽印類編》，天津：天津人民美術出版社，2004年6月，第247頁。
《古璽彙考》，安徽大學博士學位論文，2006年5月，第171頁。

《戰國璽印分域研究》，長沙：嶽麓書社，2009年5月，第138頁。

《先秦印風》，重慶：重慶出版社，2011年5月，第32頁。

集　釋：

羅福頤：

0162　右□客鉨　《古璽彙編》，文物出版社，1981年12月，第28頁。

湯餘惠：

楚璽　右□客鉨　《略論戰國文字形體研究中的幾個問題》，《古文字研究》第十五輯，中華書局，1986年6月，第76頁。

李家浩：

右□客璽（「客」上一字原文殘泐，其下似从「米」）。印　《璽彙》28.0162　《楚國官印考釋（兩篇）》，《語言研究》，1987年第1期，第124頁。

黃錫全：

右□客璽

第二字不清，似微或徵字，錄此待考。　《古文字中所見楚官府官名輯證》，《文物研究》總第七輯，黄山書社，1991年12月，第232頁。

徐　暢：

東周・楚系公鉨　右□客鉨　《中國篆刻全集》，黑龍江美術出版社，2000年7月，第17頁。

來一石：

右□客鉨　《古印集萃・戰國卷》，榮寶齋出版社，2000年11月，第43頁。

肖　毅：

左□客璽

第一字原釋「右」，按當爲「左」字。　《古璽所見楚系官府官名考略》，《江漢考古》，2001年第2期，第44頁。

莊新興：

1040　左□客鉨　楚系・楚　《戰國璽印分域編》，上海書店出版社，2001年10月，第185頁。

徐暢主編：

戰國公鉨與印跡·楚系鉨印　139　右□客鉨　《中國書法全集》第92卷，榮寶齋出版社，2003年2月，第45頁。

徐暢主編：

139　右□客鉨

《古璽彙編》〇一六二號著録。　《中國書法全集》第92卷，榮寶齋出版社，2003年2月，第208頁。

小林斗盦：

左□客鉢　《中國璽印類編》，天津人民美術出版社，2004年6月，第247頁。

施謝捷：

楚系官璽　右（左）□客鉨（璽）　《古璽彙考》，安徽大學博士學位論文，2006年5月，第171頁。

陳光田：

楚系古璽「右□客鉩（璽）」（0162）。詳見「群粟客鉩（璽）」條。《戰國璽印分域研究》，嶽麓書社，2009年5月，第139頁。

李守奎按：

首字當從肙殺釋「左」。次字殘勒不清，留待後考。

官璽第一三〇：羊坒謁客

印面：

待時軒印存初集十八冊續集十五冊

著錄：

《古璽彙編》，北京：文物出版社，1981年12月，第502頁。

《印典》（一），石家莊：河北美術出版社，1989年8月，第750頁。

《古璽通論》，上海：上海書畫出版社，1996年3月，第164頁。
《中國璽印篆刻全集》，上海：上海書畫出版社，1999年11月，第46頁。
《古璽漢印集萃》上冊，南寧：廣西美術出版社，2001年10月，第13頁。
《戰國璽印分域編》，上海：上海書店出版社，2001年10月，第185頁。
《中國書法全集》第92卷，北京：榮寶齋出版社，2003年2月，第190頁。
《中國璽印類編》，天津：天津人民美術出版社，2004年6月，第78、447頁。
《古璽彙考》，安徽大學博士學位論文，2006年5月，第172頁。
《戰國璽印分域研究》，長沙：嶽麓書社，2009年5月，第152頁。
《先秦印風》，重慶：重慶出版社，2011年5月，第32頁。

集釋：

石志廉：

羊府諹（瘍）客是治羊病的獸醫。《戰國古璽考釋十種》，《中國歷史博物館館刊》，1980年第2期，第112頁。

羅福頤：

5548　羊伾諹客　《古璽彙編》，文物出版社，1981年12月，第502頁。

吴振武：

羊坣（府）諹客　《〈古璽彙編〉釋文訂補及分類修訂》，《古文字學論集》（初編），香港中文大學，1983年9月，第526頁。

湯餘惠：

楚璽　羊坣諹客　《略論戰國文字形體研究中的幾個問題》，《古文字研究》第十五輯，中華書局，1986年6月，第76頁。

鄭　超：

羊伾諹客

此印石志廉釋「伾」爲「府」，讀「諹」爲「瘍」，謂羊府是治羊病的獸醫。待考。《楚國官璽考述》，《文物研究》總第二輯，黄山書社，1986年12月，第91頁。

李家浩：

二　羊埘諹客

《古璽彙編》五〇二頁著録如下一枚楚印：

（1）羊埘諹客。　5548

此印的「羊埘」是府名，「諹客」是官名。現將我們的意見寫在下面。

「羊埘」之「埘」，原文「土」旁寫在「付」旁之下，爲了便於印刷，釋文暫且將此字寫作「埘」。此字亦見於下列戰國印：

（2）陽（蕩）陰都壽君埘（蕩陰在今河南湯陰縣，戰國時屬魏）。《璽彙》2.0009

（3）樂城埘。（《漢書·地理志》樂成縣有二，一屬南陽郡，在今河南鄧縣西南，戰國時屬楚；一屬河間國，在今河北獻縣東南，戰國時屬趙。從（4）的文字特點看，此「樂成」似是河間國的樂成）。《璽彙》149

（4）陽囷埘。　《璽彙》227.2315

（5）陽洱埘。　《璽彙》227.2316

（6）阡陌埘。　《璽彙》228.2332

（7）虡丘坿。　《璽彙》297.3159

（8）新郹坿。　《璽彙》297.3160

（9）下各（洛）坿（上洛在洛水上游，春秋時屬晉，戰國時屬魏。參看顧觀光《七國地理考》卷五）。　《璽彙》303.3328

（10）庶犀坿。　《璽彙》320.3438

（11）堂（當）城坿（《漢書・地理志》代郡有當城縣，其地在今河北蔚縣東，戰國時屬趙）。　《璽彙》321.3442

（12）陽城坿　（陽城故址在今河南登封告成，戰國時屬韓）。　《十六金符齋印存》11頁下

（13）都坿。　《璽彙》515・5659

（14）北坿。　《璽彙》292・3096

（15）宮寓坿守。　《璽彙》303・3236

（2）至（15）大概屬於三晉。這些印文的「坿」字大多出現在地名之後，有人認爲即「府」

字（參看石志廉《戰國古璽考釋十種》，《中國歷史博物館館刊》2期112頁，1980年），可從。

戰國文字中還有一個「府」字，作「府」下「貝」或「付」下「貝」。其中少數字的寫法將所从的「貝」省作「目」，或將「府」所从的「人」與「貝」上下重疊，並省去「又（寸）」。爲便於印刷起見，下面的釋文徑將此字寫作「府」。

（16）大府之饋（「饋」字的考釋〔編按：「釋」原作「样」〕），參看李零《戰國鳥篆銘帶鉤考釋》，《古文文【編按：此處衍「文」字】字研究》第八輯60、61頁，中華書局，1983【編按：原文脱「8」】年）盞。　盞　《小校經閣金文拓本》2.38.3

（17）大府之瑚。　瑚《三代吉金文存》（以下簡稱爲《三代》）10.1.2

（18）大府之器。　銅牛　《文物》1959年4期1頁。

（19）秦客王子齊之歲，大府爲王飤晉（？）鎬。　鎬　《文物》1980年8期28頁圖二

（20）大攻（工）嚴脽台（以）王命命集尹恖糌、緘尹逆、緘令阢爲鄂君啓之府商（商）（「商」字舊釋爲「賡」，不可信。鄂君啓節還有一個與「賁」字所从的偏旁相同的字，

舊釋爲「庚」，也不可信。此字義同「到」、「至」，可能是「帝」字的訛體，讀爲「適」。關於此二字的考釋，詳另文）鑄金節。……女（如）載馬、牛、羊台（以）出內（入）關，則政（徵）於大府，毋（毋）政（徵）於關。鄂君啓節車節　《考古》1963年8期圖版捌。

（21）郢大府之□□。　銅量　《文物》1978年5期96頁圖三

（22）郢□府所造。　豆　《文物》1980年8期30頁圖一右上

（23）鑄客爲王后七府爲之。　鼎　《三代》3.19.6

（24）陳旺（亡？）之歲，造府之戟。　戈　《商周金文錄遺》109.578

（25）此造府之右冶□□。　鼎　《三代》3.12.1

（26）造府。　印　《璽彙》246.2550

（27）高府之璽。　印　《璽彙》23.0132

（28）行府之璽。　印　《璽彙》22.0128.0129

（29）㳉行府之璽。　印　《璽彙》22.0130

（30）司馬之府。　印　《璽彙》501.5538

（31）壽春府萛。　鼎　《文物》1964年9期36頁圖五

（32）倅府。　印　《璽彙》59.0337

（33）袁府。　印　《書道全集》别I・20・・65

（34）□正府璽。　印　《璽彙》23.0133

（35）□府之璽。　印　《璽彙》22.0131

（36）王子中府。　鼎　《小校經閣金文拓本》2.57

（37）左得工，中府，左酒（糟）。耳杯《洛陽金村古墓聚英》（以下簡稱爲《聚英》）22頁第十一圖，圖版第二四

（38）中府四。　盒　《聚英》22頁第十一圖，圖版第二七

（39）甘冡（?）子，公宔（主），右得〔工〕，右酒（糟），爯四兩半□分，中府。　銀人《聚英》25頁第十四圖

（40）春成侯中府，料重（鍾），塚（重）十八益（鎰）。　鍾　《三代》18.19.3

（41）三年，中府丞肖□，冶淚。　銅杖首　《三代》18.31.2

（42）中府。　戈鐓　《三代》20.59.2

（43）少府，盉　《文物》1972年6期24頁圖九：3

（44）少府。皃（客）二益（溢）。　小器　《三代》18.39.3

（45）七年九月，府嗇夫□□，史狄造之。　鍾　《文物》1975年6期72頁圖六

（46）曹遽饋府。　印　《璽彙》53.0304

（47）王命賙（?）爲逃（兆）乏闊閷（狹）大小之□，又事（使）者（諸）官圖之，……其一從，其一藏府。　兆域圖　《文物》1979年1期23頁圖二五

（48）二年，右貫府□禦戜宿㕣。　戈　《河北省出土文物選集》　142

（49）右府尹。　象尊　《河北省出土文物選集》133

（50）少府，二兩十四朱（銖）　銀節約　《文物》1980年7期二頁圖二：1

此外，《古璽彙編》還著錄三方「府」字印（羅福頤主編：《古璽彙編》483.5343、487.5392、489.5414，文物出版社，1981年）。這些帶有「府」字的文字資料國別，大概（16）至（35）屬楚，（36）至（39）屬東周，（40）至（46）屬三晉，（47）屬中山，（48）、（49）屬

燕，（50）屬中國境內的匈奴。「坿」、「府」二字都見於楚和三晉文字，說明它們之間的意義是有區別的。從「坿」、「府」二字在銘文中的用法看正是如此。「坿」字多用爲官府之「府」，而「府」多用爲府庫之「府」。官府之府指官吏辦事的地方。《周禮·天官·大宰》「以八法治官守」，鄭玄注：「百官所居曰府。」《管子·君臣》「君發其明府之法瑞以稽之」，尹知章注：「府，謂百吏所居之官曹也。」府庫之「府」指收藏財物的地方。《呂氏春秋·季春》「開府庫」，高誘注：「府庫，幣帛之藏也。」《禮記·曲禮下》「在府言府」，鄭玄注：「府，謂寶藏貨賄之處也。」中國古代曾以「貝」爲貨幣，所以跟財物有關的字多从「貝」，如「貨」、「財」、「資」、「賄」等字。（16）至（50）从「貝」之「府」，當是府庫之「府」的專字（見容庚《金文編》696頁「府」字下引張政烺先生說，中華書局，1985年）。古代的建築物多用泥土壘築而成，所以跟建築物有關的字多从「土」，如「城」、「垣」、「壁」、「堂」和《說文》古文「宅」、戰國文字「市」（參看裘錫圭《戰國文字中的「市」》，《考古學報》1980年3期285～295頁）等字。（1）至（15）等的「坿」跟（36）至（40）的「府」字原文作「付」下「貝」的結構相同，當是官府之「府」的專字，與《説文》訓爲「益也」的「坿」字似非一字。據我們研究，古文字中的「某客」和「某某客」是楚國特有的一種官名。現將我們知道的幾種寫在下面，並在其後各舉一條原文作爲例子：

粟客　郢粟客璽。　印　《璽彙》503.5549

鑄客　鑄客爲集脰爲之。　鼎　《三代》3.13.2

鑄器客　鑄器客爲集糧（？）。甗（編按：疑爲「甑」字訛）　上海博物館藏　[引自郝本性《壽縣楚器集脰諸銘考釋》，《古文字研究》第十輯206頁，中華書局，1983年；李零《楚國典型銅器墓的年代與楚器的分類研究》29頁，中國社會科學院研究生院1982年畢業研究生論文。銘文的「器」字原文作从「吕」从「大」，李零同志認爲是「器」字的省寫，甚是。戰國文字中的「器」字或省作「哭」（《古陶香録》附15下，《考古》1984年8期76頁圖五，《考古學報》1974年1期21頁圖二：2、3、4、6），與此省寫情況類似]。

鑄巽（錢）客　鑄（在《古璽彙編》出版之前，我曾根據此印不準確的摹本，將「鑄」字誤釋爲「羔」，讀爲「造」，現從吳振武同志釋更正。吳釋見《〈古璽彙編〉釋文訂補及分類修訂》，載《古文字學論集》初編489頁，香港大學中文系1983年）巽（錢）客璽。［「巽」讀爲「錢」，説見李家浩《戰國貨幣文字中的「㡀」和「比」》，《中國語文》1980年3期376頁。此文所録的戰國貨幣面文「陽匕」和「市東少匕」等之「匕」，應改釋爲「曲」（參看李家浩《楚王酓璋戈與楚滅越的年代》注②，《文史》第二十四輯20、21頁）。《漢書·地理志》太原郡有陽曲縣，其地在今山西定襄，戰國時屬趙。少曲在今河南濟源東北少水彎曲處，戰國時屬韓。附志於此。］　印　《璽彙》27.0161

室客　楚王室客爲之。匜　故宮博物院藏（引自郝本性《試論楚國器銘中所見的府和鑄造組織》13頁，1985年楚文化研究會第三次年會論文）

右□客　右□客璽。（「客」上一字原文殘泐，其下似从「米」。）　印　《璽彙》28.0162

此處還有單稱爲「客」的：

客豊愆。　鼎　《三代》2.35.2

直到秦漢之際，在劉邦起義軍中還襲用楚國「粟客」和「客」的官名。《漢書·高惠高后文功臣表》「淮明（編按：「明」當爲「陰」字訛）候（編按：「候」當爲「侯」字訛）韓信」欄：

初以卒從項梁。梁死，屬項羽爲郎中。至咸陽，亡從入漢，爲連敖、粟客。（原文「粟客」誤作「票客」，此從《史記·高祖功臣侯者年表》「淮陰」欄司馬貞《索隱》引改。參看李家浩《楚國官印考釋（四篇）》，《江漢考古》1984年2期47、48頁）

《史記·張丞相列傳》：

周昌者，沛人也。其從兄曰周苛，秦時皆爲泗水卒史。及高祖起沛，擊破泗水守監，於是周昌、周苛自卒史從沛公，沛公以周昌爲職志，周苛爲客（裴駰《集解》「周苛爲客」下引張晏曰：「爲帳下賓客，不掌官。」此說似不可信）。

因此，(1)的「諹客」也應當是官名。

「諹」字見於《廣韻》蕩韻，訓爲「謹也，讙也」。(1)的「諹客」之「諹」當非此義。古代从「易（編按：疑爲「昜」誤植）」得聲之字與「象」字或从「象」得聲之字音近可通。如《詩·秦風·小戎》「文茵暢轂」之「暢」，阜陽漢墓竹簡作「象」（文物局古文獻研究室、安徽阜陽地區博物館阜陽漢簡整理組：《阜陽漢簡〈詩經〉》，載《文物》1984年8期6頁S123，10頁圖13）。《說文·食部》「𩟄」字的或體作「鐊」。又《水部》：「潒，水潒瀁也。从水，象聲。讀若蕩。」「潒瀁」即「蕩瀁」。《廣韻》蕩韻：「像，放像。或作婸。」疑(1)的「諹客」之「諹」當讀爲「象」。《大戴禮記·小辨》：「傳言以象，反舌皆至，可謂簡矣。」《漢書·禮樂志上》「象來致福」，顏師古注引李奇曰：「象，譯也。」《周禮·秋官》有「象胥」，《序官》鄭玄注：「通夷狄之言者曰象；胥，其有才知（智）者也。」又《大行人》鄭玄注引鄭衆曰：「象胥，譯官也。」「諹客」猶《周禮》的「象胥」，即翻譯官。「鐊」从「言」，似應當跟「通夷狄之言」有關。

中國自古以來就是一個多民族的國家。在先秦時期，除了使用漢語、漢字的民族外，還有少數民族，他們不但有自己的語言，而且有的還有自己的文字。據我們所知，在先秦少數民族文字中，最早的要算東夷文字。一九八一年山東萊陽前河村出土一件陶盉，頸部有銘文一周，另外在流和腹部各有銘文二字（李步青、劉玉明：《「□盉」銘義初釋及其有關歷史問題》，《東嶽論叢》1984年1期83頁附圖）。這些文字大多不同於商周以來的文字。從陶盉的形態看，其時代當屬西周；從陶盉出土地點看，其國別當屬東夷。因此，這件陶盉上的文字當是西周時期東夷的文字。其次是大家都知道的巴蜀文字（參看童恩正《古代的巴蜀》130～133頁，四川人民出版社，1979年；李學勤《論新都出土的蜀國青銅器》，載《文物》1982年1期41～43頁）。一九五三年湖南長沙子彈庫三七號墓出土一件銅矛，上面有許多不認識的字（湖南省博物館：《湖南省文物圖錄》圖版二五：2，湖南人民出版社，1964年）。可能是所謂的「百越」的文字。有一些使用漢語、漢字國家的人跑到少數民族去作（編按：「作」當爲「做」字訛）官或從事技術工作，於是，這些少數民族在狹小的範圍內還使用漢字。如傳世和考古發現的越國銅器銘文湖南省博物館在廢銅中揀選的一件巴國鋼戈銘文（熊傳新：《湖南發現的古代巴人遺物》，《文物資料叢刊》第7輯

30頁，圖版肆：2：周世榮：《湖南出土戰國以前青銅器銘文考釋》，《古文字研究》第十輯275頁圖三十二，中華書局，1983年）。內蒙古伊克盟昭准格爾旗西溝畔匈奴墓裏出土的銀節約記重銘文（伊克昭盟文物工作站、內蒙古文物工作隊：《西溝畔匈奴墓》，載《文物》1980年7期2頁圖二：1-7，7頁圖一三、一四）和傳世「兇（匈）奴相邦」印（《上海博物館藏印選》12.2，上海書畫社，1979年），這些都是越、巴和中國境內的匈奴等少數民族使用漢字的例子。自五十年代以來，在湖南境內發現下錄諸王銅器銘文：

侸乍（作）郗王戟。　戈　《考古學報》1981年4期534頁圖一三：4，圖版貳壹：1

烝王之童㬅。　戈《湖南文物輯刊》第一輯圖版肆：5，《商周金文錄遺》105.573

中賻王貞（鼎）。　鼎　《湖南文物輯刊》第一輯93頁圖三：8

我們懷疑這些王都是南方少數民族的王。值得注意的是烝王戈銘文把「戈」稱爲「童㬅」，這可能是少數民族語。如果我們的推測是正確的話，上錄銅器銘文也是先秦少數民族使用漢字的例子。

使用漢語、漢字的民族，跟其他的少數民族交往，由於語言、文字不同，必須通過翻譯才能進行。楚國偏處南方的長江流域，與南方眾多的少數民族交往十分頻繁，需要設立翻譯官。《説苑·善説》記載的《越人歌》故事，是大家比較熟習的，爲了便於説明，不妨把原文抄寫在下面：

鄂君子晳之汎（編按：當作「汎」誤植）舟於新波之中也，……榜枻越人擁楫而歌。歌辭曰：「濫兮抃草濫予昌枑澤予昌州州𩜱州焉乎秦胥胥縵予乎昭澶秦踰滲惿隨河湖。」鄂君子晳曰：「吾不知越歌，子試爲我楚説之。」於是乃召越譯，乃楚説之曰：「今夕何夕兮，搴舟中流？今日何日兮，得與王子同舟？蒙羞被好兮，不訾詬恥。心幾頑而不絕兮，知得王子。山有木兮木有枝，心説（悦）君兮君不知。」

有人將漢字記音的《越人歌》和翻譯的《越人歌》對照進行研究，認爲越語跟現在的壯、侗族語相近（韋慶穩：《試論百越民族的語言》，《百越民族史論集》289～305頁，中國社會科學出版社，1982年）。這對於使用漢語的鄂君子晳來說當然是聽不懂的，所以召「越譯」「楚說之」。據《周禮·秋官》，「象胥」是由少數民族的人當任的，「越譯」可能是由越人當任的。這是楚國設有翻譯官的例子。

根據以上所說，(1)的「羊坿諹客」當讀爲「羊府象客」。「羊府」可能是指「羊」這個地方的「府」，也有可能是楚國朝廷的一個府名。「象客」是翻譯官。《楚國官印考釋（兩篇）》，《語言研究》，1987年第1期，第121～127頁。

黄錫全：

6、羊坿（府）諹客　璽彙5548

石志廉讀坿爲府，認爲「羊府諹（瘍）客是治羊病的獸醫」。李家浩疑「諹客」之諹當讀爲「象」，「諹客」猶《周禮》的「象胥」，即翻譯官；「羊府」可能是指「羊」這個地方的「府」，也有可能是楚國朝廷的一個府名。按，石讀坿爲府，可從。李讀「諹客」爲「象客」，有一定道理。「羊府」很可能是中央的一個府名，頗疑羊當讀如庠。《孟子·梁惠王上》：「謹庠序之教。」注：「庠序者，教化之官也。殷曰序，周曰庠。」「庠府」猶言「學府」，當是楚之主掌教育的機構。「庠府象客」印可能是庠府翻譯官的璽印。《古文字中所見楚官府官名輯證》，《文物研究》總第七輯，黄山書社，1991年12月，第210頁。

牛濟普：

12.羊府諹客　鑄鍰客璽

兩璽的「客」字的寫法也爲楚系文字所特有，寫作「、」，《鑄客鼎》的「客」字作「」、《望山楚簡》作「」，與璽文同。

「諹」字通「暘」、「湯」。「羊」通「祥」字，故「羊府諹客」也可釋作「祥府湯客」。

《楚系官璽例舉》，《中原文物》，1992年第3期，第90頁。

曹錦炎：

22.羊諹（腸）客坣（府）（編按：曹錦炎以爲該璽爲三晉官璽）

「諹」，讀爲「腸」，兩字均从「昜」得聲，故可通假。羊腸，趙國地名，見《戰國策・西周策》韓魏易地章：「韓兼兩上黨以臨趙，即趙羊腸以上危。」高誘注：「羊腸，趙險塞名也。山形屈璧，狀如羊腸，在今太原晉陽之西北也。」又《史記·魏世家》哀王八年「如耳見成陵君曰：昔者魏伐趙，斷羊腸，拔閼與」，張守節《正義》：「羊腸阪道在太行山上，南口懷州，北口潞州。閼與故城在潞州及儀州，若斷羊腸、拔閼與，北連恒州，則趙國東西斷而爲二也。」由此可見羊腸是趙國一處非常重要的關隘。

客府，專爲他國使者及商賈而設的府寓，典籍或稱「客舍」，《管子·輕重乙》：「爲諸侯之商賈立客舍，一乘者有食，三乘者有芻菽，五乘者有五養。」

此璽係趙國設在羊腸關隘的客舍所用印，是用來封緘發給他國使者或商賈等人的證件、文書，或攜帶的貨物的。《古璽通論》，上海書畫出版社，1996年3月，第164～165頁。

何琳儀：

楚系　羊䇻謪客

謪，从言，易聲。《集韻》：「謪，譽也。」

楚璽謪，讀象。《淮南子·說山》「名不可得而揚」。注：「揚或作象也。」《莊子·達生》「水有罔象」，釋文：「罔象，司馬本作無傷。」是其佐證。《周禮·秋官·序官》：

「象胥」注：「通夷狄之言者曰象。」《禮記·王制》：「五方之民，言語不通，嗜欲不同，達其志，通其欲，東方曰寄，南方曰象，西方曰狄鞮，北方曰譯。」《戰國古文字典》，中華書局，1998年9月，第662頁。

何琳儀：

楚系　羊㑅埸客

《說文》：「坿，益也。从土，付聲。」

戰國文字坿，讀府，官府。《戰國古文字典》，中華書局，1998年9月，第391～392頁。

何琳儀：

楚系　羊㑅埸客

楚璽羊，地名。《戰國古文字典》，中華書局，1998年9月，第671～672頁。

何琳儀：

楚系　羊㑅埸客

《說文》：「客，寄也。从宀，各聲。」

楚器客，外國賓客。　《戰國古文字典》，中華書局，1998年9月，第487～488頁。

莊新興：

羊侸諹客　戰國　《中國璽印篆刻全集》，上海書畫出版社，1999年11月，第46頁。

肖　毅：

31.羊府諹客

石志廉讀㘶爲府（《十種》）。李家浩疑「諹客「之「諹」當讀爲「象」，「諹客」猶《周禮》的「象胥」，即翻譯官（李家浩：《楚國官印考釋（兩篇）》，載《語言研究》1987年第1期（總第12期）121～127頁）。黃錫全疑羊爲庠。「庠府」猶言「學府」，當是楚王主管教育的機構，「庠府象客」即可能是庠府翻譯官的印（《輯證》）。或釋「羊腸客府」（《璽通》164頁）。　《古璽所見楚系官府官名考略》，《江漢考古》，2001年第2期，第42頁。

戴山青：

羊侸諹客　《古璽漢印集萃》上冊，廣西美術出版社，2001年10月，第13頁。

莊新興：

1041　羊坣諹客　楚系・楚　《戰國璽印分域編》，上海書店出版社，2001年10月，第185頁。

徐暢主編：

戰國公鉩與印跡・三晉系鉩印　578　羊坣（府）諹（腸）客　《中國書法全集》第92卷，榮寶齋出版社，2003年2月，第90頁。

徐暢主編：

578　羊坣（府）諹（腸）客

作於東周時期。楚系官鉩。《待時軒印存初集十八冊續集十五冊》、《古璽彙編》五五四八號著錄。

《古璽彙編》右下角字隸定爲伳。曹錦炎考「羊諹」（腸）系趙國一處非常重要的關隘。「客府」是專爲他國使者及商賈而設的府寓，典籍或稱「客舍」。此鉩系趙國設在羊諹關隘的客舍所用鉩印，是用來對緘發給他國使者或商賈等人的證件、文書，或攜帶的貨物。

徐暢案：此鉨「客」字與楚「群粟客鉨」相似，風格屬楚，坣字結字與三晉「府」字同，但單人旁寫法與陰文銘刻風格與三晉不類。應爲楚鉨。或釋爲「羊付坣客」，與楚「客鉨」同式。

參考　李家浩《楚國官印考釋（兩篇）》《中國書法全集》第92卷，榮寶齋出版社，2003年2月，第231頁。

小林斗盦：

羊付坣𨟻客　《中國璽印類編》，天津人民美術出版社，2004年6月，第78、447頁。

施謝捷：

楚系官璽　羊坣（府）𨟻客　《古璽彙考》，安徽大學博士學位論文，2006年5月，第172頁。

陳光田：

楚系古璽　「羊（庠）坣（府）𨟻客」（5548）。坣當讀做府（石志廉：《戰國古璽考釋十種》，《中國歷史博物館館刊》1980年2期。），「𨟻」或讀做象，「𨟻客」相當於《周禮》中的「象胥」，即翻譯官。（李家浩：《楚國官印考釋（兩篇）》，《語言研究》1987

年第1期。）「羊」或讀做庠，「庠府」猶言「學府」，爲楚主管教育的機構，「庠府象客」是庠府翻譯官的用印。（黄錫全：《古文字中所見楚官府官名輯證》，《文物研究》1991年總第7輯。）璽文或釋爲「羊腸客府」。（曹錦炎：《古璽通論》，上海書畫出版社，1996年，第164頁。）以上各家之説有待進一步考證。《戰國璽印分域研究》，嶽麓書社，2009年5月，第152～153頁。

徐　暢：

戰國楚系官鉩　羊諹（腸）客筀　《先秦印風》，重慶出版社，2011年5月，第32頁。

官璽第一三二：郢粟客鉨（璽）

印面：

上海博物館藏印

著錄：

《上海博物館藏印選》，上海：上海書畫出版社，1979年8月，第7頁。

《古璽彙編》，北京：文物出版社，1981年12月，第503頁。

《印典》（二），北京：國際文化出版公司，1993年5月，第1551頁。

《古璽通論》，上海：上海書畫出版社，1996年3月，第101頁。

《古璽印精品集成》，上海：上海古籍出版社，1998年9月，第5頁。
《中國歷代印章目錄》，北京：中國民族攝影藝術出版社，1998年9月，第26頁。
《篆字印彙》，上海：上海書店出版社，1999年1月，第1125頁。
《中國璽印篆刻全集》，上海：上海書畫出版社，1999年11月，第49頁。
《中國篆刻全集》，哈爾濱：黑龍江美術出版社，2000年7月，第17頁。
《古印集萃·戰國卷》，北京：榮寶齋出版社，2000年11月，第26頁。
《古璽印精品選·官璽印一》，北京：北京工藝美術出版社，2001年1月，第2頁。
《古璽漢印集萃》上冊，南寧：廣西美術出版社，2001年10月，第18頁。
《戰國璽印分域編》，上海：上海書店出版社，2001年10月，第185頁。
《中國書法全集》第92卷，北京：榮寶齋出版社，2003年2月，第44頁。
《戰國璽印》，上海：上海書畫出版社，2003年8月，第41頁。
《中國璽印類編》，天津：天津人民美術出版社，2004年6月，第201、233、247頁。
《古璽彙考》，安徽大學博士學位論文，2006年5月，第165頁。

《歷代名印鑒賞》，鄭州：河南美術出版社，2008年4月，第23頁。
《戰國璽印分域研究》，長沙：嶽麓書社，2009年5月，第138頁。
《中國印學》，杭州：中國美術學院出版社，2010年6月，第13頁。
《先秦印風》，重慶：重慶出版社，2011年5月，第32頁。
《先秦古璽集粹》，長春：吉林文史出版社，2011年11月，第14頁。

集釋：

上海博物館：

郢粟客鉨　《上海博物館藏印選》，上海書畫出版社，1979年8月，第7頁。

石志廉：

（8）郢粟客鉨

此璽曾經合肥龔心釗收藏，現歸上海博物館，傳爲安徽壽縣出土。印作長方形，鼻鈕，製作古樸典重，通高1.6釐米，寬3.4釐米，長3.4釐米。陰文「郢粟客鉨」四字，是過去從未發現過的楚國官印。

戰國璽中稱客的爲數極少，所見僅有客戒之鉢、羊府昜（瘍）客、右客鉢及群客鉢等寥寥數印。戰國楚銅器中有鑄客豆、鑄客盤等。客戒疑係戒客。羊府昜（瘍）客是治羊病的獸醫。鑄客是有關治煉的技術指導。群客鉢見《尊古齋古鉢集林第二集》，前人無釋文。按即稟字，應釋爲群稟客鉢。戰國「右稟」鉢（中國歷史博物館藏）共稟書作。山東淄博出土戰國陶稟量，稟書作，稟字下部均从禾。戰國平阿左稟鉢，稟書作。上海博物館藏戰國「□王左稟」鉢，稟書作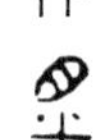。河南登封古陽城遺址出土的戰國陶稟量，稟書作。可證戰國時的稟字下部可書作禾或米，二者相同。故知亦即稟字。群稟乃倉稟集中的地方，或爲王家之倉稟。群稟客鉢，乃司稟有關的技術管理人員所用之官印。其性質和內容與郢粟客鉢甚有近似之處。

郢粟客是專司種植小米的農業技術指導。解放前有些地區農民不會種瓜，每當種瓜季節，要從河南山東等地請來瓜客爲其種瓜。郢粟客鉢即楚國從外地請來爲其種植小米官吏所用的官印。從這些文例來看，凡戰國璽中之稱爲客者，大都是楚國的官印。　《戰國古璽考釋十種》，《中國歷史博物館館刊》，1980年第2期，第112頁。

葉其峰：

郢粟客鉨。郢是楚國都，有兩地：一是紀南城，即今湖北江陵，《史記·楚世家》「文王熊貲立，始都郢」，即此地；二是壽春，在今安徽壽縣，《史記·楚世家》：考烈王二十二年，「楚東徙壽春，命曰郢」。《戰國官璽的國別及有關問題》，《故宮博物院院刊》，1981年第3期，第86頁。

羅福頤：

5549　郢粟客鉨　《古璽彙編》，文物出版社，1981年12月，第503頁。

李家浩：

……司馬貞所說的《漢表》是指《漢書·高惠高后文功臣表》，《傳》是指《史記·淮陰侯傳》。現在我們所見到的傳本以及唐顏師古所見本，《漢書·高惠高后文功臣表》「粟客」均作「粟客」。前人曾經指出，「粟客」即「粟客」之訛（王念孫：《讀書雜誌》四之二。《史記志疑》二冊538頁）。按《古璽彙編》五〇三頁著錄一枚楚國官印「郢粟客璽」。〔關於「郢粟客璽」的考釋，見拙文《戰國文字札記（一）》（待刊）。我在該文講到楚國官名「客」的時候，漏引壽縣楚鼎銘文「客豊愆」的資料（《三代吉金存》35-36上），附記於此〕司馬貞所見本《漢書》「粟客」與此印文相同，可證前人所說甚是。《史記》作「典客」，大概是由於後人不知道「粟客」之義而臆改的。《高祖功臣侯者年表》和《高惠高后文功臣表》記韓信先後爲「連敖、粟客」，而《史記・淮陰侯傳》、《漢書・韓信傳》並作韓信先後爲「連敖」、「治粟都尉」，是「粟客」與「治粟都尉」相當。「治粟都尉」亦見於《漢書・食貨志》，是管糧食的官，「粟客」的職掌當與之相同。由此可見「連敖」、「粟客」是兩個官名。現在出版的標點本《史記》、《漢書》把誤文「連敖典客」或「連敖粟客」作一句讀。似認爲「連敖、典客」或「連敖、粟客」爲一官。這是錯誤的。大概徐廣據《史記・高祖功臣侯者年表》的誤文也認爲「連敖、典客」爲一官，故釋「連敖」爲「典客」。詳見「群粟客鉨（璽）」條。《楚國官印考釋（四篇）》，《江漢考古》，1984年第2期，第48頁。

湯餘惠：

楚璽　郢臬客鉨　《略論戰國文字形體研究中的幾個問題》，《古文字研究》第十五輯，中華書局，1986年6月，第76頁。

鄭　超：

26.郢粟客璽

郢是楚人對國都的稱呼。現在我們知道，湖北江陵、安徽壽縣都曾經是楚國的郢。據石志廉説：此璽曾經合肥龔心釗收藏，現歸上海博物館，傳爲安徽壽縣出土。果如此，則此璽中的「郢」當指安徽壽縣。石志廉認爲郢粟客是專司種植小米的農業技術指導，其説稍嫌拘泥。李家浩認爲，《史記·高祖功臣侯者年表》和《漢書·高惠高后文功臣表》記韓信爲「連敖」、「粟客」，而《史記·淮陰侯列傳》、《漢書·韓信傳》並作韓信先後爲「連敖」、「治粟都尉」是「粟客」與「治粟都尉」相當。「治粟都尉」亦見於《漢書·食貨志》，是管理糧食的官，「粟客」的職掌當與之相同。《楚國官璽考述》，《文物研究》總第二輯，黄山書社，1986年12月，第90頁。

黄錫全：

99、粟客

（176）「郢粟客璽」　璽彙5549

（177）「群粟客璽」　璽彙0160

郢即楚都名，粟字从禾與从米同，猶如稻字或从禾、或从米。據石志廉介紹，「郢粟客璽」印傳爲安徽壽縣出土。石認爲「郢粟客是專司種植小米的農業技術指導」，此印是「楚國從外地請來的爲其種植小米官吏所用的官印」。李家浩認爲「粟客」與漢代管糧食的官「治粟都尉」相當。《史記·高祖功臣侯者年表》和《漢書·高惠高后文功臣表》記韓信爲「連敖、粟客」，而《史記·淮陰侯列傳》及《漢書·韓信傳》並作韓信先後爲連敖、治粟都尉。「群粟客」鄭超認爲「群」也許是地名，也許說明此印爲一群粟客所公用。按，璽彙5550「呈粟」可能是「呈」地之粟，0276「傷邦粟璽」之「傷邦」也可能是地名，都是這些地方管理糧食的官吏所用之璽。　《古文字中所見楚官府官名輯證》，《文物研究》總第七輯，黄山書社，1991年12月，第231～232頁。

牛濟普：

13.郢粟客鉨

……「郢」爲楚國國都的稱謂，單稱「郢」者，一般是指「郢都」，即今湖北省江陵，以後遷都河南省的「陳」，稱爲「陳郢」。《楚系官璽例舉》，《中原文物》，1992年第3期，第90頁。

張錫瑛：

「郢粟客鉨」戰國官璽，銅質，鼻鈕。印面3.4釐米見方，通高1.6釐米。陰文大篆，刻製極工。傳出土於安徽壽縣，現藏上海博物館。粟作糧食解無疑，客字的解釋，一種意見認爲是官稱，「郢粟客鉨即楚國從外地請來爲其種植小米官吏所用的官印。」（石志廉，《戰國古璽考釋十種》，《中國歷史博物館館刊》1980年2期）《中國古代璽印》，地質出版社，1995年11月，第20～21頁。

曹錦炎：

16.郢粟客鉢

郢係楚都之通稱，春秋以降，除江陵外尚有陳（今河南淮陽）、鄀（今湖北宜城東南）、壽春（今安徽壽縣）等地稱爲「郢」。此璽曾經合肥龔心釗收藏，傳爲安徽壽縣出土（石志廉《戰國古璽考釋十種》，《中國歷史博物館館刊》第2期，1980年），璽文之「郢」當指壽春。《史記・楚世家》考烈王二十二年：「楚東徙都壽春，命曰郢。」已經是到了戰國晚期。

「粟客」，楚官名，見於典籍。《史記・高祖功臣侯者年表》「淮陰」欄記韓信：「兵初起，以卒從項梁。梁死屬項羽爲郎中。至咸陽，亡從入漢，爲連敖、典客。」司馬貞索隱：「典客，《漢表》作『粟客』，蓋字誤。《傳》作『治粟都尉』，或先爲連敖、典客也。」按今見之《傳》本以及《漢書・高惠高后文功臣表》「粟」均作「粟」，王念孫《讀書雜志》及梁玉繩《史記志疑》已指出「粟客」爲「粟客」之訛。今據璽文可證前人所說甚確。「治粟都尉」之職見《漢書・食貨志》，是主管糧食的官，璽文之「粟客」之職司應與之相同（參見李家浩《楚國官璽考釋（四篇）》，載《江漢考古》1984年第2期）。楚官或稱「客」，見前述。　《古璽通論》，上海書畫出版社，1996年3月，第101頁。

何琳儀：

楚系　郢粟客鉨

粟，从米，角聲。粟、角均屬侯部，粟爲角之准聲首。舊以爲粟从鹵（卣之訛變），非是。漢代文字作□、□（秦漢四六八），其上已逐漸訛變爲西旁。角、西相混參見，西尖足布作□，鄸燕璽作□（从角）。小篆、漢隸與戰國文字粟所从角不合，應屬訛變。今據戰國文字、秦簡定粟本从角。《說文》：「□，嘉穀實也。从鹵，从米。孔子曰，粟之爲言續也。（相玉切）□，籒文粟。」

楚璽「粟客」，在楚的外國農業專家。《戰國古文字典》，中華書局，1998年9月，第339頁。

何琳儀：

楚系　群粟客鉩

《說文》：「客，寄也。从宀，各聲。」

楚器客，外國賓客。　《戰國古文字典》，中華書局，1998年9月，第487～488頁。

何琳儀：

楚系　郢粟客鉩

楚器郢，除人名外均爲地名，或爲楚都，或爲楚之陪都。《戰國古文字典》，中華書局，1998年9月，第804頁。

莊新興：

郢粟客鉨《古璽印精品集成》，上海古籍出版社，1998年9月，第5頁。

傅嘉儀：

郢粟客璽《篆字印彙》，上海書店出版社，1999年1月，第1125頁。

莊新興：

郢粟客鉨　戰國《中國璽印篆刻全集》，上海書畫出版社，1999年11月，第49頁。

徐　暢：

東周·楚系公鉨　郢粟客鉨《中國篆刻全集》，黑龍江美術出版社，2000年7月，第17頁。

來一石：

郢粟客鉨《古印集萃·戰國卷》，榮寶齋出版社，2000年11月，第26頁。

肖　毅：

郢粟客璽

粟客，楚官。……「治粟都尉」之職見《漢書·食貨志》，是主管糧食的官，璽文之「粟客」之職應當與之相同（《四篇》）。「粟」或當即「粟客」之省。《古璽所見楚系官府官名考略》，《江漢考古》，2001年第2期，第42頁。

戴山青：

郢粟客鉢　《古璽漢印集萃》上册，廣西美術出版社，2001年10月，第18頁。

莊新興：

1042　郢粟客鉨　楚系·楚　《戰國璽印分域編》，上海書店出版社，2001年10月，第185頁。

徐暢主編：

戰國公鉨與印跡·楚系鉨印　138　郢粟客鉨　《中國書法全集》第92卷，榮寶齋出版社，2003年2月，第44頁。

徐暢主編：

138　郢粟客鉨

作於戰國時期。楚官鉨。傳爲安徽壽縣出土。曾經合肥龔心釗收藏。現歸上海市博物館收藏。《上海博物館藏印》、《古璽彙編》五五四九號著錄。獸鈕。通高一・六釐米，邊長三・四釐米×二・九釐米。

郢是楚人對國都的稱呼，此印在壽縣出土，郢當是指壽縣。粟客是專司種植小米的農業技術指導。此鉨即楚國從外地請來爲其種植小米的官吏用印，或曰管理糧食的官員用印。凡稱客的印大都應是楚國的官印。

參考　石志廉《戰國古璽考釋十種》；鄭超《楚國官璽考述》《中國書法全集》第92卷，榮寶齋出版社，2003年2月，第231頁。

莊新與：

郢粟客璽　楚系　《戰國璽印》，上海書畫出版社，2003年8月，第41頁。

小林斗盦：

郢粟客鉢　《中國璽印類編》，天津人民美術出版社，2004年6月，第201、233、247頁。

肖曉輝：

楚系璽印文字則收放自如，在印面上分佈較均衡，個別官璽上的文字分據四角，中間略顯疏離，如「郢粟客鉩」（《古璽彙編》5549）、「下蔡戠襄」（《古璽彙編》0309）等。

《書法新鑒：古璽文新鑒》，世界圖書出版公司，2005年6月，第121頁。

施謝捷：

楚系官璽　郢（郢）㮚（粟）客鉩（璽）　《古璽彙考》，安徽大學博士學位論文，2006年5月，第165頁。

杜志宇：

郢粟客璽　戰國·楚

此璽頗能展示楚金文瑰麗爛漫的藝術魅力，入印文字緊逼四邊做自然相，不見鼓努作態，屬於外緊內松、中宮疏朗的章法格局。其中「客」字順勢向右下空間舒展的兩斜線爲活化印面的關鍵，既加強了左右的關聯顧盼，也使中部大塊留朱不至趨於平板。「粟」上的橢圓和「郢」、「客」中的三處半圓，形成了圓弧線條的豐富變奏，所以全印散中有聚，動靜相諧，方圓互寓。尤堪玩味的是此璽的線條質感，渾厚流動中頗具強烈的書寫意味，對書法筆意的表現非常充分。這是因爲刀法挺勁流利，乾淨果斷，不見絲毫的猶豫拖沓。圓弧形雖不是一刀刻就，但能轉接自然，於圓轉中顯峭拔。起筆收筆更是靈活多變，「殊衄挫於毫芒」之中。《歷代名印鑒賞》，河南美術出版社，2008年4月，第23頁。

陳光田：

楚系古璽「呈（郢）粟客鉨（璽）」（5549）……「郢」是楚人對國都的稱呼。……春秋以來，楚之「郢」除了指江陵外，還有陳（今河南淮陽）、鄀（今湖北宜城東南）、壽春（今安徽壽縣）等地，該「郢」屬哪一個，待考。詳見「群粟客鉨（璽）」條。《戰國璽印分域研究》，嶽麓書社，2009年5月，第139頁。

吳清輝：

郢粟客鉨 楚 《中國印學》，中國美術學院出版社，2010年6月，第13頁。

王義驊：

郢粟客鉨 《先秦古璽集粹》，吉林文史出版社，2011年8月，第14頁。

楊　勇：

郢粟客鉨

戰國楚銅質官鉨，此鉨傳爲安徽壽縣出土，曾經合肥龔心釗收藏，現藏上海博物館。「郢粟客」是楚國首都，在今湖北省江陵縣附近，「粟客」爲楚官名，是主管糧食的職官。

此鉨印面保存完好，筆畫豐腴，細節絲毫可辨，是難得的珍品。章法上主要特點是四字逼邊，密其周圍，疏其中間。左右兩行左寬右窄，中間較大的空白造成兩行距離偏遠，全靠「客」字長長的兩筆捺畫來產生聯繫。在字法上，「郢」字左右兩部份位置互換，左大右小，兩個「口」部形狀相似但實有區别。「呈」部略上提，最後一横起筆細而微彎，仿佛是由下而上頂筆進入，收筆微微上翹，筆意十足；「粟」字體勢仿佛向右背過身去，上寬下窄，上部爲圓弧外形，内部一大一小兩平行字形交叉，坡度略有變化，下部「米」略偏右，上兩點平，下兩筆斜，且與下邊欄相接；全印亮點在於「客」字，楚國文字那種浪漫瑰麗的造型完美地表現了出來，一短一長兩個平行的捺畫右伸，舒展飄逸，口字底偏左，整個字重心略有右傾，字勢極爲飛動；「鉨」字左窄右寬，左密右疏，右部略上提，且長豎微有左傾，有支撐「客」字右傾之勢的意味。該印邊框粗壯，將四字穩穩支撐住，邊框外側逼近印面邊緣，有數點殘破，使得印面虛和起來。《先秦古璽賞析100例》，江西美術出版社，2015年7月，第56頁。

官璽第一三二：中弄（瑟）賓（府）廷客鉨（璽）

印　面：

著　錄：

《古璽彙考》，安徽大學博士學位論文，2006年5月，第154頁。

集　釋：

施謝捷：

楚系官璽　中弄（瑟）賓（府）䢔（廷）客鉨（璽）

此璽係最近新流出者，具體出土地不詳。印文中的「中」、「寘（府）」、「客」、「鉨（璽）」容易識別，「中」下一字，鈴本筆劃不甚清晰，據藏家提供璽印照片，原作「」形，可隸定爲「弄」。包山楚簡有字作「弄必」形，見於簡260，望山二號楚墓竹簡有「亓亓」字，分別見於簡47、49、50，凡四例，劉國勝先生釋爲琴瑟之「瑟」，認爲作「弄必」形者所从「亓亓」即「弄」之異構，所从「必」則是在「弄」上附加的聲符（劉國勝1997）。其說甚是。印文「」與包山簡「弄」上半所从「弄」構形全同，顯然也應該釋爲「瑟」。

「」字从乚、从土、从㐱，可隸定爲「𡉴」，即「廷」字。从「土」作，是其異構。包山楚簡的「塙」寫作（簡37。《楚文字編》766頁出處誤標爲「包27」），所从「土」的直劃也不穿透中間的横劃，寫法與印文相同，是其比。「吉」、「士」的寫法也有類似的變化。（參看《戰國文字編》31頁、70～71頁）。包山楚簡中屢見「廷」字，寫作（簡40）、（簡7）等形，上海博物館藏戰國楚竹書中亦有「廷」字，寫作（《昭王毀室》簡01）、（《柬大王泊旱》簡17）等形，與包山簡簡7的寫法相同。其中包山簡簡40　的寫法與印文全同，可證。然則此璽印文可釋爲「中弄（瑟）寘（府）𡉴

（廷）客鉨（璽）」，具體俟再考。

《古璽彙考》，安徽大學博士學位論文，2006年5月，第154頁。

官璽第一三三：邽丘市客

印面：

著錄：

《介紹兩枚楚官璽》，復旦大學出土文獻與古文字研究中心網站論文，http://www.gwz.fudan.edu.cn/SrcShow.asp? Src_ID=1177

集釋：

黃錫全：

一、邽丘市客

璽印陰刻白文。印面寬1.5釐米。銘文4字，左右排列，清晰可辨。可釋爲：

郜丘市客

秦、齊、燕、三晉及楚國的「市」字構形大致如下：

不難看出，此璽與齊、燕、秦的「市」字有別，而與楚和三晉的「市」字接近。此璽下部「土」形與「止」下豎筆彎曲之筆重合。

璽文佈局疏朗，飄逸，浪漫；「某某客」之稱多爲楚國官名，多見於楚器銘文；楚璽白文多見；璽文整體風格屬楚，故「市」字理當屬楚。

「客」字與古璽、楚簡的「客」字類同。如《古璽彙編》0161、0162的「客」。

楚國「丘」字有从土，也有不少不从土。此璽不从土。

因此，我們將這枚璽印定爲楚璽。

邽丘，地名。《説文》：「邽，隴西上邽也。从邑，圭聲。」《史記・秦本紀》：武公「十年，伐邽、冀戎，始縣之」。朱駿聲《説文通訓定聲》：「在今甘肅秦州。秦武公『伐邽、冀戎，始縣之』。故邽戎地也。京兆又有下邽。」陝西渭南縣東北五十里有下邽故城。楚的疆域未能到達秦地渭南，顯然，秦地上邽、下邽與楚璽無涉。

先秦地名不見有「邽丘」。我們曾考慮是否可讀爲「葵丘」。圭，見母支部。癸，見母脂部。二字讀音較近。如越王者旨於賜戈「戠亥」，或讀爲「癸亥」。知名的地名「葵丘」有下列兩處：

1.春秋齊地，在今山東臨淄縣西。《左傳》莊公八年：「齊侯使連稱、管至父戍葵丘。」楊伯峻注：「葵丘即昭十一年《傳》『齊渠丘實殺無知』之渠丘，今山東省臨淄鎮西有西安故城及籧丘里，當即其地。《水經・淄水注》引京相璠説，謂距齊都近，無庸戍之，因以僖九年會於葵丘之葵丘當之，蓋誤，酈道元已駁之。説參高士奇《春秋地名考略》」。

2.春秋宋地，在今河南蘭考縣東，即齊桓公會諸侯處。《左傳》僖公九年《經》：「夏，公會宰周公、齊侯、宋子、衛侯、鄭伯、許男、曹伯於葵丘。」秋，「諸侯盟於葵丘。」這兩處「葵丘」，一屬齊，一屬宋，前者在山東臨淄縣西，後者在河南蘭考縣東，未聞屬楚。至於還有河北臨漳西之葵丘和山西榮河縣北之葵丘，也與楚無涉。

「圭」爲一方國名，見於《左傳》襄公十九年：「子然，子孔，宋子之子也；士子孔，圭嬀之子也。」杜注：「宋子、圭嬀，皆鄭穆公妾也。」陳槃先生認爲，宋國子姓，古代女子稱姓，故宋子即宋女。如同齊女稱齊姜，秦女稱秦嬴。因此，「圭嬀」則爲嬀姓圭國女子，作了鄭穆公的妃子。嬀姓，舜後。陳國爲舜後嬀姓，所以陳女也稱陳嬀（《左傳》宣公三年）。是「圭」爲古一小國名，其地則無明確記載。

另外，還有一條記載，即《左傳》文公十一年：「郕大子朱儒，自安於夫鍾，國人弗徇。」十二年：「郕伯卒，郕人立君。太子以夫鍾與郕邽來奔。」杜注：「安，處也。夫鍾，郕邑。」又注：「郕邽亦邑。」高士奇《春秋地名考略》：「吳氏曰，鄭穆公妃曰圭嬀，疑圭亦小國，郕並之而加邑爲邽，《左傳》系之以郕曰郕邽，所以別於秦武公所伐之邽也。」江永《春秋地理考實》：「郕國在兖州府甯陽縣，二邑當近其地。」這是說，「夫鍾與郕邽」二邑與甯陽縣相近。郕地戰國屬魯，公元前256年魯滅於楚。邽丘，可能是楚滅邽或郕邽後的稱謂，類似商墟即商丘，邢國故地稱邢丘等。□若「邽丘」是指圭或「郕邽」之邽，則此璽當爲公元前256年之後該地成爲楚地後所製作，其地在山東甯陽附近。邽丘市客，就是主管邽丘市的官吏。「客」之含義，如同楚之「鑄客」、「室客」、「郢粟客璽」等，表示主管某一方面工作的小官。

需要說明的是，學術界對「郕邽」有不同看法。或認爲「郕邽」當作「郕圭」，謂郕國之寶圭，而與「圭嬀」之「圭」無涉，是郕之太子失去君位而以夫鍾之地和郕之寶圭來投靠魯國。

這衹是代表一種說法。圭國雖爲「郕」滅，可能存其國而並未絕其祀，如同楚滅陳、蔡一樣。作爲該國的姓氏，仍保留習慣稱謂，故鄭穆公之妾爲「圭」之女子，仍可稱「圭嬀」。圭屬「郕」後稱「郕邽」，可能在不同的場合稱呼有所不同。「夫鍾」與「郕邽」爲並列地名，如解釋一爲地名，一爲郕地寶圭，不合情理。記錄者特加郕字，很可能如上引高士奇所分析，爲的是區别於秦武公所伐之邽。圭加邑旁即表明其與地名有關，而與器物寶圭無關。地名的稱謂各有不同，更改地名於古也常見。如秦拔魏國「寧新中」，更名「安陽城」（《秦本紀》昭襄五十年）。「武王伐紂，到於邢丘，勒兵於『寧』，更名『邢丘』曰『懷』，『寧』曰『修武』。」（《韓詩外傳》，見錢穆《史記地名考》289頁）本文介紹的這枚璽印屬當時文字，圭旁淸楚从邑，或懷疑《左傳》之「邽」是後世傳寫者據杜注另加邑旁之論，不攻自破。

故我們目前暫且傾向杜注及有關學者的意見，即「圭嬀」之圭與「郕邽」之「邽」爲一地，本爲小國，後屬郕，又歸魯，在山東甯陽附近，公元前256年後屬楚。

1972年山東曲阜董大城村出土楚銅貝一坑，計15978枚。Ⅲ在魯國北境泰山南麓泰安城西南發現有罍、盤等七件銅器，罍口沿有刀刻「楚高」、「右征」銘文，或推斷是楚滅魯後祭泰山而設。Ⅳ這些都是楚滅魯後的實物證據。本璽「丘」字具有齊魯風格，當事出有因。假如圭國之圭與「郕邽」之「邽」的確無關，也當與本璽之邽有關。但圭地無考。根據此璽，戰國時期其地當屬楚。我們推測，圭與陳都屬嬀姓舜後。陳在河南淮陽，後屬楚。說不定圭與陳近，後也屬楚，故有「邽丘市」楚璽。《介紹兩枚楚官璽》，復旦大學出土文獻與古文字研究中心網站論文，http://www.gwz.fudan.edu.cn/SrcShow.asp? Src_ID=1177。

官璽第一三四：大賓（府）之鉨（璽）

印面：

著錄：

《古璽彙考》，安徽大學博士學位論文，2006年5月，第156頁。

集釋：

施謝捷：

楚系官璽　大賓（府）之鉨（璽）　《古璽彙考》，安徽大學博士學位論文，2006年5月，第155頁。

官璽第一三五：實（府）

印面：

珍秦齋藏印

著錄：

《珍秦齋藏印·戰國篇》，澳門：澳門基金會出版，2001年6月，第223頁。

《古璽彙考》，安徽大學博士學位論文，2006年5月，第158頁。

集釋：

吴振武：

實（府）

質料：銅

尺寸（公分）：1.60×1.70　《珍秦齋藏印・戰國篇》，澳門基金會出版，2001年6月，第223頁。

施謝捷：

楚系官璽　窅（府）　《古璽彙考》，安徽大學博士學位論文，2006年5月，第158頁。

官璽第一三六：窅（府）（？）

印面：

1989年，出土於湖南省龍山縣里耶鎮李拐堡戰國墓

著錄：

《湖南考古2002》，長沙：嶽麓書社，2004年5月，第140頁。

《二十世紀出土璽印集成》，北京：中華書局，2010年1月，第48頁。

集釋：

劉長治：

印章 2方。橋紐，方形字印，印文篆書「貨」一字。M19:2，邊長1.5釐米。《龍山縣里耶鎮李拐堡戰國墓》，《湖南考古2002》，嶽麓書社，2004年5月，第140頁。

周曉陸主編：

二-GY-0023 ⿸广⿱付貝（m） 東周（楚） 銅 鼻紐 15×15- 《二十世紀出土璽印集成》，中華書局，2010年1月，第48頁。

官璽第一三七：⿱宀⿱付貝（府）（？）

印 面：

20世紀90年代後期，河南省駐馬店市新蔡縣城東部新蔡故城遺址出土，北京古陶文明博物館收藏

著錄：

《古陶文明博物館藏戰國封泥》，北京：文雅堂，2003年8月。

《二十世紀出土璽印集成》，北京：中華書局，2010年1月，第151頁。

集釋：

路東之：

第四八品　小府　B式

楚系。「小府」在秦時謂「少府」。《漢書・百官公卿表》謂：「少府，秦官，掌山海池澤之稅，以給供養，有六丞。」《古陶文明博物館藏戰國封泥》，文雅堂，2003年8月。

周曉陸主編：

二-GP-0118　小府　東周（楚）　泥封　《二十世紀出土璽印集成》，中華書局，2010年1月，第151頁。

官璽第一三八：賓（府）（？）

印面：

20世紀90年代後期，河南省駐馬店市新蔡縣城東部新蔡故城遺址出土，北京古陶文明博物館收藏

著錄：

《古陶文明博物館藏戰國封泥》，北京：文雅堂，2003年8月。

《二十世紀出土璽印集成》，北京：中華書局，2010年1月，第149頁。

集釋：

路東之：

第八六品　兩　B式

楚系。此字與《信陽楚簡》、《天星觀楚簡》「兩」字一致。或爲特有記號。《古陶文明博物館藏戰國封泥》，文雅堂，2003年8月。

周曉陸主編：

二-GP-0096　兩　東周（楚）　泥封　《二十世紀出土璽印集成》，中華書局，2010年1月，第149頁。

官璽第一三九：行賓（府）之鉩（璽）

印面：

萬印樓藏印六十卷、古印偶存八冊、尊古齋印存四集四十冊、尊古齋古璽集林初二集，故宮博物院藏印

著錄：

《印章概述》，北京：中華書局，1973年2月，第42頁。

《古璽彙編》，北京：文物出版社，1981年12月，第22頁。

《近百年來對古璽印研究之發展》，杭州：西泠印社，1982年5月初版，第15頁。
《故宮博物院藏古璽印選》，北京：文物出版社，1982年12月，第6頁。
《印典》（一），石家莊：河北美術出版社，1989年8月，第394頁。
《古璽印精品集成》，上海：上海古籍出版社，1998年9月，第3頁。
《中國歷代印章目錄》，北京：中國民族攝影藝術出版社，1998年9月，第25頁。
《篆字印彙》，上海：上海書店出版社，1999年1月，第484頁。
《中國璽印篆刻全集》，上海：上海書畫出版社，1999年11月，第49頁。
《楚文物圖典》，武漢：湖北教育出版社，2000年1月，第421頁。
《中國篆刻全集》，哈爾濱：黑龍江美術出版社，2000年7月，第10頁。
《古印集萃·戰國卷》，北京：榮寶齋出版社，2000年11月，第45頁。
《古璽印精品選·官璽印一》，北京：北京工藝美術出版社，2001年1月，第1頁。
《古璽漢印集萃》上冊，南寧：廣西美術出版社，2001年10月，第12頁。
《戰國璽印分域編》，上海：上海書店出版社，2001年10月，第182頁。

《中國書法全集》第92卷，北京：榮寶齋出版社，2003年2月，第39頁。
《戰國璽印》，上海：上海書畫出版社，2003年8月，第41頁。
《中國璽印類編》，天津：天津人民美術出版社，2004年6月，第62、311、439頁。
《古璽彙考》，安徽大學博士學位論文，2006年5月，第157頁。
《寸心籀篆——中國古代璽印鑒賞》，長沙：湖南美術出版社，2009年5月，第34頁。
《戰國璽印分域研究》，長沙：嶽麓書社，2009年5月，第135頁。
《中國印學》，杭州：中國美術學院出版社，2010年6月，第14頁。
《先秦印風》，重慶：重慶出版社，2011年5月，第26頁。
《先秦古璽集粹》，長春：吉林文史出版社，2011年11月，第10頁。

集釋：

丁佛言：

古鉨　行□之鉨　《說文古籀補補》，中華書局，1988年2月，第9頁。

羅福頤：

行𠪚之鉨　《近百年來古璽文字之認識和發展》，《古文字研究》第五輯，中華書局，1981年1月，第248頁。

《故宮博物院藏古璽印選》編輯組：

33　行𠪚之鉨　《故宮博物院藏古璽印選》，文物出版社，1982年12月，第6頁。

羅福頤：

0128　行府之鉨　《古璽彙編》，文物出版社，1981年12月，第22頁。

鄭　超：

行府之璽

這種「行府之璽」沒有標出行府所在地，大概是在行府和當地地方政府之間使用。《楚國官璽考述》，《文物研究》總第二輯，黄山書社，1986年12月，第90頁。

湯餘惠：

楚璽　行𡩧（府）之鉨　《略論戰國文字形體研究中的幾個問題》，《古文字研究》第十五輯，中華書局，1986年6月，第75頁。

王　輝：

楚又有行府。《古璽彙編》0128爲「行𢊁之鉨」，0129（編按：當爲「0130」之誤）爲「邧行𢊁之鉨」。二𢊁字所从之貝字亦作，從風格看，此亦楚璽。《周禮・秋官》亦有大、小行人，掌朝覲會同。《周禮・秋官》又有行夫，掌供邦國之間使人往來所需車馬之事。行人、行夫、行𢊁之「行」均當爲征行之義，行府當爲國家在地方上所設之府　詳見「邧（六）行𡨦（府）之鉨（璽）」條。　《戰國「府」字之考察》，《中國考古學研究論集》，三秦出版社，1987年12月，第348～353頁。

黄錫全：

行府之璽　詳見「邧（六）行𡨦（府）之鉨（璽）」條。　《古文字中所見楚官府官名輯證》，《文物研究》總第七輯，黄山書社，1991年12月，第211頁。

曹錦炎：

行𢊁（府）之鉢　詳見「邧（六）行𡨦（府）之鉨（璽）」條。　《古璽通論》，上海書畫出版社，1996年3月，第104頁。

莊新興：

行府之鉩《古璽印精品集成》，上海古籍出版社，1998年9月，第3頁。

傅嘉儀：

行府之璽《篆字印彙》，上海書店出版社，1999年1月，第484頁。

莊新興：

行賔之鉩　戰國《中國璽印篆刻全集》，上海書畫出版社，1999年11月，第49頁。

陳松長：

行賔之鉩　戰國官璽。銅質。三層臺鼻鈕。印面長2.9釐米，寬2.8釐米。款式左行，白文，有邊框。文字形體中的「賔」、「鉩」二字是有代表性的楚系文字，特別是「賔」字从「貝」，這是楚鉩文字中所習見者。「行府」之名，戰國史籍中少見記載，經研究，或認爲它是楚王行宮之府庫，凡沒有標出行府所在地者，大概是在行府和當地地方政府之間使用者；或以爲，後代史書中的「行府」之名可以說明「行府」之內涵。《晉書·楚王緯傳》「吾今受詔都督中外諸軍，諸在直衛者皆嚴加警備；其在外營，便相率徑詣行府，助順討逆」。《宋史·高宗紀》「罷樞密行府」。這類「行府」是中央所置在外代行指定事務的机構。參此，楚國的「行府」，亦可能是設在國都或地方的一個辦事機構。現藏北京故宮博物院。《楚文物圖典》，湖北教育出版社，2000年1月，第421～422頁。

徐　暢：

東周·楚系公鉨　行府之鉨　《中國篆刻全集》，黑龍江美術出版社，2000年7月，第10頁。

來一石：

行府之鉨　《古印集萃·戰國卷》，榮寶齋出版社，2000年11月，第45頁。

肖　毅：

行府之璽　詳見「邟（六）行賓（府）之鉨（璽）」條。《古璽所見楚系官府官名考略》，《江漢考古》，2001年第2期，第39頁。

戴山青：

行府（賔）之鉢　《古璽漢印集萃》上冊，廣西美術出版社，2001年10月，第12頁。

徐暢主編：

戰國公鉨與印跡·楚系鉨印　80　行賨（府）之鉨　《中國書法全集》第92卷，榮寶齋出版社，2003年2月，第39頁。

徐暢主編：

80　行賨（府）之鉨

作於東周時期。楚國官鉨。《古璽彙編》〇一二八號著錄。故宫博物院收藏。　《中國書法全集》第92卷，榮寶齋出版社，2003年2月，第204頁。

莊新興：

行府之璽　楚系　《戰國璽印》，上海書畫出版社，2003年8月，第41頁。

小林斗盦：

行府之鉨　《中國璽印類編》，天津人民美術出版社，2004年6月，第62、311、439頁。

肖曉輝：

官署璽　行府　《書法新鑒：古璽文新鑒》，世界圖書出版公司，2005年6月，第77

頁。

施謝捷：

楚系官璽　行賨（府）之鉩（璽）　《古璽彙考》，安徽大學博士學位論文，2006年5月，第157頁。

郭　兵：

行府之璽　《寸心籀篆——中國古代璽印鑒賞》，湖南美術出版社，2009年5月，第34頁。

陳光田：

楚系古璽　「行賨（府）」（《文物》2005.1）。「行賨（府）之鉩（璽）」（0128、0129）。「邟（六）行賨（府）之鉩（璽）」（0134）。「行府」是楚王行宮之府庫……按「行」有代理之意，「行府」可能爲臨時的府庫或臨時的辦事機構。《戰國璽印分域研究》，嶽麓書社，2009年5月，第135頁。

吳清輝：

戰國白文官鉩　行府（府）之鉩（楚）　《中國印學》，中國美術學院出版社，2010年6月，第14頁。

王義驊：

行府之鈢　《先秦古璽集粹》，吉林文史出版社，2011年8月，第10頁。

邱傳亮按：

楚官璽中，地名後置「行」字的不少。如：

（1）𨚕（六）行府（府）之鉩（璽）　《彙編》0130

（2）行惠□府（府）鉩（璽）　《彙編》0134

（3）郲厚行宛（縣）大夫　《古文字研究》第二十二輯

（4）山桑行宛（縣）夫人鉩（璽）　《古文字研究》第二十四輯

（5）下鄗（蔡）行鉩（璽）　《戰國璽印分域編》1058

「行府」一職，目前尚沒有發現相關的文獻記載。王輝先生考證云，戰國「府」的功能有三種：（一）貯藏財貨；（二）製造器物；（三）經營商業、徵收賦稅〔王輝：《戰國「府」

字之考察》，《中國考古研究論集》，第348~353頁，1987年〕。（1）、（3）、（4）、（5）中的「行」，我以爲有暫行之意，「行府」就是當時的楚國統治階級在中央設立的暫行某些事務的府。前面冠以地名，是地方政府設立的暫行某些事務的府。這種府的職能如何，我們推測，既然是暫行某些事務，極有可能是一種綜合的機構，兼司府的三種職能。其具體職掌如何，有待於進一步考證。

官璽第一四〇：行賨（府）之鉨（璽）

印面：

故宮博物院藏印

著錄：

《古璽彙編》，北京：文物出版社，1981年12月，第22頁。

《故宮博物院藏古璽印選》，北京：文物出版社，1982年12月，第18頁。
《印典》（一），石家莊：河北美術出版社，1989年8月，第395頁。
《璽印鑒賞》，桂林：灕江出版社，1993年11月，第3頁。
《古璽通論》，上海：上海書畫出版社，1996年3月，第104頁。
《古璽印精品集成》，上海：上海古籍出版社，1998年9月，第22頁。
《中國歷代印章目録》，北京：中國民族攝影藝術出版社，1998年9月，第37頁。
《中國篆刻學》，杭州：西泠印社，1999年5月，第178頁。
《中國璽印篆刻全集》，上海：上海書畫出版社，1999年11月，第64頁。
《中國篆刻全集》，哈爾濱：黑龍江美術出版社，2000年7月，第10頁。
《古印集萃·戰國卷》，北京：榮寶齋出版社，2000年11月，第46頁。
《古璽漢印集萃》上册，南寧：廣西美術出版社，2001年10月，第12頁。
《戰國璽印分域編》，上海：上海書店出版社，2001年10月，第182頁。
《中國書法全集》第92卷，北京：榮寶齋出版社，2003年2月，第39頁。

《戰國璽印》，上海：上海書畫出版社，2003年8月，第3、42頁。

《中國璽印類編》，天津：天津人民美術出版社，2004年6月，第181、311頁。

《古璽彙考》，安徽大學博士學位論文，2006年5月，第157頁。

《戰國璽印分域研究》，長沙：嶽麓書社，2009年5月，第135頁。

《中國印學》，杭州：中國美術學院出版社，2010年6月，第218頁。

《先秦印風》，重慶：重慶出版社，2011年5月，第26頁。

《先秦古璽集粹》，長春：吉林文史出版社，2011年11月，第19頁。

集　釋：

羅福頤：

行𢉩之鉨　《近百年來古璽文字之認識和發展》，《古文字研究》第五輯，中華書局，1981年1月，第248頁。

羅福頤：

0129　行府之鉨　《古璽彙編》，文物出版社，1981年12月，第22頁。

《故宫博物院藏古璽印選》編輯組：

94 行賔之鉨　《故宫博物院藏古璽印選》，文物出版社，1982年12月，第18頁。

鄭　超：

行府之璽　詳見「行賔之鉨」條和「𨚕（六）行賔（府）之鉨（璽）」條。《楚國官璽考述》，《文物研究》總第二輯，黄山書社，1986年12月，第90頁。

湯餘惠：

楚璽　行賔（府）之鉨　《略論戰國文字形體研究中的幾個問題》，《古文字研究》第十五輯，中華書局，1986年6月，第75頁。

王　輝：

行賔之鉨　詳見「行賔之鉨」條和「𨚕（六）行賔（府）之鉨（璽）」條。《戰國「府」字之考察》，《中國考古學研究論集》，三秦出版社，1987年12月，第348~353頁。

黄錫全：

行府之璽　詳見「𨚕（六）行賔（府）之鉨（璽）」條。《古文字中所見楚官府官名輯證》，《文物研究》總第七輯，黃山書社，1991年12月，第211頁。

陳松長：

行賔之鉥　《璽印鑒賞》，灕江出版社，1993年11月，第3頁。

曹錦炎：

行賔（府）之鉥　詳見「邟（六）行賓（府）之鉨（璽）」條。《古璽通論》，上海書畫出版社，1996年3月，第104頁。

何琳儀：

楚系　行賔之鉨

楚璽「行賔」，讀「行府」，中央在京外所設之機構。《晉書・楚王瑋傳》：「使相率詣行府。」《戰國古文字典》，中華書局，1998年9月，第623～625頁。

莊新興：

行府之鉨　《古璽印精品集成》，上海古籍出版社，1998年9月，第22頁。

吳清輝：

行賔之鉨　《中國篆刻學》，西泠印社，1999年5月，第178頁。
莊新興：
行賔之鉨　戰國　《中國璽印篆刻全集》，上海書畫出版社，1999年11月，第64頁。
徐　暢：
東周·楚系公鉨　行府之鉨　《中國篆刻全集》，黑龍江美術出版社，2000年7月，第10頁。
來一石：
行府之鉨　《古印集萃·戰國卷》，榮寶齋出版社，2000年11月，第46頁。
肖　毅：
行府之璽　詳見「邟（六）行賔（府）之鉨（璽）」條。　《古璽所見楚系官府官名考略》，《江漢考古》，2001年第2期，第39頁。
戴山青：
行府（賔）之鉢　《古璽漢印集萃》上册，廣西美術出版社，2001年10月，第12頁。
徐暢主編：

戰國公鉩與印跡・楚系鉩印　81　行𡪞（府）之鉩　《中國書法全集》第92卷，榮寶齋出版社，2003年2月，第39頁。

徐暢主編：

81　行𡪞（府）之鉩

作於東周時期。楚國官鉩。《故宮博物院藏古璽印選》、《古璽彙編》〇一二九號著錄。故宮博物院收藏。《中國書法全集》第92卷，榮寶齋出版社，2003年2月，第204頁。

莊新興：

行𢉖之璽（楚）　《戰國璽印》，上海書畫出版社，2003年8月，第3、42頁。

小林斗盦：

行𢉖之鉢　《中國璽印類編》，天津人民美術出版社，2004年6月，第181、311頁。

肖曉輝：

官署璽　行府　《書法新鑒：古璽文新鑒》，世界圖書出版公司，2005年6月，第77頁。

施謝捷：

楚系官璽　行賓（府）之鉩（璽）　《古璽彙考》，安徽大學博士學位論文，2006年5月，第157頁。

陳光田：

楚系古璽「行賔（府）之鉩（璽）」（0129）。「行府」是楚王行宮之府庫……按「行」有代理之意，「行府」可能爲臨時的府庫或臨時的辦事機構。《戰國璽印分域研究》，嶽麓書社，2009年5月，第135頁。

吳清輝：

行府之鉩　戰國（楚）　《中國印學》，中國美術學院出版社，2010年6月，第218頁。

王義驊：

行府之鉩　《先秦古璽集粹》，吉林文史出版社，2011年8月，第19頁。

官璽第一四一：行賓（府）

印　面：

傳二十世紀初於河南省新蔡一帶出土

著錄：

《古璽彙考》，安徽大學博士學位論文，2006年5月，第157頁。

《鑒印山房藏古璽印菁華》，鄭州：河南美術出版社，2006年7月，第2頁。

《我愛收藏：古璽印收藏知識三十講》，北京：榮寶齋出版社，2008年4月，第45頁。

集　釋：

施謝捷：

楚系官璽　行賓（府）

傳近年於河南省新蔡一帶出土。　《古璽彙考》，安徽大學博士學位論文，2006年5月，第157頁。

許雄志：

3.行府　銅質　鼻鈕　直徑20mm　高5mm　《鑒印山房藏古璽印菁華》，河南美術出版社，2006年7月，第2頁。

邵　磊：

戰國　行府　直徑2釐米　通高0.5釐米

印文「行府」二字有合文省筆現象，特別是「府」字下从「貝」，是楚國文字的重要特徵。

《我愛收藏：古璽印收藏知識三十講》，榮寶齋出版社，2008年4月，第45頁。

邱傳亮按：

該璽文字佈局由於受形制的影響，較爲特殊，有兩處借筆：左半「彳」與「府」共用「人」旁，右半「亍」與「宀」共用一横。但爲典型的楚文字無疑。「行賔（府）」，詳見前所錄「行賔（府）之鉨（璽）」條。

官璽第一四二：行賔（府）

印　面：

著錄：

《古陶文明博物館藏戰國封泥》，北京：文雅堂，2003年8月。

《文物》，北京：文物出版社，2005年第1期，第58頁。

《古璽彙考》，安徽大學博士學位論文，2006年5月，第157頁。

《戰國璽印分域研究》，長沙：嶽麓書社，2009年5月，第135頁。

《二十世紀出土璽印集成》，北京：中華書局，2010年1月，第153頁。

集釋：

路東之：

第四九品　行府A式

楚系。逆讀。「行府」爲楚國特有職司。以往著錄有「行府之鉩」等出土銅印。　《古陶文明博物館藏戰國封泥》，文雅堂，2003年8月。

周曉陸、路東之：

46.「行𢉩」 A式。印面方形，有邊欄，陽文，逆讀。「行府」是楚國特有的一種職司，《彙璽》0128有「行𢉩之鉥」；0130「𨛦行𢉩之鉥」。《新蔡故城戰國封泥的初步考察》，《文物》，2005年第1期，第57頁。

施謝捷：

楚系官璽 行賓（府）【封泥】 《古璽彙考》，安徽大學博士學位論文，2006年5月，第157頁。

陳光田：

楚系古璽 「行𢉩（府）」（《文物》2005.1）。「行𢉩（府）之鉨（璽）」（0128、0129）。「𨛦（六）行𢉩（府）之鉨（璽）」（0134）。「行府」是楚王行宮之府庫……按「行」有代理之意，「行府」可能爲臨時的府庫或臨時的辦事機構。《戰國璽印分域研究》，嶽麓書社，2009年5月，第135頁。

周曉陸主編：

二-GP-0132 行府 東周（楚） 泥封 《二十世紀出土璽印集成》，中華書局，2010年1月，第153頁。

官璽第一四三：邟（六）行賓（府）之鉨（璽）

印 面：

故宮博物院藏印

著 錄：

《近百年來對古璽印研究之發展》，杭州：西泠印社，1980年5月，第15頁。

《古璽彙編》，北京：文物出版社，1981年12月，第22頁。

《故宮博物院藏古璽印選》，北京：文物出版社，1982年12月，第6頁。

《古代璽印》，北京：中國書店，1988年6月，第279頁。

《印典》（一），石家莊：河北美術出版社，1989年8月，第395頁。
《古璽通論》，上海：上海書畫出版社，1996年3月，第104頁。
《中國歷代印章目録》，北京：中國民族攝影藝術出版社，1998年9月，第25頁。
《篆字印彙》，上海：上海書店出版社，1999年1月，第484頁。
《中國璽印篆刻全集》，上海：上海書畫出版社，1999年11月，第49頁。
《中國篆刻全集》，哈爾濱：黑龍江美術出版社，2000年7月，第10頁。
《古印集萃·戰國卷》，北京：榮寶齋出版社，2000年11月，第46頁。
《中國璽印真僞鑒别》，合肥：安徽科學技術出版社，2001年1月，第39頁。
《古璽漢印集萃》上冊，南寧：廣西美術出版社，2001年10月，第13頁。
《戰國璽印分域編》，上海：上海書店出版社，2001年10月，第182頁。
《中國書法全集》第92卷，北京：榮寶齋出版社，2003年2月，第39頁。
《戰國璽印》，上海：上海書畫出版社，2003年8月，第41頁。
《中國璽印類編》，天津：天津人民美術出版社，2004年6月，第62、207、311頁。

《古璽彙考》，安徽大學博士學位論文，2006年5月，第157頁。
《戰國璽印分域研究》，長沙：嶽麓書社，2009年5月，第134頁。
《中國印學》，杭州：中國美術學院出版社，2010年6月，第225頁。
《先秦印風》，重慶：重慶出版社，2011年5月，第26頁。

集　釋：

葉其峰：

邞行賔（府）之鉨。邞即六，古國，在今安徽六安縣東北。《左傳·文公》五年：「六人叛楚……仲歸帥師滅六。」《史記·楚世家》：穆王四年「滅六、蓼。六、蓼，皐陶之後」。這些記載説明，楚穆王四年（公元前622年）後六國就歸入楚版圖，邞行賔之鉨當爲楚璽。賔即府，鑄客鼎、王子齊鎬等楚器及鄂君啓節的府字均从貝。行府之名不見於記載，疑是楚王行宮之府庫。《戰國官璽的國別及有關問題》，《故宮博物院院刊》，1981年第3期，第86頁。

羅福頤：

0130　邟行府之鉨　《古璽彙編》，文物出版社，1981年12月，第22頁。

《故宮博物院藏古璽印選》編輯組：

30　邟行府（賔）之鉨　《故宮博物院藏古璽印選》，文物出版社，1982年12月，第6頁。

吳振武：

邟（六）行府之鉨　《〈古璽彙編〉釋文訂補及分類修訂》，《古文字學論集》（初編），香港中文大學，1983年9月，第489頁。

鄭　超：

20.邟行府之璽

葉其峰指出，邟即六，古國，在今安徽省六安縣東北。《左傳·文公五年》「六人叛楚……仲歸帥師滅六」。　行府，葉氏疑是楚王行宮之府庫，我們則認爲行府之「行」當和「行宮」之「行」同義。六行府，可能是楚王設在六地之府，它和行宮可能沒有什麼從屬關係。

《楚國官璽考述》，《文物研究》總第二輯，黄山書社，1986年12月，第90頁。

湯餘惠：

楚璽　邟（六）行實（府）之鉨　《略論戰國文字形體研究中的幾個問題》，《古文字研究》第十五輯，中華書局，1986年6月，第75頁。

黄錫全：

（18）「邟行府之璽」璽彙0130

璽彙0128、0130、0135等「璽」字的寫法是楚文字的特點，是判定國別的典型字例。葉其峰認邟即六，古國，在今安徽省六安縣東北，楚穆王四年（公元前六二二年）後六國歸入楚版圖，見於《左轉》文公五年及《史記・楚世家》等記載。「行府之名不見記載，疑是楚王行宫之府庫」。鄭超認爲「行府之行當和行宫之行同義。六行府可能是楚王設在六地之府，它和行宫可能沒有什么從屬關系」。「行府之璽」沒有標出行府所在地，鄭超認爲「大概是在行府和當地政府之間使用」。按，後世有「行府」之名。《晉書・楚王瑋傳》告諸軍令：「吾今受詔都督中外諸軍，諸在直衛者皆嚴加警備；其在外營，便相率徑詣行府，助順討逆。」《宋史・高宗紀》：「罷樞密行府」。這類「行府」是中央在京外所置之代行指定事務的機構。楚之「行府」的性質可能與之類似。「行府」應是楚設在「六」

地的行府。「行府」與「六行府」應有主從關繫，「行府之璽」的印面大，也可說明這一點。沒有標明地點的「行府」，應是設在國都的掌管各地行府的機構。《古文字中所見楚官府官名輯證》，《文物研究》總第七輯，黄山書社，1991年12月，第211頁。

曹錦炎：

21.邞行貣（府）之鉩

邞即六，本古國名。近年江蘇鎮江背山頂春秋墓出土的銅編鐘銘文，器主名「遷邞」（是以國名用字取名），同出的鼎則稱「甚六」（《江蘇丹徒北山頂春秋墓發掘報告》，《東南文化》1988年第3、第4期（合）），可證。「邞」是六國的地名專用字。《左傳》文公五年：「六人叛楚，即東夷。秋，楚成大心、仲歸帥師滅六。」六國滅後地入楚爲邑，舊地在今安徽省六安縣東北。《古璽通論》，上海書畫出版社，1996年3月，第103～104頁。

何琳儀：

楚系　邞行貣之鉩　《戰國古文字典》，中華書局，1998年9月，第225頁。

傅嘉儀：

六郘行府之璽　《篆字印彙》，上海書店出版社，1999年1月，第484頁。

莊新興：

六郘行𡩜之鉨　戰國　《中國璽印篆刻全集》，上海書畫出版社，1999年11月，第49頁。

徐　暢：

東周·楚系公鉨　六郘（六）行府之鉨　《中國篆刻全集》，黑龍江美術出版社，2000年7月，第10頁。

來一石：

郕行府之鉨　《古印集萃·戰國卷》，榮寶齋出版社，2000年11月，第46頁。

肖　毅：

六郘行府之璽　《古璽所見楚系官府官名考略》，《江漢考古》，2001年第2期，第39頁。

戴山青：

六郘行府（𡩜）之鉨　《古璽漢印集萃》上册，廣西美術出版社，2001年10月，第13頁。

徐暢主編：

戰國公鉨與印跡・楚系鉨印　86　阞（六）行廥（府）之鉨　《中國書法全集》第92卷，榮寶齋出版社，2003年2月，第39頁。

徐暢主編：

86　邟（六）行廥（府）之鉨

作於東周時期。楚國官鉨。《古璽彙編》〇一三〇號著録。斜坡臺鼻鈕。邊長二・三釐米。通高一・八釐米。

邟即六，古國，在今安徽省六安線東北。此爲楚王設在六地的行宫之府庫。

參考　葉其峰《戰國官璽的國別及有關問題。》　《中國書法全集》第92卷，榮寶齋出版社，2003年2月，第204頁。

莊新興：

邟行廥之璽　楚系　《戰國璽印》，上海書畫出版社，2003年8月，第41頁。

葉其峰：

蔡字邑旁作，按古璽邑旁作此形者多見於楚官璽，如「新邦官鉨」之邦字邑旁，「邟

行𢉖之鉨」字邑旁，「下蔡戠襄」蔡字邑旁等是。此形又多見於《包山楚簡》邦字邑旁，郯字邑旁等。

《古璽印通論》，紫禁城出版社，2003年9月，第46頁。

小林斗盦：

䢊行𢉖之鉢　《中國璽印類編》，天津人民美術出版社，2004年6月，第62、207、311頁。

施謝捷：

楚系官璽　䢊（六）行𡪀（府）之鉨（璽）　《古璽彙考》，安徽大學博士學位論文，2006年5月，第157頁。

陳光田：

楚系古璽　「䢊（六）行𢉖（府）之鉨（璽）」（0130）。「行府」是楚王行宮之府庫。䢊，即六，古代小國，其地在今安徽六安縣東北。（葉其峰：《戰國官璽的國別及有關問題》，《故宮博物院院刊》1981年第3期。）或認爲「六行府」可能爲楚王設在六地之府，與行宮沒有什麽從屬關係。（鄭超：《楚國官璽考述》，《文物研究》1986年總第2輯。）

按「行」有代理之意，「行府」可能爲臨時的府庫或臨時的辦事機構。該璽可能爲楚在六地之府的臨時府庫用璽。《戰國璽印分域研究》，嶽麓書社，2009年5月，第134頁。

吳清輝：

阸（邟）行府（廜）之鉨　戰國（楚）《中國印學》，中國美術學院出版社，2010年6月，第225頁。

楊　勇：

邟行廜之鉨

戰國楚銅質官鉨。「邟」即六，本古國名，《左傳》文公五年：「六人叛楚，即東夷。秋，楚成大心、仲歸帥師滅六。」六國被滅後即變爲楚邑，舊地在今安徽省六安縣東北。行府之名亦見於其他古鉨，應是設置於外的府庫之意。

此印雖不大，寫意性卻極強，秉承了楚國文字浪漫的氣質，不做過多的方折，線條多優美的弧形，富有筆意，字形上高矮相間，章法上強化疏密對比，右邊「邟」「行」二字筆畫少，排成一列，占一小半印面，且上小下大。「邟」字左右部件位置對調，同時「六」部上提。「行」字形體修長似小篆，但不同於小篆的嚴謹整飭，左右兩部份左小右大，左低右高，右部剛好穿插進上部「六」上提後留出的空間裏。左列「窅」「之」「鉨」三字呈寬扁狀。「之」字的長橫不作挺直狀，而是後半段向上微彎，既避讓開下面「鉨」字的右部件，又顯得瀟灑飄逸。「鉨」字左右離得很開，既拉寬了字形，又形成中間空地，與四周空地氣息流通。「窅」字位於左上角，在五字中它的體格最大，略呈上窄下寬狀，左邊單人旁的豎畫左斜，並不渾圓，而是依空變形，裏面兩橫略有角度的變化，下部兩腳左右離得很開，顯得字形更加穩當。《先秦古璽賞析100例》，江西美術出版社，2015年7月，第68頁。

官璽第一四四：敨（造）窅（府）之鉨（璽）

印面：

尊古齋古璽集林初二集，上海博物館藏印

著　錄：

《上海博物館藏印選》，上海：上海書畫出版社，1979年8月，第8頁。
《古璽彙編》，北京：文物出版社，1981年12月，第22頁。
《印典》（四），北京：國際文化出版公司，1994年1月，第2706頁。
《古璽通論》，上海：上海書畫出版社，1996年3月，第103頁。
《古璽印精品集成》，上海：上海古籍出版社，1998年9月，第8頁。
《中國歷代印章目錄》，北京：中國民族攝影藝術出版社，1998年9月，第29頁。
《篆字印彙》，上海：上海書店出版社，1999年1月，第484頁。
《中國璽印篆刻全集》，上海：上海書畫出版社，1999年11月，第53頁。
《中國篆刻全集》，哈爾濱：黑龍江美術出版社，2000年7月，第10頁。
《古印集萃·戰國卷》，北京：榮寶齋出版社，2000年11月，第38頁。
《中國璽印真僞鑒別》，合肥：安徽科學技術出版社，2001年1月，第39頁。
《古璽漢印集萃》上冊，南寧：廣西美術出版社，2001年10月，第20頁。

《戰國璽印分域編》，上海：上海書店出版社，2001年10月，第223頁。
《中國書法全集》第92卷，北京：榮寶齋出版社，2003年2月，第39頁。
《戰國璽印》，上海：上海書畫出版社，2003年8月，第221頁。
《中國璽印類編》，天津：天津人民美術出版社，2004年6月，第311頁。
《古璽彙考》，安徽大學博士學位論文，2006年5月，第156頁。
《寸心籀篆：中國古代璽印鑒賞》，長沙：湖南美術出版社，2009年5月，第34頁。
《戰國璽印分域研究》，長沙：嶽麓書社，2009年5月，第135頁。
《中國印學》，杭州：中國美術學院出版社，2010年6月，第13頁。

集釋：

上海博物館：

敬府之鉨　《上海博物館藏印選》，上海書畫出版社，1979年8月，第8頁。

羅福頤：

0131　□府之鉨　《古璽彙編》，文物出版社，1981年12月，第22頁。

吳振武：

敨（造）府之鉨　《〈古璽彙編〉釋文訂補及分類修訂》，《古文字學論集》（初編），香港中文大學，1983年9月，第489頁。

吳振武：

〔七四二〕今按：此字从攴从告，湯餘惠同志隸定爲敨，釋爲造（其文待刊），其說甚是。□字出於楚璽，而楚鄴陵君三器中的造字或作□（《文物》一九八〇年第八期），正與此字同。原璽全文作「敨（造）寶（府）之鉨」，「造府」之稱亦見於楚陳旺戟和楚璽中，參本文「五四六」條（編按：即「告」字的考釋）。造字見於《說文・辵部》。《〈古璽文編〉校訂》，吉林大學博士學位論文，1984年12月，第548～549頁。

湯餘惠：

楚璽　敨（造）寶（府）之鉨　《略論戰國文字形體研究中的幾個問題》，《古文字研究》第十五輯，中華書局，1986年6月，第75頁。

湯餘惠：

（19）楚國的官璽（此璽告、攴、金旁及之、府二字的結體都是典型的楚文字寫法，斷爲楚璽可以無疑）有：

寶（府）之鉨（0131）

首字即「𢼊（造）」的訛寫。楚文字「𢼊」之作（郊並果戈）、（鄴陵君銅豆之一）、（鄴陵君銅鑑）、（鄴陵君銅豆之二）等形者與之形近，故可同釋。造府，戰國楚器物銘文屢見，又作「俈府」，楚璽（2550）及楚銅器兵器銘文都有關於「俈府」的資料（詳拙作《楚器銘文八考》），但迄今爲止，似乎沒有看到楚以外其他各國有關於「俈府」的銘文記載，說明造府是專設於楚的官署名稱，遺憾的是載籍書闕有間竟無隻言片語可資印證。《錄遺》578著錄的戟銘云：

陳（旺）戠=（之載）俈寶（府）之（戟）。

玩味銘文辭意，造府可能是職掌器物製造和貯藏的有司，與中原各國的中府、少府相當。

《略論戰國文字形體研究中的幾個問題》，《古文字研究》第十五輯，中華書局，1986年6月，第32頁。

鄭　超：

22.㪍府之璽

第一字《古璽彙編》缺釋，此從吳振武釋。吳並讀㪍爲造。如此則此府的主要任務是製造器物。《楚國官璽考述》，《文物研究》總第二輯，黄山書社，1986年12月，第90頁。

黄錫全：

3、造府

（10）「陳旺之歲造府之戟」　陳旺戟，《商周金文錄遺》578號

（11）「此造府之右冶□□」　造府鼎，《三代》3.12.1

（12）「造府之璽」　璽彙　0131

（13）「造府」　璽彙　2550

造字从人从告，或从攴从告，郝本性（編按：郝説見「佶（造）實（府）」條）、湯餘惠釋讀爲「造」，可從。告字上部豎筆向左彎曲，應是楚文字的特點。據「造府」銅璽出土於壽縣，上列諸器多爲戰國晚期，説明此府與大府、高府一樣，是設在國都內的中央府名。據造府鼎，知「造府」下有冶鑄機構，郝本性認爲「至少有兩個，既有右冶，當有左冶。……負責鑄造之事。」據陳旺戟，造府也鑄造武器。鄭超認爲，「此府的主要任務是製造器物」。《古文字中所見楚官府官名輯證》，《文物研究》總第七輯，黄山書社，1991年12月，第210頁。

曹錦炎：

敨（造）實（府）之鉨

造府大概是職掌器物製造的機構。《古璽通論》，上海書畫出版社，1996年3月，第103頁。

何琳儀：

敨府（編按：即「敨府之鉨」）

敁，从攴，告聲。疑捁之異文。《集韻》：「捁，打也。」楚器敁，讀造。楚璽「敁府」，讀「造府」。《戰國古文字典》，中華書局，1998年9月，第171頁。

莊新興：

□府之鉩　《古璽印精品集成》，上海古籍出版社，1998年9月，第8頁。

傅嘉儀：

□府之璽　《篆字印彙》，上海書店出版社，1999年1月，第484頁。

莊新興：

□府之鉩　戰國　《中國璽印篆刻全集》，上海書畫出版社，1999年11月，第53頁。

徐　暢：

東周・楚系公鉩　敁（造）寳（府）之鉩　《中國篆刻全集》，黑龍江美術出版社，2000年7月，第10頁。

來一石：

敬府之鉨　《古印集萃・戰國卷》，榮寶齋出版社，2000年11月，第38頁。

肖　毅：

造府之璽　《古璽所見楚系官府官名考略》，《江漢考古》，2001年第2期，第39頁。

戴山青：

造（敀）府（賔）之鉨　《古璽漢印集萃》上册，廣西美術出版社，2001年10月，第20頁。

徐暢主編：

戰國公鉨與印跡・楚系鉨印　82　敀（造）賓（府）之鉨　《中國書法全集》第92卷，榮寶齋出版社，2003年2月，第39頁。

徐暢主編：

82　敀（造）賓（府）之鉨

作於東周時期。楚國官鉨。《上海博物館藏印》、《古璽彙編》〇一三一號著錄。上海市博物館收藏。

第一字《古璽彙編》缺釋。吳振武、湯餘惠隸定爲敀讀爲造。此爲製造器物的機構。《中國書法全集》第92卷，榮寶齋出版社，2003年2月，第204頁。

莊新興：

敬𢉖之璽（楚）　《戰國璽印》，上海書畫出版社，2003年8月，第221頁。

小林斗盦：

□府之鉥　《中國璽印類編》，天津人民美術出版社，2004年6月，第311頁。

郭　兵：

造府之璽　《寸心籀篆——中國古代璽印鑒賞》，湖南美術出版社，2009年5月，第34頁。

施謝捷：

楚系官璽　𢼸（造）賔（府）之鉨（璽）　《古璽彙考》，安徽大學博士學位論文，2006年5月，第156頁。

陳光田：

楚系古璽　「𢼸（造）𢉖（府）之鉨（璽）」（0131）……「造」字或从「告」从「攴」，或从「人」从「告」，爲楚文字的特有寫法。該璽可能爲負責督造器物的官署用璽。《戰國璽印分域研究》，嶽麓書社，2009年5月，第135～136頁。

吳清輝：

造𢊍（府）之鉩　楚　《中國印學》，中國美術學院出版社，2010年6月，第13頁。

官璽第一四五：告（造）賓（府）訐（信）鉩（璽）

印　面：

珍秦齋藏印

著　錄：

《古璽彙考》，安徽大學博士學位論文，2006年5月，第156頁。

集　釋：

施謝捷：

楚系官璽　告（造）府（府）訐（信）鉨（璽）　《古璽彙考》，安徽大學博士學位論文，2006年5月，第156頁。

官璽第一四六：佶（造）府（府）

印面：

昔則廬古璽印存初二三集，故宮博物院藏印

著錄：

《古璽彙編》，北京：文物出版社，1981年12月，第246頁。

《印典》（四），北京：國際文化出版公司，1994年1月，第1967頁。

《中國篆刻全集》，哈爾濱：黑龍江美術出版社，2000年7月，第10頁。

《戰國璽印分域編》，上海：上海書店出版社，2001年10月，第223頁。

《中國書法全集》第92卷，北京：榮寶齋出版社，2003年2月，第39頁。

《古璽彙考》，安徽大學博士學位論文，2006年5月，第156頁。

《戰國璽印分域研究》，長沙：嶽麓書社，2009年5月，第135頁。

集　釋：

羅福頤：

2550 □貿　《古璽彙編》，文物出版社，1981年12月，第246頁。

吴振武：

佶（造）貿（府）　《〈古璽彙編〉釋文訂補及分類修訂》，《古文字學論集》（初編），香港中文大學，1983年9月，第508頁。

吴振武：

〔五四六〕今按：此字从人从告，應爲佶（嚳）。楚陳旺戟銘文云：「陳旺之歲，貿（府）之戟。」（《錄遺》五七八）字湯餘惠同志釋爲佶，讀作「造」（其文待刊），其說甚是。新出楚郢陵君三器中的𢼸（造）字所从之告或作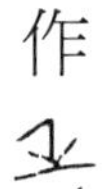（《文物》一九八〇年八期），正與此字旁同。原璽全文作「佶貿（府）」，佶也應讀作造，參本文「七四二」

條（編按：該條即「俈」字的考釋）。此璽從文字風格上看亦可確定爲楚璽。俈字見於《集韻》，《集韻》謂俈字同嚳。嚳字見於《說文·告部》。《〈古璽文編〉校訂》，吉林大學博士學位論文，1984年12月，第415～416頁。

湯餘惠：

楚璽　俈（造）賓（府）　《略論戰國文字形體研究中的幾個問題》，《古文字研究》第十五輯，中華書局，1986年6月，第76頁。

郝本性：

造府

壽縣出土一枚戰國銅盤，上有陰文的（編按：此處衍「的」字。）「俈府」二字（徐乃昌：《安徽通志·金石古物考稿》卷十六，34頁著錄）。另有一戟，其出土地不詳，上有銘文爲「陲（陳）隹散=（之歲合文）俈府之戟」（于省吾：《商周金文錄遺》578頁）。此戟府字上部稍殘泐。上述府前面的俈字與俈字，舊均不識。此字从人从告爲俈，即造字的變體。造字的變體甚多。《說文》載造字的古文作艁，有單角戈、郕大司馬戟、滕侯耆戈上的造字證明从舟从告，確爲造字。頌鼎和頌簋造字又作艁，郜造鼎作𨕖，戠戈作造，秦子戈作窖；宋公差戈、不易戈及古陶文造字作䢿；新鄭出土韓國銅兵器的造字作𢿘；曹公子戈、陳𠈇戈作鋯，造字从人作俈，應是楚國一種特定的寫法。但俈字的告上把寫成，卻是齊、杞、郜、莒、薛、鑄、魯等山東諸國文字的習慣寫法。在那裡凡从偏旁的字，往往寫作，如壽字寫作（齊侯壺）、孝字作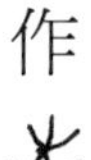（陳侯午錞）、浥字作（釜叔匜）。因爲山東部分地方在戰國曾歸楚國統轄，考烈王七年（公元前二五六年），楚曾滅魯，山東的特定文字寫法，或許是出自魯國工人之手筆。《試論楚國器銘中所見的府和鑄造組織》，《楚文化研究論文集》第一集，荊楚書社，1987年1月，第316頁。

黄錫全：

造府　詳見「散（造）寳（府）之鉨（璽）」條。《古文字中所見楚官府官名輯證》，《文物研究》總第七輯，黄山書社，1991年12月，第210頁。

何琳儀：

楚系　俈𢉼

俈，从人，告聲。嚳之異文。《集韻》：「嚳，或作俈。」《管子·侈靡》：「俈堯之時。」注：「俈，帝俈也。」

楚器「俈𢉼」，讀「造府」。　《戰國古文字典》，中華書局，1998年9月，第170～171頁。

徐　暢：

東周·楚系公鈢　俈（造）𡪞（府）　《中國篆刻全集》，黑龍江美術出版社，2000年7月，第10頁。

肖　毅：

造府　詳見「㝵（造）𡪞（府）之鈢（璽）」條。　《古璽所見楚系官府官名考略》，《江漢考古》，2001年第2期，第39頁。

莊新興：

1264　□𢉼　楚系·楚　《戰國璽印分域編》，上海書店出版社，2001年10月，第223頁。

徐暢主編：

戰國公鉩與印跡・楚系鉩印　87　佶（造）寳（府）　《中國書法全集》第92卷，榮寶齋出版社，2003年2月，第39頁。

徐暢主編：

87　佶（造）寳（府）

《昔則盧古璽印存》、《故宫博物院藏古璽印選》、《古璽彙編》二五五〇號著録。吳振武釋首字爲佶（造）。　《中國書法全集》第92卷，榮寶齋出版社，2003年2月，第205頁。

施謝捷：

楚系官璽　佶（造）寳（府）　《古璽彙考》，安徽大學博士學位論文，2006年5月，第156頁。

陳光田：

楚系古璽　「佶（造）㡯（府）」（2550）。第一字舊不識，字从「人」从「告」，當隸作佶，讀做造。（湯餘惠：《略論戰國文字形體研究中的幾個問題》，《古文字研究》第十五輯，中華書局，1986年第32頁。）「造」字或从「告」从「攴」，或从「人」从「告」，爲楚文字的特有寫法。該璽可能爲負責督造器物的官署用璽。《戰國璽印分域研究》，嶽麓書社，2009年5月，第135頁。

官璽第一四七：高⿳宀寸貝（府）之鉩（璽）

印面：

安昌里璽印彙

著錄：

《古璽彙編》，北京：文物出版社，1981年12月，第23頁。

《印典》（四），北京：國際文化出版公司，1994年1月，第1967頁。

《古璽通論》，上海：上海書畫出版社，1996年3月，第103頁。

《篆字印彙》，上海：上海書店出版社，1999年1月，第1665頁。

《中國璽印篆刻全集》，上海：上海書畫出版社，1999年11月，第48頁。

《中國篆刻全集》，哈爾濱：黑龍江美術出版社，2000年7月，第10頁。
《古印集萃·戰國卷》，北京：榮寶齋出版社，2000年11月，第45頁。
《古璽漢印集萃》上冊，南寧：廣西美術出版社，2001年10月，第22頁。
《戰國璽印分域編》，上海：上海書店出版社，2001年10月，第182頁。
《中國書法全集》第92卷，北京：榮寶齋出版社，2003年2月，第39頁。
《古璽彙考》，安徽大學博士學位論文，2006年5月，第156頁。
《戰國璽印分域研究》，長沙：嶽麓書社，2009年5月，第135頁。
《先秦印風》，重慶：重慶出版社，2011年5月，第27頁。

集　釋：

羅福頤：

0132　高府之鉨　《古璽彙編》，文物出版社，1981年12月，第23頁。

葉其峰：

高實之鉨

《史記·楚世家》記載：白公勝「劫惠王置之高府」。集解：「賈逵曰：『高府，府名也。』杜預曰：『楚別府』。」以是知此爲楚璽。又府字風格與邧行府之鉨之府字同，亦可爲佐證。《戰國官璽的國別及有關問題》，《故宫博物院院刊》，1981年第3期，第86頁。

湯餘惠：

一、「高之」考

古璽印有「高賨之鉨」（《古璽彙編》第23頁0132），馬國權先生曾據此璽白文有邊、文字粗放等特點，推定爲楚國官璽（馬國權《古璽文字初探》，中國古文字研究會第三屆年會論文。）我們認爲，璽文府字作「□」，之字作「□」，都是楚文字的通常寫法；高字作「□」與楚王酓感（編按：當爲「忎」訛）鼎銘喬字所从高旁相同；「賨」下从貝作「□」亦爲楚文字所僅見。因此，斷此璽爲戰國楚物是可信的。

此外，上述看法在古書中還可以找到可靠的證據。《史記·楚世家》記載：

（惠王）八年，晉伐鄭，鄭告急楚，楚使子西救鄭，受賂而去。白公勝怒，乃遂與勇力死士石乞等襲殺令尹子西、子綦於朝，因劫惠王，置之高府，欲弑之。惠王從者屈固負王亡走昭王婦（編按：「婦」當爲「夫」，今據《史記・楚世家》改）人宮。白公自立爲王。

《集解》引賈逵云：「高府，府名也。」又杜預注：「楚別府。」看來，高府爲楚國之府，已無疑義，但高府性質如何仍需深入考求。

古代的「府」無非兩類：一是治事之府，一是財貨之府。這就是《風俗通義》所謂「府，聚也。公卿牧守府道德之所聚也。藏府、私府財貨之所聚也」（《左傳・隱公七年》孔穎達疏引《風俗通義》佚文）。以往出土和傳世的晚周楚文字資料中「府」的名目繁多，其中有的屬於私人，如鄂君啓之府、司馬之府之類，是封君、貴族聚斂財貨的機構；還有的是國家所屬製造並貯藏財貨的府庫，太府、中府、行府、公府、造府（太府、中府、公府見於戰國楚銅器銘文；造府見楚兵器銘刻；行府見楚璽。均詳另文）等均是。前者於府字之前冠以職官或名氏，與後者有明顯的不同，有辭例可資分別。高府既然是楚惠王被囚禁處，而且府字之前沒有加職官或私名，其爲國家所設大概也是沒有問題的。明董説《七國考》引《春秋後語》云：「吳入楚，燒高府之粟，破九龍之鼎。」可見，高府必有儲糧倉廩之設。又《呂氏春秋》分職篇記載：

白公勝得荆國，不能以其府庫分人。七日，石乞曰：「患至矣！不能分人則焚之，毋令人以害我，白公又不能。九日，葉公入乃發太府之貨予衆，出高庫之兵以賦民，因攻之，十有九日而白公死國。」

按府、庫義近，此處的高庫，當即彼處的高府。由此可知，高府之中不僅有糧票（編按：此處疑爲「粟」字之誤），而且有兵器，應是春秋戰國之際楚國京城之內貯藏糧穀、兵械等物資的重要府庫之一。　　《楚璽兩考》，《江漢考古》，1984年第2期，第50頁。

鄭　超：

19.高府之璽

葉其峰、湯餘惠均已指出高府見於《史記・楚世家》。按《左傳・哀公十六年》白公勝「以王（楚惠王）如高府」，杜注：「高府，楚別府。」湯餘惠還考證出高府中不僅有糧粟而且有兵器，是春秋戰國之際楚國京城之內的重要府庫之一。《楚國官璽考述》，《文物研究》總第二輯，黄山書社，1986年12月，第90頁。

湯餘惠：

楚璽 高賓（府）之鈢 《略論戰國文字形體研究中的幾個問題》，《古文字研究》第十五輯，中華書局，1986年6月，第75頁。

王 輝：

楚又有高府。《古璽彙編》0132有「高𢈔之鈢」，𢈔下从貝作，爲楚文字所僅見。高𢈔或作高庫。《呂氏春秋・似順・分職》：「白公勝得荆國，不能以其府庫分人。七日，石乞曰：『患至矣，不能分人則焚之，毋令人以害我。』白公又不能。九日，葉公入，乃發大府之貨予衆，出高庫之兵以賦民。因攻之，十有九日而白公死。」 白公乃楚平王太子建之子。《史記・楚世家》記楚惠王十年（前479年）白公勝作亂，殺令尹子西，「劫惠王，置之高府，欲弑之。」《集解》引賈逵曰：「高府，府名也。」杜預曰：「楚别府。」出土銘文未見楚有庫，這裏的高府、高庫又均與白公勝的事跡有關，極可能高庫就是高府。

黄錫全：

《戰國「府」字之考察》，《中國考古研究論集》，三秦出版社，1987年12月，第348頁。

2、高府

（9）高府之璽

《史記·楚世家》：惠王八年，白公勝與勇士石乞「劫惠王，置之高府，欲弑之。惠王從者屈固負王亡走昭王夫人宫。白公勝自立爲王」。此事又見於《伍子胥列傳》及《左傳》哀公十六年。《集解》引賈逵云：「高府，府名也。」杜預曰：「楚别府。」可見楚之高府乃國都内府名。湯餘惠據《七國考》引《春秋後語》「吴入楚，燒高府之粟，破九龍之鼎」，及《吕氏春秋·分職》「發太府之貨以予衆，出高庫之兵以賦民」，認爲「高府」即「高庫」，「高府之中不僅有糧粟，而且有兵器，應是春秋戰國之際楚國京城之内貯藏糧穀、兵械等物資的重要府庫之一」。按楚之高府、高庫應是兩個機構，高府貯藏糧食，高庫貯藏武器。「發太府之貨」與「出高庫之兵」同時並舉，是「府」、「庫」有別之證。《禮記・曲禮》：「在府言府，在庫言庫。」鄭注：「府謂寶藏貨賄之處也，庫謂車馬兵甲之處也。」《古文字中所見楚官府官名輯證》，《文物研究》總第七輯，黄山書社，1991年12月，第209～210頁。

牛濟普：

10.大府、高府之璽、司馬之府、造府之璽

據「府、璽」文字特徵可定「高府之璽」、「司馬之府」、「造府之璽」爲楚官璽。「」爲「高」字，與《楚高罍》的「高」字同。《楚系官璽例舉》，《中原文物》，1992年第3期，第90頁。

湯餘惠：

高寶（府）之鈢（璽）

《古璽彙編》0132，楚府庫官印。寶，府字異文，字下从貝，六國文字府字从貝，與秦文字有異；高府，楚國府庫名。《戰國銘文選》，吉林大學出版社，1993年9月，第78頁。

曹錦炎：

20.高𢉼（府）之鉨

高府之名見於《史記·楚世家》，惠王八年：「白公勝怒，乃遂與勇力死士石乞等，襲殺令尹子西、子綦于朝，因刦惠王，置之高府，欲弒之。」《集解》：「賈逵曰：『高府，府名也。』杜預曰：『楚別府。』」《左傳》哀公十六年記白公勝殺子西、子期後，又殺子閭，「而以王如高府」。上引杜預注即見此。

《淮南子·泰族訓》：「闔閭伐楚，五戰入郢，燒高府之粟，破九龍之鐘。」據此，高府應爲楚國郢都的府庫之名，且有儲糧食倉廩之設。又《呂氏春秋·分職篇》載：「白公勝得荊國，不能以其府庫分人。七日，石乞曰：『患至矣！不能分人則焚之，毋令人以害我。』白公不能。九日，葉公乃發太府之貨予眾，出高庫之兵以賦民，因攻之。十有九日而白公勝死國。」則高府中還有兵器。可見高府是郢都儲藏糧食、兵械等物資的重要府庫之一。（湯餘惠《楚璽兩考》，《江漢考古》1984年第2期。）《古璽通論》，上海書畫出版社，1996年3月，第102～103頁。

何琳儀：

楚系　高窅之鉩

楚璽「高窅」，讀「高府」。　《戰國古文字典》，中華書局，1998年9月，第289～290頁。

傅嘉儀：

高府之璽　《篆字印彙》，上海書店出版社，1999年1月，第1665頁。

莊新興：

高窅之鉩　戰國　《中國璽印篆刻全集》，上海書畫出版社，1999年11月，第48頁。

來一石：

高府之鉩　《古印集萃·戰國卷》，榮寶齋出版社，2000年11月，第45頁。

肖　毅：

高府之璽　《古璽所見楚系官府官名考略》，《江漢考古》，2001年第2期，第38頁。

戴山青：

高府（窅）之鉥　《古璽漢印集萃》上冊，廣西美術出版社，2001年10月，第22頁。

徐暢主編：

戰國公鉨與印跡·楚系鉨印　84　高寶（府）之鉨　《中國書法全集》第92卷，榮寶齋出版社，2003年2月，第39頁。

徐暢主編：

84　高寶（府）之鉨

作於東周時期。楚官鉨。《古璽彙編》〇一三二號著錄。

史載，高府爲「楚別府」，又名高庫，府內有兵械糧穀之蓄，是春秋戰國時期楚都城內重要府庫之一。

參考　湯餘惠《戰國銘文選》七十八頁　《中國書法全集》第92卷，榮寶齋出版社，2003年2月，第204頁。

施謝捷：

楚系官璽　高寶（府）之鉨（璽）　《古璽彙考》，安徽大學博士學位論文，2006年5月，第156頁。

陳光田：

楚系古璽「高實（府）之鉨（璽）」（0132）。「高府」爲楚特有職官，《史記・楚世家》杜預注曰：「楚别府。」高府即高庫，是楚國京城内儲藏糧穀、兵械等物資的重要府庫之一。（湯餘惠：《楚璽兩考》，《江漢考古》1984年第2期。）該璽爲楚高府之官署所用之物。《戰國璽印分域研究》，嶽麓書社，2009年5月，第136頁。

徐　暢：

戰國楚系官鉨　敔（造）實（府）之鉨　《先秦印風》，重慶出版社，2011年5月，第27頁。

邱傳亮按：

《越絕卷第八》：「安城里高庫者，句踐伐吴，禽夫差，以爲胜兵，筑庫高閣之。周二百三十步，今安城里。」以文意推之，此高庫當是臨時的機構，此職能大概就是存放兵器，並監禁吴王夫差的。高府與高庫當有别，不能混爲一談。

官璽第一四八：□實（府）之鉨（璽）

印面：

陳簠齋手拓古印集四冊、璽印集林四冊

著錄：

《古璽彙編》，北京：文物出版社，1981年12月，第23頁。

《印典》（三），北京：國際文化出版公司，1994年1月，第1966頁。

《中國篆刻全集》，哈爾濱：黑龍江美術出版社，2000年7月，第14頁。

《古印集萃·戰國卷》，北京：榮寶齋出版社，2000年11月，第35頁。

《戰國璽印分域編》，上海：上海書店出版社，2001年10月，第182頁。

《中國書法全集》第92卷，北京：榮寶齋出版社，2003年2月，第48頁。

《書法新鑒：古璽文新鑒》，西安：世界圖書出版公司，2005年6月，第44頁。

《古璽彙考》，安徽大學博士學位論文，2006年5月，第158頁。

《戰國璽印分域研究》，長沙：嶽麓書社，2009年5月，第135頁。
《先秦印風》，重慶：重慶出版社，2011年5月，第40頁。

集　釋：

羅福頤：

0133　□□府鈢　《古璽彙編》，文物出版社，1981年12月，第23頁。

黄錫全：

13、□正府

（24）□正府璽

第一字不清，似爰而又非「爰」字，待考。第二字與《璽彙》0136的第一字類同，當是「正」字。儘管第一字不清，但可斷定其爲楚之又一府名。　《古文字中所見楚官府官名輯證》，《文物研究》總第七輯，黄山書社，1991年12月，第212頁。

徐　暢：

東周・楚系公鈢　□正（征）府鈢　《中國篆刻全集》，黑龍江美術出版社，2000年7月，第14頁。

來一石：

□□府鉩　《古印集萃・戰國卷》，榮寶齋出版社，2000年11月，第35頁。

莊新興：

1022　□□𢉩鉩　楚系・楚　《戰國璽印分域編》，上海書店出版社，2001年10月，第182頁。

徐暢主編：

戰國公鉩與印跡・楚系鉩印　□正（？）府鉩　《中國書法全集》第92卷，榮寶齋出版社，2003年2月，第48頁。

肖曉暉：

與「勿正官鉩」相類的是一枚「不正府鉩」（《古璽彙編》0133），該璽也屬楚系。「府」寫作「𡩜」，爲楚文字風格。「不正府」也等於說「不征於府」，「府」是「府庫」的意思，或即指大府。楚國的大府有爲楚王征收賦稅的權力，鄂君啓節銘文中說：「女（如）

載馬牛羊以出內（入）關，則政（征）於大府，毋政（征）於關。」楚璽「勿正官鉩」和「不正府鉩」是對這句銘文極好的註釋、說明。三者所反映的內容相互印證，十分難得。

《書法新鑒：古璽文新鑒》，世界圖書出版公司，2005年6月，第45頁。

施謝捷：

楚系官璽　不正（正）𡩜（府）鉩（璽）　《古璽彙考》，安徽大學博士學位論文，2006年5月，第158頁。

陳光田：

楚系古璽　「□□𢉓（府）鉩（璽）」（0133）。璽文前兩字不識，當爲地名，該璽可能爲楚某地的府庫所用。　詳見「行𢉓（府）之鉩（璽）」條。　《戰國璽印分域研究》，嶽麓書社，2009年5月，第135頁。

邱傳亮按：

該璽右邊兩字不清。黃錫全釋右下角字爲「正」字，全璽釋爲「□正府璽」，璽文順序爲：3142。我們以爲，右下角字當釋爲「之」字。「之」字是古文字常用字之一，吳振武先生指出，在正常寫法之外，還有一種在正常寫法之上加一斜筆的寫法（吳振武：《朱家集楚器銘文辨析三則》，第二十五屆古文字研討會論文，2004年）。如：

（1）計官（之）璽　《彙編》0139

（2）坪（平）夜（與）大夫（之）璽　《彙編》0102

（3）士君子（之）信坣（符）（轉引自吳振武：《朱家集楚器銘文辨析三則》）

璽文右下角之字，同「之」字極類，當釋爲「之」字。如此，則璽文釋爲「□府之璽」，璽文順序爲：21/43，則與一般楚璽的順序不同。楚璽璽文讀序一般爲：31/42，但也有例外。如：

（1）

司寇之鈢　彙編0065

（2）

藥（樂）之鉩　彙編0219

故璽文讀序爲2143，或當釋爲「□府之璽」。該璽由於首字不清，其具體職掌有待進一步考證。

官璽第一四九：倅（倅）窅（府）

印　面：

璽印集林四冊

著　錄：

《古璽彙編》，北京：文物出版社，1981年12月，第59頁。

《印典》（三），北京：國際文化出版公司，1994年1月，第1967頁。
《篆字印彙》，上海：上海書店出版社，1999年1月，第484頁。
《中國篆刻全集》，哈爾濱：黑龍江美術出版社，2000年7月，第10頁。
《中國書法全集》第92卷，北京：榮寶齋出版社，2003年2月，第39頁。
《中國璽印類編》，天津：天津人民美術出版社，2004年6月，第311頁。
《古璽彙考》，安徽大學博士學位論文，2006年5月，第158頁。
《戰國璽印分域研究》，長沙：嶽麓書社，2009年5月，第151頁。
《先秦印風》，重慶：重慶出版社，2011年5月，第27頁。

集釋：

0337 □□府 《古璽彙編》，文物出版社，1981年12月，第59頁。

羅福頤：

吴振武：

〔八八三〕今按：此字从人从𧘝（或卒）。可隸定爲⿰亻𧘝（倅）或𠈌。左側 ⿱爫千 从爪从衣

（或卒），即狄字古文，參本文[八六〇]條。傢（㑊）字不見於後世字書。」《〈古璽文編〉校訂》，吉林大學博士學位論文，1984年12月，第634頁。

李家浩：

「倅賔（府）」印，「倅」即「倅」字（「倅府」印原文爲反文。《古璽彙編》把「倅」作爲兩個字來處理是錯誤的），「卒」旁也可用作「卒」。詳見「司馬卒（卒）鈢（璽）」條。《楚國官印考釋（四篇）》，《江漢考古》，1984年第2期，第48頁。

何琳儀：

㓹

《彙》0337釋「（編按：該字摹寫失真，參看原璽。）府」爲「□□府。」其實這方官璽祇是兩個字。，从𧘇从刀。𧘇，侯馬盟書作，三體石經狄之古文作。衣和卒本一字之分化，因而盟書从衣，石經从卒，義本不殊。上揭璽文𧘇字右上角之「匕」，乃刀字反書。姑馮句鑃之，曩伯盨之，大毁之，均刀作反書之證。然則當隸定爲劉（編按：當爲「𠜾」訛），即㓹。

⿱⿰犭分力，後世作剔，《集韻》「剔古作⿱⿰犭分力」。《説文》「剔，解骨也」。典籍或作肆。《周禮・春官・大宗伯》「以肆獻祼享先王」，注「肆，解骨體。」釋文「他歷切」，其音正讀剔。《周禮・夏官・小子》「羞羊肆羊殽肉豆」，注「肆，讀爲鬄」。朱駿聲《説文通訓定聲》「鬄，解骨也，字亦作剔。」總之，⿱⿰犭分力、剔、鬄、肆均爲一音之轉，訓「解骨」。《周禮》對「肆」的記載比較詳備。「肆」是割宰牲體用以祭祀的專用名詞，所謂「肆解牲體以祭」，一般都是「薦腥」（詳孫詒讓《正義》）。古璽中的「⿱⿰犭分力府」，當是主管「肆」的機構，其職官可能與《周禮》大宗伯的屬官「肆師」相近。

⿱⿰犭分力亦見於姓名私璽（《彙》3488、3306），當讀剔，剔爲古姓，亦作易。《漢書・古今人表》「剔成君，」《竹書紀年》作「易成君」。另外，《彙》2087-2089有郤字，則應讀狄，亦古姓，春秋狄國之後。郤在戰國兵器銘文中或作⿱罒衣，詳新鄭兵器二十三年戈。總之，剢（編按：當爲「剢」訛。）（⿱⿰犭分力）與郤雖然音符相同，但是在姓氏私璽中前者讀易，後者讀狄，判然有別。

《古璽雜識》，《遼海文物學刊》，1986年第2期，第141頁。

鄭　超：

23.倅府

倅字李家浩所釋。《周禮・夏官・戎僕》「掌王倅車之政」注：「倅，副也」。倅府當是專門儲藏備用物資的府庫。《楚國官璽考述》，《文物研究》總第二輯，黄山書社，1986年12月，第90頁。

黄錫全：

（14）㣇（肆）府　《古文字中所見楚官府官名輯證》，《文物研究》總第七輯，黄山書社，1991年12月，第210頁。

曹錦炎：

倅（倅）賔（府）　《古璽通論》，上海書畫出版社，1996年3月，第103頁。

何琳儀：

楚璽　剶賔

剶，从刀，㣇聲（或繁化作彖）。疑剔之異體。《説文》：「剔，解骨也。从刀，易聲。」楚璽剶，讀剔，亦作肆。……楚璽「剶賔」，讀「剔（肆）府」，似爲掌殺牲以祭之機構。

《戰國古文字典》，中華書局，1998年9月，第757頁。

傅嘉儀：

□□府　《篆字印彙》，上海書店出版社，1999年1月，第484頁。

徐　暢：

東周·楚系公鉩　倅（倅）府　《中國篆刻全集》，黑龍江美術出版社，2000年7月，第10頁。

肖　毅：

8.倅府

……

0337首字李家浩釋倅，認爲即「倅」字（《四篇》）。《周禮·夏官·戎僕》：「掌王倅車之政。」注：「倅，副也。」鄭超認爲「倅府當是專門儲藏備用物資的府庫」（《楚國官璽考述》）。　0337首字或釋「勢遜㚜（肆）」（何琳儀：《古璽雜識》，《遼海文物學刊》，1986年第2期）。　《古璽所見楚系官府官名考略》，《江漢考古》，2001年第2

期，第39頁。

徐暢主編：

戰國公鉨與印跡・楚系鉨印　83　傺（倅）寶（府）　《中國書法全集》第92卷，榮寶齋出版社，2003年2月，第39頁。

徐暢主編：

83　傺（倅）寶（府）

作於東周時期。楚國官鉨。《古璽彙編》〇三三七號著錄。

第一字李家浩隸定爲傺，釋爲倅。《周禮・夏官・戎僕》「掌王倅車之政。」注「倅，副也。」倅府當是專門儲藏備用物資的府庫。　《中國書法全集》第92卷，榮寶齋出版社，2003年2月，第204頁。

小林斗盦：

府□　《中國璽印類編》，天津人民美術出版社，2004年6月，第311頁。

肖曉輝：

官署璽　卒府　《書法新鑒：古璽文新鑒》，世界圖書出版公司，2005年6月，第77頁。

劉國勝：

簡文「搖廚」的意義不是很清楚，我們推測與「集廚」之義相當。關於「集廚」，李學勤先生認爲「集」字之義在此可能同於「司」，「集廚」應爲管理王室飲食的有司。（李學勤：《戰國題銘概述》，載《文物》1959年第9期）。陳秉新先生認爲「集」爲「總匯」、「集納」之義。（陳秉新：《壽縣楚器銘文考釋拾零》，載《楚文化研究論集》第一集，荆楚書社，1987年1月第1版）。我們進而認爲「集」是一種有會計職能的儲備機構，類似於《周禮·天官》之「職內」，內者，納也。

古文字集、雜可互作。《說文》：「雜，五采相合也。」段玉裁注：「所謂五采彰施於五色作服也。引申爲凡參錯之稱，亦借爲聚集字。詩言雜佩，謂集玉與石爲佩也。漢書凡言襍治之，猶今云會審也。」古視五采成文謂搖。《釋名·釋衣服》：「畫搖雉之文於衣也。江淮而南青質五色皆備成章曰搖。」「搖雉」既《爾雅·釋鳥》之「鷂雉」，雉有謂鷂者，言其羽青質五采爲文。《易·繫辭下》：「物相雜，故曰文。」搖、雜、集都有「會合」、

「齊備」之義，引申之作「儲備」。古文集、雜與萃、𠦄互訓，《方言》：「萃、雜、集也。」包山簡「盡集歲」也作「盡𠦄歲」。「𠦄」與三體石經古文「狄」同。古璽有「倅府」（李家浩：《戰國官印考釋（四篇）》，《江漢考古》1984年第2期），鄭超先生認爲當是專門儲藏備用物質的府庫（鄭超：《楚國官璽考述》，載《文物研究》第二輯，1986年12月）。我們認爲「搖」、「集」與「倅府」類同。

不過，我們懷疑這類性質的儲備府庫亦主鉤考會計，統計財物的出、入、廢、置，儲餘以待給需。類似於《周禮・天官》「司會」下設的「職內」。《周禮・天官》：「司會，掌邦之六典、八灋、八則之貳，以逆邦國、都鄙、官府之治。」《周禮・天官》所列「職內」、「職歲」、「職幣」皆兼會計之治。《周禮》「職內」疏云：「職內主入，職歲主出。職內分置於眾府，所以得有物出與入者。職內雖分置眾府，職內亦有府貨賄留之者，故得出給。故大府職云『頒其賄於受用之府』，鄭注云：『受用之府若職內是也。』」可見，「職內」參較要貳，主邦之賦納的鉤考會計，並且有自己的儲府，以待出給。我們認爲「搖」、「集」「倅府」應是這類帶有會計、校驗職能的儲備機構。鄂君啓節、燕客銅量銘文「集尹」、「少集尹」每與鑄造官員偕同（劉彬徽：《楚系青銅器研究》，湖北教育出版社，1995年7月第一版。文中所引大子鼎、鑄客匜鼎銘文資料均參此注。）應屬會審。「集尹」之「集」，同信陽楚墓出土的銅匕木柄上單刻之「集」（河南省文物研究所：《信陽楚墓》，文物出版社，1986年3月第1版），可能指的就是這類性質的儲府。「集尹」是儲府的主管，亦是會計校驗官。《包山二七號簡釋文及其歸屬問題》，《第十三屆全國暨海峽兩岸中國文字學學術研討會論文集》，國立花蓮師範學院語教系編，晟齊實業有限公司印，2002年4月，第234頁。

施謝捷：

楚系官璽　倅（倅）寳（府）　《古璽彙考》，安徽大學博士學位論文，2006年5月，第158頁。

陳光田：

楚系古璽　「㚢（肆）府（府）」（0337）。璽文第一字舊不識，或釋爲倅，讀做卒。（李家浩：《楚國官印考釋（四篇）》，《江漢考古》1984年第2期。）應釋爲㚢，讀做肆。

（何琳儀：《古璽雜識》，《遼海文物學刊》，1986年2期。）「肆」在《周禮》中是宰割牲畜肢體用以祭祀的專用名詞。該璽可能爲掌管「肆」的機構所用之物。《戰國璽印分域研究》，嶽麓書社，2009年5月，第151頁。

徐暢：

戰國楚系官鉩　犽（𠜱）寶（府）　《先秦印風》，重慶出版社，2011年5月，第27頁。

邱傳亮按：

李家浩隸作倅，釋爲「倅」確切無疑。「卒」與「集」可通假。「倅府」與「集尹」相關，可備一說。

官璽第一五〇：袁賓（府）之鉨（璽）

印面：

日本京都市藤井有鄰館收藏

著錄：

《中國篆刻全集》，哈爾濱：黑龍江美術出版社，2000年7月，第10頁。

《中國書法全集》第92卷，北京：榮寶齋出版社，2003年2月，第39頁。

《中國璽印類編》，天津：天津人民美術出版社，2004年6月，第311頁。

《古璽彙考》，安徽大學博士學位論文，2006年5月，第156頁。

集釋：

黃錫全：

5、袁府

（15）「袁府」之璽　《書道全集》27卷20.5（見日本平凡社1931年（昭和六年）本《書道全集》第27卷。李家浩《楚官璽考釋（兩篇）》索引《書道全集》別I.20・65之「袁府」印，不知是否就是此印。）

古袁、睘均从「○（圓）」聲，音同可通。《說文》睘，「从目，袁聲」。「袁府」當讀爲「圜府」，即楚之「錢府」。宋孫逢吉《職官分紀》云，「管官錢曰圜府之職」。《漢書・食貨志》：「太公爲周立九府圜法。」注：「圜即錢也。」《史記・越王勾踐世家》：「每王且赦，常封三錢之府。」集解引或曰：「錢幣至重，慮人或知有赦，盜竊之，所以封錢府，備盜竊也。」可見，楚專門貯藏貨貝的地方稱「錢府」，當即印文之「袁府」。

《古文字中所見楚官府官名輯證》，《文物研究》總第七輯，黃山書社，1991年12月，第210頁。

徐暢：

東周·楚系公鉨　罺賔之鉨　《中國篆刻全集》，黑龍江美術出版社，2000年7月，第10頁。

徐暢主編：

戰國公鉨與印跡·楚系鉨印　85　袁賔（府）之鉨　《中國書法全集》第92卷，榮寶齋出版社，2003年2月，第39頁。

徐暢主編：

85　袁賔（府）之鉨

作於東周時期。楚國官鉨。日本平凡社《書道全集》別二集二〇頁著録。日本京都市藤井有鄰館收藏。銅質。

袁應爲地名。楚之袁即漢之袁州，地在今江西省宜春，戰國時屬楚境。

線條勁細，圓轉，爲大篆中的鐵線篆。

參考　徐暢《寓石齋璽印考》　《中國書法全集》第92卷，榮寶齋出版社，2003年2月，第204頁。

小林斗盦：

哀府之鉢　《中國璽印類編》，天津人民美術出版社，2004年6月，第311、439頁。

施謝捷：

楚系官璽　袁賓（府）之鈢（璽）　《古璽彙考》，安徽大學博士學位論文，2006年5月，第156頁。

李守奎按：

戰國時期，楚國所流行的是蟻鼻錢，並無圜錢，黃以爲「圜府」，即楚之「錢府」之說可商。此疑「袁」爲地名，具體地望待考。

官璽第一五一：五帀（師?）賓（府）

印　面：

鑒印山房藏印

著　錄：

《古璽彙考》，安徽大學博士學位論文，2006年5月，第157頁。

《鑒印山房藏古璽印菁華》，鄭州：河南美術出版社，2006年7月，第2頁。

集　釋：

施謝捷：

楚系官璽　五□貣（府）　《古璽彙考》，安徽大學博士學位論文，2006年5月，第157頁。

許雄志：

五師府

銅質　鼻鈕　直徑17mm　高10mm　《鑒印山房藏古璽印菁華》，河南美術出版社，2006年7月，第2頁。

邱傳亮按：

《周禮・地官・司徒》：「五人爲伍。五伍爲兩。四兩爲卒。五卒爲旅。五旅爲師。五師爲軍。」五師府，疑是戰國時期楚儲存軍用物質的府庫。

李守奎按：

五帀屢見於包山簡。五帀下設官署有「宵倌」（15.15 反）、「五帀佶畯」（45），下設官職有「五帀士尹」等。楚之「五帀」與周禮之「五師」是否相關，待考。

官璽第一五二：郱（沅）坴（陵）侯厽（三）鈢（璽）

印　面：

上海博物館藏印

著　錄：

《古璽彙考》，安徽大學博士學位論文，2006 年 5 月，第 150 頁。

集　釋：

肖曉輝：

因爲多合印分爲數塊，平時分別由不同人員掌管，只有在使用時才拼合起來，所以出土時往往只存留部份，難以睹其全貌。所幸的是，隨著考古工作的進展，新材料總是不斷出現。上海博物館藏有一枚完整的三合楚璽，其印文爲「郙（沅）夌參（三）鉨」。「參（三）鉨」即「三合之璽」的意思。

《書法新鑒：古璽文新鑒》，世界圖書出版公司，2005年6月，第73～74頁。

施謝捷：

楚 郙（沅）坴（夌—陵）医（侯）厽（參—三）鉨（璽）

此璽爲目前所知唯一一方完整的三合璽。「厽（參—三）鉨（璽）」之稱，於古璽印中僅見，過去也見於包山楚簡簡12-13：「東周之客譻（鄦）緹至（致）作（胙）於莪郢之戠（歲），題（夏）尿之月，甲戌旹=（之日），子右（左）尹命漾陸（陵）宮夫=（大夫）譤（察）郜（造）室人（某—梅）瘽之典之才（在）漾陸（陵）之厽（參—三）鉨（璽）。漾陸（陵）大宮瘦〈痎〉、大馶尹帀（師）、郲公丁、士帀（師）墨、士12帀（師）鄒（昜）慶吉啓漾陸（陵）之厽（參—三）鉨（璽）而才（在）之，某（某—梅）瘽才（在）漾陸（陵）之厽（參）鉨（璽），閑（閒）御之典匱。大宮痎內（入）氏等。13」原整理者劉彬徽先生等考釋謂：「厶鉨，厶即參字。鉨，所从尔也作爾，借作璽。《釋名・釋書契》：『璽，徙也，封物使可轉徙而不可發也。』參璽即三合之璽。」（《包山楚簡》41頁考釋[32]）「郗坴」，「坴」即「夌（陵）」；「郗」字从邑、从𢍏，「𢍏」即《說文》収部「𢍏（关）」字。在楚墓出土竹簡中，「莞席」（包山簡263）、「莞筵」（望山簡2.48）的「莞」字分別作「筭」、「筭」；《汗簡》卷下之二引王存乂《切韻》「完」字作「𢍏（坙）」，从土𢍏（关）聲（參看李家浩1983；《望山楚簡》126 頁注[一一二]；《包山楚簡》63 頁考釋[574]）。「管夷吾」之「管」，文獻中往往可以寫作「筦」（參看《古字通假會典》158頁【筦與管】條），郭店楚墓竹簡《窮達以時》簡6作「𢍏（坙）」，中山國封緘用的封泥「信完」之「完」也作「𢍏（坙）」（參看吳振武1989a）。《說文》宀部：「完，从宀、元聲。」則从「𢍏（关）」與从「元」得聲之字可通假。然則璽文「郗坴」無疑應該讀爲「沅陵」。《史記・惠景間侯者年表》有「沅陵」侯國，司馬貞《索隱》：「縣近長沙，《漢志》屬武陵。」（《漢書・地理志上》荊州武陵郡屬縣有「沅陵」。）另「郗」字也見於包山楚簡，現在看來也應該讀爲「沅」，簡140反用作「沅水」之「沅」，簡182則用作姓氏之「沅」，《姓觿》平聲十三元韻：「沅，《姓考》云：古沅國，伏羲之後。巴子分王黔中者即楚之沅州也，因氏。」《古璽彙考》，安徽大學博士學位論文，2006年5月，第150～151頁。

李守奎按：

首字當釋爲「郏」。字見包山128、140反。包山13號簡有「漾陵之厽鉩」。「厽鉩」即三合之璽。

官璽第一五三：□賔（府）

印面：

珍秦齋藏印

著錄：

《珍秦齋藏印・戰國篇》，澳門：澳門基金會出版，2001年6月，第14頁。

《書法新鑒：古璽文新鑒》，西安：世界圖書出版公司，2005年6月，第74頁。

《古璽彙考》，安徽大學博士學位論文，2006年5月，第158頁。

集釋：

吴振武：

□賔（府）：原爲二合璽，現僅存下半。楚璽中所見的府有「行賔（府）」、「高賔（府）」、「郜（造）賔（府）」、「倅（卒）賔（府）」等。楚璽。

楚璽

質料：銅　尺寸（公分）：1.10×2.15×2.10　《珍秦齋藏印・戰國篇》，澳門基金會出版，2001年6月，第14頁。

肖曉輝：

（《珍秦齋藏印・戰國篇》）……另一枚横向分開，完整地保留了一個「府」字，卻將「府」前的一字割去。楚官璽中有「大府」、「高府」、「造府」、「行府」等，不知此處何府。　《書法新鑒：古璽文新鑒》，世界圖書出版公司，2005年6月，第73～74頁。

施謝捷：

楚系官璽　□　寳（府）

此爲二合璽之下半。　《古璽彙考》，安徽大學博士學位論文，2006年5月，第158頁。

官璽第一五四：大貸

印面：

尊古齋古璽集林初二集，故宮博物院藏印

著錄：

《印章概述》，北京：中華書局，1973年2月，第260頁。

《古璽印概論》，北京：文物出版社，1981年12月，第43頁。

《古璽彙編》，北京：文物出版社，1981年12月，第22頁。
《故宮博物院藏古璽印選》，北京：文物出版社，1982年12月，第7頁。
《印典》（三），北京：國際文化出版公司，1994年1月，第2150頁。
《中國歷代璽印精品博覽》，南昌：江西人民出版社，1995年9月，第6頁。
《古璽通論》，上海：上海書畫出版社，1996年3月，第102～103頁。
《古璽印精品集成》，上海：上海古籍出版社，1998年9月，第11頁。
《中國篆刻學》，杭州：西泠印社，1999年5月，第5頁。
《中國璽印篆刻全集》，上海：上海書畫出版社，1999年11月，第51頁。
《楚文物圖典》，武漢：湖北教育出版社，2000年1月，第421頁。
《中國篆刻全集》，哈爾濱：黑龍江美術出版社，2000年7月，第9頁。
《古印集萃·戰國卷》，北京：榮寶齋出版社，2000年11月，第53頁。
《中國璽印真僞鑒別》，合肥：安徽科學技術出版社，2001年1月，第39頁。
《古璽漢印集萃》上册，南寧：廣西美術出版社，2001年10月，第2頁。

《戰國璽印分域編》，上海：上海書店出版社，2001年10月，第181頁。

《中國書法全集》第92卷，北京：榮寶齋出版社，2003年2月，第38頁。

《戰國璽印》，上海：上海書畫出版社，2003年8月，第40頁。

《古璽印通論》，北京：紫禁城出版社，2003年9月，第6、18頁。

《中國璽印類編》，天津：天津人民美術出版社，2004年6月，第310、339頁。

《古璽印賞析》，濟南：山東美術出版社，2005年6月，第60頁。

《古璽彙考》，安徽大學博士學位論文，2006年5月，第161頁。

《戰國璽印分域研究》，長沙：嶽麓書社，2009年5月，第134頁。

《中國印學》，杭州：中國美術學院出版社，2010年6月，第13頁。

《先秦印風》，重慶：重慶出版社，2011年5月，第26頁。

《先秦古璽集粹》，長春：吉林文史出版社，2011年11月，第13頁。

集　釋：

葉其峰：

大𧶠

一九五八年安徽壽縣發現的錯銀銅牛底部銘文「大𧶠」作（見《文物》1959年4期），其書法與璽文合。府作𧶠、大作，還屢見於楚國文物，故知「大𧶠」乃楚璽。《周禮・天官冢宰》說「大府掌九貢、九賦、九功之貳，以受其貨賄之入，頒其貨於受藏之府，頒其賄於受用之府」。「凡官府都鄙之吏及執事者受財用焉」。可知大府是古代國家管理財賦物資的機構，國家的稅收及其他財政收入均歸大府收藏，官府的支用也是由大府撥發的。

《戰國官璽的國別及有關問題》，《故宮博物院院刊》，1981年第3期，第87頁。

羅福頤：

0127　大𧶠（府）　《古璽彙編》，文物出版社，1981年12月，第22頁。

《故宮博物院藏古璽印選》編輯組：

大𧶠　《故宮博物院藏古璽印選》，文物出版社，1982年12月，第7頁。

李學勤：

楚璽多陰文，有邊，少數有界格。如《古璽彙編》0127「大府」大璽，兩字間有界線；同書0145「連尹之璽」，則爲十字界格，形制特殊的，還有三合或兩合的銅璽。《東周與秦代文明》，文物出版社，1984年1月，第256～257頁。

湯餘惠：

楚璽　大賓（府）　《略論戰國文字形體研究中的幾個問題》，《古文字研究》第十五輯，中華書局，1986年6月，第75頁。

鄭　超：

8.大府

「府」字从貝。《周禮·天官》大府職云：「大府掌九貢、九賦、九功之貳，以受其貨賄之入，頒其貨于受藏之府，頒其賄於受用之府。」「凡官府都鄙之吏及執事者受財用焉。」據此葉其峰認爲「大府是古代國家管理財賦物資的機構，國家的稅收及其它財政收入均歸大府收藏，官府的支用也是由大府撥（編按：原作「拔」，當誤。）給的。」鄂君啓節有「征於大府」語，可證大府確有掌管稅收的職能；而大府所掌物資，可能主要供王室享用。如大府鎬銘：「秦客王子齊之歲，大府爲王食晉（進）鎬。集廚。」（殷滌非《壽縣楚器中的大府鎬》，載《文物》1980年8期）湯餘惠認爲鎬銘的意思是「太府向王食進送鎬器，用於集廚」，其說可信。　《楚國官璽考述》，《文物研究》總第二期，黄山書社，1986年12月，第89～90頁。

郝本性：

「大賔」銅璽，經（編按：「經」當爲「徑」字訛）較大，上有陰文「大府」二字（徐乃昌：《安徽通志·金石古物考稿》，第十六冊30頁）。　《試論楚國器銘中所見的府和鑄造組織》，《楚文化研究論文集》第一集，荊楚書社，1987年1月，第314頁。

王　輝：

《古璽彙編》0127有「大賔」官璽，中有界欄。

大府諸器凡經科學發掘出土者，均出自安徽。郢當指楚後期的都城壽春。楚於楚考烈王十年（前253年）由陳南徙鉅陽（即今安徽太和縣東），二十二年（前241年）與諸侯共伐秦，不利而去，東徙壽春，命曰郢（即今壽縣）。至負芻五年，前後十九年，更不徙都。大府，當是楚王之府。　《戰國「府」字之考察》，《中國考古學研究論集》，三秦出版社，1987年12月，第348頁。

黄錫全：

1、大府

（1）「女（如）載馬牛羊台（以）出內（入）關，則政（征）於大府，毋政（征）於關。」

鄂君啓舟節，《文物參考資料》1958年4期7頁。

（2）「秦客王子齊之歲，大府爲王飤晉鎬。集脰。」 大府銅鎬，載《文物》1980年第8期26頁。

（3）「大府之器」 大府銅牛，載《文物》1959年4期封裏1頁。

（4）「大府之饋盞」 劉體智《小校經閣金文拓本》2、38

（5）「大府之匿」 大府銅匿，《三代吉金文存》（以下簡稱《三代》）10.1

（6）「大府」簋，5字。 見張振林、馬國權摹補《金文編》656頁。

（7）「大府」璽 璽彙0127

（8）「郢大府之□笲（筲）」 郢大府銅量，載《文物》1978年5期96頁。

「府」字均从貝作，其寫法爲楚文字所特有，是判定國別的典型字例。……楚之大府，見於《淮南子・道應訓》及《呂氏春秋・分職》。「白公勝得荊國，不能以府庫分人。……葉公入，乃發大府之貨以予衆，出高庫之兵以賦民，因而攻之，十有九日而禽白公。」（《淮南子》）據此，郝本性認爲，「楚國的府庫不僅是藏財貨和軍械的重要處所，而且這些財貨與軍械，在楚國宗室內部爭奪王位的鬥爭中，還有舉足輕重的作用」。據郢大府銅量知楚之大府是設在國都的中央府庫。據鄂君啓節，知大府還掌管某些方面的稅收。據大府鎬，知大府要向王室提供物資器用。總之，楚之大府當是楚國中央掌管財政和稅收、並負責王室所需物資的機構。　《古文字中所見楚官府官名輯證》，《文物研究》總第七輯，黃山書社，1991年12月，第209頁。

牛濟普：

10.大府、高府之璽、司馬之府、造府之璽（編按：圖略）

「大府」爲戰國巨璽，「大」字作「」。府字作「」，隸爲「𢉖」。1956年安徽壽縣丘家花園出土戰國銅牛一件，銅銘「大𢉖之器」，「大𢉖」二字作「𢉖」，與「大府」

璽文近似，均爲楚國器。　《楚系官璽例舉》，《中原文物》，1992年第3期，第90頁。

蕭高洪：

「大𢊍」，1958年在安徽壽縣發現楚國銅牛一件，腹下有銘文「大𢊍之器」四字。「𢊍」字書法風格與此印完全一致，故知此印爲楚物。「大𢊍」即「大府」，是管理財賦物資的機構，國家的財政收入亦歸其收藏。此璽系陰文，印面呈長方形，中有一「田」界格，其結體散逸，刀法酣肆，具有地方特色。郭沫若曾謂「南方尚華藻，字多秀麗」（《西周金文辭大系考釋》），大概就是指此吧。　《中國歷代璽印精品博覽》，江西人民出版社，1995年9月，第6頁。

張錫瑛：

「大𢊍」璽，銅質，鈕作喇叭方柱狀，印面爲長方形，長15.9釐米，寬15.2釐米，印文有邊欄，陰文鑿刻大篆「大𢊍」二字。用一直線將二字隔開。這是戰國官璽中巨型璽印。「𢊍」在戰國是保管財務和文書的地方，安徽壽縣出土的戰國青銅器上的銘文有大𢊍官名，直到漢時沿用。「𢊍」字的官璽多見於著錄，如與「大𢊍」同藏於北京故宮博物院的還有

「邟行府貣之鈢」等。《中國古代璽印》，地質出版社，1995年11月，第20頁。

何琳儀：

楚系　大貣

貣，从貝（或省作目形），府（或府）聲。府之繁文。

戰國文字貣，讀府。《戰國古文字典》，中華書局，1998年9月，第393頁。

莊新興：

大府　《古璽印精品集成》，上海古籍出版社，1998年9月，第11頁。

吳清輝：

大貣（府）　《中國篆刻學》，西泠印社，1999年5月，第5頁。

莊新興：

大府　戰國　《中國璽印篆刻全集》，上海書畫出版社，1999年11月，第51頁。

陳松長：

大貣　戰國官璽。銅質。柱鈕，印面長5.9釐米，寬5.2釐米，是楚璽中罕見的巨璽，而且其長達 12.5 釐米的柱鈕，亦極少見。因此，完全可以説，它是楚璽之王。印面有日字形白文界格，款識爲「大廎」（或釋「廎」爲「貯」）二字，其構形筆劃雄渾豪爽，線條遒勁俊逸，氣韻渾雅生動，是楚璽中最有代表性的藝術精品。《周禮·天官》：「大府掌九貢、九賦、九功之貳，以受其貨賄之入，頒其貨於受藏之府，頒其賄於受用之府。凡官府都鄙之吏及執事者受財用焉。」據此，楚國大府，應當是楚國中央掌管財政、稅收負責王室所需物資的機構。現藏北京故宮博物院。《楚文物圖典》，湖北教育出版社，2000 年 1 月，第 421 頁。

葉其峰：

（三）資料官署用璽

故宮博物院藏的楚「大賓」璽即屬此類。先秦時期，大府是一官名，同時也是一進出物資的機構名，《周禮·天官·冢宰》説：「大府掌九貢，九賦、九功之貳。以受其貨賄之入，頒其貨於收藏之府，頒其賄於受用之府。」接受全國各地上繳的實物、錢財，而後又把它分配給各級官吏和部門，當然是一個具有實權的機構，而這一機構也必須有可以存放資財的府庫。進入大府的重要資材，需要加封鈐印，分發給各級官府、官吏的重要資材也需加封鈐印，因而大府就必須有一種需要經常使用的官署璽。今存於故宫的「大貨」璽正是此類璽印。此璽大、重，鈕長可握然無環可穿帶，正適合於手握鈐蓋。若把這種碩大無環的官璽也和一般官名璽一樣佩帶於主吏身上，並又經常使用，實在是難於想像的。《戰國官署璽》，《中國古璽印學國際研討會論文集》，香港中文大學文物館，2000年3月，第19頁。

徐　暢：

東周·楚系公鉩　大貨（府）　《中國篆刻全集》，黑龍江美術出版社，2000年7月，第9頁。

來一石：

大府　《古印集萃·戰國卷》，榮寶齋出版社，2000年11月，第53頁。

后曉榮、丁鵬勃、渭　父：

③方形陰文巨璽。僅見「大府」璽（圖1-310）一枚，有邊欄和豎界，長5.9釐米、寬5.2釐

米，鼻鈕。　《中國璽印真僞鑒別》，安徽科學技術出版社，2001年1月，第39頁。

肖　毅：

42.大貨（賫）

李家浩認爲「貨」字可能是「貤『字異體，也可能是「賫」字異體，並傾向於後一種，並據《玉篇・貝部》謂「賫」「散匹帛與三軍」。認爲「大賫」是楚國主管「散匹帛與三軍」的官（《戰國官印考釋六篇》，1992年）。　《古璽所見楚系官府官名考略》，《江漢考古》，2001年第2期，第43頁。

戴山青：

大府（貨）　《古璽漢印集萃》上冊，廣西美術出版社，2001年10月，第2頁。

莊新興：

1017　大貨　楚系・楚　《戰國璽印分域編》，上海書店出版社，2001年10月，第181頁。

曹錦炎：

大貨

「大」字寫作仌，「府」字寫作「賔」，下从貝，也很有特色，例如傳世的「大賔」印。「大府」是主管國家財政的官署名，《周禮·天官·冢宰》：「大府掌九貢、九賦、九功之貳，以受其貨賄之入，頒其貨於受藏之府，頒其賄於受用之府。」大府之名也見於安徽壽縣出土的楚國銅器大府鎬、大府銅牛及鄂君啓節，後者銘文有「征於大府」之語，可與《周禮》相參證。

徐暢主編：《古代璽印》，文物出版社，2002年7月，第36頁。

戰國公鈢與印跡·楚系鈢印　78　大賔（府）

徐暢主編：《中國書法全集》第92卷，榮寶齋出版社，2003年2月，第38頁。

78　大賔（府）

作於東周時期。楚官鈢。徐乃昌《安徽通志·金石古物考稿》第十六冊三〇頁、《古璽彙編》〇一二七號、《故宮博物院歷代藝術館陳列品圖目》著錄。故宮博物院收藏。銅質。八角菱形柱鈕，長五·一釐米，寬五·八釐米，通高二·六釐米。

太府爲楚王室掌管收藏貨物、寶器的機構。《周禮·天官冢宰》：「太府掌九貢之賦、九功之貳，以受其貨物之出入，頒其貨於受藏之府，頒其賄於受用之府。」鄭注：「大府爲王治藏之長。」府字，从宀表示屋宇，从貝表示財貨，付爲聲符。楚地多次出土有大府銘文之銅器。李家浩以爲府字與「大府」銅器的「府」字不同，疑其非是。

此印有邊框並中線界格。府字大佔地也略大。線條等粗，但疏密有致，右重左輕，佈白穩妥，印風婉麗高渾，奇古生動。《中國書法全集》第92卷，榮寶齋出版社，2003年2月，第204頁。

小林斗盦：

大府

从貝，與大府簠府字同。《中國璽印類編》，天津人民美術出版社，2004年6月，第310頁。

小林斗盦：

大府

與鑄客鼎大字同。《中國璽印類編》，天津人民美術出版社，2004年6月，第339頁。

李家浩：

一、大貨

《璽彙》著錄的0127號所謂的「大府」大印，傳安徽壽縣出土（徐乃昌：《安徽通志金石古物考稿》16.31，安徽通志館，1936年），現藏故宮博物院，見《故宮》第7頁。此印白文二字，有邊欄，在二字之間有界畫，鈕爲長柱形。不論是從文字形體來看，還是從鈕式特點來看，都是一枚典型的楚印，所以人們在談論戰國璽印時，常以這枚璽印作爲楚印的代表。本文所討論的是這枚所謂的「大府」大印文字的釋讀問題。

該印原文是正文，鈐印出來的是反文，爲了便於討論，現將鈐印出來的反文翻印成正文後揭示於右（見下圖—編者）。據我們所見到的有關此印的釋文，都毫無例外地釋爲「大廎（府）」。

印文右邊一字釋爲「大」是沒有問題的，例如楚國的大子鼎和大莫囂璽的「大」字就是這樣寫的（容庚：《金文編》，中華書局，1985年，695頁。胡仁宜：《「大莫囂」古官璽》，載《文物》，1988年第2期，62頁）。這樣寫法的「大」字是省去了中間的一豎。但是左邊一字釋爲「府」卻有問題。舉幾個楚國文字中的「府」字進行比較：

《璽文》233.0131

《璽文》233.129

《金文編》656頁

《金文編》657頁

從表面上看，這兩個字確實十分相似，加上楚國文字中常見「大府」這個機構（見鄂君啓節（《考古》，1963年第8期，圖版捌）、大府銅牛（《文物》，1959年第4期，第1頁）、大府瑚（《三代吉金文存》10.1.2）、郢大府銅量（《文物》，1978年第5期，96頁）等），

很容易使人認爲大印之字是「賔」字。不過祇要我們仔細比較分析，就會發現它們之間是有區別的。其區別主要在於上半部，「賔」字从「宀」从「僅（付）」，即「府」字異體，而大印之字从「人」从「它」，即「佗」字。戰國文字中的「它」字和从「它」之字，或作如下之形：

 它　《中山》20頁

 佗　《包山》74・161

 地　《包山》68・149

 杝　《璽文》124・3334

 弛　《陶徵》96頁

 ⿰車它　《陶徵》231頁

 ⿰它阝　《陶徵》240頁⿰它阝《陶徵》240頁

〔此字亦見於《陶彙編》3.685、3.686，《陶徵》230頁誤摹作「跎」字。〕

印文「佗」旁所从「它」的字形跟這些「它」不是相同，就是十分相似。不僅如此，印文「佗」旁的結構也跟「弛」、「䡐」、「𨚗」三字相同，都是把其他偏旁寫在「它」旁的左下方。根據這些情況，所謂的「大府」大印左邊一字應該釋寫作「𧵳」，而不應該釋寫作「𧶠」。「大𧵳」大印是官印。古代各類職官之長，往往在職官名之前冠以「大」字。就拿楚國的職官來說吧，例如比工尹、司馬、莫敖級別高的，分別爲大工尹〔見鄂君啓節〕、大司馬（見《左傳》襄公十五年、《戰國策・楚策二》和鄂君啓節等）、大莫敖（見曾侯乙墓竹簡和大莫囂璽等）。以此例之，「大𧵳」應該是楚國最高主管「𧵳」的職官。

「𧵳」字不見於字書。按古代「它」、「也」二字往往混用不分，例如上引戰國文字「地」、「杝」、「弛」等字所以（編按：當是「从」字之誤）「也」旁即寫作「它」。「他」字即「佗」字的隸變，也是很好的例子。所以「佗（他）」字與「也」、「施」二字可以通用。例如《韓非子・說難》「彼顯有所出事，而乃以成他故」，《史記・韓非子傳》引此「他」作「也」；《呂氏春秋・悔過》記秦穆公興師襲鄭，云「鄭賈人弦高、奚施將西市於周」，《淮南子·人間》記此事，「奚施」作「蹇他」。據此，「貨」字有兩種可能：一種可能是「貤」字的異體，另一種可能是「貭」字的異體。「貤」也是一個从「貝」从「也」聲的形聲字，它的意思《説文》貝部説「重次第物也」。「貭」是一個从「貝」从「施」的會意字，它的意思《玉篇》貝部説「散匹帛與三軍」。從字形結構和文義兩個方面來考慮，我們傾向於後一種，也就是説「貨」是「貭」字的異體。若此説不誤，「大貭」當是楚國主管「散匹帛與三軍」的職官。不過散發三軍的布帛不僅需要有人主管散發，而且還需要有人主管收藏。這兩者「大貭」可能都管。先秦秦漢時期，官府收藏、發放的物資，都要按照一定數量打捆，或者用笥、囊之類的東西盛裝，然後在捆紮的繩結處按上泥丸，打上印記，以明信守，防姦宄。這種打印有印記的泥丸，就是所謂的「封泥」（參看王國維：《簡牘檢署考》，《王國維遺書》第九册，上海古籍書店，1983年；李均明：《封檢題署考略》，載《文物》，1990年第10期，72～78頁）「大貭」大印大概是用來打印裝有散發三軍布帛等物資封緘上的泥丸用的，無怪乎它會那么大。　《戰國官印考釋三篇》，《出土文獻研究》第六輯，上海古籍出版社，2004年12月，第12～14頁。

魏永年：

大賔（府）　「大府」是主管國家財政的官署名，《周禮·天官·冢宰》：「大府掌九貢、九賦、九功之貳，以受其貨賄之人，頒其貨於受藏之府，頒其賄於受用之府。」大府之名，也見於壽縣出土的楚國銅器大府鎬、大府銅牛及鄂君啓節，後者銘文有「征於大府」之語，可與《周禮》相參證。

此印中的較長弧線、斜線是楚文字結構特有的寫法。楚陰文巨鉨「大賔」，文字體勢恣肆縱放，書寫性極強，如鐵戈長矛，一揮而就。「大」字的折筆斜線與左邊線交接，右與豎欄相連。「府」字左上、右中均與豎欄、邊線交接，形成上下起伏的節奏感。古代印工的別具匠心與大膽構思，令人敬佩。這種處理方法，使原本平板的豎欄產生了變化，「賔」字「貝」部的兩條長腿有力地踏在下邊欄上。四條邊線挺直厚重，與印文線條如出一轍。整印給人以疏密自然、血脈相連的印象。　《古璽印賞析》，山東美術出版社，2005年6月，第60頁。

肖曉輝：

（五）橛鈕

橛鈕又稱「杙鈕」。「橛」和「杙」同義，本來都指樹木椿，《說文解字》：「弋，橛也。」《廣雅·釋宮》：「橛，杙也。」王念孫《廣雅疏證》：「凡木形之直而短者謂之橛。」郝懿行《爾雅義疏》：「知橛爲豎木者，《莊子·达生篇》云『吾處身也，若厥株拘。』《釋文》引李云：『厥，豎也。』『厥』即『橛』之省文，知橛爲豎木矣。」橛鈕爲長條形手柄，其形狀與豎立的短木相似，所以稱爲「橛鈕」或「杙鈕」。

橛鈕一般用來在器物上戳印，其長柄便於用手握持，這樣使出的力道更充分。印面或正方形，或長條形，各具規格。印鈕或上下均匀等粗，形成木棍式的鈕柄，直立在底座上；或下粗上細，鈕與底座練成一體，由底座陡峭而斜上，形成尖峰式的印鈕，如楚「大府」璽。有的橛鈕上有穿孔，用以貫穿綬帶，如楚「競訓」璽和燕官璽「外司爐鍴」；有的在頂部設有活動的銅環，如三晉「余售」璽；有的在鈕壁上有固定的綬環。《書法新鑒：古璽文新鑒》，世界圖書出版公司，2005年6月，第58頁。

肖曉輝：

官署璽是指某管理機構所使用的官璽，印文內容一般是該機構的名稱，直接標示官署名。見於先秦官璽中的官署有「大府」。《書法新鑒：古璽文新鑒》，世界圖書出版公司，2005年6月，第77頁。

施謝捷：

楚系官璽　大貣（貸）《古璽彙考》，安徽大學博士學位論文，2006年5月，第161頁。

韓天衡、陳道義：

2.「大府」

此爲東周時期楚官印，故宮博物院收藏，銅質，八角棱形柱鈕，長5.1釐米，寬5.8釐米，通高11.6釐米。「大府」是楚王室掌管收藏貨物、寶器的機構。

此印白文，橫「日」字格，邊框界格與印文筆畫的粗細統一略帶斜勢，「府」字筆畫多，占地面積略大，「大」字筆畫少，但通過折線加大它的視覺效果，使全印佈白穩妥，疏密有致，而且「大府」兩字的筆畫起止處都與邊框界格相接，與全印融爲一體。產生一種高渾生動的藝術效果。《點擊中國篆刻》，上海人民美術出版社，2006年8月，第15頁。

陳光田：

楚系古璽　「大貸（𧴪）」（0127）。璽文第二字舊釋爲𢉩（府），並認爲「大府」爲掌管國家財賦物資的機構。李家浩先生將其釋爲貸，並認爲是「貤」或「𧴪」字的異體。據《玉篇・貝部》所載，「𧴪」「散佈匹與三軍」。大𧴪爲楚主管「散佈匹與三軍」的官職。（李家浩：《戰國官印考釋（六篇）》，《中國古文字學年會論文集》，1992年。）《戰國璽印分域研究》，嶽麓書社，2009年5月，第134頁。

吴清輝：

大𢉩（府）　楚　《中國印學》，中國美術學院出版社，2010年6月，第13頁。

徐　暢：

戰國楚系官鉩　太𢉩（府）　《先秦印風》，重慶出版社，2011年5月，第26頁。

王義驊：

大府　《先秦古璽集粹》，吉林文史出版社，2011年8月，第13頁。

楊　勇：

大賡

戰國楚銅質官鉨。印面縱54毫米，橫61毫米，通高117毫米。

「賡」即府庫，戰國時楚國設有大府、行府、造府、高府等府庫，皆是掌管儲備各種物資或掌管製造的機構。「大賡」是主管國家財政的官名。此鉨現藏故宫博物院。

楚國是南方大國，戰國時期疆域最遼闊的國家之一。自春秋中期以降，形成了以楚國爲中心的楚文字體系，楚國的文字崇尚秀麗，强調曲線的變化，顯得綺麗多變。與之相關，楚國鉨印的文字大都造型修長優美，線條婉轉，富有筆意，「大賡」即其中有代表性的一方。此印二字布排一反常規，自左而右，中間有界欄，據印文筆畫多寡將印面分割成寬窄兩部份。印面構圖分割大膽，勢態開張，長線條每筆均直沖邊欄，仿佛奪框欲出，這與楚簡墨跡中常見的線條沖出邊欄如出一轍。細加玩味，二字在自然豪邁中又見諸多機巧，如「大」字上下兩部份略有錯位，左邊兩斜筆呈平形狀，爾右邊兩斜筆稍異。「賡」字广字頭衆多斜筆與「大」字相呼應，下面「貝」部兩腳分叉，穩穩地支撑住字體，中部橢圓形的處理使得縱横强悍、欹斜交錯的印面呈現出些許柔韻。《先秦古璽賞析100例》，江西美術出版社，2015年7月，第62頁。

邱傳亮按：

該璽原釋府，大府一職文獻多有記載。但次字作形，顯然不能隸定爲⿸广⿱付貝。李家浩隸定爲⿱⿰亻宀貝，可信。李家浩以爲「⿱⿰亻宀貝」字是「⿱⿰方⿱𠂉覀貝」字的異體。這種說法尚有幾個疑點：一，楚國官印雖然形制不一，但這樣大的官印唯此一例；二，作爲典型的楚官璽，它的職官在歷史上是應該有明確的記載的，但此官璽的職官尚未有發現任何文獻記載；三，此職官的性質、級別如何，尚不明確。鑑於以上三點，該璽有必要作進一步研究、考證。

李守奎按：

此璽特別之處有：一、形體之大爲楚璽所僅見；二、楚璽日字格非常罕見，另一方日字格大璽（《彙編》0266號）亦多可疑；三、⿱⿰亻宀貝字爲古文字所僅見。璽印的大小多與官署或官職的地位有關，如此大之璽應當是很重要的官府用璽。然「大⿱⿰方⿱𠂉覀貝」之官未聞，甚可怪。

官璽第一五五：⿰貝侖鉨（璽）

印面：

上海市文管會藏印三冊

著錄：

《古璽彙編》，北京：文物出版社，1981年12月，第61頁。
《印典》（一），石家莊：河北美術出版社，1989年8月，第40頁。
《篆字印彙》，上海：上海書店出版社，1999年1月，第974頁。
《中國篆刻全集》，哈爾濱：黑龍江美術出版社，2000年7月，第13頁。
《古印集·戰國卷》，北京：榮寶齋出版社，2000年11月，第31頁。
《古璽漢印集萃》上冊，南寧：廣西美術出版社，2001年10月，第33頁。
《戰國璽印分域編》，上海：上海書店出版社，2001年10月，第193頁。

《中國書法全集》第92卷，北京：榮寶齋出版社，2003年2月，第41頁。
《古璽彙考》，安徽大學博士學位論文，2006年5月，第168頁。
《戰國璽印分域研究》，長沙：嶽麓書社，2009年5月，第147頁。
《先秦印風》，重慶：重慶出版社，2011年5月，第40頁。
《先秦古璽集粹》，長春：吉林文史出版社，2011年11月，第28頁。

集　釋：

羅福頤：

0351　□鉨　《古璽彙編》，文物出版社，1981年12月，第61頁。

何琳儀：

楚系　⿰貝命鉨

⿰貝命，从貝，命聲。

楚璽⿰貝命，讀令。官署之長。見令字e。（編按：即秦系文字）。　《戰國古文字典》，中華書局，1998年9月，第1148頁。

傅嘉儀：

□璽　《篆字印彙》，上海書店出版社，1999年1月，第974頁。

徐　暢：

東周·楚系公鉨　䀞（令）鉨　《中國篆刻全集》，黑龍江美術出版社，2000年7月，第13頁。

來一石：

□鉨　《古印集萃·戰國卷》，榮寶齋出版社，2000年11月，第31頁。

肖　毅：

䀞（令）璽　0351　《古璽所見楚系官府官名考略》，《江漢考古》，2001年第2期，第40頁。

戴山青：

□鉢　《古璽漢印集萃》上冊，廣西美術出版社，2001年10月，第33頁。

莊新興：

1089　□鉨　楚系·楚　《戰國璽印分域編》，上海書店出版社，2001年10月，第193頁。

徐暢主編：

戰國公鉨與印跡・楚系鉨印　103　賹鉨　《中國書法全集》第92卷，榮寶齋出版社，2003年2月，第41頁。

徐暢主編：

103　賹鉨

作於東周時期。楚國官印。《古璽彙編》〇三五一號著錄。上海市文管會收藏。

第一字何琳儀説下从「貝」，上从命之反文，隸定爲「賹」。包山楚簡九二有「賹尹」，應即「令尹」。此「賹」字應是「命」之繁文，讀爲「官令」之「令」。

兩字横扁豎排，似呈長方形，卻略扁方。此爲佈白之妙。印文恣肆放逸，爲楚鉨中特殊風格者。

參考　何琳儀《戰國官璽雜識》　《中國書法全集》第92卷，榮寶齋出版社，2003年2月，第206頁。

施謝捷：

楚系官璽　貪（賹）鉩（璽）　《古璽彙考》，安徽大學博士學位論文，2006年5月，第168頁。

陳光田：

楚系古璽　「賹（令）鉩（璽）」（0351）。璽文「賹」可讀做令，官署之長。　《戰國璽印分域研究》，嶽麓書社，2009年5月，第147頁。

徐　暢：

戰國楚系官鉩　賹（命、令）鉩　《先秦印風》，重慶出版社，2011年5月，第40頁。

王義驊：

□鉩　《先秦古璽集粹》，吉林文史出版社，2011年8月，第28頁。

官璽第一五六：專（簿）室之鉩（璽）

印　面：

故宮博物院藏印

著錄：

《古璽彙編》，北京：文物出版社，1981年12月，第39頁。
《故宮博物院藏古璽印選》，北京：文物出版社，1982年12月，第9頁。
《印典》（二），北京：國際文化出版公司，1993年5月，第1505頁。
《古璽印精品集成》，上海：上海古籍出版社，1998年9月，第14頁。
《中國璽印篆刻全集》，上海：上海書畫出版社，1999年11月，第50頁。
《楚文物圖典》，武漢：湖北教育出版社，2000年1月，第423頁。
《中國篆刻全集》，哈爾濱：黑龍江美術出版社，2000年7月，第8頁。
《古印集萃・戰國卷》，北京：榮寶齋出版社，2000年11月，第46頁。
《中國璽印真僞鑒別》，合肥：安徽科學技術出版社，2001年1月，第7頁。

《古璽漢印集萃》上冊，南寧：廣西美術出版社，2001年10月，第20頁。
《戰國璽印分域編》，上海：上海書店出版社，2001年10月，第187頁。
《中國書法全集》第92卷，北京：榮寶齋出版社，2003年2月，第43頁。
《戰國璽印》，上海：上海書畫出版社，2003年8月，第251頁。
《古璽印通論》，北京：紫禁城出版社，2003年9月，第2頁。
《中國璽印類編》，天津：天津人民美術出版社，2004年6月，第241頁。
《書法新鑒：古璽文新鑒》，西安：世界圖書出版公司，2005年6月，第55頁。
《古璽彙考》，安徽大學博士學位論文，2006年5月，第164頁。
《二十世紀出土璽印集成》，北京：中華書局，2010年1月，第49頁。
《先秦古璽集粹》，長春：吉林文史出版社，2011年11月，第18頁。

集　釋：

羅福頤：

0228　專室之鈢　《古璽彙編》，文物出版社，1981年12月，第39頁。

《故宮博物院藏古璽印選》編輯組：

47　專室之鉨　《故宮博物院藏古璽印選》，文物出版社，1982年12月，第9頁。

王人聰：

專室之鉨　詳見「專（簿）室之鉨（璽）」條。《古璽考釋》，《古文字學論集》（初編），香港中文大學，1983年9月，第44頁。

吳振武：

專（傳）室之鉨　《〈古璽彙編〉釋文訂補及分類修訂》，《古文字學論集》（初編），香港中文大學，1983年9月，第490頁。

鄭　超：

53.傳室之鉨

傳室是管理傳車的機構。　《楚國官璽考述》，《文物研究》總第二輯，黃山書社，1986年12月，第94頁。

湯餘惠：

楚璽　專（簿）室之鉨　《略論戰國文字形體研究中的幾個問題》，《古文字研究》第十五輯，中華書局，1986年6月，第76頁。

康　殷、任兆鳳：

□室　《印典》（二），國際文化出版公司，1993年5月，第1505頁。

黄錫全：

事室之璽　詳見「專（簿）室之鉨（璽）」條。　《古文字中所見楚官府官名輯證》，《文物研究》總第七輯，黄山書社，1991年12月，第214頁。

黄盛璋：

專室之鉨　詳見「專（簿）室之鉨（璽）」條。　《關於安徽阜陽博物館藏印的若干問題》，《文物》，1993年第6期，第81頁。

湯餘惠：

專「簿」室之鉨「璽」

《古璽彙編》0228，楚白文官璽。專，舊釋專。我們曾指出，古文字「專」上从「叀」，字上皆呈正三叉形，與「尃」字上从「甫」正斜互見有別，此字上方有一斜筆當釋「尃」；尃室，即指簿室，是古時貯藏簿書的有司。《漢書・李廣傳》：「大將軍長史急責廣之莫府上簿。」簿，即指簿書。簿室略相當於秦簡之書府；《睡虎地秦墓・內史雜律》：「毋敢以火入臧（藏）府、書府中。」又云：「節（即）新爲吏舍，毋依臧（藏）府、書府。」睡虎地秦墓竹簡整理小組注云：「書府，收藏文書的府庫。」《周禮・天官》有司書，「掌邦之六典、八灋、八則、九職、九正、九事、邦中之版、土地之圖。」與簿室、書府實爲同類性質的機構。」　《戰國銘文選》，吉林大學出版社，1993年9月，第79頁。

何琳儀：

楚系　尃室之鉨　詳見「尃（簿）室之鉨（璽）」條。　《戰國古文字典》，中華書局，1998年9月，第597～598頁。

莊新興：

尃室之鉨　《古璽印精品集成》，上海古籍出版社，1998年9月，第14頁。

莊新興：

專室之鉨　戰國　《中國璽印篆刻全集》，上海書畫出版社，1999年11月，第50頁。

孫華楚：

專室之鉨　戰國官璽。1956年安徽阜南阮城樓徵集。通高0.9釐米，直徑1.9釐米。重7.5克。印體圓形，鼻鈕。印面刻「專室之鉨」四字。白文，有邊框。專，讀爲傳，傳室在秦漢以後多稱傳舍，是供給驛傳車馬及行人飲食、休息的地方。《史記·酈生傳》：「沛公至高陽傳舍，使人召酈生。」《金石索》及《秦漢瓦當文字》等均收有「嬰桃轉舍」的瓦當。轉舍也即傳舍。「專室」即傳室，漢稱「傳舍」，等於馹，古代設馹甚多，都需要有官印，故鑄印必多，應用模鑄。此璽當爲楚國官璽。出土於阮樓附近，可能爲楚馹所在。現藏安徽省阜陽地區博物館。　《楚文物圖典》，湖北教育出版社，2000年1月，第424頁。

徐　暢：

東周·楚系公鉨　專（簿）室之鉨　《中國篆刻全集》，黑龍江美術出版社，2000年7月，第8頁。

來一石：

專室之鉨　《古印集萃·戰國卷》，榮寶齋出版社，2000年11月，第46頁。

后曉榮、丁鵬勃、渭　父：

（8）館室印。又稱「齋館印」，廣義上的館室印有戰國時楚國的「專室之璽」，有公用印性質。　《中國璽印真偽鑒別》，安徽科學技術出版社，2001年1月，第7頁。

肖　毅：

專室之璽　詳見「專（簿）室之鉨（璽）」條。　《古璽所見楚系官府官名考略》，《江漢考古》，2001年第2期，第38頁。

莊新興：

1053　專室之鉨　楚系·楚　《戰國璽印分域編》，上海書店出版社，2001年10月，第187頁。

戴山青：

專室之鉢　《古璽漢印集萃》上冊，廣西美術出版社，2001年10月，第20頁。

曹錦炎：

1965年於阜南阮城樓徵集的「專室之鉨」印，是供給驛傳車馬及行人飲食、休息的「傳舍」所用印。《古代璽印》，文物出版社，2002年7月，第39頁。

徐暢主編：

戰國公鉨與印跡・楚系鉨印　128　專（傳）室之鉨　《中國書法全集》第92卷，榮寶齋出版社，2003年2月，第43頁。

徐暢主編：

128　專（傳）室之鉨

作於東周時期。楚官鉨。《古璽彙編》〇二二八號、《故宮博物院藏古璽印選》三〇五號著錄。故宮博物院收藏。銅質。半環鈕。面徑二・〇釐米，通高〇・八釐米。

羅福頤、朱德熙、裘錫圭、吳振武、曹錦炎釋此鉨爲傳室之鉨，傳室猶言傳舍，是供應驛傳車馬及飲食休憩的機構。近出之楚簡亦有此字。

印作圓形有邊框，四字作兩行排列右大左小，而且重心偏左使左密而右疏，奇姿異態，風華飄逸。

參考　朱德熙、裘錫圭《戰國文字研究（六種）》；曹錦炎《古璽通論》《中國書法全集》第92卷，榮寶齋出版社，2003年2月，第207頁。

莊新興：

尃室之璽　楚系　《戰國璽印》，上海書畫出版社，2003年8月，第41、251頁。

小林斗盦：

尃室之鉨　《中國璽印類編》，天津人民美術出版社，2004年6月，第241頁。

肖曉輝：

平面鼻鈕璽除方形以外，印體或呈圓形，如楚官璽「尃室之鉨」。《書法新鑒：古璽文新鑒》，世界圖書出版公司，2005年6月，第55頁。

肖曉輝：

官署璽　暴室　《書法新鑒：古璽文新鑒》，世界圖書出版公司，2005年6月，第77頁。

肖曉輝：

不過，圓形印面中遵循慣常左行豎列式讀序的也較多，其排列方式爲$\begin{smallmatrix}3&1\\4&2\end{smallmatrix}$，如「尃室之鉨」

（《古璽彙編》0228）、「左桁廩木」（《古璽彙編》0300）、「李是之州」（《中國璽印集萃》6）等。

施謝捷：

《書法新鑒：古璽文新鑒》，世界圖書出版公司，2005年6月，第125頁。

楚系官璽　専室之鉨（璽）

劉亦雲：

《古璽彙考》，安徽大學博士學位論文，2006年5月，第164頁。

三、「傳室之璽」傳遞的歷史信息

1965年阮城出土一枚楚銅印「専室之璽」。「専」是「傳」字的古文，《呂氏春秋·季冬》：「専於農民，無有所使。」于省吾證：「専、傳古字通。」

「傳」，指驛站，驛舍。《廣雅·釋言》：「傳，舍也。」《一切經音義》：「傳，驛也。」《釋名·釋宮室》：「傳，轉也。人所止息而去，後人復來。轉相傳，無常主也。」也指驛站所備的車馬。《爾雅·釋言》：「馹、遽，傳也。」郭璞注：「皆傳車驛馬之名。」朱駿聲《說文通訓定聲》說得更明白：「以車曰傳，亦曰馹；以馬曰遽，亦曰驛。」與阮城出土的印文相同的楚璽，尚有故宮博物院收藏一枚（圖5）（羅福頤：《故宮博物院古璽印選》.[M].北京：文物出版社，1982）。陳介祺萬印樓一枚（圖6）（故宮博物院編：《古璽彙編》.[M].北京：文物出版社，1981）。類似的有故宮博物院收藏的漢初官印「傳舍之印」（圖7）（羅福頤：《秦漢南北朝官印徵存》.[M].北京：文物出版社。）。楚國的「傳室」，即漢代的「傳舍」，由傳吏管理，驛使負責傳遞軍政公文。以車傳遞稱「傳」，以馬傳遞稱「驛」，步遞則稱「郵」。從阮城楚璽傳遞的歷史信息可知：

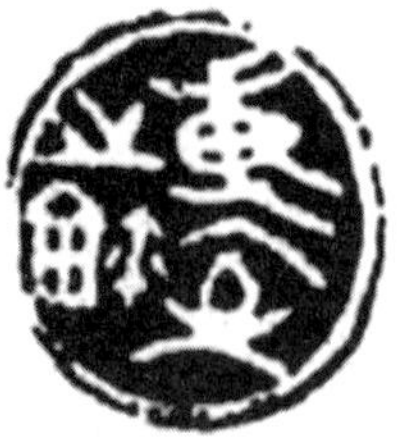

图 4

图 6

图 7

（1）阮城在戰國時期是楚國一方重要的驛站，阮城傳室的設置時間應是戰國早期，當時交通工具主要是傳車。戰國中期以後，趙武靈王「變服騎射」首先建立了騎兵部隊，列國望風景從，也紛紛建立騎兵部隊。此後驛站纔可能大部份用驛馬。

（2）阮城處於楚國驛道與商道的主幹線上。1957年壽縣出土的「鄂君啓金節」，是楚國發給鄂君啓運貨用的水陸通行證，其中車節所定路線是：由鄂市（今河南鄧縣）北上方城，再向東經繁陽（郭沫若説在新蔡北）、高丘（譚其驤説當在臨泉縣高塘）至郢（今壽縣）。阮城在高丘東南約百里，正處於方城到楚晚期都城壽春的商道上。阮城「傳室之璽」證明鹿上會盟以後，阮城曾作爲驛站或聚居點，長期存在。如果不是人口較多，經濟狀況較好，東漢不會在此設置原鹿縣，光武帝劉秀更不會把開國功臣陰識（光烈皇后麗華之兄）定封原鹿侯。《鹿上地望新證》，《咸陽師範學院學報》，2008年第1期，第44～45頁。

周曉陸主編：

二-GY-0036　專室之鉢　東周（楚）　銅　鼻紐　∅19-9　《二十世紀出土璽印集成》，中華書局，2010年1月，第49頁。

徐　暢：

戰國楚系官鉨　專室之鉨　《先秦印風》，重慶出版社，2011年5月，第37頁。

王義驊：

專室之鉨　《先秦古璽集粹》，吉林文史出版社，2011年8月，第18頁。

邱傳亮按：

「尃」字上部从「父」，與「尃」字有明顯區別。143至146四方璽中的上部从「父」。

湯餘惠釋「尃」可从。

官璽第一五七：尃（簿）室之鉨（璽）

印　面：

萬印樓藏印六十四卷、陳簠齋手拓古印集四冊

著　錄：

《古璽彙編》，北京：文物出版社，1981年12月，第39頁。

《印典》（二），北京：國際文化出版公司，1993年5月，第1505頁。

《中國篆刻全集》，哈爾濱：黑龍江美術出版社，2000年7月，第8頁。

《古印集萃·戰國卷》，北京：榮寶齋出版社，2000年11月，第46頁。

《古璽漢印集萃》上册，南寧：廣西美術出版社，2001年10月，第21頁。

《戰國璽印分域編》，上海：上海書店出版社，2001年10月，第187頁。

《古代璽印》，北京：文物出版社，2002年7月，第39頁。

《中國書法全集》第92卷，北京：榮寶齋出版社，2003年2月，第44頁。

《中國璽印類編》，天津：天津人民美術出版社，2004年6月，第440頁。

《古璽彙考》，安徽大學博士學位論文，2006年5月，第164頁。

《戰國璽印分域研究》，長沙：嶽麓書社，2009年5月，第146頁。

《中國印學》，杭州：中國美術學院出版社，2010年6月，第132頁。

集　釋：

陳介祺：

專室之鉨　《十鐘山房印舉選》，上海書畫出版社，1985年11月。

朱德熙、裘錫圭：

傳車行遠，必有供給車馬及飲食休息的地方。《戰國策・魏策四》：「令鼻之入秦之傳舍，舍不足以舍之。」《莊子・天運》：「仁義，先王之蘧廬也。」蘧當讀爲傳遽之遽，《釋文》引司馬彪及郭象注並云「蘧廬猶傳舍也。」《十鐘山房印舉》1.7有一枚圓形古印（亦見西泠印社重輯《周秦古鉨》、《鉨苑》下・15等），文如下：

跟下引陶文傳字比較，可知第一字是專字：

《古陶文孴錄》附30上

第二字與下揭「戠（織）室之鉨」的室字比較，可以確定是室字：

這枚古印的全文當釋爲「專室之鈢」，專讀爲傳，傳室猶言傳舍。《簠齋古印集》1.27有一枚秦或漢初官印，文曰「傳舍之印」，與此印同類。

除蘧廬、傳舍、傳室之外，原指傳車的傳字本身也可以引申來指驛傳的廬舍。《釋名·釋宮室》：「傳，傳也。人所止息而去後人復來，轉轉相傳無常主也。」（第二個轉字據畢沅校本加），《廣雅·釋言》「傳，舍也」，並可證。傳既可以指傳舍，同樣，馹也可以指傳舍。印文的遽馹、置馹和傳舍、遽廬一樣，也是指供應驛傳車馬及飲食休憩的機構。不過印文遽馹、置馹之前都冠以都邑之名，可見是設在都邑、規模較大的驛傳機構。《孟子·公孫丑上》「速於置郵而傳命」，焦循《正義》云：「按置郵傳三字同爲傳遞之稱，以其車馬傳遞謂之置郵，謂之驛，其傳遞行書之舍，亦即謂之置郵，謂之驛。」焦循這個說法是很對的。《戰國文字研究》（六種），《考古學報》，1972年第1期，第87～88頁。

羅福頤：

0229　專室之鈢　《古璽彙編》，文物出版社，1981年12月，第39頁。

王人聰：

《彙編》編號0228及0229還著錄兩方「專室之鉨」，從其璽文的書法風格可知也是楚印。璽文之專即傳，是傳字的簡寫。室，段注《說文》云：「《釋名》曰：室，實也，人物實滿其中也。引伸之則凡所居皆曰室。」舍字，朱駿聲《說文通訓定聲》云：「按客居也。《周禮》之廬也，路室也，候館也，皆是。」所以專（傳）室也即是文獻中的傳舍。《簠齋古印集》1.27著錄一方秦漢之際的官印，印文爲「傳舍之印」，可以爲證。以上所考的傳遽之鉨和兩方專室之鉨，都是楚國傳遽機構所用的官璽。　《古璽考釋》，《古文字學論集》（初編），香港中文大學，1983年9月，第474頁。

吳振武：

專（傳）室之鉨　《〈古璽彙編〉釋文訂補及分類修訂》，《古文字學論集》（初編），香港中文大學，1983年9月，第490頁。

鄭　超：

54.傳室之鉨

傳室是管理傳車的機構。　《楚國官璽考述》，《文物研究》總第二輯，黃山書社，1986

年12月，第94頁。

湯餘惠：

楚璽　尃（簿）室之鉨　《略論戰國文字形體研究中的幾個問題》，《古文字研究》第十五輯，中華書局，1986年6月，第76頁。

黄錫全：

19、事室

（38）「事室之璽」璽彙0228、0229

此璽舊釋爲「尃（傳）室」，認爲是管理驛傳車馬及飲食休息的機構。湯餘惠改釋爲「尃室」，疑讀爲「簿室」，是古時貯藏簿籍的地方。按，第一字與璽彙0203及王命傳任節等器銘中的「傳」字明顯不同，而與楚簡及酓忎鼎、冶勻中的「事」字類同，應釋爲「事」字，與「尃」字的區別在於其字的右方中部向外撇出一筆。「事室」的含義待考。《古文字中所見楚官府官名輯證》，《文物研究》總第七輯，黄山書社，1991年12月，第214頁。

黄盛璋：

尃室之鉨　詳見「尃（簿）室之鉨（璽）」條。

《關於安徽阜陽博物館藏印的若干問題》，《文物》，1993年第6期，第81頁。

何琳儀：

楚系　尃室之鉨

，甲骨文作（類纂二一九七）。从田、从屮，象園圃有蔬菜之形。合體象形，圃之初文。《說文》：「圃，種菜曰圃，从囗，甫聲。」（六下五）西周金文圃作（御尊）、（召卣），外加囗表示園圃之界，或加又繁化。加又者可隸定爲尃。或作屮（叔尃父盨），屮已聲化爲父（、父聲韻均近）。秦（編按：當爲「春」字訛）秋金文作（蔡侯申殘鐘），亦从父聲。戰國文字承襲兩周金文。上或从屮，或从父。齊系文字又旁或作十、，晉系文字、秦系文字又旁作寸形，楚系文字又旁或加飾筆作。《說文》：「，布也。从寸甫聲。（芳無切）」（三下十四），尃秦漢文字作（繹山碑）、（蒼頡篇二六），尚且从與先秦文字吻合。唯小篆譌作甫形，遂以尃从甫聲。舊歸尃爲甫之準聲首，非是。據甲骨文尃應獨立爲聲首。據晚周文字

專應爲父之準聲首，專，典籍或譌作叀。

楚璽「專室」，讀「簿室」。《漢書·宣帝紀》「爲取暴室嗇夫許廣漢女」，注：「應劭曰，暴室，宮人獄也。今曰簿室。」簿、暴一音之轉。《戰國古文字典》，中華書局，1998年9月，第597～598頁。

徐 暢：

東周·楚系公鉨 專室之鉨 《中國篆刻全集》，黑龍江美術出版社，2000年7月，第8頁。

來一石：

專室之鉨 《古印集萃·戰國卷》，榮寶齋出版社，2000年11月，第46頁。

肖 毅：

3.專室之璽

第一字湯餘惠釋「專」，並疑「專室」讀爲「簿室」，是古時貯藏簿籍的地方（湯餘惠：《略論戰國文字形體研究中的幾個問題》，《古文字研究》第十五輯，中華書局，1986年）。第一字或釋「事」（《輯證》），或釋「專」（朱德熙、裘錫圭：《戰國文字研究

（六種）》，《考古學報》，1972年1期）。　《古璽所見楚系官府官名考略》，《江漢考古》，2001年第2期，第38頁。

戴山青：

專室之鉩　《古璽漢印集萃》上冊，廣西美術出版社，2001年10月，第21頁。

莊新興：

1054　專室之鉩　楚系・楚　《戰國璽印分域編》，上海書店出版社，2001年10月，第187頁。

曹錦炎：

1965年於阜南阮城樓徵集的「專室之鉩」印，是供給驛傳車馬及行人飲食、休息的「傳舍」所用印。　《古代璽印》，文物出版社，2002年7月，第39頁。

徐暢主編：

戰國公鉩與印跡・楚系鉩印　129　專（傳）室之鉩　《中國書法全集》第92卷，榮寶齋出版社，2003年2月，第44頁。

徐暢主編：

129　專（傳）室之鈢二

作於東周時期。楚官鈢。《古璽彙編》○二二九號著録。面徑二・一釐米。

湯餘惠、何琳儀據曾侯乙編鐘字形釋此字爲專。專室，湯餘惠疑讀爲「簿室」是古時貯藏簿書的有司。何琳儀則讀爲「薄室」或「暴室」，是幽禁後宮婦女之室，相當後世的「冷宮」。可備二説。，容待深考。

參考　湯餘惠《戰國銘文選》七十九頁；何琳儀《戰國官璽雜識》《中國書法全集》第92卷，榮寶齋出版社，2003年2月，第207頁。

小林斗盦：

專室之鈢　《中國璽印類編》，天津人民美術出版社，2004年6月，第440頁。

肖曉輝：

官署璽　暴室　《書法新鑒：古璽文新鑒》，世界圖書出版公司，2005年6月，第77頁。

施謝捷：

楚系官璽　專室之鈢（璽）　《古璽彙考》，安徽大學博士學位論文，2006年5月，第164頁。

陳光田：

楚系古璽「專（簿）室之鈢（璽）」（0228、0229）。璽文第一字舊釋爲專。當釋爲專，讀做簿，「簿室」是古代貯藏簿籍的地方。（湯餘惠：《略論戰國文字形體研究中的幾個問題》，《古文字研究》第15輯，中華書局，1986年第94頁。）或以爲前兩字釋爲「專室」，即文獻中的傳舍。（王人聰：《古璽考釋》，《古文字學論集》（初編），香港中文大學，1983年。）按第一種說法更可取。此方璽爲楚專門負責管理國家簿籍的機構用璽。

《戰國璽印分域研究》，嶽麓書社，2009年5月，第146頁。

吳清輝：

專室之鈢　戰國（楚）　《中國印學》，中國美術學院出版社，2010年6月，第132頁。

官璽第一五八：專（簿）室之鈢（璽）

印　面：

1965年徵集於阜南縣阮城樓，現藏安徽阜陽市博物館

著錄：

《文物》，北京：文物出版社，1988年第6期，第88頁。

《楚文物圖典》，武漢：湖北教育出版社，2000年1月，第423頁。

《中國篆刻全集》，哈爾濱：黑龍江美術出版社，2000年7月，第8頁。

《中國書法全集》第92卷，北京：榮寶齋出版社，2003年2月，第44頁。

《古璽彙考》，安徽大學博士學位論文，2006年5月，第164頁。

《二十世紀出土璽印集成》，北京：中華書局，2010年1月，第49頁。

集釋：

韓自強：

1.專室之鉨　戰國銅官印。1965年徵集於阜南縣阮城樓。印體圓形，鼻鈕。直徑1.9、通高

0.9釐米。白文，有邊闌（編按：圖略）。

專讀爲傳。傳室在秦漢以降多稱傳舍，是供給驛傳車馬及行人飲食、休息的地方。《史記·酈生傳》：「沛公至高陽傳舍，使人召酈生。」《金石索》及《秦漢瓦當文字》等均收有「嬰桃轉舍」漢瓦當，轉舍也即傳舍。

在羅福頤先生主編的《古璽彙編》中，收入兩方「專室之鉨」（0228、0229）。其形制、字形與阜陽博物館藏品十分相近，尤以0228號最爲肖似，很可能是當時官方統一製作的。此印文字形體具有楚國文字特徵。據捐獻者介紹本係當地出土。這些對於確定這類璽印的國別，應有一定的參考價值。　《安徽阜陽博物館藏印選介》，《文物》，1988年第6期，第88頁。

黄盛璋：

五、「專室之鉨」

韓文已說，「此印文字形體具有楚國文字特徵」，但未言明楚國文字特徵爲何？此印徵集於阜南縣阮城樓，即印出土地，正屬楚境，但決定性的證據在於「止（之）鉨」的寫法。

《古璽彙編》收有兩方「尃室之鉨」。其中0228號印文和此印筆劃吻合，0229號印文寫法雖同，但筆劃參差。「尃室」即傳室，漢稱「傳舍」，等於馹，而馹甚多，都需要有官印，故鑄印必多，應用模鑄，此印和0228號印似出一模，出土印之阮城樓附近可能爲楚馹所在。

《關於安徽阜陽博物館藏印的若干問題》，《文物》，1993年第6期，第81頁。

陳松長：

事室之鉨　戰國官璽。銅質。鼻鈕，印面呈圓形，直徑2釐米，款識白文，有圓形邊框，文字爲「事室之鉨」，其中「事」字有幾種釋法，或以爲此字應釋爲「叀」，通「傳」，並以爲傳室即管理傳車的機構。或以爲應釋僞尃，讀作「簿」，因此，尃室是楚國貯藏簿籍的地方。但仔細驗其字形，該字與「傳」、「尃」都有明顯的區別，而與楚簡和。酓忎鼎中的「事」字類同，因此應釋爲「事」字。「事室」或是楚國負責管理執事的機構。現藏北京故宮博物院。

《楚文物圖典》，湖北教育出版社，2000年1月，第423頁。

徐暢：

東周・楚系公鉨　尃室之鉨　《中國篆刻全集》，黑龍江美術出版社，2000年7月，第8頁。

韓自強、韓　朝：

五、傳室之璽

……璽文專作，包山楚簡作（176）。室作，包山簡作（233）。專室之璽，專讀爲傳，楚國的傳室即漢代的傳舍。《廣雅・釋言》：「傳，舍也。」《釋名・釋宮室》：「傳，傳也，人所止息而去，後人復來，轉轉相傳無常主也。」傳室是楚國供應車馬及飲食休憩的機構。《古璽彙編》中收有兩方相似的「專室之璽」，但沒有出土地點，這方「專室之璽」出土於楚國故地，當爲楚璽無疑。《安徽阜陽出土的楚國官璽》，《古文字研究》第二十二輯，中華書局，2000年7月，第179頁。

徐暢主編：

戰國公鉨與印跡・楚系鉨印　130　專（傳）室之鉨　《中國書法全集》第92卷，榮寶齋出版社，2003年2月，第44頁。

徐暢主編：

130　專（傳）室之鉨三

作於戰國時期。楚官鈢。一九六五年阜南縣阮城樓徵集，安徽阜陽博物館收藏。《文物》一九八八年第六期八八頁著錄。銅質。鼻鈕。面徑一·九釐米，通高〇·九釐米。印的出土地阜南縣阮誠樓正屬楚地。「之鈢」兩字的寫法也屬楚國文字的結構。專室即馹，印的出土地可能就是馹的所在。因馹眾多，故專室官印模鑄亦多。

參考　《文物》一九八八年第六期八十八頁，韓自強文；《文物》一九九三年第六期黃盛璋文。　《中國書法全集》第92卷，榮寶齋出版社，2003年2月，第207頁。

施謝捷：

楚系官璽　專室之鈢（璽）　《古璽彙考》，安徽大學博士學位論文，2006年5月，第164頁。

周曉陸主編：

二-GY-0036　專室之鈢　東周（楚）　銅　鼻鈕　∅19-9　《二十世紀出土璽印集成》，中華書局，2010年1月，第49頁。

邱傳亮按：

首字與「專」字形體迥異，仍當釋「專」，讀作「簿」。

官璽第一五九：專（簿）室之鉨（璽）

印　面：

鴨雄綠齋藏印

著　錄：

《鴨雄綠齋藏中國古璽印精選》，東京：アートライフ社，2004年8月，第82頁。

《古璽彙考》，安徽大學博士學位論文，2006年5月，第163頁。

集　釋：

菅原石廬：

008 專室之鉨

銅印：鼻鈕

全高：9.8mm

臺高：3.0mm

印面：19.0×20.5mm　《鴨雄綠齋藏中國古璽印精選》，アートライフ社，2004年8月，第82頁。

施謝捷：

楚系官璽　專室之鈢（璽）　《古璽彙考》，安徽大學博士學位論文，2006年5月，第163頁。

官璽第一六〇：戠（織）室之鈢（璽）

印面：

衡齋藏印十六冊、尊古齋古璽集林初二集

著錄：

《考古學報》，北京：1972年第1期，第87頁。

《故宮博物院院刊》，北京：1980年第2期，第110頁。

《古璽彙編》，北京：文物出版社，1981年12月，第36頁。

《湖南省博物館藏古璽印集》，上海：上海書店，1991年6月，第4頁。
《印典》（二），北京：國際文化出版公司，1993年5月，第1505頁。
《中國篆刻全集》，哈爾濱：黑龍江美術出版社，2000年7月，第14頁。
《古印集萃・戰國卷》，北京：榮寶齋出版社，2000年11月，第44頁。
《戰國璽印分域編》，上海：上海書店出版社，2001年10月，第188頁。
《中國書法全集》第92卷，北京：榮寶齋出版社，2003年2月，第46頁。
《戰國璽印》，上海：上海書畫出版社，2003年8月，第221頁。
《中國璽印類編》，天津：天津人民美術出版社，2004年6月，第241頁。
《古璽彙考》，安徽大學博士學位論文，2006年5月，第162頁。
《戰國璽印分域研究》，長沙：嶽麓書社，2009年5月，第145頁。
《先秦印風》，重慶：重慶出版社，2011年5月，第35頁。

集釋：

朱德熙、裘錫圭：

戠（織）室之鉩　《戰國文字研究》（六種），《考古學報》，1972年第1期，第87頁。

葉其峰：

三、戠室之璽

「戠室之璽」著錄於《衡齋藏印》和《尊古齋古璽集林》。戠字作，所从偏旁日寫作田，與「中山王鼎」昔字作，「易文□璽」易字作同例。戠當是織之省，這在金文中亦不乏其例，譬如，「免毁」的織字作戠，「趩毁」：「錫趩織衣」的織字也作戠。戠室就是織室。織室之官見於《漢書》，《漢書·百官公卿表》：「少府，秦官，掌山海地澤之稅，以給共養。有六丞，屬官有……東織、西織。」「河平元年省東織，更名西織爲織室。」「戠室之璽」的發現，證明戰國已有織室一官，可補史籍之佚。「戠室之璽」殆是管理紡織手工業的工官璽印。　《試釋幾方工官璽印》，《故宮博物院院刊》，1979年第2期，第73頁。

石志廉：

戠室之鉩　《戰國古璽考釋十種》，《中國歷史博物館館刊》，1980年第2期，第110頁。

羅福頤：

0213　戠室之鈢　《古璽彙編》，文物出版社，1981年12月，第36頁。

吳振武：

戠（織）室之鈢　《〈古璽彙編〉釋文訂補及分類修訂》，《古文字學論集》（初編），香港中文大學，1983年9月，第490頁。

吳振武：

〔三二五〕……《說文》所無

今按：此字朱德熙、裘錫圭兩先生在《戰國文字研究（六種）》一文中已釋爲戠，並指出楚「戠（戠）室之鈢」（《彙》〇二一三）中的戠應讀作織，其說甚是。長沙所出楚璽中又有「中戠（戠）室鈢」（《湖南考古輯刊》第一輯），戠字也應讀作織。漢印中有「織室令印」（《漢徵》十三・一），可爲其證。漢代織室是掌管皇室絲帛織造的官府。在未央宮又分有東西織室。設令、史，屬少府（詳《漢書・百官公卿表》及《三輔黃圖》三）。由此可以推知，戰國楚「戠（織）室」璽是楚國官府中主管紡織部門所用之璽。本條下所錄〇三〇九號璽文戠原璽全文作「下郗（蔡）戠䜭」，戠䜭疑當讀作織纕，可能是負責織造佩帶部門或官吏所用之璽。……就目前所知，戠字作戠多見於楚璽，可以說是楚文字的特有寫法。故此字應入二九五頁戠字條下。《〈古璽文編〉校訂》，吉林大學博士學位論文，1984年12月，第271～273頁。

許學仁：

織尹，主管文織繡錦之長，織敓（令）乃其屬官。漢有「織室」，奉宗廟衣服（漢書五行志師古注：「織室，織作之室。」其制璽印亦有徵焉，鈢文曰：「織室之鈢。」）。于省吾釋形爲栽是也，然謂：「金節形制精美，反應楚國當時手工業、冶鑄方面高度技術，就外形而言，與剛師（編按：當作冶師）、鑄客所謂普通器不同；宛如真竹節，又須五枚弧度相應合成環形，則鑄造之先，須精密設計，也可能要織尹、織令協助合作。」則又不然也，織尹掌衣服織作，集尹主膳食烹調，皆冶鑄金節相關之有司。參集字條。《楚文字考釋》，《中國文字》新七期，藝文印書館，1983年4月，第139～140頁。

鄭　超：

31.戠室之璽

吳振武讀「戠」爲「織」。《漢書・百官公卿表序》少府屬官有東織、西織。「河平元年，省東織，更名西織爲織室」。《漢舊儀》云：「凡蠶絲絮，織室以作祭服，祭服者冕服也，天地宗廟群神五時之服，皇帝得以作縷縫衣，皇后得以作中絮而已。」漢印有「織室令印」（《漢印文字徵》13.下）。　《楚國官璽考述》，《文物研究》總第二輯，黃山書社，1986年12月，第91頁。

湯餘惠：

楚璽　戠（織）室之鉩　《略論戰國文字形體研究中的幾個問題》，《古文字研究》第十五輯，中華書局，1986年6月，第76頁。

黃錫全：

17、織室

（33）「織室之璽」　璽彙0213

（34）「中織室璽」　《湖南考古輯刊》1.94頁

（35）「東戜（國）織室」　璽彙0310

（36）「織室（？）之璽」　璽彙0320

上列諸織字均不从糸，朱德熙、裘錫圭在《戰國文字研究（六種）》中釋爲「織室」。（35）「織室」之寫法有點特別，鄭超引裘錫圭釋「織室」，甚是。「織室」之名見於《漢書》、漢印。《漢書·百官公卿表》記「少府」屬官有「東織、西織。……河平元年省東織，更名西織爲織室」。漢印有「織室令印」（見羅福頤《漢印文字徵》13.1，文物出版社，1978年），葉其峰認爲「織室之璽」殆是管理紡織手工業的工官璽印。「中織室」之「中」，鄭超認爲「大概是指王宫之中，中織室大概是專門給王后宫女們製作服裝的地方」。石志廉則認爲，「中織室璽和織室之璽，均爲掌管宫廷紡織事業官吏所用之印」。戜字从邑从或，鄭超認爲「當即『國』字異體」。《左傳·昭公十四年》「楚子使然丹簡上國之兵於宗丘，……使屈罷簡東國之兵於召陵」。鄭超由此指出，「東國織室不知是否也設在召陵」。何琳儀則認爲「東戜」在安徽淮北。按，「織室」二字均具楚文字的特點，其字又見於楚簡和銅器，尤其是室字，乃是判定國別的典型字例。「織室」應是掌管王室絲帛織造的官府機構，「織室令」纔是官名。「中」與「東國」有可能均是地名，楚系銅器有中子化盤、中子賓缶（中子化盤銘見《三代》17.13.1，中子賓缶見《江漢考古》1985年3期61頁）等器，這些「中」亦即中州六器之「中」，爲漢陽諸姬之一，後來臣服於楚，並爲楚滅。中子化盤銘云「中子化用保楚王，用征莒」可證（關於國名「中」，可參見張亞初《論魯臺山西周墓的年代和族屬》，載《江漢考古》1984年2期）。璽文「中織室」可能就是「中」地的織室。戜即古或（國）字，其寫法與璽彙0204及師寰簋同。「東或（國）」之名，又見於保卣、宜侯夨簋及師寰簋等器。《戰國策・西周策》「令楚割東國以與齊」。高誘注：「楚東國，近齊南境者也。」如依高注，「東國織室」當在近齊南境之楚東國城內。「召陵」在河南郾城縣東三十五里（參見楊伯峻《春秋左傳注》1365頁）。（36）之「室」字不清，疑爲室字，故錄於此。湖北、湖南、河南等地楚墓中經常發現不少製作精美的絲織品，號稱「絲綢寶庫」的江陵馬山磚瓦廠一號墓便是典型的一例。長沙左家塘44號墓出土一件值得注意的褐色矩紋錦，其黃色絹邊上有墨書「女五氏」三字，這大概是伍氏女子的署名。錦面上鈐蓋著一方長條形朱璽，應爲織造機構的標志，惜印文殘損，無法辨識（可參見李學勤《東周與秦代文明》299頁）。這些材料不僅可以說明楚國的紡織手工業在當時已非常發達，而且也證明紡織品上還需加蓋織造機構的璽印，寫上紡織工人的姓氏，可見其分工已很細密。《古文字中所見楚官府官名輯證》，《文物研究》總第七輯，黄山書社，1991年12月，第213頁。

牛濟普：

8.職室之璽

……

「織室」，「職飤」可能是直接爲楚王室服務的職官。時代晚些的漢代有「織（職）室」、「暴室」，《三輔黃圖·卷六》載「作室，上方工作之所」。據王先謙《漢書補注》引程大昌云「織室，暴室之類，在未央宮西北處」。石志廉先生曾著文釋「職室之璽」及「中職室璽」爲楚璽。《楚系官璽例舉》，《中原文物》，1992年第3期，第89～90頁。

曹錦炎：

楚官璽中有「戠（職）室之鉢」（0213）、「中戠（職）室鉢」（圖117），前者是中央機構之官署，後者當是楚王宮中（即中宮）之屬。《後漢書・百官志》記中宮官名甚多，可以參看。《古璽通論》，上海書畫出版社，1996年3月，第109頁。

何琳儀：

楚系　戠室之鈢

戠，甲骨文作（前四・四・四）。从言，从戈，會意不明。或作（京津四三〇二），加二點爲飾。金文作（格伯簋）、（免簋），漸似从音旁。小篆遂誤以爲「从音」。戰國文字承襲金文，變異甚鉅。《説文》「，闕也。从戈，从音。（之弋切）」（十二下十七）。

楚璽「戠室」，讀「織室」，官名。《漢書・百官公卿表》「少府，秦官，屬官有東織、西織。成帝河平元年，省東織，更名西織爲織室。」以楚璽驗之，織室一官戰國已有之。又《風俗通・正失・孝文帝》「傳詣雒陽織室」。《戰國古文字典》，中華書局，1998年9月，第52～53頁。

徐　暢：

東周・楚系公鉨　戠室之鉨　《中國篆刻全集》，黑龍江美術出版社，2000年7月，第14頁。

來一石：

戠室之鉨　《古印集萃・戰國卷》，榮寶齋出版社，2000年11月，第44頁。

肖　毅：

4.織室之璽……

織字不从糸，吴振武讀爲「織」（《璽訂》）。漢印中有「織室令印」（羅福頤：《漢印文字徵》卷十三第1頁，文物出版社，1978年）。黃錫全據此認爲『織室』應是掌管王室絲帛織造的官府機構，『織室令』才是官名」（《輯證》）。漢封泥有「東織臣印」（《封集》136）亦可爲證。《漢書・百官公卿表》記「少府」屬官：「河平元年省東織，更名西織爲織室。或釋作『職室』（《璽通》109頁）。」　《古璽所見楚系官府官名考略》，《江漢考古》，2001年第2期，第38～39頁。

莊新興：

1055　戠室之鉨　楚系・楚　《戰國璽印分域編》，上海書店出版社，2001年10月，第188

頁。

徐暢主編：

戰國公鉨與印跡·楚系鉨印　154　戠（織）室之鉨　《中國書法全集》第92卷，榮寶齋出版社，2003年2月，第46頁。

徐暢主編：

154　戠（織）室之鉨

作於東周時期。楚官鉨。　《古璽彙編》〇二一三號著錄。　《中國書法全集》第92卷，榮寶齋出版社，2003年2月，第209頁。

莊新興：

戠室之璽　《戰國璽印》，上海書畫出版社，2003年8月，第226頁。

小林斗盦：

戠室之鉢　《中國璽印類編》，天津人民美術出版社，2004年6月，第241頁。

肖曉輝：

官署璽　織室　《書法新鑒：古璽文新鑒》，世界圖書出版公司，2005年6月，第77頁。

施謝捷：

楚系官璽　戠（職）室之鉨（璽）　《古璽彙考》，安徽大學博士學位論文，2006年5月，第162頁。

陳光田：

楚系古璽　「戠（織）室之鉨（璽）」（0213）。璽文第一字舊釋有誤，有學者釋爲戠，讀做織。（朱德熙、裘錫圭：《戰國文字研究（六種）》，《考古學報》1972年第1期。）或認爲「織室」爲掌管王室絲帛織造的官府機構，「織室令」才是官名。（黄錫全：《古文字中所見楚官府官名輯證》，《文物研究》1991年總第7輯。）《漢書·百官公卿表》云：「少府，秦官，掌山海地澤之稅，以給共養。有六丞，屬官有……東織、西織。」《戰國璽印分域研究》，嶽麓書社，2009年5月，第145頁。

徐　暢：

戰國楚系官鉨　戠（織）室之鉨　《先秦印風》，重慶出版社，2011年5月，第35頁。

李守奎按：

楚文字「戠」字左下角或作「日」，或作「田」，以作「田」者爲常。楚有戠旅、戠食、戠歲、戠鑄等諸官璽。戠皆爲職掌之意。「戠室」也可能同類，不一定與漢官之「織室」有聯繫。

官璽第一六一：中戠（職）室鈢（璽）

印面：

40年代湖南長沙出土，湖南省博物館藏印

著錄：

《湖南考古輯刊》第1輯，長沙：嶽麓書社，1982年11月，第95頁。

《湖南省博物館藏古璽印集》，上海：上海書店，1991年6月，第4頁。

《古璽印精品集成》，上海：上海古籍出版社，1998年9月，第9頁。

《中國璽印篆刻全集》，上海：上海書畫出版社，1999年11月，第52頁。

《楚文物圖典》，武漢：湖北教育出版社，2000年1月，第423頁。

《中國篆刻全集》，哈爾濱：黑龍江美術出版社，2000年7月，第14頁。

《古璽漢印集萃》上冊，南寧：廣西美術出版社，2001年10月，第4頁。

《戰國璽印分域編》，上海：上海書店出版社，2001年10月，第187頁。

《中國書法全集》第92卷，北京：榮寶齋出版社，2003年2月，第209頁。

《戰國璽印》，上海：上海書畫出版社，2003年8月，第263頁。

《湖南古代璽印》，上海：上海辭書出版社，2004年12月，第37頁。

《書法新鑒：古璽文新鑒》，西安：世界圖書出版公司，2005年6月，第134頁。

《古璽彙考》，安徽大學博士學位論文，2006年5月，第154頁。

《寸心籀篆——中國古代璽印鑒賞》，長沙：湖南美術出版社，2009年5月，第114頁。

《戰國璽印分域研究》，長沙：嶽麓書社，2009年5月，第145頁。

《二十世紀出土璽印集成》，北京：中華書局，2010年1月，第50頁。

《先秦印風》，重慶：重慶出版社，2011年5月，第35頁。

集釋：

鄭超：

32.中職室璽（《湖南考古輯刊》第一輯95頁）

中大概是指王宮之中，中織室大概是專門給王后宮女們製作服裝的地方。　《楚國官璽考述》，《文物研究》總第二輯，黃山書社，1986年12月，第91頁。

湖南省博物館：

8.中戠（職）室（璽）鉨

年代：戰國　出處：徵集品

質地：銅　原大：20×20×5mm　《湖南省博物館藏古璽印集》，上海書店，1991年6月，第4頁。

黃錫全：

（34）中織室璽。

……「中」與「東國」有可能均是地名，楚系銅器有中子化盤、中子賓缶（中子化盤銘見《三代》17．13．1，中子賓缶見《江漢考古》1985年3期61頁）等器，這些「中」亦即中州六器之「中」，爲漢陽諸姬之一，後來臣服於楚，並爲楚滅。中子化盤銘云「中子化用保楚王，用征莒」可證（關於國名「中」，可參見張亞初《論魯臺山西周墓的年代和族屬》，載《江漢考古》1984年2期）。璽文「中織室」可能就是「中」地的織室。詳見「織室之鉩（璽）」條。

《古文字中所見楚官府官名輯證》，《文物研究》總第七輯，黄山書社，1991年12月，第213頁。

周世榮：

「中戠（織）室鉩」，銅印：長沙近郊出土，印面有「田」字形方框，框內每一格各置一字，上書「中戠（織）室鉩」四字，「中」字寫作「」，長沙仰天湖出土楚式竹簡中作「」，印文中「鉩」字「金」旁作「」，仰天湖楚簡中也很習見。據《漢書·百官公卿表》載「少府，秦官，掌山海地澤之稅，以給養……屬官有……東織、西織，河平元

年省東織，更名西織爲織室」。仰天湖楚簡中所載絲織物很多。該印爲楚式鉨印，它與楚國官府的紡織業有著很密切的關系。《湖南戰國秦漢魏晉銅器銘文補記》，《古文字研究》第十九輯，中華書局，1992年8月，第207頁。

莊新興：

中職室鉨 《古璽印精品集成》，上海古籍出版社，1998年9月，第9頁。

莊新興：

中戠室鉨 戰國 《中國璽印篆刻全集》，上海書畫出版社，1999年11月，第52頁。

陳松長：

中戠室鉨 戰國官璽。40年代湖南長沙出土，確切情況不詳。通高1.5釐米，長寬各2釐米。銅質。二層臺，鼻鈕。款識範鑄而成，四字格、印面鑄「中戠室鉨」四字，白文，佈局勻整，形體秀健，筆劃圓潤，字形結構和長沙仰天湖出土的楚簡文字相同，具有鮮明的戰國楚系文字特徵。「戠（職）室」是專管紡織的機構。《漢書·百官公卿表》：「少府，秦官。……屬官有……東織、西織……河平元年省東織，更名西織爲織室。」這方古璽可說明在戰國時期的楚國就已設有專門管理宮中紡織的機構和官員。仰天湖楚簡中隨葬眾多的紡織品的記載和湖北江陵馬山楚墓中出土的大量精美紡織品，都說明楚國紡織業的發達。現藏北京故宮博物院。

徐　暢：

《楚文物圖典》，湖北教育出版社，2000年1月，第423頁。

東周・楚系公鉩　中戠室鉩　《中國篆刻全集》，黑龍江美術出版社，2000年7月，第14頁。

戴山青：

中織室鉩　《古璽漢印集萃》上冊，廣西美術出版社，2001年10月，第4頁。

莊新興：

1052　中戠室鉩　楚系・楚　《戰國璽印分域編》，上海書店出版社，2001年10月，第187頁。

徐暢主編：

戰國公鉩與印跡・楚系鉩印　153　中戠（織）室鉩　《中國書法全集》第92卷，榮寶齋出版社，2003年2月，第46頁。

徐暢主編：

153　中戠（織）室鉨

作於戰國時期。楚國官鉨。五十年代初湖南長沙戰國楚墓出土。北京歷史博物館收藏。銅質。方形壇鈕。

「中」字把原在兩旁的飾筆放在一豎上面，形成了此印的字形。戰國文字方向、偏旁互换，上下倒置、繁文、省文、重文、合文等變化繁多，此即一例。「戠」可通假作「職」或「織」。「戠（織）室」爲掌管宫廷紡織事務的機構。楚墓中發現的絲織品種類繁多和竹簡上書有大量帶絲旁的文字，已證實楚國紡織手工業的發達和技術水平之高。此鉨更可説明楚國官府紡織事業的一些分工管理情況。

參考　石志廉《戰國古璽考釋十種》　《中國書法全集》第92卷，榮寶齋出版社，2003年2月，第209頁。

莊新興：

中戠室璽　《戰國璽印》，上海書畫出版社，2003年8月，第263頁。

陳松長：

中戠室璽　詳見「郢室愄㞋之鉨（璽）」條《湖南新出戰國楚璽考略》（四則），《第四屆國際中國古文字學研討會論文集》，香港中文大學，2003年10月，第597頁。

陳松長：

中職室鉨　銅質，壇鈕，邊長2釐米見方，通高1.5釐米，保存完好。關於該璽的釋讀也有兩種不同的看法，一般認爲「中」即宮中、禁中的意思，「職」讀爲織，織室即主管紡織的機構。但值得注意的是，楚璽中「職」字常見，如「職歲之璽」、「職飤之璽」等，其中職字都是職掌的意思。因而，另一種看法認爲，所謂「中職室璽」很可能也就是楚國宮中掌管宮室的特殊官署璽。　《湖南古代璽印》，上海辭書出版社，2004年12月，第37頁。

陳松長：

中織室鉨　這是湖南省博物館在20世紀50年代徵集入藏的一枚戰國時期的楚國官署璽。「織室」是楚國主管紡織的專門機構。這枚古璽的文字佈局特別講究，它用平正方整的田字界欄定格，取方正平穩之勢，而其印文則以圓弧曲線爲主構形，呈圓轉流麗之態，這樣印面就顯得方圓映襯，曲直互補，妙趣横生。

這枚古璽的章法奇妙處主要具體表現在字形筆劃的選擇和組合上。例如「中」字的豎劃向右斜撇，避免了與田字格豎劃的重複，而「中」字的「口」則畫成一個橢圓形，使本來祇能横平豎直的「中」字陡然變得生動活潑起來。再如「鉩」字金旁的兩點，巧妙地作一半圓形，與「室」字的半圓形寶蓋頭形成上下承應之勢，而「鉩」字右旁的「尓」中則特加一圓點來弱化「尓」中並列三豎的比重，同時補救該字中並列三豎的重復和單調，從而使其形體挺健圓秀兼而有之，構成一種勁道中藏、秀姿外露的藝術風格。《湖南古代璽印》，上海辭書出版社，2004年12月，第216～217頁。

施謝捷：

楚　中戠（職）室鉩（璽）　《古璽彙考》，安徽大學博士學位論文，2006年5月，第154頁。

郭　兵：

中戠室鉩

時代：戰國·楚　材質：銀　鈕制：鼻鈕

規格：長2.3釐米　寬2.3釐米　通高1.4釐米

……

此印爲戰國時期楚國官璽，印臺四邊設有直壁，印背之上大致呈覆斗形，平頂之上設有小鼻鈕，造型十分規整。

印面印文系鑿刻而成。印面設有白文「田」字界格，四字印文各占一格。印文依先右後左、先上後下的順序排列。筆劃遒勁有力，結字剛健，佈局莊重整齊。（楊輝撰文）《寸心籀篆——中國古代璽印鑒賞》，湖南美術出版社，2009年5月，第114頁。

陳光田：

楚系古璽「中戠（織）室之鈢（璽）」（《古璽印精品選·官璽印（一）》13）。「中」可能指王宮之中，「中織室」大概是專門爲王后等宮中女人製作服裝的機構。《戰國璽印分域研究》，嶽麓書社，2009年5月，第145頁。

周曉陸主編：

二-GY-0040　中織室鈢　東周（楚）　銅　壇紐　23×23-　《二十世紀出土璽印集成》，中華書局，2010年1月，第50頁。

徐暢：

戰國楚系官鉨　中戠（織）室鉨　《先秦印風》，重慶出版社，2011年5月，第35頁。

官璽第一六二：中戠（職）室鉨（璽）

印面：

著錄：

《古璽漢印集萃》上冊，南寧：廣西美術出版社，2001年10月，第4頁。

集釋：

戴山青：

中織室鉨　《古璽漢印集萃》上冊，廣西美術出版社，2001年10月，第4頁。

官璽第一六三：宬（藏）室

印面：

珍秦齋藏印

著錄：

《珍秦齋藏印·戰國篇》，澳門：澳門基金會出版，，2001年6月，第5頁。

《古璽彙考》，安徽大學博士學位論文，2006年5月，第161頁。

《戰國璽印分域研究》，長沙：嶽麓書社，2009年5月，第157頁。

集釋：

吳振武：

宬（藏）室：似專指藏書之處。《史記·老子韓非列傳》記老子任「周守藏室之史」，《索隱》曰：「藏室史，周藏書室之史也。」可與本書所載楚「竇（藏）室」二合璽併觀。楚璽。

質料：銅　尺寸（公分）：1.90×1.25　《珍秦齋藏印・戰國篇》，澳門基金會出版，2001年6月，第5頁。

施謝捷：

楚系官璽　𥨊（藏）室　《古璽彙考》，安徽大學博士學位論文，2006年5月，第161頁。

陳光田：

楚系古璽「𥨊（藏）室」（《珍秦齋藏印（戰國篇）》19.5）。據《史記・老子韓非列傳》載，老子曾任周守藏室之史。《索隱》云：「藏室史，周藏書室之史也。」該璽可能爲楚負責收藏史書的機關用璽。《戰國璽印分域研究》，嶽麓書社，2009年5月，第157頁。

官璽第一六四：□室

印　面：

珍秦齋藏印

著錄：

《珍秦齋藏印·戰國篇》，澳門：澳門基金會出版，2001年6月，第3頁。

《古璽彙考》，安徽大學博士學位論文，2006年5月，第161頁。

集釋：

吳振武：

䞼（藏）室　原爲二合璽，現僅存左半。從殘存筆畫看，原應是「䞼室」二字。楚簡中「藏」字作「䞼」者屢見。楚璽。

質料：銅　尺寸（公分）：1.50×3.10×2.70　《珍秦齋藏印·戰國篇》，澳門基金會出版，2001年6月，第3頁。

肖曉輝：

《珍秦齋藏印·戰國篇》則中有兩塊二合印，其一縱向將印面剖開，從字跡來判斷，是「藏室」二字，其中「藏」字从宀从貝臧聲，爲楚文字特有寫法，又見於同書的另一枚「藏室」璽。楚文字「府庫」之「府」一般寫成从宀从貝付聲，於此相類。　《書法新鑒：古璽文新鑒》，世界圖書出版公司，2005年6月，第72～73頁。

施謝捷：

楚系官璽　寶（藏）室

此爲二合璽之一。　《古璽彙考》，安徽大學博士學位論文，2006年5月，第161頁。

官璽第一六五：郢室愳（畏）㞙（戶）之鉨（璽）

印　面：

著　錄：　2001年7月，湖南常德漢壽縣聶家橋鄉十五號墓出土，湖南省常德市博物館收藏

《湖南古代璽印》，上海：上海辭書出版社，2004年12月，第37頁。

《書法新鑒：古璽文新鑒》，西安：世界圖書出版公司，2005年6月，第134頁。

《古璽彙考》，安徽大學博士學位論文，2006年5月，第178頁。

《二十世紀出土璽印集成》，北京：中華書局，2010年1月，第49頁。

集釋：

陳松長：

（一）

這枚楚璽於2001年7月出土於湖南常德漢壽縣聶家橋鄉15號墓，銅質，鼻鈕，通高1.2釐米，邊長1.8釐米見方，璽文的第一、第二字爲「郢室」，郢即楚國都城的通稱。室，應是楚國某種官署的專稱。見於著錄的楚官璽有「中戠室璽」、「戠室之璽」等，許多學者都認爲「戠」通「織」，並借助漢代的「東織室」、「西織室」的機構來印證「戠室」即楚國特設的掌管絲帛織造的機構（黃錫全《古文字中所見楚官府官名輯證》，載《文物研究》第7輯1991年），這種解釋雖然言之成理，但有一個問題無法迴避，因爲在楚官璽中，除了「戠室之璽」外，還有「戠歲之璽」、「戠飤之璽」等，對此，學者們早已指出，戠，讀爲職，職有主掌之義，《爾雅・釋詁》：「職，主也。」《周禮・天官・冢宰》：「凡官府都鄙群吏之出財用，受式法於職歲。」可見職歲之官是主管國家財政支出之官。而「戠飤」官名，也見於鄂君啓節，是主管王室飲食之官。「戠室之璽」和「中戠室鉨」中的「戠」與「戠歲之璽」、「戠飤之璽」的寫法完全一樣，其語義亦應相同，因此，「戠室之璽」當是主管宮室之官署璽。

在有關冊命的西周金文中，室與宮多互見，其中「室」或稱「大室」，或稱「新室」，所謂大室，即「太室」，即太廟的中室。《尚書・洛浩》：「王入太室，祼。」疏：「太室，室之大者。故爲清廟，廟有五室，中央曰太室。」

以此推論，「郢室」之「室」，當爲太室之簡稱或泛指太廟之五室。「郢室」也就是郢都之廟室的省稱，由此而理解「戠室之璽」中的「戠室」，當即主掌太廟中室祭祀禮儀之官，而「中戠室璽」亦可能是宮中主掌太廟祭祀禮儀之官。

「」字亦見於另一枚楚官璽中，有的學者將其釋爲「愧」，並用問號存疑（李家浩《楚

國官璽考釋（四篇）》，載《江漢考古》1984年2期），有的學者釋爲「思」（曹錦炎《古璽通論》，上海書畫出版社1995年，107頁）。按，該字又見於新出土的郭店楚簡，如，「敬爾義」（3.30）、「未型（刑）西（編按：「西」當爲「而」之誤植。）民」（11.52），學界已多無異議地將其釋定爲「愄」，通「畏」。此外，从示的「」即釋爲禩，可見，此字釋爲「愄」（畏）當無疑義。

「」即「戶」字，該字多見於楚簡之中，《說文》：，古文戶从木，在包山楚簡的簽牌中，「戶」正寫作「」，郭店楚簡（16.4）中寫作「」，很顯然，這正是楚系文字中「戶」字的特殊形體。

「愄戶」這個官名不見經傳，竊以爲愄同畏，畏猶辟也。《詩經·烝民》「不畏強禦」，《戰國策·秦策》注作「不辟強禦」。「辟」猶治也。《尚書·金縢》「我之弗辟」，《釋文》「治之所因曰辟」。也就是主持、掌管的意思。《左傳·文公六年》「辟刑獄」，注：辟猶理也。由此而論，「愄戶」當即辟戶、治戶、理戶，戶猶門也，「愄戶」也就是管理門戶，其職掌範圍就如《周禮·地官》中的「司門」，不同之處是周禮中的司門是地官之屬，負責守衛京城十二門，稽查走私，而楚國中的「愄戶」則是宮室中，或者說主要是太廟中主掌廟門以祭祀的官稱。

由是而反觀所謂「郢閑愄大夫鉩」中的「閑愄」，很可能是「愄閑」之倒置，「閑」有防衛之義。《左傳·昭公六年傳》：「閑之以義」疏云：「閑謂防衛也。」《詩經·敝笱序》：「不能防閑文」。姜疏：閑，亦防禁之名，準此，則「愄閑」當即主掌防衛之官名，這種官的級別較低，其官職也能僅「大夫」的級別而已。

如果上述考論可以成立的話，那麼，這枚「郢室愄戶之璽」當是楚國郢都太廟或宮室中掌管門戶的官署之璽。《湖南新出戰國楚璽考略》（四則），《第四屆國際中國古文字學研討會論文集》，香港中文大學中文系，2003年10月，第597～599頁。

陳松長：

郢室畏戶之鉩　銅質，壇鈕，邊長1.8釐米見方，通高1.8釐米，2001年常德漢壽出土的一枚保存完好的楚國官署璽。郢是楚國都城的簡稱；室猶宮也；畏猶辟也，《詩經·大雅·蒸民》「不畏彊禦」，《戰國策·秦策》注作「不辟強禦」，辟有治的意思，因此，「畏戶」當即辟戶、治戶，也可能就是管理門戶的官署專稱。「郢室畏戶之鈢」也就是楚都宮室中掌管門戶的官署璽。 《湖南古代璽印》，上海辭書出版社，2004年12月，第37頁。

肖曉暉：

郢室愧戶之鈢　詳見「郢閥愧大夫鈢」條。 《楚官璽釋讀二則》，《勵耘學刊》（語言卷），2005年第2期，第84～88頁。

肖曉輝：

郢室愧戶之鈢　《書法新鑒：古璽文新鑒》，世界圖書出版公司，2005年6月，第134頁。

施謝捷：

楚系官璽　郢室愳（愧—畏）戻（戶）之鈢（璽）

此璽2001年7月湖南省常德市漢壽縣聶家橋鄉15號墓出土。 《古璽彙考》，安徽大學博士學位論文，2006年5月，第178頁。

周曉陸主編：

二-GY-0033　郢室畏戶之鈢　東周（楚）　銅　鼻紐　18×18-　《二十世紀出土璽印集成》，

中華書局，2010年1月，第49頁。

李守奎按：

「愳」，即楚之「畏」字。

官璽第一六六：戠（職）飤之鉨（璽）

印面：

衡齋藏印十六冊，故宮博物院藏印

著錄：

《古璽彙編》，北京：文物出版社，1981年12月，第37頁。

《古璽通論》，上海：上海書畫出版社，1996年3月，第99頁。

《中國篆刻全集》，哈爾濱：黑龍江美術出版社，2000年7月，第14頁。

《中國書法全集》第92卷，北京：榮寶齋出版社，2003年2月，第37頁。

《中國璽印類編》，天津：天津人民美術出版社，2004年6月，第150頁。

《古璽彙考》，安徽大學博士學位論文，2006年5月，第163頁。

《戰國璽印分域研究》，長沙：嶽麓書社，2009年5月，第146頁。

《先秦印風》，重慶：重慶出版社，2011年5月，第38頁。

集釋：

羅福頤：

0217 戠飤之鉨 《古璽彙編》，文物出版社，1981年12月，第37頁。

吳振武：

戠（職）飤之鉨 《〈古璽彙編〉釋文訂補及分類修訂》，《古文字學論集》（初編），香港中文大學，1983年9月，第490頁。

吳振武：

〔三二五〕……楚璽中又有「戠（[illegible]）飤之鉨」（《彙》〇二一七），戠亦當讀作職。長沙所出楚璽中有「大（太）仄（飤）」兩合璽（《彙》五五九〇）。太飤是主掌宮廷飲食機構，職飤則是食官。漢印中有「北海飤長」、「新興飤長」、「東平飤官長印」、「杜陵飤官□丞」等印（《漢徵》五·十及《漢補》五·四），可參看。就目前所知，戠字作𢦏多見於楚璽，可以說是楚文字的特有寫法。故此字應入二九五頁戠字條下。《〈古璽文編〉校訂》，吉林大學博士學位論文，1984年12月，第271～273頁。

鄭　超：

14.戠飤之璽（《古璽彙編》0217）

「飤」又見於鄂君啓節，均當讀爲「食」。「職食」大概相當於《周禮》中的「膳夫」。《周禮·天官》膳夫職云：「膳夫掌王之食飲膳羞，以養王及後世子。」《楚國官璽考述》，《文物研究》總第二輯，黄山書社，1986年12月，第89頁。

湯餘惠：

《古璽彙編》0217著録的「戠飤之鉩」，或讀爲「職飤」可從，疑「職飤」亦屬同類職官。《略論戰國文字形體研究中的幾個問題》，《古文字研究》第十五輯，中華書局，1986

年6月，第15頁。

黃錫全：

（142）職飤之璽（《古璽彙編》0217）

《周禮》有「職金」、「職喪」、「職幣」等官，分別掌管金玉錫石、喪禮、財物。「職飤」當讀「職食」，是掌管膳食的官員。前舉「集脰尹」、「集糈尹」等可能爲其屬官。鄭超認爲「職食」大概相當於《周禮》中的「膳夫」。《周禮·天官》：「膳夫掌王之食飲膳羞，以養王及後世子。」　《古文字中所見楚官府官名輯證》，《文物研究》總第七輯，黃山書社，1991年12月，第226頁。

牛濟普：

8.職飤之璽

……

「織室」，「職飤」可能是直接爲楚王室服務的職官。時代晚些的漢代有「織（職）室」、「暴室」，《三輔黃圖·卷六》載「作室，上方工作之所」。據王先謙《漢書補注》引程大昌云「織室，暴室之類，在未央宮西北處」。石志廉先生曾著文釋「職室之璽」及「中職室璽」爲楚璽。「職飤之璽」印拓不清晰，過去多不識其印文，我仔細辨認並參照同類璽印文字，判爲以上四字璽文。　《楚系官璽例舉》，《中原文物》，1992年第3期，第89～90頁。

曹錦炎：

12.戠（職）飤之鉨（0217）

「戠飤」官名，也見於鄂君啓節（編按：鄂君啓節有「飤」字，無「職食」）。「戠飤」，讀爲「職食」，是主管王室飲食之官。此官職大概相當於《周禮》中的「膳夫」（鄭超《楚國官璽考述》，《文物研究》第二輯，1986年），《天官》膳夫之職：「掌王之食飲膳羞，以養王及后、世子。」　《古璽通論》，上海書畫出版社，1996年3月，第99頁。

何琳儀：

楚系　戠飤之鉨（〇二一七）

楚璽「戠飤」、「戠𠭯」、「戠盟（鑄）」、「戠遊（旅）」，均官名，戠讀職。　《戰國古文字典》，中華書局，1998年9月，第52～53頁。

徐　暢：

東周・楚系公鉨　戠飤（食）之鉨　《中國篆刻全集》，黑龍江美術出版社，2000年7月，第14頁。

肖　毅：

職飤之璽　《古璽所見楚系官府官名考略》，《江漢考古》，2001年第2期，第44頁。

徐暢主編：

戰國公鉨與印跡・楚系鉨印　72　戠（職）飤（食）鉨　《中國書法全集》第92卷，榮寶齋出版社，2003年2月，第37頁。

徐暢主編：

72　戠（職）飤（食）鉨

作於戰國時期。楚官鉨。《古璽彙編》〇二一七號著錄。

職食即職司飲食的食官。　《中國書法全集》第92卷，榮寶齋出版社，2003年2月，第204頁。

小林斗盦：

戠飤之鉢　《中國璽印類編》，天津人民美術出版社，2004年6月，第150頁。

施謝捷：

楚系官璽　戠（職）飤之鉨（璽）　《古璽彙考》，安徽大學博士學位論文，2006年5月，第163頁。

陳光田：

楚系古璽　「戠（職）飤之鉨（璽）」（0217）。「戠飤」爲楚所特有官名，亦見於鄂君啓節，「戠飤」當讀做職飤，爲負責王室飲食之官。此官職大概相當於《周禮》中的「膳夫」。（鄭超：《楚國官璽考述》，《文物研究》1986年總第2輯。）《周禮・天官》膳夫之職：「掌王之食飲膳羞，以養王及后、世子。」此方璽當爲楚負責王室飲食的官員所用璽。《戰國璽印分域研究》，嶽麓書社，2009年5月，第146頁。

徐　暢：

戰國楚系官鉨　戠（職）飤（食）之鉨　《先秦印風》，重慶出版社，2011年5月，第38頁。

李守奎按：

楚之「飤」即《說文》之「食」字。《說文》的「食」與「飤」，音義無區別。

官璽補遺第一：王

印面：

鑒印山房藏印

著錄：

《新見古代玉印選》，京都：藝文書院，2016年5月，第225頁。

集釋：

施謝捷：

王　《新見古代玉印選》，藝文書院，2016年5月，第326頁。

官璽補遺第二：君

印面：

鑒印山房藏印

著錄：

《新見古代玉印選》，京都：藝文書院，2016年5月，第326頁。

集釋：

施謝捷：

君　《新見古代玉印選》，藝文書院，2016年5月，第326頁。